数据治理驱动的
数字化转型

王建峰 辛 华◎编著

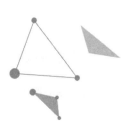
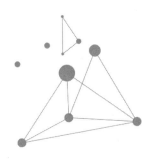

数据作为生产要素已经被提升至国家战略层面，如何激活数据要素、体现数据价值，如何有效利用数据赋能数字化转型，成为当前炙手可热的问题。本书厘清了数据治理、数据管理和数字化转型的关系，介绍了数据治理核心工作中经常出现的问题和优秀实践，明确了数字化转型的核心内容、方法路径和评估机制，通过大型企业数据治理或数字化转型案例为读者提供有价值的参考。本书适合首席执行官、首席信息官、首席数据官等从事企业管理和数据管理工作的人员阅读，有助于提升对数据治理和数字化转型的认识，为在组织中有效开展数据治理和数字化转型工作提供思路和借鉴。

图书在版编目（CIP）数据

数据治理驱动的数字化转型/王建峰，辛华编著. —北京：机械工业出版社，2023.12

ISBN 978-7-111-74544-0

Ⅰ.①数… Ⅱ.①王… ②辛… Ⅲ.①企业管理-数字化-研究 Ⅳ.①F272.7

中国国家版本馆 CIP 数据核字（2024）第 014858 号

机械工业出版社（北京市百万庄大街 22 号　邮政编码 100037）
策划编辑：张星明　　　　　　责任编辑：张星明　陈　倩
责任校对：闫玥红　刘雅娜　　责任印制：常天培
北京铭成印刷有限公司印刷
2024 年 3 月第 1 版第 1 次印刷
170mm×242mm · 33.5 印张 · 523 千字
标准书号：ISBN 978-7-111-74544-0
定价：89.00 元

电话服务　　　　　　　　　　网络服务
客服电话：010-88361066　　　机　工　官　网：www.cmpbook.com
　　　　　010-88379833　　　机　工　官　博：weibo.com/cmp1952
　　　　　010-68326294　　　金　书　网：www.golden-book.com
封底无防伪标均为盗版　　　　机工教育服务网：www.cmpedu.com

编委会

（排名不分先后）

主　编

王建峰

副主编

辛　华　　许冬件　　徐明忠

成　员

宋清波	刘　铭	牟　岩	高　飞	王春虎
何勇海	孙为平	赵德伟	尚勇强	白晓东
李　春	董　罡	李学东	宋艳青	冯　华
向　瑞	姜　鹏	李利军	苗文伟	薛赣新
高　贺	刘长恩	范川川	崔亚仲	杜　博
田爱军	武昆峰	罗雨青	岳建伟	许明月
李　涛	邵慧吉	桂京生	林建兴	史卫君
许光明	宗　圆	蔡宏亮	高崧茹	曹　琳
白　瑶	王储君	何洪威	刘旭辉	徐洪福
赵志军	戴之谦	杨延雷	张庆军	蒋利文
刘晓东	王建坤	周　刚	包晨阳	杨萌萌

序 言

数字经济时代催生了以大数据为代表的新型生产要素，以数据驱动持续增长和创新发展是企业数字化转型的主线。党的十八大以来，党中央高度重视发展数字经济，将其上升为国家战略，发展数字经济是把握新一轮科技革命和产业变革新机遇的战略选择。数据已成为国家基础性战略资源，深刻改变着人们的生活和生产方式。数据驱动是新时代企业运作的核心特征，也是现代企业数字化转型的主线和关键。数据驱动这一概念随着大数据的兴起而被人们所关注并频繁使用。它与数字化转型紧密结合，通过对商业模式、产品研发、流程优化和企业组织的改造，让企业业务能够基于数据进行驱动，从而实现更好的客户体验、更高的组织效能，形成新的价值。

当前，国内企业正处在数字化转型关键时期，随着数据处理和分析技术的创新发展，数据需求日趋多元，大多数企业正面临数据总量爆发式增长、数据质量和数据安全隐私堪忧等挑战。如何高效实现数据管理和数据运营，如何提高数据质量和确保数据安全，做好基本的数据治理工作十分重要。这也是《数据治理驱动的数字化转型》作者撰写这本书的初衷。该书作者联合了业界多位处于业务一线的专家，凝聚了大家多年来的研究和产业实践经验。同时，融合了国内外数据治理权威理论和技术体系，涵盖了企业数字化转型过程中所需要的数据治理基本概念、实施路径和参考案例。该书不仅包含业界数据治理热点和难点，还包含作者多年的数据项目实战经验总结，同时包括作者对数据治理的理解和思考及在项目实践中的落地实施方法，可以作为数据管理人员开展数据治理项目的实操手册和指南，能够有效指导企业全方位开展高质量的数据治理。

该书全面系统地回答了目前大家关心的一些问题，如企业数据治理的核心价值、概念、框架及主要内容等，值得认真阅读和研究。通过阅读获得启发和思考，有助于指导人们的实际工作，有效提高对企业数据治理的认知水平。

作为作者多年的挚友，我通读了全书内容，总体感觉文字淋漓尽致，简洁易懂，内容翔实，案例深入浅出，是企业培训、员工培养的必备书籍。总的来说，该书具有可参照性、可操作性和可读性，是数据治理领域少见的参考书，值得一读。

蔡春久
2023 年 10 月于北京

前 言

数据创造价值,创新驱动未来。大数据时代,数据越来越多,但数据本身只是璞玉,只有经过精雕细琢,才能体现它真正的价值。随着数字化、互联化、智能化等信息技术的广泛应用,数据要素在国民经济发展中的作用越来越关键,数据成为数字经济发展的最新驱动力。

数据治理的本质是围绕业务、应用和数据等维度开展数据治理及体系建设,厘清业务职能和价值链,梳理应用对业务的支撑能力,识别数据应用和管理痛点,明确数据治理体系建设要求。以主流的数据治理方法为基石,以业务需求驱动为导向,以用促治,聚焦业务场景、管理要求、数据标签和跨系统使用需求,完善业务、技术和管理等相关内容,提炼形成能够落地的数据治理体系,从而指导数据治理工作分期、分域开展,使数据治理工作从常态化向显性化转变。

数据治理的终极愿景是激活和配置数据新要素,使能数据产业化、数据资本化,加速数据要素生产力转换,最大限度发挥数据要素在数字经济中的作用,以实现价值型数据治理为战略目标和发展导向,推动数据治理能力向"数据资源资产化管理、数据应用服务化管理、数据服务商品化管理"三个方向升级发展。只有这样才能更好地赋能和助推企业数字化转型。

企业数字化转型有以下几个方向:一是数据驱动;二是客户主导;三是组织创新;四是互联互通。企业数据驱动是未来的一个核心。数据达到一定规模、一定数量后,如何用数据辅助决策企业的未来,这是人们需要思考的问题。与过去相比,今天的数据呈现以下几个特征:一是实效性特别强;二是需要相应的数据分析,有价值化的特征;三是具有资产性,数据是企业的核心资产，也是企业未来越来越重要的资产。

本书基于新时代数据要素的特征，从数据治理的视角出发，基于业务场景的价值化实现数据治理价值，从而强化数据在数字化转型中的重要作用，不经治理的数据往往是零散的、不标准的、低质量的，阻碍了数字化转型中对数据的应用期望。当前，对数据治理和数字化转型概念的理解千差万别，这也是影响数据治理和数字化转型成效的一大障碍。我们试着从业务和实践的视角出发，用更加形象易懂的描述厘清数据治理和数据管理的关系，数据治理和数字化转型的关系，数据治理和数据管理的核心领域及建设方法，企业数字化转型的方法、实践、评估等内容。

本书不仅包含业界数据治理的热点和难点，还包含数据管理专家多年的项目实战经验总结；不仅涉及数据治理在战略层面的顶层设计，还包括对数据治理的理解和思考，以及在项目实践中的落地实施方法；不仅可以作为企业数据治理的体系框架，还可以作为数据管理人员开展数据治理项目的实操手册和实施指南。

本书适合正在或将要从事数据治理、数据管理工作的人员阅读。本书为正在寻求数字化转型的企业提供了数据治理的思路和框架，特别适合这些企业的首席执行官、首席信息官、首席数据官、IT总监、IT经理、项目经理、业务主管和业务骨干等阅读。

本书在编写过程中得到了公司领导及同事的支持、众多专家及朋友的帮助，在出版过程中得到了机械工业出版社张星明老师、陈倩老师的专业指导，是大家的帮助使本书得以顺利出版，在此一并表示感谢！

王建峰
2023年10月于北京

目　录

序言

前言

第1篇　数据治理基础篇

第1章　数据治理 ……………………………………………………………… 2

1.1　数据治理及框架 …………………………………………………… 2
- 1.1.1　数据治理框架核心内容 ……………………………………… 2
- 1.1.2　数据治理框架创建策略 ……………………………………… 4
- 1.1.3　数据治理与数据管理的区别 ………………………………… 5

1.2　数据治理的误区 …………………………………………………… 5
- 1.2.1　误区一：数据文化变革问题 ………………………………… 6
- 1.2.2　误区二：数据治理由IT驱动 ………………………………… 6
- 1.2.3　误区三：数据治理成熟度问题 ……………………………… 7
- 1.2.4　误区四：把数据治理作为项目 ……………………………… 8
- 1.2.5　误区五：与组织战略不一致 ………………………………… 9
- 1.2.6　误区六：忽视组织数据架构 ………………………………… 10
- 1.2.7　误区七：未能与业务有效融合 ……………………………… 10
- 1.2.8　误区八：采用颠覆式方法 …………………………………… 11
- 1.2.9　误区九：遵从评估项的方法 ………………………………… 12
- 1.2.10　误区十：认为有了工具就能实现数据治理 ………………… 13

1.3　数据治理的趋势 …………………………………………………… 14
- 1.3.1　趋势一：数据治理要从企业级视角出发加强总体规划 …… 14
- 1.3.2　趋势二：企业必须建立企业级的数据标准体系 …………… 15

1.3.3 趋势三：企业亟须构建基于闭环管理的数据质量体系 …… 16
1.3.4 趋势四：亟须构建基于法律法规遵从的数据安全体系 …… 16
1.3.5 趋势五：构建基于战略价值实现的数据指标体系 …… 17
1.3.6 趋势六：加速构建从需求到价值实现的数据运营链条 …… 18
1.3.7 趋势七：构建基于治理的一体化数据资产价值实现平台 …… 18
1.3.8 趋势八：强化数据要素生产力动能转换体系 …… 19

第2章 数据战略 …… 20

2.1 数据战略概述 …… 20
2.1.1 数据战略的作用 …… 20
2.1.2 数据战略的依据 …… 21
2.1.3 数据战略的关键 …… 21
2.1.4 数据战略的内容 …… 21

2.2 数据战略关键问题 …… 22
2.2.1 需要解决什么问题 …… 23
2.2.2 需要哪些数据 …… 23
2.2.3 如何分析这些数据 …… 23
2.2.4 如何呈现这些数据 …… 24
2.2.5 需要哪些软件和硬件 …… 24
2.2.6 是否具有可行性计划 …… 24

2.3 制定数据战略步骤 …… 25
2.3.1 数据战略目的 …… 25
2.3.2 数据战略示例 …… 25
2.3.3 数据战略价值 …… 27
2.3.4 创建数据战略的步骤 …… 27

2.4 数据战略核心要素 …… 28
2.4.1 DAMA 数据管理知识体系中的数据战略 …… 29
2.4.2 DCMM 数据管理能力成熟度评估模型中的数据战略 …… 32
2.4.3 DGI 数据治理框架中的数据战略 …… 34

2.4.4 数据战略内容分析 … 36
2.4.5 数据战略规划的关键要素 … 37

第 3 章 数据架构 … 38

3.1 现代数据架构如何驱动业务 … 38
3.1.1 什么是数据架构 … 38
3.1.2 现代数据架构的特点 … 39
3.1.3 数据架构与信息架构 … 40
3.1.4 开发数据架构的要点 … 40
3.1.5 数据架构是 IT 和业务的桥梁 … 41

3.2 如何构建现代数据体系架构 … 41
3.2.1 需求推动数据架构发展 … 42
3.2.2 现代数据架构的原理 … 42
3.2.3 湖仓一体架构解决方案 … 44
3.2.4 建设数据湖的重要提示 … 48
3.2.5 如何更好地构建数据湖 … 50

3.3 实现持续智能的数据架构 … 51
3.3.1 持续智能是数据运营的基础 … 51
3.3.2 如何构建持续智能数据架构 … 53

第 4 章 主数据管理 … 55

4.1 主数据概述 … 55
4.1.1 概述 … 55
4.1.2 判定主数据的因素 … 56
4.1.3 为什么要管理主数据 … 59
4.1.4 如何进行主数据管理 … 60

4.2 主数据管理 … 67
4.2.1 主数据的定义和关键概念 … 67
4.2.2 主数据管理原则 … 69

4.2.3 标准与指引 ………………………………………………… 70

4.3 主数据建设 …………………………………………………………… 75

4.3.1 主数据项目启动前的准备 …………………………………… 75

4.3.2 主数据建设协同推进 ………………………………………… 81

4.3.3 主数据建设应注意的问题 …………………………………… 85

4.4 主数据建设案例：物料主数据建设 …………………………………… 90

4.4.1 物料主数据存在的主要问题 ………………………………… 90

4.4.2 物料主数据出现问题的原因 ………………………………… 91

4.4.3 物料主数据的管控措施 ……………………………………… 92

4.4.4 物料主数据管理的启示 ……………………………………… 96

第5章 元数据管理 …………………………………………………… 97

5.1 什么是元数据 ………………………………………………………… 97

5.1.1 数据元 ………………………………………………………… 97

5.1.2 元数据 ………………………………………………………… 98

5.1.3 主数据 ………………………………………………………… 99

5.1.4 数据元标准的内容 …………………………………………… 100

5.2 什么是元数据管理 …………………………………………………… 101

5.2.1 元数据管理概述 ……………………………………………… 101

5.2.2 元数据管理治理 ……………………………………………… 102

5.2.3 元数据管理优秀实践 ………………………………………… 103

5.3 元数据管理的意义 …………………………………………………… 109

5.3.1 元数据的关键作用 …………………………………………… 109

5.3.2 元数据管理的好处 …………………………………………… 110

5.3.3 自动化管理元数据 …………………………………………… 111

5.4 元数据管理和主数据管理的区别 …………………………………… 112

5.4.1 概述 …………………………………………………………… 112

5.4.2 元数据管理与主数据管理 …………………………………… 113

5.4.3 元数据与主数据管理的交集 ………………………………… 113

        5.4.4 元数据管理与主数据管理的差异 ·················· 114
        5.4.5 元数据管理和主数据管理案例 ·················· 115
        5.4.6 制定策略的重要性 ·················· 115
    5.5 元数据管理及应用 ·················· 115
        5.5.1 元数据管理、主数据管理、数据标准管理的关系 ·················· 116
        5.5.2 基于元数据的数据管理 ·················· 116
        5.5.3 指标元数据的应用实践 ·················· 119
        5.5.4 元数据管理的探索与实践 ·················· 123

第6章 数据建模ᅟ·················· 125

  6.1 数据建模是理解数据的基础 ·················· 125
        6.1.1 什么是数据建模 ·················· 125
        6.1.2 数据模型的类型 ·················· 125
        6.1.3 数据建模的过程 ·················· 126
        6.1.4 数据模型的类型 ·················· 127
        6.1.5 数据建模的好处 ·················· 128
        6.1.6 数据建模的工具 ·················· 129
  6.2 数据建模与数据治理的关系 ·················· 129
        6.2.1 数据管理的3种主要行动 ·················· 130
        6.2.2 使用建模工具建模和管理数据 ·················· 135
        6.2.3 数据建模是数据治理的一种形式 ·················· 135
  6.3 数据建模应用 ·················· 137
        6.3.1 构建全域一致性模型方法 ·················· 137
        6.3.2 数据模型必须保障全域一致 ·················· 138
        6.3.3 数据模型实践和思考 ·················· 141

第2篇　数据治理进阶篇

第7章 数据质量 ·················· 154

  7.1 数据质量管理概述 ·················· 154

7.1.1 数据质量管理问题 ·· 154
7.1.2 数据质量与数据治理的关系 ································ 160
7.2 指标驱动的数据质量管理 ·· 160
7.2.1 什么是数据质量管理 ·· 160
7.2.2 为什么需要数据质量管理 ···································· 161
7.2.3 数据质量管理的5个支柱 ····································· 161
7.2.4 如何衡量数据质量 ·· 163
7.2.5 数据质量控制案例 ·· 165
7.3 数据治理下的数据质量管理 ·· 168
7.3.1 如何构建数据质量管理框架 ································ 168
7.3.2 制定7个指标衡量数据质量 ································· 170
7.3.3 数据质量管理的重要性 ·· 172

第8章 数据安全 ·· 175

8.1 数据安全管理 ·· 175
8.1.1 数据安全的威胁 ·· 175
8.1.2 数据保护实践 ·· 176
8.1.3 数据安全工具 ·· 177
8.1.4 数据安全法规 ·· 178
8.1.5 数据安全管理 ·· 179
8.2 数据安全治理 ·· 179
8.2.1 数据安全治理理念 ·· 180
8.2.2 数据安全治理概要 ·· 183
8.2.3 数据安全成熟度模型 ·· 186
8.2.4 安全治理与数据治理 ·· 188
8.3 构建数据安全治理技术体系 ·· 189
8.3.1 数据安全治理的技术挑战 ···································· 189
8.3.2 数据安全治理的技术体系 ···································· 190
8.3.3 数据安全审计与稽核技术 ···································· 196

8.4 物联网安全隐私计算和数据安全 200
8.4.1 物联系统的安全 200
8.4.2 物联网中的数据 203
8.4.3 数据管理和数据治理 208
8.4.4 数据隐私 211
8.4.5 系统安全 213

第9章 数据资产 218

9.1 数据资产管理 218
9.1.1 如何进行数据资产管理 218
9.1.2 数据资产管理的关注点 230

9.2 数据资产价值度量 234
9.2.1 数据资产价值评估概述 234
9.2.2 基本数据资产评估模型 238
9.2.3 数据资产价值评估模型 243

9.3 数据资产管理面临的问题 248
9.3.1 企业如何利用数据创造价值 249
9.3.2 企业数据集成的主要挑战 249
9.3.3 如何有效进行数据管理 250
9.3.4 数据管理如何赋能数字化转型 250
9.3.5 数字化转型在技术层面上关注什么 251
9.3.6 领导数字化转型工作的是谁 251
9.3.7 数字化转型中数据处理方法在组织中还有哪些方面 251
9.3.8 如何改变员工日常管理数据的方式 252
9.3.9 人工智能在确保数据质量方面是否能够发挥作用 252

9.4 数据资产管理方法 253

第10章 大数据数据治理 256

10.1 大数据治理 256

10.1.1 大数据治理概述 ………………………………… 256
10.1.2 大数据治理原则 ………………………………… 257
10.2 大数据的安全和隐私 ………………………………… 261
10.2.1 数据的安全和隐私概述 ………………………………… 261
10.2.2 数据安全的定义 ………………………………… 262
10.2.3 数据隐私的定义 ………………………………… 263
10.2.4 安全和隐私如何交叉应用 ………………………………… 266
10.3 安全和隐私在大数据的应用 ………………………………… 267
10.3.1 探索阶段 ………………………………… 267
10.3.2 准备和管理阶段 ………………………………… 268
10.3.3 维护阶段 ………………………………… 270

第3篇 数据治理数字转型篇

第11章 数字化转型认识 ………………………………… 272

11.1 数字化转型及其影响 ………………………………… 272
11.1.1 什么是数字化和数字化转型 ………………………………… 272
11.1.2 数字化转型"降本增效"的底层逻辑 ………………………………… 276
11.1.3 数字化转型的挑战 ………………………………… 279
11.1.4 典型的数字化转型框架 ………………………………… 280
11.2 数字化转型成功的关键 ………………………………… 289
11.2.1 数字化转型需要制定成功的战略 ………………………………… 289
11.2.2 数字化转型需要整体方法 ………………………………… 290
11.2.3 数字化转型的主要领域 ………………………………… 292
11.2.4 数字化带来的颠覆性影响 ………………………………… 293
11.2.5 数字化转型的重要驱动因素 ………………………………… 295
11.2.6 数字化转型全局考虑很重要 ………………………………… 296
11.3 数字化转型的常见误区和演化路径 ………………………………… 297
11.3.1 数字化转型的常见误区 ………………………………… 297

11.3.2 数字化转型无处不在 ……………………………………… 301
　　11.3.3 数字化转型面临的现实情况 ………………………………… 302
　　11.3.4 数字化转型走向数字经济的演化路径 ……………………… 302
11.4 制定数字化转型战略是转型的第一步 ………………………………… 304
　　11.4.1 加快创新转型 ……………………………………………… 304
　　11.4.2 积极主动关注未来和结果 …………………………………… 305
　　11.4.3 数字化转型的基本要素 ……………………………………… 305
　　11.4.4 制定数字化转型战略是迈向商业核心转型的第一步 ………… 307
　　11.4.5 企业如何制定数字化转型战略 ……………………………… 308
11.5 搭建数字化转型战略核心要素的桥梁 ………………………………… 312
　　11.5.1 搭建桥梁 …………………………………………………… 313
　　11.5.2 数字化转型战略的核心是搭建与未来的桥梁 ………………… 317
　　11.5.3 数字化战略的方向就是目标和成就 ………………………… 317
　　11.5.4 建立风险和确定的桥梁 ……………………………………… 318
　　11.5.5 数字化转型战略的启示 ……………………………………… 319
　　11.5.6 为数字化转型战略提出正确的问题 ………………………… 320

第12章 数字化转型之路 ……………………………………………… 322

12.1 正确认识数字化转型 …………………………………………………… 322
　　12.1.1 数字化转型金字塔 …………………………………………… 322
　　12.1.2 数字化转型金字塔的架构 …………………………………… 323
　　12.1.3 数字化转型是关于人的 ……………………………………… 325
12.2 企业数字化转型五大核心能力 ………………………………………… 325
　　12.2.1 数字化转型五大核心能力 …………………………………… 325
　　12.2.2 数字化转型的认知方向 ……………………………………… 327
12.3 数字化转型过程中可能遇到的关键问题 ……………………………… 328
　　12.3.1 数字业务能力 ……………………………………………… 329
　　12.3.2 业务数字转型 ……………………………………………… 329
　　12.3.3 流程数字转型 ……………………………………………… 330

12.3.4 数字思维和文化 ······ 331
12.3.5 数字化转型的十大好处 ······ 331
12.3.6 数字化转型失败的九大原因 ······ 332

12.4 数字化转型需要考虑的关键问题 ······ 333
12.4.1 典型案例启示 ······ 334
12.4.2 数字化转型的4个问题 ······ 334
12.4.3 数字化转型团队架构 ······ 338
12.4.4 对高层管理者的建议 ······ 340

12.5 工业企业的数字化转型之路 ······ 341
12.5.1 数字化转型与工业企业 ······ 342
12.5.2 数字化转型与向智能工厂的转变 ······ 343
12.5.3 工业企业数字化转型之路 ······ 343

12.6 企业数字化转型方法论 ······ 345
12.6.1 坚持业务和技术协同推动企业数字化转型 ······ 345
12.6.2 坚持从计分板算法到数字看板 ······ 350
12.6.3 在数字化转型中，企业需要什么样的IT部门 ······ 360
12.6.4 "以数据为中心的业务变革"之三种范式 ······ 367
12.6.5 从数据业务化到业务数据化 ······ 374

第13章 数字化转型评估 ······ 378

13.1 数字化转型需全面考虑所有因素 ······ 378
13.1.1 数字化转型和客户体验 ······ 378
13.1.2 数字化转型的关键是数据和信息 ······ 379
13.1.3 各行各业的数字化转型 ······ 381
13.1.4 数字化转型和业务流程外包 ······ 385
13.1.5 超越技术的数字化转型：人的差异 ······ 385

13.2 企业数字化转型工作的评估 ······ 386
13.2.1 如何理解数字化转型 ······ 386
13.2.2 评估数字化转型工作 ······ 387

        13.2.3 衡量数字化转型的5个指标 ………………………………… 388
    13.3 如何提高数字化转型的成功率 ………………………………………… 393
        13.3.1 数字化转型失败的十大原因 ………………………………… 393
        13.3.2 数字化转型成功的五大因素 ………………………………… 396
        13.3.3 数字化转型过程中的五大关注点 …………………………… 402
        13.3.4 如何提高数字化转型的成功概率 …………………………… 405
    13.4 挖掘数据价值加速数字化转型 ………………………………………… 407
        13.4.1 工业企业数据资产化路径 …………………………………… 407
        13.4.2 工业企业数据资产化方法 …………………………………… 409
        13.4.3 工业企业数据资产化模式 …………………………………… 413

第4篇 案例篇

第14章 中国外运数据资产管理案例 ………………………………… 416
    14.1 建设背景 ………………………………………………………………… 416
    14.2 建设目标 ………………………………………………………………… 417
    14.3 实施方法 ………………………………………………………………… 418
    14.4 建设成效 ………………………………………………………………… 424
    14.5 总结与展望 ……………………………………………………………… 427

第15章 河南投资集团数据治理案例 …………………………………… 428
    15.1 建设背景 ………………………………………………………………… 428
    15.2 建设目标 ………………………………………………………………… 429
    15.3 实施方法 ………………………………………………………………… 430
    15.4 建设成效 ………………………………………………………………… 442

第16章 鞍钢集团数据治理管理案例 …………………………………… 444
    16.1 建设背景 ………………………………………………………………… 444
    16.2 建设目标 ………………………………………………………………… 445

16.3 实施方法 ……………………………………………… 445
16.4 建设成效 ……………………………………………… 450

第17章 神东煤炭数据治理管理案例 ………………… 453

17.1 建设背景 ……………………………………………… 453
17.2 建设目标 ……………………………………………… 454
17.3 实施方法 ……………………………………………… 456
17.4 建设成效 ……………………………………………… 459
17.5 总结与展望 …………………………………………… 465

第18章 汽车行业数据治理管理案例 ………………… 466

18.1 建设背景 ……………………………………………… 466
18.2 建设目标 ……………………………………………… 467
18.3 实施方法 ……………………………………………… 467
18.4 建设成效 ……………………………………………… 470
18.5 总结与展望 …………………………………………… 472

第19章 常州排水数字化转型案例 …………………… 474

19.1 建设背景 ……………………………………………… 474
19.2 建设目标 ……………………………………………… 475
19.3 实施方法 ……………………………………………… 476
19.4 建设成效 ……………………………………………… 484
19.5 总结与展望 …………………………………………… 485

第20章 国家管网集团主数据治理助力智慧供应链运营案例 ………………………………………………… 486

20.1 建设背景 ……………………………………………… 486
20.2 建设目标 ……………………………………………… 488
20.3 实施方法 ……………………………………………… 489

20.4	建设成效	493
20.5	总结与展望	495

第 21 章　青岛水务集团数据资产建设案例 …… 499

21.1	建设背景	499
21.2	建设目标	500
21.3	实施方法	500
21.4	建设成效	503
21.5	总结与展望	510

参考文献 …… 512

第 1 篇
数据治理基础篇

数据被称为"未来新石油",已经渗透到当今企业战略决策、生产经营和各业务职能领域,成为企业数字化转型的基础。企业越来越重视数据治理,本质上其关注的是数据背后蕴藏着的巨大商业价值。

本篇以作者多年企业数据治理实践经验为基础,分享关于企业数据治理框架、数据战略、数据架构、主数据、元数据、数据模型的实践与思考。

第 1 章　数据治理

1.1　数据治理及框架

数据治理是指组织利用人员、流程和技术管理其内部数据的机制。数据治理框架是一组特定的原则和流程，用于定义组织如何收集、存储和使用数据。有了适当的框架，组织就可以将数据转化为有价值的资产，用于满足实现企业战略目标及数字化转型的要求。

1.1.1　数据治理框架核心内容

人员、流程和技术只有保持一致，数据治理工作才能成功。创建正确的数据治理框架对于执行数据治理十分重要，并且需要专门的 IT 技术人员、业务领导和数据利益相关者进行良好的协作。数据治理框架中应包含的核心内容如下。

1. 数据战略

创建数据战略是建立数据治理框架的第一步，也是关键一步。数据战略是指组织围绕数据的高级操作标准和要求，通常反映组织的数据文化。例如，是否信任组织内部的数据，是采集尽可能多的数据还是采集更有针对性的数据等。

2. 数据管理

建立数据管理的关键流程对于每个数据治理框架均至关重要。典型的数据管理关键流程涉及数据采集、数据存储、数据标准、主数据、数据共享、数据质量、数据安全和数据问题跟踪等。

3. 数据制度

数据治理框架还为企业数据建立了数据制度。数据制度包括内部和外部数据共享、法规遵从性、数据存储要求、数据质量和数据安全等内容。

4. 数据标准

数据标准定义了确保符合数据策略的总体方法。数据标准包括数据建模标准、命名和缩写标准、元数据管理标准等。数据标准最常见的场景是分类，创建每个利益相关者均可访问的数据通用蓝图。

5. 数据安全

数据安全是指在整个生命周期内保护企业数据。数据治理框架应详细说明确保数据免受网络攻击、未经授权的访问、数据泄露和盗窃的过程，还应制订明确的行动计划，以应对所有潜在威胁。

6. 数据质量

数据质量决定了数据集能否满足其业务目的，因此，在设计数据治理框架时，应将确保高数据质量作为首要任务，而制定禁止手动输入、要求开放标准和限制数据访问的政策是很好的起点。这可能是数据治理框架最重要的组成部分之一，因为糟糕的数据质量会扼杀数据的价值。

7. 沟通协作

数据治理是一项战略举措，需要企业范围内的共同努力，因此，制订计划以传达数据治理团队行动和成功的信息至关重要。明确定义目标、目的和工具，以促进对数据治理的支持和广泛采用。就像数据质量一样，围绕数据共享、沟通和协作的文化可以成就或破坏数据驱动的计划及数据战略本身。这突显了数据素养的重要性。

8. 数据素养

要使数据治理取得成功，就需要进行重大的文化转变。这可以通过教育或提升数据素养实现。优先考虑数据民主化，或确保所有用户可以访问、理解和利用数据是教育过程的一部分。受过教育的用户可以做出更好的决策，最大限度地提高企业数据的价值。

9. 关键绩效指标

数据治理计划需要对人员和资金进行投资，因此，通过建立关键绩效指标（KPI）来衡量其业务影响至关重要。此外，KPI 应该是可以衡量的，并且应随着时间的推移始终如一地对其进行跟踪，以便为利益相关者提供准确的投资回报（ROI）。

10. 技术

为独特需求选择数据治理工具对于组织的数据治理策略至关重要。市场上的解决方案和集成数据平台提供了广泛的功能，因此，需要明确企业的需求。大多数数据治理软件平台会提供基本要素，如创建业务术语表、基于规则的工作流和自动化，并提供各种数据功能，包括数据发现、管理、清理和集成。

1.1.2 数据治理框架创建策略

1. 大处着眼，小处着手

实施健全的数据治理并非一蹴而就，找到满足业务需求并鼓励数据消费者采用的方法需要时间。从速赢项目开始，如在几个关键业务流程中提高数据质量，将能有效展示数据治理的价值。

2. 培育素养，获得支持

让关键利益相关者了解数据治理的业务价值，对于获得其支持至关重要。将技术转换为有意义的业务术语，以发现业务关键职能领域内的拥护者，从而获得最广泛的支持。

3. 确定角色，明确职责

在整个业务范围内分配可交付成果和所有权级别，为组织的重大文化和流程转变提供基础支持。以下是在数据治理过程中建立的标准角色：

1）执行发起人。了解数据治理愿景，并确保计划拥有足够资源的决策级发起人。

2）数据治理委员会。负责指导数据战略、确定项目和计划的优先级，以及批准数据定义、政策和标准的团队。

3）数据治理办公室。负责制定战术实践和政策，以利用数据作为业务资产的团队。

4）数据所有者。负责企业内特定数据域管理的个人。

5）数据管理员。制定数据治理流程以确保数据元素的质量，并为非结构化数据带来秩序和价值的个人。

6）数据消费者。输入和使用数据以执行其分配的工作职责的个人。

4. 建立案例，获得信任

投入时间和资源对于从数据治理计划中获得企业范围内的收益至关重要。除非有令人信服的业务案例，否则很难说服利益相关者接受。首先，确定基本数据元素及其支持的关键业务流程；其次，详细说明通过当前手动流程管理、集成和验证这些元素的相关成本。其中，应突出手动流程失败的潜在业务影响，以证明采用数据治理策略的价值。

5. 建立指标，衡量进度

从一致的跟踪和收集指标中获得的洞察力，有助于维持认同并证明数据治理计划的成功。指标还可以揭示流程和政策的有效性，并确定需要改进的领域。

6. 持续激励，加强参与

通过定期更新和分享组织的成果，有助于巩固必要的文化和流程变革，以实现长期成功。考虑引入基于激励的奖励机制，这样可以从数据治理计划中获得最大限度的收益。

1.1.3 数据治理与数据管理的区别

尽管数据治理和数据管理这两个术语经常互换使用，但两者还是有区别的。数据治理涉及整体企业数据战略，包括建立适当使用、处理和存储信息的策略，企业高管、利益相关者和数据所有者负责创建组织的数据治理愿景和框架。数据管理涉及用于执行数据战略的策略，确保数据在其整个生命周期内按照策略进行处理。数据管理还包括数据质量和安全、主数据管理和数据库操作等。数据所有者和数据管家负责实施和维护技术，并执行数据治理框架中的程序和政策。数据治理和数据管理协同工作，以确保企业数据仍然是有价值的业务资产。

1.2 数据治理的误区

企业数据环境复杂，数据类型多、产生速度快，数据量大，数据质量不高，数据人才匮乏，因此，如何发挥数据要素的作用和挖掘数据要素的价值成为企业关注的议题。然而，如果不能深刻地理解数据治理，在数据治理工作中就会陷入以下 10 个误区。

1.2.1 误区一：数据文化变革问题

1. 描述

数据治理最大的误区就是企业没有将文化变革纳为数据治理的一部分。到目前为止，这是最大的和最常见的问题，它最终可能导致数据治理计划彻底失败。常见的情况是，设计了一个非常好的数据治理框架，对组织来说是理想的，但它并不能实施成功，根本原因是没有解决文化变革方面的问题。

2. 影响

这样做的结果是：业务用户、利益相关者只是觉得数据治理是针对他们做的，而不是为他们做的或与他们一起做的。在这种情况下，他们往往会认为把要求他们做的事情做得越少越好，甚至什么都不做。简单地说，如果不解决文化变革方面的问题，就不能将数据作为一种资产进行管理，并意识到它的价值。由此可以得出一个结论：需要带着业务人员一起开展数据治理工作。

3. 如何避免

首先，需要与所有的业务利益相关者进行高质量的沟通。这意味着：要与不同的利益相关者群体就他们在数据治理实现中的角色进行不同的沟通，并确保对数据治理框架中的每个角色进行良好的培训。将这些人纳入数据治理团队是非常重要的，因为如果不解决文化变革方面的问题，数据治理计划将永远不会带来所希望的好处。

1.2.2 误区二：数据治理由 IT 驱动

1. 描述

数据治理成功的关键是让利益相关者对他们的数据拥有所有权，并在数据治理计划中发挥带头作用。一些陷入困境的企业通常由 IT 部门领导数据治理计划。出发点是好的。尽管 IT 部门不拥有数据，但他们理解不正确管理数据的负面影响，因此，他们往往是任何组织中第一个意识到需要适当进行数据治理的群体。企业经常让 IT 部门处理数据治理工作，因为他们混淆了基础设施和数据。如果所在的组织仍然认为 IT 部门拥有数据，那么分配 IT 部门运行数据治理计划似乎是合乎逻辑的，但事实上 IT 部门主导的数据治理计划很可能充满问题。真正的数据治理只有在拥有数据所有权时才会真正发生，而 IT 部门主导的项目会使这一点变得更加困难。

2. 影响

IT 部门主导的计划往往过于关注做数据清理之类事情的工具。这是可以理解的，因为企业倾向于从从事销售工具业务的 IT 供应商那里获得建议。问题在于，除非企业改变在入口点捕获数据的方式，否则数据的质量永远不会提高。

3. 如何避免

无论如何企业都需要认识到有必要拥有自己的数据，并负责数据治理计划。这通常说起来容易做起来难，可能需要一个来自组织外部的专家充当"催化剂"。外部专家可以促进不同业务部门之间的高层展开讨论，帮助企业了解这样做将能获取的利益，并增强他们掌握主动权的意愿。这当然是理想的场景，但企业至少需要明确与如何创建和管理数据相关的策略和过程。

1.2.3 误区三：数据治理成熟度问题

1. 描述

这个问题是关于不了解组织在数据管理方面的成熟度，更具体地说，是不了解组织在数据治理方面的成熟度。这确实涉及一个基本问题：是否已准备好进行数据治理。有时候是一个组织还没有准备好实施数据治理计划，即使已经准备好了，也可能不够成熟，不足以实现他们的最终目标。底线是，除非组织能够以正确的方式思考数据，否则全面的数据治理倡议很可能流于失败，因为必要的沟通和培训要么被混淆视听，要么被置若罔闻。

2. 影响

只有知道起点，才能规划旅程。如果不了解组织在数据治理方面的成熟度，可能会尝试引入组织没有准备或不需要的东西。当组织内部缺乏对数据治理成熟度的明确认识时，可以肯定地说，沟通将受到不利影响。与该计划相关的沟通应该在正确的时间向正确的人发出正确的信息，如果成熟度不明确，那么传达一个明确的信息将是困难的，并且可能会从那些对于计划的最终成功至关重要的人那里收到负面反应。

3. 如何避免

很明显，避免这个问题的第一种方法是评估当前数据治理方面的成熟度级别。这并不一定是一项代价很高的工作，因为有大量的免费资源可用。避免这个问题的第二种方法是明确希望通过数据治理实现什么。如果清楚自己的目标，就更容易明确利益相关者为了开展数据治理需要听到什么。一旦定义了组织进行数据治理的原因，包括利益相关者将如何从中受益，即可创建一份战略文档。这将确保每个参与者清楚地了解计划的目标是什么，以及该计划将如何积极地影响他们所在的组织，这无疑会激发他们交流的兴趣。

1.2.4 误区四：把数据治理作为项目

1. 描述

这是一个常见的问题，因为把数据治理作为一个项目对待似乎是合乎逻辑的。让利益相关者参与对成功实现数据治理计划并获得他们的支持至关重要，然而这并不是可以简化为任务列表的事情。因为一旦得到了利益相关者的认可，就会面临更大的挑战，进而改变态度、行为，甚至是改变数据管理的文化。事实上，数据治理是比传统项目管理更为复杂的东西。

2. 影响

当把一个数据治理计划作为一个项目进行管理时，似乎随着任务的完成而取得了进展。然而事实上，除非人改变，否则不会有实质性的改变。为了改变行为、态度和文化，必须赢得人心。当计划的成功是通过检查表上的可交付成果进行衡量时，这一点总是被忽略。如果不让利益相关者参与，将很难集成数据治理框架，从而使其成为正常的业务。如果没有利益相关者的支持，企业最终会回到过去的数据管理方式。简而言之，整个计划将完全是在浪费时间和金钱，随后重新实施数据治理的尝试将遭到利益相关者的抵制，因为他们会认为这是在浪费时间。

3. 如何避免

秘诀是将该计划作为不同工作流程的变革计划予以实施，一些人负责处理艰巨的任务，另一些人负责处理行为方面的问题。这意味着需要一个拥有不同技能的团队，如需要一个很好的促进者、一个软技能培训师、一个善于沟通和极具影响力的专家和一个善于协调的领导等，而一个人不可能同时拥有所有技能。变更计划应说明从当前情况到数据治理正常运行的过渡，应用组织变革管理方面的优秀实践，并分配一个现实的时间框架。在实施数据治理时，不能低估软技能的重要性，因为沟通和影响对成功实施数据治理框架是至关重要的。

1.2.5　误区五：与组织战略不一致

1. 描述

与组织战略不一致也是一个十分常见的问题，特别是在业务没有充分参与数据治理计划时。企业战略目标将推动企业的日常管理。除非利益相关者能看到数据治理是如何帮助他们实现战略目标的，否则在获得他们的认可并最终利用他们的影响力来推动文化变革方面不太可能有任何相关性。

2. 影响

如果不能展示数据治理倡议是如何帮助利益相关者的组织实现其整体战略的，就有可能让利益相关者认为这是在浪费时间。如果出现这种情况，他们很可能会尽其所能搁置或取消数据治理计划。他们总是把注意力集中在他们认为对实现战略目标很重要的事情上，并且会抵制任何他们认为无关紧要的事情。如果遇到了主要的利益相关者抵制，并且他们普遍认为数据治理计划没有增加任何真正的价值，那么最终的计划可能会面临失去资金的严重风险。可悲的是，这并不是夸大其词，实际上这种情况经常发生，很多人在实施数据治理的早期阶段就经历了这种惨痛的教训。

3. 如何避免

避免这个问题的关键是要明确为什么要实施数据治理计划，以及该计划如何帮助组织实现其战略目标。能够清楚地表达这一点，以确保对数据治理倡议的持续资助和支持是至关重要的。就业务变更而言，这有助于获得一个明确的结果，需要能够清楚而简洁地将此传达给业务的其他部分，他们想知道这个计划将如何帮助他们达到部门目标，以及需要为之付出多少努力。从数据治理成熟度模型角度理解组织所处的位置，将有助于确定应该期望的能够实现的目标。一旦确定开展数据治理的原因和方向，就可以更好地规划实现数据治理的路线及里程碑，以便度量进展。

1.2.6 误区六：忽视组织数据架构

1. 描述

对如何在组织中保存和管理数据需要有一个宏观的理解。它不需要过于详细，只要能从高级概念层面理解，就能够在有意义的时候添加细节。然而，如果做不到这一点，就意味着总是在寻求解决缺乏数据治理的症状，而不是找到产生数据问题的根本原因。

2. 影响

如果不理解数据和系统之间的关系，那么一旦系统中保存的数据发生变化，即使是出于正确的原因，也会产生负面影响，只是解决与数据问题相关的症状，而不是真正找到产生这些问题的根本原因。当在某个特定领域进行小的更改时，还会产生影响下游的后果，因为没有人理解数据用于什么及如何使用它，这可能会导致许多意想不到的影响，以致数据治理计划名声不佳。

3. 如何避免

避免这个问题的有效方法是在数据治理开始之前定义数据架构，可以分阶段实现这一点，这样就可以从对组织数据全景的高级概述开始。在进行任何更改之前，都应该进行某种形式的影响分析。永远记住，实现数据治理框架十分重要，但不能一次性解决，因为这个框架太大了，无法理解所有的事情。关键是要确定特定的阶段，对它们进行优先排序，并在整个阶段中更详细地研究它们。如果从定义最高的概念级别开始，然后向下定义细节，就可以处理重要的方面，而不是试图一次性记录所有内容。有时不需要文档，这样可以避免浪费宝贵的时间。建议考虑使用概念数据模型，这既是记录数据架构的一种方式，也是与企业交流数据治理的一种方式。

1.2.7 误区七：未能与业务有效融合

1. 描述

另一个常见的错误是未能将数据治理框架融入业务管理过程，这与将数据治理作为一个项目进行管理的错误有关。除非将数据治理框架有效地集成到组织中，否则任何好处都是短暂的。

如果数据治理框架没有成为业务中不可或缺的一部分，业务就会缓慢但肯定地恢复到以前的行为。

2. 影响

如果组织中未能嵌入数据治理框架，就不太可能实现人们数据管理方式的长期改变。虽然这可能会获得一些快速的胜利，但如果没有数据治理框架支持更改，可能需要多次尝试才能使更改坚持下来。组织经常多次尝试将数据框架嵌入他们的组织，这不仅惹恼了利益相关者，而且往往会最终导致失败。在进一步尝试之后，实现利益相关者的合作变得越来越困难，他们开始认为数据治理的倡议只是在浪费时间。

3. 如何避免

角色和职责是数据治理框架的关键部分。如果没有人负责嵌入框架，那么很可能就没有人去做了。必须确保角色和职责都得到了恰当的定义，并且已经为每个角色找到了合适的人。

如果不向企业解释清楚他们应该做什么及应该怎么做，那么定义角色和责任，以及找人来填补这些角色是没有意义的。这听起来并不难，但要确保记录的过程，并提供足够的指导，以便每个人知道他应该做什么。相对来说，编写框架文档、起草角色和职责、绘制好看的流程图都是比较容易的，实现才是数据治理计划中最难的部分。数据治理计划需要领导层支持，以确保数据治理框架工作顺利完成。这可以分配给一个被称为数据治理经理的人，甚至可以分配给整个团队。

1.2.8 误区八：采用颠覆式方法

1. 描述

这里所说的颠覆式方法是指尝试通过一个主要的计划实现与数据治理框架相关的所有事情。例如，业务用户在开展日常工作时，如果所有与工作相关的事情都一次性发生了巨大变化，你会做何感想？相信这种感觉并不好，并且压力很大。因此，颠覆式方法很难带来长期的成功。

2. 影响

运用颠覆式方法的结果是，很可能会因为最初的计划太大而无法启动，或者业务用户太专注于他们的日常工作,所以通过给他们的盘子加载太多的任务,会导致与他们议程上的其他优先事项冲突。简而言之,让人们抽出时间开始工作将是一场艰难的斗争。颠覆式方法迅速将数据治理变成一个无疑需要大量时间和资源的主要项目,让它听起来比实际更可怕,这可能会阻碍获得所需的资源和资金实现更高层次的战略目标。请记住,不应该因为有人告诉你这是一个好主意而进行数据治理。

3. 如何避免

当涉及实现时,可以采取结构化的方法避免这种错误。在明确为什么要进行数据治理及希望它为组织实现什么目标时,首先,请后退一步,遵循一种有条理的方法;其次,可以通过数据治理计划执行。记住,永远不要低估这将花费的时间,一旦有效地明确了数据治理策略,并将其与组织战略相结合,就可以很好地定义阶段,这应该与组织的优先级相关。

1.2.9 误区九:遵从评估项的方法

1. 描述

如果实施数据治理的压力来自监管机构,那么,企业会很有可能考虑让监管机构满意的绝对最低要求。这是一个很大的错误,因为从长远来看,这些组织不但最终会比他们一开始就正确实施数据治理做更多的工作,而且会错过改善数据管理实践所带来的所有业务好处。

2. 影响

数据治理的复选框方法通常以任务为中心,完全忽略了相关人员。他们会列出需要完成的事项清单,并在任务未完成时发出警示。人们走过场是因为他们必须这样做,他们看不到日常工作的真正好处。因此,在组织中嵌入数据治理框架是十分困难的,因为这个框架将总是追踪人们,以确保他们遵守了规则。监管机构因改变目标而为人诟病,因此,如果没有将数据治理框架嵌入组织,那么每次当他们改变法规和更新检查表时,都可能会回到起点,这意味着要执行新的检查表。

3. 如何避免

从一开始就考虑将监管要求作为驱动因素,但不要将行动的范围限制在最低限度，想想如何能满足规定，并获得一些商业利益。如果采用良好的数据治理原则，应该能够遵从数据治理框架提出的任何内容，而商业利益将只是已经在做的事情的副产品。在最坏的情况下，将不得不进行一些小的调整，而不是从头开始。准备好基本数据治理框架，并同时向所有数据所有者概述范围。这不仅涉及需要满足法规要求的数据所有者——首先要让整个组织支持数据治理倡议，让他们习惯这个想法，并强调如果他们接受这个改变可以期待的商业利益。

1.2.10 误区十：认为有了工具就能实现数据治理

1. 描述

现在市场上有很多工具可以帮助组织实现、管理和支持数据治理，使其成为业务中不可或缺的一部分。但是，不要误以为这些工具是实现良好数据治理重要的组成部分。

2. 影响

如果整个数据治理计划都围绕着一个工具，那么企业就不太可能参与进来，因为他们会错误地认为这个工具会为他们做所有的工作。但仍然需要让利益相关者参与这个过程，因为如果没有他们的支持，整个计划很可能会失败。除非整个业务在一开始就签署了数据治理协议，否则该工具将无法工作。工具不减轻人们的任何责任，相反，工具应该被定位为使人们更容易执行其数据治理职责的工具。最终，导致数据治理计划碰壁的并不是工具。当太多的注意力集中在工具上，而太少的注意力集中在获得利益相关方支持和变更管理上时，计划就失败了。

3. 如何避免

答案是在实现数据治理时采用结构化方法。在开始考虑潜在的工具之前，请确保完全理解在做什么及为什么要这样做。为了最大限度地利用工具，应该清楚地了解将使用工具做什么。起草数据治理框架，将其作为实践的一部分，考虑组织在理解数据治理方面是否足够成熟。事实上，现在开始考虑工具可能还为时过早。做所有已经提到的事情，提高业务主动性，如果决定使用工具，记住这些工具并没有避免在实现组织变革方面的任何责任。

1.3 数据治理的趋势

数据治理是企业级的工程，需要开展数据架构管理、元数据管理、数据模型管理、数据资产管理、数据标准管理、数据质量管理、数据安全管理及数据全生命周期管理，还需要建立数据管理的治理体系，包括组织、制度、流程、工具及保障体系。因此，只有建立高效、全面、协同的数据治理体系，才能使数据可发现、可获得、可理解、可使用，才能发挥数据治理对于企业的作用。在实践中，结合数十个大型组织数据治理实践经验，可发现以下八大数据治理趋势。

1.3.1 趋势一：数据治理要从企业级视角出发加强总体规划

基于企业战略的数据治理体系规划是大型集团数据治理建设的重要趋势。首先，开展"应用+治理+平台"的规划；其次，建立企业级的数据治理体系，包括组织、制度、流程，并整合企业现有数据技术体系，建设统一的数据基础设施；最后，结合企业当前急待开展的应用，配套进行数据治理工作，打造数据管理能力体系。

1）在规划阶段，数据应用场景、数据治理场景是核心。数据治理要想体现价值，就要提供基于应用场景的支撑。例如，设备预防性维修的场景，要关注数据采集方面的标准、数据存储方面的安全、数据加工方面的质量、数据应用方面的共享。因此，要把数据治理工作与整个价值场景结合起来开展。设备运行效率提高，非故障停机率降低，维修成本减少，生产效率提高，产能保证，这些也是数据治理成效的体现。数据治理就是要实现数据管理能力的打造，因此，要考虑哪些场景下哪些数据管理能力会提升，要制定长期目标和短期目标，保证数据管理能力顺利形成。

2）在治理体系建设阶段，数据治理运营模式的选择是核心。常见的数据治理运营模式有分散式、集中式和联邦式，每种运营模式有各自的优缺点和适应场景。选择数据治理运营模式时，要考虑企业自身的数据文化、管控模式和人才结构，企业对数据价值的定位，有没有使用数据决策的文化氛围和底蕴，企业是战略管控、财务管控还是操作管控，企业中有没有懂数据管理和治理的人才等。总之，构建数据治理运营模式需要因地制宜。

3）在数据基础设施构建阶段，数据底座的选择是核心。尤其是还没有建设数据仓库的企业，是上数据仓库、大数据、数据中台还是数据湖；上了数据仓库是否还要建设数据中台、数据湖；有了数据仓库和数据湖，到底以哪个为应用核心等。这些成为企业信息部门大大为之困惑的问题。那么如何选择？切记不要跟风。首先，要明确数据仓库的作用和应用场景，以及数据湖的作用和应用场景，它们存储的文件类型、数据加工方式、应用场景等均有不同。现在经常听到的话题就是企业上了数据湖，既存储了与业务相关的结构化数据，又存储了声音、图片、文档、视频乃至流数据等非结构化数据，一方面是不知道怎么用，另一方面是没法用，背离了数据价值实现的初衷。因此，在构建数据基础设施时，要考虑企业信息化发展的情况、数据应用的情况、业务的需求情况等，制定基于业务价值场景实现的分阶段数据基础设置建设路径。

4）在数据分析、价值实现阶段，考虑的核心问题是如何发挥数据治理的持续作用。很多企业的困惑是，不成立组织，感觉数据治理无法协调、无法推进，成立了组织又不知道干什么、从哪里开始干。实际上，数据治理并不是一项孤立的工作，而是要嵌入信息化项目建设过程。例如，在每个信息化项目中要配置数据治理的角色，从数据质量、数据安全、数据标准和数据应用等方面进行监控，也就是要求每个信息化项目遵循企业的数据管理规范和标准的要求，这样从立法监督到标准执行就会形成良好的协同机制。也就是说，数据治理工作只有和与数据相关的项目建设融合到一起，才能持续体现数据治理的价值。

1.3.2 趋势二：企业必须建立企业级的数据标准体系

目前来看，建立企业级的数据标准体系是很多企业亟待进行的重点事项。数据标准的建设要考虑业务架构、数据分类、数据生命周期管理及国内外优秀实践案例几个要素。

1）从数据标准建设范围来看，要建立覆盖企业全部业态的数据标准，包括战略层、经营层和生产层。数据标准涉及数据交换、数据模型、数据质量、元数据、数据应用等方面，在建设数据标准时要统筹全局考虑。

2）从数据标准分类范围来看，要建立包括分析数据标准、交易数据标准、主数据标准、参考数据标准和时序数据标准等的数据标准。也就是说，从企业的数据分类来看，每一类数据均应该有具体且可行的数据标准作为应用和共享的支撑。

3）从数据生命周期管理来看，包括数据采集、数据传输、数据存储、数据应用、数据开放共享、数据归档和数据销毁等覆盖全生命周期的数据标准。没有标准就没有管理，因此，数据生命周期的每一个阶段均要有具体的管理标准与之对应，这样才能保证在数据在整个生命周期中是受管控的。"让数据在牢笼中发挥作用"就是这个意思，因为数据不但意味着价值，而且意味着风险。

1.3.3 趋势三：企业亟须构建基于闭环管理的数据质量体系

数据价值取决于数据质量，这在企业中尤其明显。当前，企业的数据应用大多集中在统计报表、趋势分析、数据挖掘、投资决策和数字化运营，且使用的数据主要是系统或者设备或者人工产生的结构化数据，一旦数据质量达不到要求、统计不准确、分析有错误，就不能为业务部门和管理部门提供数据赋能，甚至还有可能引导做出错误的决策，给企业带来不可估量的损失。因此，企业数据质量的提升是数据价值的重要基础。数据分析专家在演讲或写作时经常提到一句话：Garbage in，Garbage out（垃圾进，垃圾出），意思是用不好（或不对）的数据做分析，会产生糟糕或无用的结论。因此，要建立一套包含质量规则制定、数据质量检测、数据质量分析等内容的数据质量管控的生命周期闭环体系。从发现问题、分析问题到改进问题、验证问题形成良好的机制，通过对数据质量的管理，持续优化数据质量，提升数据资源的业务价值，从而支撑企业业务运行、管理分析和领导决策优化。

1.3.4 趋势四：亟须构建基于法律法规遵从的数据安全体系

2021年，我国发布了《中华人民共和国数据安全法》（以下简称《数据安全法》）和《中华人民共和国个人信息保护法》（以下简称《个人信息保护法》），足以看出国家对数据安全的高度重视。之前有国外企业没有遵循个人隐私保护法规，因泄露公民隐私而遭受重大惩罚的案件；现在又有我国某些人员因泄露军事机密、泄露相关数据影响国家安全接受审判的案件。也就是说，在数据日益丰富的今天，数据安全成为社会关注的焦点。

数据安全管理就是通过计划、制定、执行相关安全策略和规程，确保数据和信息资产在使用过程中有恰当的认证、授权、访问和审计等措施。有效的数据安全策略和规程要确保合适的人以正确的方式使用和更新数据，并限制所有不适当的访问和更新数据。

企业中一般业务部门主要负责数据安全定级及访问授权，并配合数据安全组织保障体系的建立，参与相关加密、脱敏规则制定，信息管理部门及技术人员负责具体落实审查和执行。

因此，从企业整体层面看，数据安全包括以下几个部分：数据安全策略，实现数据的分类分级及定级；数据安全措施，包括加密、脱敏、授权访问控制、监控审计；数据安全技术，包括防护技术、加密技术、脱敏技术等；数据安全组织，包括组织机构、制度流程、人员能力等。同时，数据安全要贯穿数据生成与采集、数据传输、数据存储、数据处理、数据交换和数据销毁等全生命周期。尤其是秘密数据的物理销毁，一定要有监督机制。

1.3.5 趋势五：构建基于战略价值实现的数据指标体系

指标从某种意义上反映了企业运行的健康情况。企业要想了解自己的运营状况就要时刻监测相关指标，如财务指标、销售指标、生产指标和采购指标等，遇到风险时要预警，以便及时调整应对风险。

那我们遇到的问题是什么？每个部门和业务线的指标都很好，企业整体指标却没有那么好。之所以会发生这种情况，就是因为指标是为每个部门单独构建的，没有形成联动反馈机制。例如，销售指标的变化并不能反馈到研发、生产、采购、供应和财务等环节。换句话说，销量的增加会影响产能、影响采购计划、影响采购资金、影响企业整体利润，那么销量大就一定赚钱吗？生产能跟上吗？有足够资金采购原材料吗？能按时交货吗？

构建基于战略价值实现的数据指标体系是企业实现动态决策、加快数字化转型的基础。也就是说，在进行指标体系建设时，调研梳理环节、口径标准制定环节、指标建模环节和指标体系构建环节都要紧紧围绕企业的发展战略，自上而下从企业战略、业务战略、板块战略层层分解，自下而上梳理的基础指标、复合指标、衍生指标都要与战略紧密联系在一起。只有这样才能让指标数据和企业发展有机关联，数据孪生、元宇宙也是如此，也就是数字世界必须与物理世界形成融合，才能实现智慧企业。

1.3.6　趋势六：加速构建从需求到价值实现的数据运营链条

当前，很多企业数据消费者的痛点是如何寻找数据、获取数据和使用数据：一是不知道需要哪些数据；二是知道需要哪些数据却苦于无法获得；三是即使获得了数据也无法知道数据的准确含义。究其原因，是数据价值的两端出现了鸿沟。数据的采集和数据的使用是数据价值的核心，因此，企业需要构建从需求到价值实现的数据运营链条，建立数据需求和价值实现之间的桥梁。

目前，很多大型集团开始加速构建数据共享和数据服务机制，从满足业务部门的数据应用需求出发，通过对需求的收集和管理、数据类应用项目的立项，到需求分析、数据应用的设计开发，自己数据资产的使用、积累，再到测试验收部署，最后到下一次的需求提报，整体形成迭代推进的闭环。有了高效的机制，便加速了数据价值的变现。

1.3.7　趋势七：构建基于治理的一体化数据资产价值实现平台

数据价值的实现离不开技术平台的支撑，就像必须对石油进行加工才能形成汽油一样，数据这种原料也需要被加工才能产生更大的价值。这就需要企业搭建支撑数据全生命周期管理和价值实现的综合平台。

当前，很多企业开始基于典型的数据治理框架，即DAMA数据管理知识体系或DCMM数据管理能力成熟度评估模型，构建一体化的数据治理及资产平台，其功能涵盖数据治理的各个领域，同时实现数据价值，包括数据架构、数据建模与设计、数据存储与操作、数据安全、元数据管理、数据集成与共享、文档和内容管理、参考数据和主数据、数据质量、数据仓储与商务智能、大数据与数据科学等功能模块。

有些企业数据治理开展得比较早,分别建立了主数据、数据质量、数据安全、数据仓库等系统,随着数据复杂度和环境的变化,发现这些工具或系统之间难以集成并形成综合效应。因此,对于正在进行数据治理的企业来说,如果是这种情况就要考虑各数据管理功能之间的逻辑整合,不要让数据治理本身产生更多的孤岛。

1.3.8 趋势八:强化数据要素生产力动能转换体系

生产要素通常是指进行社会生产经营活动时所需要的各种社会资源,是维系国民经济运行及市场主体生产经营过程所必须具备的基本因素。土地、劳动力、资本、技术等传统生产要素已被广泛认同,不可或缺。当前,数字化、智能化趋势下的新一代信息技术与实体经济深度融合,新模式新业态持续涌现,数字经济正在成为推动发展的新引擎,数据也日益成为驱动经济发展越来越重要的新生产要素,对整个社会的影响显著且深刻。

数据通过更为科学理性的方式,分析行为、判断方向、预测结果,超越了过去更依赖经验与直觉的生产生活方式,围绕数据要素开展利用将成为企业提高核心竞争力的关键因素。现今,企业资源优化配置的科学性、实时性、有效性来自把正确的数据在正确的时间以正确的方式传递给正确的人和机器,这是数据流动的自动化。只有数据这种生产要素高效地流动起来,才能形成数据价值生态。

综上所述,大数据时代,企业需要打造业务领域、合作伙伴、社会团体等的"数据枢纽",统筹考虑现有数据技术体系,实现内外部数据的集中集成、高效治理、共享互通,支撑各类数据应用的"百花齐放",打造"共享共赢"的数字化生态圈。

第 2 章　数据战略

2.1　数据战略概述

数据战略是顶层设计，而不是实施细节。它不是"我们如何详细地管理数据及管理的各个流程"，而是"我们要管理数据及要管理的数据领域"。同样，它不是"这是数据模型"，而是"我们需要数据模型"。

大家经常讨论数据治理和数据质量，但是很少讨论数据治理实施的首要工作——数据战略。许多组织在为数据战略的概念而挣扎，更不用说创建了。下面将描述数据战略并给出制定数据战略的方法。

许多组织一看到"数据"这个词，就要求 IT 部门制定数据战略。IT 部门通常也不了解这个概念，所创建的数据战略基本上是对未来 5 年数据应用的期望列表。这是错误的方法，这不是数据战略。数据战略应该始终由业务驱动。那么，为什么需要数据战略？从哪里开始制定数据战略？数据战略包括哪些内容？

2.1.1　数据战略的作用

组织内的每一个业务和管理过程都依赖数据，全球各地的组织每天都要采集、整理、转换、展现和利用数据。在一个组织内，数据首先从业务单元通过无数的信息存储流向财务规划和报告，最后流向决策机构和监管机构。数据是组织的生命线。

拥有数据战略是使组织内的整个数据生态达到最佳状态的第一步，也是最重要、最基本的一步。如果数据不正确，就有可能根据不正确的数据做出错误的决定，从而导致对组织的损害和股东价值的损失。数据战略是在正确的时间、正确的地点获取正确的信息，它也关注管理数据风险。众所周知，一个数据匮乏的组织不知道自己在做什么，一个不知道自己在做什么的组织已经失控了。

2.1.2 数据战略的依据

实际上，制定数据战略的切入点很简单——组织愿景。组织愿景描述了组织在未来 5~10 年的发展方向。所有的组织都有愿景，可能是"我们希望占有 25% 的市场份额"，或"我们希望拓展到网络经济领域"，或"我们希望营业额比现在提高 30%"，或"进入具有重要战略性的市场"等。当然，所有这些都是商业愿景，涉及业务目标，并由业务度量来衡量，如营业额、每股收益、利润率等。愿景是组织方向的起点，并为组织战略提供信息。

组织战略是制定数据战略的基础。例如，一个更好的收购目标，虽然可以直接从企业愿景出发，但从企业战略出发更容易。企业战略应该更详细地解释组织将如何实现企业愿景。这是一个指导如何实现宏伟的愿景，同时根植于现实，并详细说明实现的策略、措施和过程。

2.1.3 数据战略的关键

确定组织愿景后，更重要的是学习和了解组织职能、运营模式和已存在的数据架构。需要先了解是什么、怎么样，以及为什么一切都在正常工作，然后才能知道组织的数据需要去哪里。

制定战略需要数据。在这种情况下，关键是弄清楚有哪些信息、为何需要这些信息、组织将如何处理这些信息，以及这些信息将如何帮助企业。为此，需要一个既懂业务又懂技术的专家，一个跨业务、数据和 IT 领域工作的人员，他们能够将这些线索编织在一起，以创建支持组织愿景的数据战略，通常最恰当的人就是企业的首席数据官（CDO）。

2.1.4 数据战略的内容

数据战略不仅需要涵盖组织的数据需求，还需要包括组织将如何关注数据。例如，它将如何管理和应用数据，如何确保数据的安全，如何确保数据的质量，以及如何确保数据的完整性。这是一个非常广泛的范围，典型的数据战略包括以下内容：

- 背景
- 适用范围
- 战略目标
- 数据需求
- 数据原则
- 数据治理
- 数据政策与实践
- 数据全生命周期管理
- 数据架构
- 数据质量
- 数据安全
- 协作机制
- 学习与发展

以上并不是数据战略所有规定性的内容，数据战略应针对组织自身情况进行调整，对于数据战略来说，以上内容可能多也可能少，仅供参考。

2.2 数据战略关键问题

无论是阿里巴巴、腾讯这样的数据巨头，还是一家名不见经传的小型企业，智能化业务都是从战略开始的。如今，无论是大企业还是小企业，都需要一个可靠的数据战略。组织利用数据的方法多种多样，但大体上可以分为两类：第一类是使用数据改善现有的业务，辅助做出业务决策；第二类是使用数据支持日常业务操作。

实际上，大多数组织希望改进他们的决策，并从中吸取教训。但是，如果要使用数据，则必须从数据战略开始。收集什么样的数据及如何分析这些数据将完全取决于期望实现的目标，所以需要在一开始就考虑到这一点。拥有数据战略有助于整个流程更顺利地运行，并为数据项目的开展和实施做好准备。

让企业关键的利益相关者和决策者参与进来，将有助于创建更好的数据战略，而让他们在早期关键的阶段介入意味着他们以后更有可能充分利用这些数据。与其他业务改进过程一样，数据战略可能会在过程中发生变化或演变。人们可能会发现，数据指向了想要探索的新问题，或者导致了对现有数据战略的修改。如果发生这种情况，需重新审视数据战略，依次重新评估下面的每一点。一个好的数据战略应该能回答以下 6 个关键问题。

2.2.1 需要解决什么问题

与其从已经拥有的、可能获得的或希望拥有的数据本身开始，不如从组织的目标开始。不然，为什么还要费心收集那些无助于实现业务目标的数据？想想未来几个月或未来几年需要制定的战略重点。首先定义想要达到的目标，然后思考需要回答的重大问题来实现这个战略。简而言之，应先找出需要通过数据实现的目标，如想接触更多的客户、更好地了解目前的客户，或者决定在哪些方面为客户提供更好的服务。

2.2.2 需要哪些数据

在大数据时代，更重要的是要小心谨慎。笔者最近与世界上最大的石化企业之一合作，在与领导小组进行会谈之后，首席执行官去见了数据团队，告诉他们不要再建立世界上最大的数据库，而是建立最小的数据库，帮助企业回答最重要的问题。这的确是一种查看和使用数据的好方法。

首先看看已经确定的每一个问题，然后想想回答这个问题需要的核心数据。一旦定义了核心数据，就可以查看组织内部和组织外部的数据，确定可以访问哪些数据。但请注意，只有知道需要什么样的数据，才能知道在哪里寻找它及如何收集它。

2.2.3 如何分析这些数据

一旦组织清楚信息需求和所需数据，就需要定义数据的分析需求，即如何将这些数据转化为能够帮助回答问题和实现业务目标的见解。

传统的数据收集和分析是一回事，如销售交易、网站点击等，但数据的大部分潜力在于非结构化数据,如电子邮件对话、社交媒体帖子、视频内容等。将这些杂乱而复杂的数据与其他更传统的事务数据相结合是很多价值所在,但必须有一个数据分析计划。

2.2.4 如何呈现这些数据

如果数据中的关键见解没有以正确的方式呈现给正确的人以帮助决策,数据就毫无用处。充分利用数据可视化技术,努力以用户友好的方式突出显示关键信息,将有助于数据得到良好应用。

在这个阶段,数据消费者也许是最重要的。因此,在这一步中,需要定义如何将见解传达给数据消费者或决策者,需要考虑哪种格式是最好的,以及如何使见解尽可能直观。还需要考虑是否需要交互,即业务中的关键决策者是否需要访问交互式自助服务报告和仪表盘。

2.2.5 需要哪些软件和硬件

从定义所需的数据如何将其转化为价值及如何将其传达给最终用户开始,就需要定义软件和硬件需求,如现在组织的数据存储技术是否适合,是否应该辅以云计算、大数据、数据中台等解决方案,目前组织拥有哪些分析和报告功能,还需要哪些功能支持等。

2.2.6 是否具有可行性计划

确定上述各种需求之后,便可定义一个将数据战略变为现实的行动计划。与任何行动计划一样,将数据战略变为现实的行动计划也包括关键里程碑、参与者和责任。创建数据战略后,第一步是向组织中的人员提出一个强有力的数据业务场景,有效地说服他们使用数据的优点,并将收益与业务关键绩效指标联系起来;第二步是确定组织内部的培训和发展需求,并认识到可能需要外部帮助的地方。

很多成功实施数据战略的组织都认为能够回答以上这 6 个问题的是简单直观的数据战略制定方法,并且可以吸引组织中的关键决策者参与。

2.3 制定数据战略步骤

数据战略要实现什么样的目标、价值,应该如何向利益相关者描述,尤其是来自业务部门的利益相关者,以激发他们的热情,让他们有效地参与进来,这些都是制定数据战略需要解决的关键问题。

2.3.1 数据战略目的

数据战略应该描述数据如何有效支撑组织愿景和战略的实现,以及数据战略最初是如何从组织战略派生出来的。这与 DAMA 数据管理知识体系中的描述是一致的:"数据战略必须来自业务战略中对数据需求的理解,这些数据需求驱动数据战略。"这一描述虽然清楚地表明了数据战略应以业务需求为导向,但没有回答"为什么 CFO、COO 应该关心这个问题"。

数据战略是业务和 IT 之间的桥梁,这一点至关重要。与业务相关的目标应该写入数据战略,并且这些目标应该清楚地说明数据战略将如何支持整个组织。

2.3.2 数据战略示例

每个组织的情况不同,数据战略也不一样。下面列举几个例子,这些描述可以用来以更面向业务的术语促进数据战略实现,也可以在数据战略中用作高级目标。

1. 组织的发展是一系列相互关联的决策实施的过程

向客户销售什么产品,是否需要投资,是否需要扩张,是否关闭分支机构或选择新的供应商等,每一个决策均需基于数据的支持。数据质量越高、数据越准确,决策的正确性就越好。数据战略需要采取的行动是确保在正确的时间提供最优质的数据,以使组织的决策尽可能好。

2. 组织是客户数据的保管人

这些数据是客户委托给我们使用的,所以我们可以为他们提供产品和服务。客户相信我们能够保证这些数据的安全性和隐私性,并适当地使用它们。

因此，数据战略就要定义如何保障客户数据的安全性和隐私性。

3. 组织需要管理各种风险

为了有效地管理风险，组织需要拥有关于风险的性质和发生概率的优质数据，以及如果风险成为现实，组织将遭受何种程度的损失的数据。因此，数据战略必须关注数据的质量，并在需要的时间和地点提供数据，这使组织能够更好地理解和管理风险。

4. 组织需要有效地管理企业

组织需要了解自己在哪些方面竞争力强，以及可以在哪些方面进行改进。如果没有关于组织内部运作效率和效力的数据，组织就无法做到这一点。执行组织的数据战略有助于管理层理解和管控组织。

5. 组织需要满足监管要求

监管机构希望组织遵守适用的法规，政府希望组织遵守当地法律及其所属国际机构应遵守的法律。此外，监管机构可能会要求组织向他们发送有关业务的详细信息，这些信息需要及时、准确。因此，数据战略就要进行有效的保障，使组织提供的数据更符合监管机构的要求，并证明组织正在做合规的事情。

6. 组织需要共享数据以发展

数据战略需要确保组织的员工在工作中需要数据的地方，数据能够被提供、易于查找和使用，并且不受科层制壁垒或繁文缛节的阻碍。同样，数据战略需要确保在数据敏感的地方数据不被不当使用。因此，数据战略需要描述如何支持数据的共享，并描述安全实现此目的的最佳方法。

7. 数据是日常运营和信息世界之间的桥梁

为了充分利用信息资源，业务部门和技术部门需要相互理解和合作。数据战略将促进学习和合作，以便双方能够为一个共同的目标而努力。

上面的例子说明了数据战略的重要性。其实，在组织中制定数据战略目标或目的的好方法是不断尝试和优化，将数据战略交给业务部门，并询问他们是否对正确获取数据充满激情。如果答案是否定的，就要重写数据战略。否则，数据治理之路将很艰辛，并且永远无法达到目标。

2.3.3 数据战略价值

数据战略中最受组织关注的是"价值"部分。这并不需要很长的篇幅阐述，用言简意赅的语言阐述数据战略价值即可。下面是描述数据战略价值的示例：

- 提高客户满意度
- 辅助组织更好地决策（包括高层管理和董事会）
- 提高对生产力和绩效的支持度
- 增强对法规的遵从性
- 明确数据责任
- 提高运营效率，增强盈利能力
- 更好的风险管理
- 加深对数据给组织带来的挑战和机遇的理解，使数据资产发挥最大的作用

上面描述的数据战略价值可以增强业务部门的参与性。任何数据战略都应包含激发业务部门感兴趣的方面，能让他们想参与，能让他们关心数据。

获得正确的数据是每个人的责任。受数据影响最大的往往是那些参与度最低的部门和人员。让他们参与进来并不是他们的工作，因为他们已经很忙了，让他们参与进来是数据治理工作者的责任。

2.3.4 创建数据战略的步骤

数据战略可以由组织内部团队编写。不过，如果组织有大量的数据和系统，或者想要第三方合作伙伴提供客观的视角，就要考虑聘请外部顾问。制定数据战略的步骤如下：

1）与业务用户和领导沟通数据治理的价值。如果组织目前没有数据治理，可能需要建立一个业务案例。考虑当前情况下的成本，以及如果组织有数据治理可能节省的成本。

2）建立一个数据治理团队。内部团队可以帮助管理数据治理，并帮助确保跨部门支持。

3）评估IT部门和业务操作中数据治理的当前状态。

4）确定角色和职责。责任分配矩阵（RACI矩阵）可以帮助确定谁负责、谁批准、咨询谁，以及谁应该了解变化。

5）收集利益相关者的需求，包括数据挑战、对数据战略的期望、对数据的需求。这可以通过访谈、会议和非正式对话的方法实现，建立关键利益相关者的期望、愿望和需求。这样做有两个目的：一是得到有价值的输入；二是确保有开展的机会。

6）了解数据战略对不同利益相关者类别的影响。这将帮助进行战术执行，包括如何激励利益相关者参与、采用和遵守策略。

7）起草数据战略，并要求关键的利益相关者审查并批准。

8）将数据战略传达给利益相关者。在选择沟通方式时，要考虑他人的学习和沟通偏好，可以是会议和培训、一对一的对话、录制的培训视频、现场交流等。

9）讨论潜在的技术需求，以及可以重新利用哪些现有的IT工具支持和实施新的数据治理策略。

10）制定绩效指标和监控战略执行情况的方法。

11）定期回顾数据治理绩效。衡量结果并与所有利益相关者分享快速的胜利。这提高了战略的重要性，并促进其持续开展。

12）定期回顾数据战略以保持其业务相关性、时效性和有效性。保持数据战略是最新的。定期检查数据治理策略，以确保它反映了组织和利益相关者的当前需求。

2.4　数据战略核心要素

数据作为新的生产要素，被提高到组织的战略层面。大多数组织认为数据是重要的战略资产，但对于如何发挥数据要素的生产力作用、数据资产如何为企业创造价值有些无从下手。这就是数据战略要解决的问题，如企业怎样看待数据资产、数据的价值如何定位、对数据价值的期望是什么、数据又如何为企业战略和模式创新赋能等。因此，组织要想管理好数据资产，体现数据要素的战略性价值，就要制定组织的数据战略。

当前对于数据战略的基本共识是：数据战略不是数据项目集合，数据战略不是实施策略，数据战略更不是项目实施计划。数据战略属于战略层而不是执行层，这是定位；数据战略是可执行的而不是摆着看的，这是要求；数据战略是动态变化的而不是一成不变的，这是与时俱进。

关于如何制定数据战略，数据战略规划的关键要素是什么，可谓众说纷纭，仁者见仁、智者见智。下面从 DAMA 数据管理知识体系、DCMM 数据管理能力成熟度评估模型、DGI 数据治理框架 3 个方面对数据战略的要素进行分析，提取数据战略规划的关键要素。

2.4.1　DAMA 数据管理知识体系中的数据战略

数据治理的定义是在管理数据资产的过程中行使权力和管控，包括计划、监控和实施。在所有组织中，无论是否有正式的数据治理职能，都需要对数据进行决策。建立了正式的数据治理规程及有意向性地行使权力和管控的组织，能够更好地增加从数据资产中获得的收益。

数据治理职能是指导所有其他数据管理领域的活动。数据治理的目的是确保根据数据管理制度和优秀实践正确地管理数据。而数据管理的整体驱动力是确保组织可以从其数据中获得价值，数据治理聚焦于如何制定有关数据的决策，以及人员和流程在数据方面的行为方式。

1. 定义数据治理运营框架

开发数据治理的基本定义很容易，但是创建一个组织采用的运营框架可能很困难。在构建组织的运营框架时需要考虑以下 4 个方面：

1）数据对组织的价值。如果一个组织出售数据，显然数据治理具有巨大的业务影响力。将数据作为最有价值事物的组织将需要一个反映数据角色的运营模式。对于那些把数据当作操作润滑剂的组织，数据治理形式就不那么严肃了。

2）业务模式。分散式与集中式、本地化与国际化等是影响业务发生方式及如何定义数据治理运营模式的因素。与特定 IT 策略、数据架构和应用程序集成功能的链接，应反映在目标运营框架设计中。

3）文化因素。就像个人接受行为准则适应变化的过程一样，一些组织也会抵制制度和原则的实施。开展治理战略需要提倡一种与组织文化相适应的运营模式，同时持续地进行变革。

4）监管影响。与受监管程度较低的组织相比，受监管程度较高的组织具有不同的数据治理心态和运营模式，可能还与风险管理或法律团队有联系。

2. 制定目标、原则和制度

依据数据战略制定的目标、原则和制度将引导组织进入期望的未来状态。通常由数据管理专业人员、业务策略人员在数据治理组织的支持下共同起草数据治理的目标、原则和制度，由数据管理专员和管理人员审查并完善，最终由数据管理委员会（或类似组织）进行终审、修订和发布采用。

管理制度可能包含多个不同方面的内容，如：

1）由数据治理办公室（DGO）确认组织需要的数据。

2）由数据治理办公室（DGO）批准成为业务拥有者。

3）业务"域长"委派数据管理专员协调业务领中的数据治理活动。

4）尽可能地提供标准化报告、仪表盘或计分卡，以满足大部分业务需求。

5）认证用户将被授予访问相关数据的权限，以便查询即席报表和使用非标准报告。

6）定期复评所有认证数据，以评价其准确性、完整性、一致性、可访问性、唯一性、合规性和效率等。

3. 推动数据管理项目

改进数据管理能力的举措可为整个企业带来好处。这些通常需要来自数据治理委员会的跨职能关注和支持。数据管理项目很难推动，它们经常被看作"完成工作"的障碍。推动数据治理项目的关键是阐明数据管理提高效率和降低风险的方法。组织如果想从数据中获得更多价值，则需要有效优先发展或提升数据管理能力。

数据治理委员会负责定义数据管理项目的商业案例监督项目状态和进度。如果组织中存在项目管理办公室，数据治理委员会要和数据管理办公室协同工作，数据管理项目可视为整个IT项目组合的一部分。

数据治理委员会还可以与企业范围内的大型项目集配合开展数据管理改进

工作。例如，通过实施主数据项目可以减轻企业资源计划（ERP）、客户关系管理（CRM）及电商平台数据治理和数据标准化的压力。

4. 参与变革管理

组织变革管理是进行组织管理体系和流程变革的管理工具。变革管理研究所认为，组织的变革管理不仅是"项目中人的问题"，还应该被视为整个组织层面管理改良的一种途径。组织经常面临管理项目上的变迁而不是管理组织体系进化（Anderson 和 Ackerson，2012）。成熟的组织在变革管理中建立清晰的组织愿景，从高层积极引导和监督变革，先设计和管理较小的变革尝试，再根据整个组织的反馈和协同情况调整变革计划方案。

对很多组织来说，数据治理所固有的形式和规则不同于已有的管理实践。适应数据治理需要人们改变行为和互动方式。对于正式的管理变革项目，需要有适合的发起者，这对于推动维持数据治理所需的行为变化至关重要。

5. 参与问题管理

问题管理是识别、量化、划分优先级和解决与数据治理相关问题的过程，包括：

1）授权。关于决策权和程序的问题。

2）变更管理升级。升级变更过程中出现问题的流程。

3）合规性。满足合规性要求的问题。

4）冲突包括数据和信息中冲突的策略、流程、业务规则、命名、定义、标准、架构、数据所有权，以及冲突中利益相关者的关注点。

5）一致性。与策略、标准、架构和流程一致性相关的问题。

6）合同。协商和审查数据共享协议，购买和销售数据、云存储。

7）数据安全和身份识别。有关隐私和保密的问题，包括违规调查。

8）数据质量。检测和解决数据质量问题，包括灾难事件和安全漏洞。

很多问题可以在数据管理团队中得到解决，需要沟通或者上报的问题必须被记录下来，并上报给数据管理团队或者更高级别的数据治理委员会。数据治理计分卡可用于识别与问题相关的趋势，如问题在组织内发生的位置、根本原因等。数据治理委员会无法解决的问题应升级上报给企业治理层或管理层。

6. 评估法规遵从性要求

每个组织均受到政府和行业法规的影响，其中包括规定如何管理数据和信息的法规。数据治理的部分功能是监督并确保合规。合规性通常是实施数据管理的初始原因。数据治理指导实施适当的控制措施，以记录和监控数据相关法规的遵从情况。

2.4.2 DCMM 数据管理能力成熟度评估模型中的数据战略

DCMM 数据管理能力成熟度评估模型（GB/T 36073—2018）中给出了数据管理能力成熟度评估模型及相应的成熟度等级，定义了数据战略、数据治理、数据架构、数据应用、数据安全、数据质量、数据标准和数据生存周期 8 个能力域。

在 DCMM 数据管理能力成熟度评估模型中，数据战略包括数据战略规划、数据职能框架、数据战略实施、数据任务效益评价 4 个二级域，是对组织数据领域整体性、长期性、基本性问题的策略谋划。数据战略规划确定数据管理愿景、目标等高阶内容，并在利益相关者之间达成共识；数据职能框架确定包含的各项数据管理、数据应用职能，并定义其内在关联关系；数据战略实施在评估现状与愿景、目标的差距后确定任务蓝图，并制定优先级顺序及实施步骤；数据任务效益评价建立业务案例和投资模型，并跟踪任务进度用于审计或后评价。

数据战略规划是在所有利益相关者之间达成共识的结果。从宏观及微观两个层面确定开展数据管理及应用的动因，并综合反映数据提供方和消费方的需求。

1. 过程描述

1）识别利益相关者，明确利益相关者的需求。

2）数据战略需求评估组织对业务和信息化现状进行评估，了解业务和信息化对数据的需求。

3）数据战略制定包含但不限于战略环境的分析与预测、确定战略目标、举措和行动路线、制订战略实施计划。

4）愿景陈述，其中包含数据管理原则、目的和目标。

5）规划范围，其中包含重点业务领域数据范围和数据管理优先权。

6）所选择的数据管理模型和建设方法。

7）当前数据管理存在的主要差距。

8）管理层及其责任，以及利益相关者名单。

9）编制数据管理规划的管理方法。

10）持续优化路线图。

11）数据战略发布，以文件、网站、邮件等方式正式发布审批后的数据战略。

12）数据战略修订，根据业务战略、信息化发展等方面的要求定期进行数据战略的修订。

2. 过程目标

1）建立并维护数据管理战略。

2）针对所有业务领域在整个数据治理过程中维护数据管理战略（目标、目的、优先权和范围）。

3）基于数据的业务价值和数据管理目标识别利益相关者，分析各项数据管理工作的优先权。

4）制订、监控和评估后续计划，用于指导数据管理规划实施。

3. 能力等级标准

第1级：初始级。在项目建设过程中反映了数据管理的目标和范围。

第2级：受管理级。识别数据战略的利益相关者；确保数据战略的制定遵循相关管理流程；维护数据战略和业务战略之间的关联关系。

第3级：稳健级。制定能反映整个组织业务发展需求的数据战略；制定数据战略的管理制度和流程明确利益相关者的职责，规范数据战略的管理过程；根据组织制定的数据战略提供资源保障；将组织的数据管理战略形成文件并按组织定义的标准过程进行维护、审查和公告；编制数据战略的优化路线图指导数据工作的开展；定期修订已发布的数据战略。

第4级：量化管理级。对组织数据战略的管理过程进行量化分析，并及时优化；能量化分析数据战略路线图的落实情况，并持续优化数据战略。

第5级：优化级。数据战略可有效提升企业竞争力；在业界分享优秀实践案例，成为行业标杆。

2.4.3　DGI 数据治理框架中的数据战略

数据治理研究所（Data Governance Institute，DGI）已经注意到，数据治理的重要性已经成为业务的高优先级。一些组织已经将"信息管理"功能从信息技术组织移到了业务方面。

业务方负责管理信息，以实现其战略意图，并利用技术协助管理这些信息。然而，信息管理主要被视为一种业务责任。数据是业务和IT系统之间的关键。数据治理本身并不被视为目的，数据治理需要确保数据质量，这有助于有效决策的制定和优质服务的提供。

DGI强调信息技术（IT）和数据治理的存在只是为了帮助企业管理信息。管理信息的能力支持战略业务意图。

1. 制定规则和策略

这些规则根据政策、需求、标准、责任和控制进行描述。管理规则描述了不同的团队将如何分享和分配建立和执行这些规则的责任。

（1）使命和愿景

在最高层次上，数据治理通常有3项任务：主动定义/对齐战略；为数据利益相关者提供持续的、跨界的保护和服务；对因不符合规定而产生的问题做出反应并加以解决。

（2）目标、治理度量，成功度量，以及投资策略

主要目标包括增加收入和价值，管理成本和复杂性，通过关注风险和漏洞（遵从性、安全性、隐私等）来确保生存。对价值的清晰理解有助于考虑为项目提供可用的资金。对于关键利益相关者，需要考虑如何为数据治理办公室提供资金，如何为帮助定义规则、定义数据和研究必须解决的问题所需的数据分析师/架构师提供资金，如何为管理活动提供资金。

（3）数据规则和策略

该组件引用与数据相关的策略、标准、遵从性需求、业务规则和数据定义。根据不同的领域，可能会涉及：收集现有规则/定义；当某些定义适用时建立或形式化规则，创建新规则/定义；对齐和优先考虑相互冲突的规则/定

义，解决差距和重叠。

（4）决定权

在创建任何规则或做出任何与数据相关的决策之前，必须解决一个事先的决策：谁来做决策，什么时候做，使用什么过程。数据治理程序的职责是促进（有时是记录和存储）决策权的收集，决策权是与数据相关的决策的"元数据"。

（5）岗位职责

一旦创建了规则或做出了与数据相关的决策，组织就会随时准备对其采取行动。谁应该做什么，什么时候做，对于那些没有很好地映射到部门职责的活动，可以期望数据治理程序定义可以被纳入日常过程和组织的软件开发生命周期（SDLC）的职责。

（6）控制

数据总是处于危险之中。随着敏感数据泄露事件的激增，以及对受托保管这些数据的人造成的后果，数据也可能代表风险，这一点变得越来越明显。如何应对风险？管理风险最好的办法是防止不想发生的事件发生。对于那些不能确保预防的问题，我们至少会检测到它们，这样就可以纠正问题。

如何使风险管理策略具有可操作性？通过控制。控制可以是预防性的或检查/纠正性的，也可以是自动化的、手动的或支持技术的手动流程。

通常，数据治理程序被要求推荐可以应用于多个级别的控制堆栈（网络/操作系统、数据库、应用程序、用户流程）来支持治理目标。数据治理也可能被要求建议现有的一般控制（变更管理、政策、培训、SDLC 和项目管理等）的修改方法，以支持治理目标或企业目标。

2. 人和组织

该组件描述如何组织数据治理，以及将定义哪些角色和职责。

- 数据的利益相关者
- 数据治理办公室
- 数据管家

3. 流程

这些是在数据治理中创建和维护持续工作的方法和过程。

从 DGI 了解到建立一个重点领域的必要性——至少最初是这样。需要在数据治理成熟度模型中所描述的长期愿景与交付可管理的、仔细确定范围的结果的需求之间取得平衡。如果没有能够证明该计划价值的即时或短期成果，支持力度就会减弱。

组织需要建立一种治理方法或过程，清楚地描述管理数据的约定规则。DGI 数据治理框架旨在为数据治理计划提供以下结果：

- 实现的目标和路径要清晰
- 从努力中确保获得价值
- 创建明确的任务
- 保持范围和重点
- 建立岗位职责
- 定义可衡量的成功

关于启动数据治理项目，DGI 提出以下 5 条建议：

1）数据治理程序对于每个组织都是独特的，不要假设可以简单地采用另一个组织的数据治理程序。

2）利用现有的治理规程，包括 IT 治理的控制程序、记录管理和变更管理。

3）注意不要简单地将数据管理员和规则放在一起。这种方法不会成功。这就是为什么 DGI 数据治理框架被设计成具有固有序列的原因。应按照顺序确保成功。

4）从组织中已经在运行的项目中配置程序。这比建立一个独立的、全新的项目要成功得多。

5）识别并理解明显的和不那么明显的利益相关者。确定所有的利益相关者，如信息的下游用户、Web 开发团队、分类法开发人员、记录管理人员和数据架构师等。

2.4.4 数据战略内容分析

在 DAMA 数据管理知识体系中，数据战略规划是数据治理的内容，因此，数据治理的主要活动首先是规划组织的数据治理，也就是建组织、定制度、绘流程、划权责等内容；然后是由数据治理组织进行数据战略的规划；最后是实施数据治理和数据治理嵌入业务功能。

DCMM 数据管理能力成熟度评估模型中把数据战略和数据治理分为两个能力域。数据战略是从数据战略规划、数据职能框架、数据战略实施和数据任务效益评价 4 个方面阐述。数据治理包括数据治理组织、数据制度建设和数据治理沟通 3 个域，其中数据治理组织包括组织机构、岗位设置、团队建设等内容；数据制度建设重点明确相关的规范化流程，确保数据管理和数据应用各项工作有序开展；数据治理沟通是整体机制有效运转的关键，确保相关内容在治理组织内发布和贯彻。

DGI 数据治理框架中与数据战略相关的活动主要有 6 项：使命和愿景，目标，治理度量和成功度量，投资策略，数据治理规则和策略，数据认责和控制。

2.4.5 数据战略规划的关键要素

数据战略是实施数据治理的关键，因此，识别数据战略规划的关键要素十分重要。通过对经典数据治理框架和标准的分析，总结数据战略规划的关键要素如下：

1）数据战略规划必须包括数据管理的愿景和使命。

2）数据战略规划必须包括数据管理的目标和策略。

3）数据战略规划必须包括数据管理的职能和框架。

4）数据战略规划必须包括数据管理的能力和内容。

5）数据战略规划必须包括数据管理的成功和度量。

6）数据战略规划必须包括数据管理的协同沟通机制。

第 3 章 数据架构

在组织管理中往往会面临这样的问题：业务部门和技术部门自说自话，对于同样的业务对象，我有我的话术，你有你的流程，大家隔着一层窗户纸，降低了组织的运作效率，也削减了组织的数据竞争力。在业务战略和技术实现之间建立一座畅通的桥梁，"捅破这层窗户纸"是数据架构的本质目标，也是它的核心价值。通过成熟的数据架构，可以迅速地将组织的业务需求转换为数据和应用需求，能够管理复杂的数据和信息并传递至整个组织，在数据层面保证业务和技术的一致性，最终为组织改革、转型和提高适应性提供支撑。本章主要讲述如何构建现代数据架构，以满足战略和业务的需要。

3.1 现代数据架构如何驱动业务

数字经济时代用好数据至关重要，几乎每个行业都在利用数据获取新的利润，许多组织高管都想知道如何更好地利用数据而不是陷入数据漩涡。了解现代数据架构的关键特征，以及该架构如何将原始数据转化为可靠的和可操作的见解，有助于更充分地利用数据使数据产生价值。

3.1.1 什么是数据架构

数据架构是对组织收集、存储、转换、分发和使用数据的方式进行标准化的过程，目标是将相关数据传递给需要的人，并帮助他们理解这些数据。

通常情况下，如果业务专家想要数据，他们会向 IT 人员请求数据，IT 人员会创建一个系统来交付数据。这种冗长乏味、耗时的过程往往会产生出乎业务专家意料或并非他们需要的结果。在这种环境中，业务策略往往受到难以在正确的时间访问正确的数据的限制。

来自内部和外部的实时数据的可用性和增长性，促使业务专家要从数据中获得更多、更快的见解。现代数据架构需要设计良好的流程，将业务专家和技术专家组织在一起，他们可以一起确定需要哪些数据来推动业务向前发展、如何获取这些数据及如何分配这些数据，以便为决策者提供用于决策的信息。

3.1.2 现代数据架构的特点

如果数据架构是围绕以下特征构建的，那么就认为它是"现代的"。

1. 用户驱动的数据访问

在过去，数据是静态的，访问是有限的，决策者得到的不一定是他们想要的或需要的数据，而只是可以提供的数据。在现代数据架构中，业务用户可以自由地定义需求，因为数据架构师可以汇集数据并创建解决方案，以满足以业务目标的方式访问数据。

2. 建立在共享数据之上

有效的数据架构建立在协作的数据架构之上。良好的数据架构能够将来自组织所有部分的数据及必要的外部数据组合到一个地方，以消除相同数据的版本冲突，从而消除信息孤岛。在这种环境下，数据不会在业务部门之间交换或存储，而是被视为一种共享的、全企业范围内的资产。

3. 数据处理自动化

自动化消除了对遗留数据系统进行烦琐配置的障碍。现在，使用基于云的工具，可以在数小时或数天内完成以前需耗时数月构建的流程。如果用户想访问不同的数据，自动化使架构师能够快速设计交付数据的管道，随着新数据的产生，数据架构师可以快速地将其集成到体系结构中。

4. 融入人工智能技术

智能数据架构将自动化提升到一个新的水平，利用机器学习（ML）和人工智能（AI）调整、预警和推荐解决方案，以适应新的情况。机器学习和人工智能可以识别数据类型、识别和修复数据质量错误、为输入数据创建结构、识别数据间的关系，并推荐相关的数据集和分析。

5. 弹性的数据架构

弹性允许企业根据需要扩大或缩小数据架构的规模。弹性使管理员能够专注于排除故障和解决问题，而不是严格地进行容量校准或过度购买硬件以满足需求。

6. 简单的数据架构

在高效的数据架构中，简单胜过复杂。在数据移动、数据平台、数据组装框架和分析平台中都应力求简单。

7. 安全的数据架构

安全被构建到现代数据架构中，确保根据业务定义需要基础上的可用数据。良好的数据架构还能识别现有的和正在出现的数据安全威胁，并确保符合《数据安全法》《个人信息保护法》等法律法规要求。

3.1.3 数据架构与信息架构

虽然数据架构用于将原始数据来源和消息转换为可共享格式，但信息架构是实现将数据转换为业务智能的过程。只有当数据被组合、关联和分析时，信息架构才会显现。如果数据架构是发电厂，信息架构就是霓虹灯。

昨天的销售数据本身并不能告诉你多少信息，但当把它放在历史背景中，与成本和客户保留率相比时，不仅可以看到这些数据是如何随时间变化的，还可以了解到数据随时间变化的原因。例如，作为一名营销主管想知道最近的销售量上升是由于一次促销还是仅仅是巧合，是一个不相关的需求飙升还是促销真的成功。信息架构提供了深刻的见解，管理者和执行者需要在下一步行动中做出决定，如转向新领域或按照当前计划前进。

3.1.4 开发数据架构的要点

在开发数据架构时，应首先考虑以下 3 个要点。

1. 协作推动数据架构开发过程

良好的数据架构确保组织的业务部门和 IT 部门在一致的目标和结果上进行协作。决策者定义什么数据具有最高的业务影响，数据架构师构建一个路径查找该数据并使其可访问。

2. 优先考虑数据治理

数据必须是高质量的、高相关性的，并以特定的业务需求为目标。建议让内部专家作为数据管理员来验证和清理组织数据,并建立一个能够为所有人提高数据质量的管理组织。

3. 数据架构应适应敏捷变化

最好不要局限于特定的技术或解决方案。数据架构应能够适应新技术。数据类型可以改变,工具和平台也可以改变。因此,良好的数据架构必须能够适应这些不可避免的变化。

3.1.5 数据架构是 IT 和业务的桥梁

过去 10 年,数据呈爆炸式增长,新数据的数量和产生速度将继续提升,传统的获取、存储、分发和使用数据的方法已经过时,它们过于缓慢,无法满足现代业务和客户的需求。然而,新工具和技术使企业在收集和使用与其需求相关的数据方面更具优势。

数据架构是企业内标准化数据收集和使用的设计平台,能够使所有数据用户快速且相对低成本地访问高质量的数据。数据架构弥合了业务和 IT 之间的鸿沟,为他们提供了一个平台,以确保技术和业务战略一致,推动业务向前发展。

3.2 如何构建现代数据体系架构

与其他技术一样,构建现代数据体系架构取决于企业要实现的目标。以下数据特征通常与数据架构相关:

1)来自内部系统、云计算系统的数据,以及来自合作伙伴和第三方的外部数据。

2)不同数据源和多结构化格式的数据。

3)流媒体实时数据,批量加载,或两者结合应用。

4)从中度到高度的数据量。

5)基于云的混合交付模式。

6)提供分析数据集市等传统平台和语义层,以及专业数据库图、空间或 NoSQL。

7）除了数据集成，还采用数据虚拟化技术。

8）分析需求范围从运营商务智能（BI）到企业商务智能（BI），再到高级分析和数据科学。

9）多平台数据架构以适应不同的需求。

10）采用迭代交付周期的敏捷交付方法。

11）为不同的用户群体提供支持，无论是普通数据消费者、数据分析师，还是数据科学家。

12）自动化和DevOps，减少时间成本，确保解决方案的一致性和质量。

3.2.1 需求推动数据架构发展

当前，企业领导者已认识到数据是做出明智决策的关键。传统的数据仓库和商业智能方法因响应太慢而受到挑战，减少将数据转化为价值的时间是现代数据架构的基本目标。传统上，数据仓库在简化数据访问和回答成功运营业务所需的许多问题方面表现出色，但不可能预测企业可能问的每一个问题和他们可能需要的每一份报告。在现代数据架构中，获取新数据应该相对容易，以便能够快速进行新的分析。

随着数据量呈爆炸式增长，企业发现了社交媒体、文档、评论、传感器和边缘设备所包含的数据价值。十几年前，企业从未想过要追踪社交媒体"赞"等信息，实际上捕获和分析任何类型数据的能力是企业数据应用的一种关键的业务能力。用户需要知道数据湖中的数据是受管理的、高质量的，而不是混乱的、不可靠的沼泽。

面对所有围绕着数据湖和大数据的媒体炒作，很难理解像数据湖这样的技术是否对分析需求有意义。有些人认为，实现数据湖意味着放弃数据仓库，这种看法最终要么走上了错误的道路，要么把大数据和数据湖作为未来的项目搁置在一边。实际上，数据湖不会取代企业现有的数据仓库，它们是互补的。有了现代的数据架构，组织就可以继续利用现有的数据仓库，开始收集他们一直忽视或丢弃的数据，最终使分析师能够更快地获得见解。

3.2.2 现代数据架构的原理

数据湖等大数据技术支持并增强了现代分析，但它们通常无法取代传统系统。

多平台架构已经成为常态。在现代数据架构中，可以获取和存储任何类型的数据。有些实践选择在数据湖中存储和集中所有数据。虽然这种"数据湖存储一切"的方法在架构上很简单，并且可以提供重要的价值，但仍有很多决策要做，这些决策最终会影响数据湖的使用方式。相反，多平台体系结构更加关注数据架构与数据需求的最佳匹配，它认为最有效的技术是基于数据本身的。确实，没有一个单一的架构可以满足所有数据的所有要求，所以在架构的简单性和最佳匹配之间找到最优的平衡是很重要的。

1. 数据集成和数据虚拟化成为趋势

许多IT专业人员越来越不愿意进行数据集成。也就是说，在使用或分析数据之前需要物理地移动数据。在现实中，仍然会出现大量的数据集成，但它更有目的。

数据虚拟化和逻辑数据仓库策略是"查询数据所在位置"的方法。减少数据移动在以下几种情况下很有好处：

1）大型数据集，不适合移动。

2）数据集成时间短。

3）数据隐私、监管、地域问题。

4）丢失元数据或无其他上下文。

2. 数据分析能力的灵活性需求

现代数据架构的关键原则是它对快速出现的业务需求的敏捷性，能够在数据全生命周期的早期，即数据被整理或优化及广泛使用之前访问数据，提供极大的灵活性。对数据进行分析以确定其价值通常由数据分析师或数据科学家处理。被认为对业务有价值的数据可以从数据仓库或数据湖中交付，无论哪种方式，都被认为是写入模式。

3. 体系结构不断地迭代变化

数据湖支持迭代和敏捷性。通过施加更少的预先约束，允许交付团队更快地概念化，并从业务中征求反馈。将这种协作提前到项目全生命周期中，可以防止代价高昂的误导。

1）随着用例的确定，原始数据变得越来越精炼。

2）对数据的访问越来越不受限制，得益于科学的策划，良好的数据结构被创建。

3）沙盒或概念验证解决方案可以被更广泛地使用。

与不可变的原始数据相比，现代数据架构的所有领域都受到迭代改进和更改的影响。

4. 数据湖和数据仓库协同工作

数据湖和数据仓库都是数据存储区域的中心参与者。每一种都同样重要，并发挥互补作用。微软的 Azure Synapse 就是一个通过集成数据仓库、数据湖、高级分析和商业智能服务统一数据应用的成功案例。

3.2.3　湖仓一体架构解决方案

1. 数据仓库

传统的数据仓库是一个集中的存储库，包含来自多个源系统的信息，并以方便分析查询的方式进行结构化。数据仓库具有以下属性：

1）它代表抽象的业务主题域。

2）数据经过高度转换、清理和结构化。

3）在定义数据的用途之前，数据不会被添加到数据仓库中。

4）它通常遵循数据仓库先驱 Ralph Kimball 和 Bill Inmon 定义的方法。

数据仓库的特点是，在业务用户使用数据进行分析之前，需要进行大量的采集、转换、数据建模和开发工作。这种为用户消费准备数据的预先工作称为"写模式"，因为必须在加载数据之前定义模式。数据仓库的重点是提供以下 4 种数据：

1）经过清理的结构化数据。

2）可靠、准确的数据。

3）标准化的数据。

4）预定义结构的数据。

2. 数据湖

数据湖可以存储各种格式的新数据，这与传统关系数据库中充满规则、高度结构化的存储有明显的不同。虽然关系数据库维护数据的质量比较高，但这种对数据集模式的强制可能会阻碍快速迭代开发。这种反向关系正是数据湖和数据仓库成为互补解决方案的原因。数据湖的理念是立即接受新数据,很少限制,然后在使用(或"读取")数据时应用严格的业务逻辑、类型检查和数据治理。这通常被称为"读模式",与关系数据库的"写模式"方法相反。

这种灵活性允许使用传统数据仓库实现更困难或更耗时的新价值主张。数据湖主要用于提供:

1)可以容纳任何类型数据的平台,如机器生成的数据、人工生成的数据,以及传统运营数据。

2)数据获取的障碍更少。

3)访问低延迟和接近实时的数据。

4)降低拥有成本,允许长期保存原始的、细粒度的数据。

5)推迟考虑数据分析工作,直到知道价值和确定的要求。

数据湖的灵活性是通过"读模式"技术分析数据实现的,在此期间,查询时定义数据结构以分析数据。

数据湖与数据仓库的存储特点:不同的特征导致了数据湖和数据仓库之间的相反关系,即"读模式"和"写模式"。

数据仓库是业务认为重要的数据的高度结构化存储,而数据湖是更有机的数据存储,而不考虑数据的价值或结构。数据湖就是一个集中存储数据库,用于存储所有结构化和非结构化数据。数据湖可用其原生格式存储任何类型的数据,这时没有大小限制。数据仓库是位于多个数据库上的大容量存储库,作用是存储大量的结构化数据,并能进行频繁和可重复的分析。

(1)数据湖永久保留数据

在传统数据仓库的开发过程中,需要花费大量时间分析数据源、理解业务流程、分析数据和数据建模,形成用于报告的高度结构化的数据模型。

通常,如果数据不用于回答特定的已知问题,或者定义的报告需要数据,数据就有可能被排除在数据仓库之外。这样做通常是为了简化数据模型,并减少数据存储的成本。

相比之下,数据湖可以获取所有类型的数据,并永久地保存这些数据。数据仓库的默认模式是在存储数据之前证明需要数据,而数据湖的默认期望是获取所有数据并保留所有数据。除非需要一个明确的归档政策，否则长期保存数据是合理的，因为未来的需求是未知的。

这种保留大量数据的方法之所以成为可能，是因为数据湖的硬件通常与数据仓库使用的硬件有很大不同。廉价的存储允许以相当经济的方式将数据湖扩展到 TB 和 PB。数据湖还可以充当"活动存档"区域，把那些很少被需要的旧数据从数据仓库传输到数据湖。这通常被称为数据仓库中的热数据和数据湖中的冷数据。

通常数据湖采集并保留"所有"数据，然而也有例外。例如，正在获取员工数据，其中包括诸如出生日期和家庭地址等个人可识别属性。标准的数据治理和安全条款仍然适用于存储在数据湖中的数据。隐私合规性还可能影响数据湖的数据保留和删除策略。

（2）数据湖支持所有类型的数据

传统的关系数据仓库通常存储从事务性系统提取的数据。这些系统，如销售和库存，通常由量化指标和描述它们的文本属性组成。

非传统数据源包括 Web 服务器日志、传感器数据、社交网络活动、文本和图像等项。在关系数据库中存储和使用多结构数据可能非常具有挑战性。

数据湖存储了这些非传统的数据类型，它可以存储所有数据，无论其来源、结构和大小如何。优秀实践表明，原始数据必须以原始的原生格式保留。不应该允许对原始数据进行任何更改，因为它被认为是不可变的。以原生格式保留和安全地备份原始数据尤为重要，以确保：

1）所有从原始数据向下转换的数据都可以重新生成。

2）在特定的情况下可以访问原始数据。例如，数据科学家经常要求原始数据。

3）可以重新处理随时间变化的转换或算法，从而提高历史数据的准确性。

4）时间点分析可以实现，数据存储支持历史报告。

从概念上讲，数据湖就像笔记本电脑中的硬盘，它存储一个文件，但与文件格式无关。虽然可以放入任何类型的文件，但可能需要做一些实验找到最好的文件格式。它可以很好地读写，更好地处理模式变化，并支持需要的数据类型。

（3）数据湖支持早期的数据探索

对数据仓库的主要挑战之一是修改需要的时间太长。一个好的数据仓库设计可以适应更改，但是由于数据加载转换过程的复杂性及简化分析和报告的工作，引入更改必然会消耗一些 DW/BI 团队资源。有些业务问题不需要等待数据仓库团队对系统进行调整。这种对更快分析结果的日益增长的需求是自助业务智能计划的主要驱动力之一。

在数据湖中，由于所有数据都是以原始形式存储的，因此，需要快速访问数据的人可以访问这些数据。虽然对原始数据的直接访问应该受到高度限制，但可以授权选定的用户进行早期分析。

如果一个探索的结果被证明是有用的，并且希望重复利用它，那么可以对数据应用一个更正式的模式。可以将数据清理、转换、标准化、可重用性和自动化结合起来，通过数据仓库或数据湖的一个经过管理的数据区域将结果扩展到更广泛的用户。相反，如果最初的探索结果没有用处，那么可以不花费额外的时间和精力就放弃它们。

实践表明，提前获得数据必然要付出代价。处理原始的"未经管理的"数据有许多挑战，只有非常熟练的数据分析师和数据科学家才会想处理原始数据。对非核心数据分析师来说，一个折中的方案是在数据湖中引入一个允许某些分析师访问的管理数据区域。管理数据区域包含结构化数据视图，类似于用户在查询数据仓库时习惯使用的视图，创建的工作量要少一些。所管理的数据可以按进度进行物理填充，也可以通过语义层公开。

（4）数据湖实现物联网和近实时数据

对数据仓库来说，获取和报告实时数据一直是一个非常大的挑战。

加载到数据仓库的数据在批处理模式下性能最好。随着数据仓库系统扩展到更大的解决方案，大规模并行处理（Massively Parallel Processor, MPP）系统的分布式特性使得提供接近实时的数据变得更加困难。

数据湖轻松获取数据的能力带来了更多的应用场景，尤其是与物联网相关的用例。关于接近实时的数据，我们经常看到的一个模式是将数据传输到两个输出：一个是将数据传输到流仪表板或应用程序；另一个是将数据永久保存在数据湖中。

尽管可以将任何大小和形式的数据放入数据湖中，但在实际操作中由于写入文件和设置其属性（如安全设置）有开销，数据湖文件系统在中型到大型文件中运行效率最高。获取大量的小文件（如几 KB），需要考虑一些技术，如只添加文件、小批量文件或文件整合。

（5）数据湖支持数据科学和高级分析

数据湖使对多结构数据的访问更容易，这在关系数据仓库中一直是困难的，现在反过来打开了新的价值主张。

正如我们所知，数据仓库以其用户友好的数据结构面向业务用户。相反，数据湖对数据科学家更有吸引力的原因是：

1）数据湖提供了原始的、未清理的、未转换的数据。尽管 BI 专业人员可能会花时间转换数据以提高可用性，但数据科学家想要的通常是没有任何上下文应用的数据，该数据可以专门用于单个实验或分析。

2）由于数据湖可以捕获任何类型的数据，这使得多结构数据源的数据访问变得很容易，这已经很普遍。

3）现代分析工具和语言理解连接到多种类型的数据格式。

数据工程师的目标是方便地访问数据，这样数据科学家和分析人员就可以把大部分时间花在运行实验和分析数据上，而不是花在获取和导入数据上。

3.2.4 建设数据湖的重要提示

数据湖的重要性不能被夸大，数据湖中的分区概念很重要。注意，分区可以是物理上的，也可以只是概念上的。数据湖的分区见表 3-1。

表 3-1 数据湖的分区

分区	内容
原始数据区	顾名思义，原始数据区是以原生格式存储获取的新数据。这是源数据的精确副本，通常是规范化的格式，并且不可更改。历史记录无限期地保留在原始数据区，不仅可以满足未来的业务需求，还可以在需要时重新生成下游数据。用户对原始数据的访问受到高度限制 在数据进入原始数据区之前，如果需要对数据质量进行验证，就可以包含并选择性地使用临时瞬变区。如果临时需要将"新数据区"与"原始数据区"分开，它也很有用。或者，有些人认为这是 Lambda 体系结构中的速度层，独立于批处理层

(续)

分区	内容
主数据区	主数据区包含主数据和引用数据，它们能够增强和帮助分析活动
用户拖放区	用户拖放区是用户可以放置手动维护的数据的区域
归档数据区	归档数据区包含从数据仓库或其他系统卸载的老数据。作为活动存档，数据可在需要时用于查询
分析沙箱区	分析沙箱区是数据科学和探索活动的工作区。应将有价值的工作投入数据区，以确保分析沙箱不能提供生产解决方案
被管理数据区	被管理数据区是数据的服务层位置，这些数据已经被清理，在必要时进行转换，并被结构化以实现最佳交付。这里的数据结构可以是大的、宽的、平面的文件，或者结构可以模拟星型模式/非规范化格式。几乎所有自助数据访问都应该来自策划的数据区域。标准治理、安全性和变更管理原则都适用

在设计原始数据区时，应关注最优写性能。在设计被管理数据区时，应重点关注数据发现的便利性和最优数据检索。

1. 原始数据区

在原始数据区内组织数据时，应注意以下事项：

- 安全边界
- 时间分区
- 主题域
- 保密级别
- 数据访问的概率
- 数据保留政策
- 业主/数据管家/主题专家

2. 数据目录

利用数据目录，为整个企业的数据源和报告提供可发现性和探索性，包括：

- 元数据
- 数据标签
- 数据分类
- 数据血缘

一个技巧是最大限度在实际数据本身中包含数据血缘和相关元数据,如表示数据来源的源系统的列。

3. 数据格式

决定数据格式是一种选择,需要考虑的因素包括:
- 与上游或下游系统的兼容性
- 文件大小和压缩级别
- 支持的数据类型
- 随着时间的推移处理模式变化
- 方便,易于使用,人的可读性

3.2.5 如何更好地构建数据湖

1. 确认数据湖确实是最好的选择

确保数据和应用场景非常适合数据湖。忽视营销炒作,继续使用关系数据库技术,并在合适的时候将数据湖引入多平台体系结构。如果是多种类型的数据源,数据格式也不同,通常可以采用数据湖技术。相反,如果数据源都是关系数据源,那么将该数据提取到数据湖中可能不是最佳选择,除非希望保存所有时间点的历史记录。

2. 从小的实际项目开始

有一些更简单的方法可以让你开始使用数据湖,例如:

1)开始存储新的"不寻常"数据集,这样就有时间做长期规划和学习,同时开始积累数据。

2)数据仓库暂存区。通过将数据仓库暂存区迁移到数据湖,可以减少关系平台中的存储需求和利用大数据处理工具(如Spark)。这对于低延迟数据集尤为有效。

3)数据仓库存档区。存储的超过日期阈值的数据可以被卸载到数据湖以保留历史数据,它仍然可以用于查询,通常通过数据虚拟化技术实现。

3. 处理"准备就绪"的考虑

准备好处理模式,权衡针对"读模式"和针对"写模式"的方案。记住,结构需要在某些时候被应用,所以所有的决定都变成了"现在交付我或者以后交付我"的命题，这需要对应用场景进行正确的平衡。此外，还可以引入新技术和新开发模式。

4. 尽可能做一个 POC

在引入新特性、新技术或新流程时，应该习惯进行概念技术验证（POC）。POC 也可以被称为数据湖中的沙盒解决方案。在云服务中，特性和功能变化很快，POC 可以帮助沙盒解决方案变得敏捷，并了解需要做什么才能实现完整的解决方案。但这其中总是存在一个风险，即 POC 被过快地推入生产就绪状态。因此，在运行 POC/原型/沙盒工作时需要考虑此因素。

5. 做好前期计划

尽管敏捷性和较少的前期工作被吹捧为数据湖的优势，但这并不意味着没有前期计划。必须管理、计划、组织、保护和编目数据湖，这样它才不会变成可怕的"数据沼泽"。关于如何快速摄取原始数据和如何有效检索经过管理的数据的技术本质上是迭代的。

6. 执行正确的级别规程

在敏捷性与实现一个健全的、可维护的、可扩展的体系结构之间找到正确的平衡是一个挑战。每家企业的做法不一样。随着更多关于读取方法的模式变得普遍，数据治理和数据编目的需求变得更重要。

3.3 实现持续智能的数据架构

信息的力量是巨大的。不断涌现的持续智能（CI）学科力图通过使大部分工作自动化，在当今的商业世界中实现预期的效果。尽管企业还有很长的路要走，但是机器学习、弹性云计算和数据湖使这个原始的想法比以往更容易实现。

3.3.1 持续智能是数据运营的基础

持续智能集成了历史和实时分析功能，可以操作、监视和调整所有类型的系统，如蜂窝网络、主题公园、工厂、银行基础设施等。持续智能通常包含数据提取、转换、分析和决策建议。与传统的 BI 相比，它具有更大的网络范围，因为它结合了上下文数据来理解诸如市场行为、社交媒体趋势和经济指标之类的因素。通过直接链接到操作流程缩短采取行动的时间，而操作流程又可以生成更多数据进行分析。因此，持续智能创造了一个良性的循环。

持续智能与企业的数字化转型计划能够很好地契合，它包括实时数据流和迁移到的云平台上的层。持续智能还应用机器学习和其他高级算法以创新的方式吸引客户并简化操作。也许最重要的是，持续智能通过将可行的建议置于整个企业的分析师和操作员指端，从而推动了数据的民主化。

持续智能创造的效益包括更高的分析价值、更快的响应时间、新的销售和更高的效率。诸如 Alteryx、Qlik、Splunk、SumoLogic、Swim. ai 和 Tibco 之类的供应商都能提供响应功能，它们各自具有不同的体系结构和技术组合。持续智能的常见应用包括优化网络性能、改善客户体验，以及监视分布式和已连接的基础架构。智能系统还适用于 IT 运营、DevOps 和安全性。

下面的示例有助于了解持续智能的工作原理。假设零售商需要在竞争激烈的背包市场中实施和调整新的"返校"定价策略，其财务分析师会根据历史价格和最近的购买行为，以及有关本地教育背景的数据和用于虚拟或面对面学习的计划，为主要地区建立针对特定地点的价格。他们上线，然后监测店内和在线的实时购买趋势，以及与学校计划、背包购物和相关的社交媒体趋势。他们使用机器学习模型，在不断摄取、转换和分析这些数据的基础上，根据所有这些数据点建议正在进行的、针对特定地点的价格调整。

现在，诸如此类的持续智能应用更多的是技术远景，而不是业务现实。企业仍然在高延迟、手动脚本编写、孤立的工具和脱节的工作流程方面苦苦挣扎。数据分析团队通常在基本应用上使用持续智能解决方案，如自动化的数据准备和报告、完善营销推广列表和响应或对 IT 操作日志进行分析。为了使持续智能成为现实，企业将需要应对异构性、自定义和数据素养的挑战。

1）异构性。IT 团队和业务团队经常难以集成基本的运营流程，甚至无法在不同的环境中获得基本的分析见解。他们的应用程序、数据平台、数据管理工具和 BI 工具经过数十年的积累，通常需要专门的编码才能互操作。新的持续智能工具可以使用开放的 API 将相关内容整合在一起，但不能完全消除旧系统的专有限制。

2）定制化。企业通常可以标准化数据提取、转换和分析，但在重新绑定操作时仍需要进行自定义。这很棘手，因为 IP 和操作因行业甚至企业而异。例如，海上石油钻井平台需要与汽车工厂不同的物联网系统联接，商业银行需要与零售商不同的移动应用程序联接，但是他们中的许多人缺乏所需的专业编程技能，并且无法在业务部门中的 IT 和操作技术人员之间建立正确的桥梁。

3）数据素养。许多业务管理者和运营管理者仍然缺乏做出更多由数据驱动的决策的必要技能。他们需要接受有关基本分析概念，以及如何将其映射回角色的培训。他们还需要接受有关如何使用持续智能和 BI 工具的培训。企业通常会忽略投资于正确的教育计划来实现这一目标。

3.3.2　如何构建持续智能数据架构

为了提高对电子商务、工厂或网络的控制能力，必须将外部数据和操作触发器构建到数据架构中。

这是开始使用持续智能的本质。持续智能指的是使实时和历史分析自动化，以便直接调整操作。在组装所有零件之前，它不是完整的持续智能。可以扩展多种类型的体系结构以实现持续智能，两种主要类型是专注于业务应用程序数据的体系结构和专注于机器生成数据的体系结构。

1. 持续智能的作用

首先，持续智能功能会自动提取、转换和分析来自许多来源的数据；然后，分析引擎（通常是流处理器）会基于对所有这些信号的持续评估建议或自动执行操作动作。

配置良好的持续智能功能可以支持许多应用。例如，船运企业可以通过持续研究客户订单和 RFID 标签及外部数据（如病毒警报、法规变化或天气状况），使用持续智能灵活地应对供应链冲击；零售商可以根据购买行为或点击流数据及外部数据，如社交媒体趋势和区域远程办公习惯等，使用持续智能微调价格。

2. 针对持续智能调整应用程序数据架构的方法

持续智能的第一种通用方法是扩展现有的体系结构。该体系结构侧重于应用程序生成的业务数据，如交易数据、客户记录等。这些体系结构中的许多系统已经使用流技术提供某些持续智能功能，如数据库、社交媒体、软件即服务

(SaaS)或其他应用程序源通过API、协议发布业务数据，或将数据捕获方法更改为流媒体代理（如Apache Kafka）。代理首先对该数据进行排序，然后将其发送到流处理器。流处理器使用实时规则或机器学习模块过滤和评估数据，并将其与历史数据相关联以了解模式或异常值。

通常，需要添加两个关键功能——利用本地代码生成的基础数据和实时操作生成的数据来完成持续智能架构。首先，需要添加一些基本的外部数据，这些数据与市场趋势、通勤交通模式、人口健康等相关，可以将其命名为"基础数据"，以便将分析结果输出到更广泛的环境中。其次，需要自动推荐或生成实时操作。以零售为例，机器学习模型可能会触发一个弹出窗口，以在电子商务客户结账时以相关优惠价销售给客户。一旦配置完所有持续智能功能，这些应用程序数据架构即可使数据科学家、BI分析师和业务经理都能更快、更智能地运营业务。

3. 修改持续智能的机器数据架构的方法

持续智能的第二种通用方法是将持续智能功能分层到专注于机器数据的体系结构上。

松散定义的机器数据是由计算机而不是个人生成的。物联网设备传感器、云基础设施、安全防火墙和网站都引发了衡量机器状态、性能和使用情况的大量机器数据。在许多情况下，同一数据可以分析机器的不同领域、识别模式、异常值等。

通常，这些结构执行与第一种方法类似的功能，尽管流技术是最近的新功能。区别是许多机器数据架构具有更成熟的搜索和索引功能，以及与业务任务和工作流的更紧密集成。

数据团队通常需要添加两个相同的功能来完成持续智能架构。首先，需要整合大量的上下文数据，以实现与上述概述类似的优势。其次，需要触发业务流程，这可能意味着需要使用机器人流程自动化工具。例如，一家银行可以自动冻结工具所识别出的可疑活动的"未授权者"所访问的账户。

持续智能是一个难题，直至将所有部件都放到适当位置，架构才算完整。不过，大多数企业已经组装了许多部件，并且随着技术的进步，供应商正在使其他部件更容易获得和组装。

第4章 主数据管理

4.1 主数据概述

主数据是老生常谈的话题,很多企业对法规遵从性、快速并购及管理的重视,使得创建和维护准确、完整的主数据成为一项很重要的需求。本章从不同视角由浅入深地分析采用主数据管理的原因、实施过程及技术实现的几种方案,为正在实施或将要实施主数据管理的企业提供参考。

4.1.1 概述

企业在一致性报告、法规遵从性、面向服务的体系结构(SOA)和软件即服务(SaaS)等方面所经历的痛苦促使企业对主数据管理产生了极大的需求。基于此,本节简单解释什么是主数据管理,为什么主数据很重要,以及如何管理主数据,同时确定一些关键的主数据管理模式和优秀实践。

1. 认识主数据

大多数软件系统有数据列表,这些数据由组成系统的几个应用程序共享和使用。例如,ERP 系统至少包括客户主数据、项目主数据和账户主数据。这些主数据通常是公司的关键资产之一。

2. 基本概念

有一些非常容易理解和识别的主数据,如客户和产品。事实上,许多主数据是通过商定主数据项列表定义的,如客户、产品、位置、员工和资产。但是,如何识别应该由主数据管理系统管理的数据元素要复杂得多,并且不需要这样的基本定义。目前对什么是主数据及如何对其进行限定存在很多困惑,需要进行更全面的处理。

企业中基本包括6种类型的数据，具体如下：

1）结构化数据。由明确定义的数据类型组成，其模式可以使其易于搜索。一般特点是数据以行为单位，一行数据表示一个实体的信息，每一行数据的属性是相同的。结构化数据的分析使用更为便利，且存在成熟的分析工具。

2）非结构化数据。存在于电子邮件、白皮书、杂志文章、企业内部网门户、产品规范、营销宣传资料和PDF文件中的数据。

3）事务性数据。与销售、交付、发票、故障单、索赔及交易相关的数据。

4）元数据。是关于数据的数据，可以保存在正式的数据库中，也可以以各种其他形式存在，如XML文档、报表定义、数据库中的列描述、日志文件、连接和配置文件。

5）层次结构数据。是存储数据之间的关系，它可以存储为会计系统的一部分，也可以单独存储为对真实关系（如企业组织结构或产品线）的描述。层次数据有时被认为是一个超级主数据域，因为它对于理解和发现主数据之间的关系至关重要。

6）主数据。是业务的关键名词，通常分为4类：人员、事物、地点和其他关键实体。这些分组中的进一步分类称为主题域、范围或实体类型。例如，人员里有客户、员工和销售人员；事物里有产品、零件、商店和资产；地点里有办公地点和地理分区；其他关键实体如内聚引用数据里，有合同、担保人和许可证等。其中，可能会对一些领域进行进一步划分。基于不同维度，客户可能会进一步细分，一家企业可能是普通客户，也可能是一次性客户或高价值客户。产品可按部门和行业进一步细分。消费品包装行业（CPG）产品的需求、生命周期和创建、读取、更新、删除周期可能与服装行业的需求、生命周期和创建、读取、更新、删除周期大不相同。域的粒度本质上取决于域内实体属性之间的差异程度。

4.1.2　判定主数据的因素

虽然识别主数据实体非常简单，但并非所有符合主数据定义的数据必须这样管理。本文将主数据的定义缩小到以下标准，这些标准在决定是否应将给定实体视为主数据时一并考虑。

1. 行为

主数据可以通过与其他数据交互的方式进行描述。例如，在事务系统中，主数据几乎总是与事务数据有关。例如，顾客购买产品，一家供应商出售一个零件，一个合作伙伴将一箱材料运送到一个地点；员工与他们的经理有层次关系，经理通过总经理向上报告；产品可以是描述其在商店中的位置的多层次结构的一部分。主数据和事务数据之间的这种关系可以从根本上看作一种名词和动词关系。事务数据捕获动词，如销售、购买、签单、发邮件等；主数据是名词。

2. 周期

主数据可以通过创建、读取、更新、删除和搜索的方式进行描述。这个生命周期称为 CRUD 周期，对于不同的主数据元素类型和企业是不同的。例如，如何创建客户在很大程度上取决于企业的业务规则、行业细分和数据系统，一家企业可能有多个客户创建载体，如通过互联网、直接通过客户代表或通过门店，另一家企业可能只允许通过其呼叫中心的电话直接联系来创建客户。此外，客户的创建方式与供应商的创建方式也必然是不同的。

3. 基数

随着基数（集合中元素的数量）的减少，将元素视为主数据元素（甚至是通常接受的主题域，如 customer）的概率降低。例如，如果一家企业只有 3 个客户，那么他们很可能不会考虑使用主数据管理客户，因为用主数据管理这些客户没有价值。而一家拥有数千个客户的企业会将客户视为一个重要的主数据域，因为在管理如此庞大的一组实体时会伴随着一些问题和好处。这些企业的客户的价值是相同的，双方都依赖客户做生意，一家企业需要客户主数据解决方案，另一家不需要。基数不会更改给定实体类型的分类，但随着实体类型基数的增加，使用管理实体类型的主数据系统管理的重要性也会增加。

4. 有效期

主数据的变化往往小于事务数据的变化，当它变得更不稳定时，通常会认为它更具事务性。例如，有些人可能认为"契约"是主数据元素，其他人可能会认为这是一笔交易，它的归属依据合同有效期的不同而不同。一家促进职业运动员的机构可能会把他们的合同当作主数据。每一种合同都是不同的，通常都有 1 年以上的有效期。一个名为"运动员"的主数据项可能很诱人，但是运动员往往在任何给定的时间都有不止一个合同：一个是与他们的团队签订的，另一个是与企业签订的产品代言合同。随着时间的推移，该机构将需要管理所有这些合同，因为合同的内容将重新谈判或与运动员交易。其他合同，如汽车的性能或房屋的油漆合同，更像是一笔交易，它们是一次性的、短期的协议，提供支付服务，通常在数小时内完成并销毁。

5. 复杂性

简单的实体，甚至是有价值的实体，很少是管理的挑战，也很少被视为主数据元素。元素越不复杂，就越不需要管理该元素的更改。通常，对这些资产只是简单地收集和统计。例如，银行可能不会跟踪存储在那里的每一根金条的信息，而只是对它们进行计数。每根金条的价值都是可观的，基数高，寿命长，但复杂性低。

6. 价值

数据元素对企业越有价值，就越有可能被视为主数据的元素，价值和复杂性是相互作用的。

7. 变化

虽然主数据通常比事务性数据的易变性小，但具有完全不变的属性的实体通常不需要主数据解决方案。例如，稀有货币似乎符合主数据处理的许多标准。一个稀有的钱币收藏家可能有许多稀有的钱币，所以基数很高，它们很值钱，也很复杂。稀有硬币有历史和描述：有一些属性，如正面、反面、图例、铭文、边缘和字段的条件；还有一些其他属性，如设计首字母、边缘设计、层和纵向。然而，稀有货币并不需要作为主数据项进行管理，因为它们不会随着时间的推移而改变，或者至少它们的变化还不够。可能需要添加更多的信息，因为特定硬币的历史已经被揭示，或者某些属性必须被纠正。但是，一般来说，稀有硬币不会通过主数据管理系统进行管理。

8. 重用

主数据管理的主要驱动因素之一是重用。例如，在一个简单的世界中，CRM 系统将管理关于客户的一切，而不需要与其他系统共享关于客户的任何信息。然而，在当今复杂的环境中，客户信息需要跨多个应用系统共享。这就是问题的开始。由于许多原因，对主数据的访问并不总是可用，因此，人们开始将主数据存储在不同的位置，如电子表格和应用系统专用存储区。但是，如果一个主数据实体在多个系统中被重用，那么肯定应该用主数据管理系统来管理它。

总而言之，虽然枚举各种主数据实体类型很简单，但有时决定企业中哪些数据项应被视为主数据更具挑战性。通常不符合主数据定义的数据可能需要这样管理，而符合主数据定义的数据可能不需要这样管理。最终，在决定应将哪些实体类型视为主数据时，与其依赖实体类型的简单列表，不如根据它们在业务需求上下文中的行为和属性对其进行分类。

4.1.3 为什么要管理主数据

因为被多个信息系统使用，主数据中的错误可能会导致使用它的所有信息系统产生错误。例如，客户主数据中的错误地址可能意味着订单、账单和营销资料都发送到了错误的地址。同样，一个项目主管的错误价格可能是一个营销灾难，一个账户主管的错误账号可能导致巨额罚款。

有一个典型的关于主数据的故事：一个信用卡客户从A地址搬到了B地址，他立即更改了账单地址，但几个月后仍没有收到账单。一天，客户接到信用卡计费部门的一个催款电话，询问为什么没有支付账单。客户确认他有新的地址，计费部门确认文件上的地址是A地址，客户要求发送一份账单副本，以便结账。又过了两个星期，客户仍没有收到账单，打电话后得知账户已经转到了收款机构。这一次，他们发现，尽管档案中的地址是A地址，但账单上的地址仍是B地址。经过律师之间的一系列电话和信件，虽然账单问题最终得到了解决，但信用卡公司失去了一个终身客户。在这种情况下，数据的主副本是准确的，但它的另一个副本是有缺陷的。因此，主数据必须正确且一致。

即使主数据没有错误，也很少有组织只有一组主数据，许多企业是通过并购来成长的。例如，你收购的每家企业都有自己的客户主数据、项目主数据等，如果你能把新的主数据和你当前的主数据结合起来，这并不是坏事，但是除非你收购的企业在一个遥远的国家从事完全不同的业务，否则很有可能一些客户和产品会出现在这两套主数据中，通常有不同的格式和不同的数据库主键。如果两家企业都使用社会统一信用代码或工商注册号作为客户唯一标识，那么发现哪些客户记录属于同一个客户是一个简单的问题，但这种情况很少发生。在大多数情况下，客户编号和零件编号都是由创建主记录的软件分配的，同一客户或同一产品在两个数据库中具有相同标识符的概率非常小。如果从具有不同供应商编号的不同供应商处购买同等零件，则物料管理可能更难协调。

合并主列表可能非常困难。同一个客户在不同的数据库中可能有不同的名称、客户号码、地址和电话号码。例如，威廉·史密斯可能会以比尔·史密斯、史密斯或威廉·史密斯的身份出现。普通的数据库联接和搜索将无法解决这些差异，这时需要一个非常复杂的工具理解昵称、替换拼写和输入错误。该工具可能还必须认识到，如果不同的名字位于同一个地址或有相同的电话号码，它们就可以被解决。虽然创建一个干净的主列表可能是一个艰巨的挑战，但一个通用的主列表会有许多积极的好处：

1）一份统一的账单，既省钱，又能提高客户满意度。

2）从多个客户列表中向客户发送相同的营销资料会浪费金钱并激怒客户。

3）在把客户账户交给托收机构之前，最好知道他们是否欠其他部门的钱，或者更重要的是，他们是不是另一个部门的大客户。

4）在不同的零件号下存放同一件商品，不仅浪费金钱和货架空间，而且可能导致人为短缺。

SOA 和 SaaS 的发展，使得主数据管理成为一个关键问题。例如，如果创建一个通过定义良好的 XML 消息进行通信的单一客户服务，可能认为定义了客户的单一视图。但是，如果同一个客户存储在 5 个数据库中，其中有 3 个不同的地址和 4 个不同的电话号码，那么客户服务将返回什么？类似地，如果决定订阅通过 SaaS 提供的 CRM 服务，那么服务提供商将需要一个客户列表作为其数据库。你要邮寄哪一个地址？

由于以上所述原因，为组织维护一组高质量、一致的主数据正迅速成为一种必要。维护这些数据所需的系统和过程称为主数据管理。

4.1.4 如何进行主数据管理

主数据管理就是为创建和维护一致且准确的主数据列表所需的技术、工具和过程。在这个定义中有几点值得注意：一是主数据管理不仅是一个技术问题，在许多情况下，为了维护干净的主数据，需要对业务流程进行根本性的更改，而一些最困难的主数据管理问题更具政治性，而非技术性；二是主数据管理包括创建和维护主数据。在创建一组干净、一致的主数据方面投入大量的时间、金钱和精力是一种浪费，除非解决方案包括在主数据更新和扩展时保持其干净和一致的工具和过程。

虽然主数据管理在应用于组织中的所有主数据时最有效，但在许多情况下很难证明企业范围内工作的风险和费用是合理的。一旦取得成功并吸取了教训，从几个主要的主数据来源着手并扩大应用范围可能会更容易。如果起点很小，则应包含对最终可能要包含的所有主数据的分析，这样就不会做出设计决策或工具选择，从而在尝试合并新数据源时迫使重新开始。例如，如果初始客户主数据实现仅包括直销团队处理的 10 000 个客户，并不希望做出的设计决策阻止以后添加 10 000 000 个 Web 客户。

1. 主数据的建设过程

主数据管理项目计划受需求、优先级、资源可用性、时间框架和问题规模的影响。大多数主数据管理项目至少包括以下几个阶段：

1）确定主数据的来源。这一步通常是一个很有启发性的过程。一些企业发现他们有几十个数据库，其中包含连 IT 部门都不知道其存在的客户数据。

2）确定主数据的生产者和消费者。哪些应用程序生成在第一步中标识的主数据，并且通常更难确定哪些应用程序使用主数据。根据用于维护主数据的方法，可能不需要执行此步骤。例如，如果所有更改都是在数据库级别检测和处理的，则更改来自何处可能无关紧要。

3）收集和分析主数据的元数据。对于阶段 1）中标识的所有源，数据的实体和属性是什么，它们是什么意思，应该包括属性名称、数据类型、允许值、约束、默认值、依赖项和谁拥有数据的定义和维护。所有者是最重要的，通常也是最难以确定的。如果有一个包含所有元数据的存储库，则此步骤非常简单。如果必须从数据库表和源代码开始，这可能是一项重大的工作。

4）指定数据管理员。这些人应该了解当前的源数据，并且能够确定如何将源转换为主数据格式。一般来说，管理人员应从每个主数据源的所有者、负责 MDM 系统的架构师和主数据的核心用户中任命。

5）实施数据治理计划和数据治理委员会。该组织必须具备知识和权限，以便就如何维护主数据、主数据包含的内容、主数据保存的时间及如何授权和审核更改做出决定。在一个主数据项目中，必须做出数百个决策，如果没有一个明确的决策机构和过程，项目很可能会失败，因为政治阻碍了有效的决策。

6）构建主数据模型。确定主数据的描述，包括属性、它们的大小和数据类型、允许的值等。此步骤还应包括主数据模型和当前数据源之间的映射。通常这个过程也是最重要和最困难的一步。如果试图通过在主实体中包含所有源属性使每个人满意，那么通常会得到过于复杂和烦琐且不实用的主数据。例如，如果不能决定重量是以磅还是以千克为单位，一种方法是同时包括两种单位，虽然这样做可能会让人们感到高兴，但正在浪费兆字节的存储空间来存储可以在微秒内计算的数字，并冒着创建不一致数据（WeightLb = 5 和 weightlg = 5）的风险。虽然这是一个很小的例子，但更大的问题是为同一个零件维护多个零件号。与数据治理委员会所做的任何努力一样，会因为有分歧导致次优决策。重要的是要事先制定决策过程、优先级和最终决策者，以确保事情顺利进行。

7）选择主数据管理工具。需要购买或构建工具，通过清理、转换和合并源数据来创建主列表。此外，还需要一个基础设施来使用和维护主列表。

对于所有这些功能，可以使用单个供应商提供的单个工具集，或者采用同类最佳的方法。一般来说，对于不同类型的数据，清理和合并数据的技术是不同的，因此没有很多工具可以跨越整个主数据范围。

工具还应该支持查找和修复数据质量问题，以及维护版本和层次结构。版本控制是一个关键的特性，因为了解主数据记录的历史对于保持其质量和准确性至关重要。例如，如果合并工具为某企业的张三合并了两个记录，并且确定该企业确实有两个不同的张三，则需要在合并记录之前了解它们的属性，以便"取消合并"。

8）设计基础设施。一旦有了干净、一致的主数据，就需要将其公开给应用程序，并提供管理和维护它的过程。当这个基础设施被实现时，将拥有许多依赖于它可用的应用程序，因此，可靠性和可伸缩性是设计中要考虑的重要因素。在大多数情况下，必须自己实现基础设施的重要部分，因为它的设计必须适合当前的基础设施、平台和应用程序。

9）生成并测试主数据。在这一步中，可以使用已开发或购买的工具将源数据合并到主数据列表中。这通常是一个迭代过程,需要修改规则和设置以获得正确的匹配。这一过程还需要大量的人工检查,以确保结果正确,并满足为项目建立的要求。没有任何工具可以在 100% 的时间内正确完成匹配,必须权衡错误匹配与未匹配的结果,以确定如何配置匹配工具。如果账单不准确,虚假的匹配就会导致客户不满。错误的匹配太多会使主数据变得不那么有用,因为没有得到在主数据管理中投资所获得的好处。

10)修改生产和消费系统。根据主数据管理实现的设计方式,可能必须更改生成、维护或使用主数据的系统,才能使用新的主数据源。如果主数据在与源系统(如数据仓库)分离的系统中使用,则源系统可能不必更改。但是,如果源系统要使用主数据,则可能需要进行更改。要么源系统必须访问新的主数据,要么主数据必须与源系统同步,以便源系统具有要使用的已清理主数据的副本。如果无法更改一个或多个源系统,则源系统可能无法使用主数据,或者主数据必须通过外部进程(如触发器和 SQL 命令)与源系统的数据库集成。

生成新记录的源系统应更改为在创建新记录或更新现有主记录之前查找现有主记录集。这能够确保上游生成的数据质量良好,这样主数据管理可以更有效地运行,应用程序本身可以管理数据质量。主数据管理不仅应作为一个记录系统加以利用,还应作为一个应用程序促进企业中所有应用程序之间更干净、更高效地进行数据处理。作为主数据管理策略的一部分,数据管理的所有 3 个支柱都需要考虑数据源、数据管理和数据使用,忽略其中的任何一个方面,都不可能有一个健壮的企业级主数据管理策略。

11)实施维护流程。如前所述,任何主数据管理的实现都必须包含工具、流程和人员,以保持数据的质量。所有数据都必须有一名数据管理员,负责确保主数据的质量。数据管理员通常是一个业务人员,他对数据有一定的了解,能够识别出不正确的数据,并具有纠正问题的知识和权限。主数据管理基础设施应包括帮助数据管理员识别问题和简化更正的工具。一个好的数据管理工具应能指出可疑的匹配,如不同的名字和客户号码的客户住在同一个地址。管理员可能还希望查看作为新添加的项,因为匹配条件很接近,但低于阈值。对于数据管理员来说,查看主数据管理系统对数据所做更改的历史记录、隔离错误源并撤销不正确的更改非常重要。维护还包括将更改和添加内容拉入主数据管理系统，并将清理后的数据分发到所需位置的过程。

主数据管理是一个复杂的过程，可能会持续很长时间。与软件实施项目中的大多数一样，成功的关键是逐步实现主数据管理，这样企业就可以实现一系列短期的效益，而整个项目就是一个长期的过程。没有业务用户的支持和参与，主数据管理项目不可能成功。IT 专业人员不具备创建和维护高质量主数据的领域知识，任何不包括对创建、维护和验证主数据的过程的更改的主数据管理项目都可能失败。

2. 如何创建主数据代码

无论是购买工具，还是决定使用自己的工具，创建主数据都有两个基本步骤：清理和标准化数据；匹配来自所有源的数据以合并重复数据。在开始清理和规范化数据之前，必须了解主数据的数据模型。作为建模过程的一部分，主数据定义了每个属性的内容，并定义了从每个源系统到主数据模型的映射。此信息用于定义清理源数据所需的转换。

清理数据并将其转换为主数据模型与用于填充数据仓库的提取、转换和加载（ETL）过程非常相似。如果已经定义了 ETL 工具和转换，那么根据主数据的需要修改这些工具可能会更容易。以下是一些典型的数据清理函数：

1）规范化数据格式。让所有的电话号码看起来都一样，将地址等转换成一种通用格式。

2）替换丢失的值。插入默认值，从地址中查找邮政编码、街道号码。

3）标准化计量单位。将所有测量值转换为公制，将价格转换为通用货币，将零件号更改为行业标准。

4）映射属性。分析联系人姓名字段中的名字和姓氏，将名字和姓氏移到姓名字段。

大多数工具会最大限度地清理数据，并将其余的放入错误表中进行手工处理。根据匹配工具的工作方式，清理后的数据将放入主表或一系列临时表中。在清理每个源时，应检查输出以确保清理过程正常工作。

匹配主数据记录以消除重复是创建主数据中最困难也是最重要的一步。错误的匹配实际上会丢失数据，而丢失的匹配会降低维护公共列表的价值。主数据管理工具的匹配精度是最重要的采购标准之一。有些数据的匹配很容易做，如果所有客户都有社会保险号码，或者所有产品都使用通用的编号方案，则数据库联接将能找到大多数匹配项。然而，这在现实世界中几乎不可能发生，所以匹配算法通常非常复杂和烦琐。客户可以在姓名、婚前姓名、昵称、地址、电话号码、信用卡号码等方面进行匹配，而产品则在名称、描述、零件号、规格和价格方面进行匹配。属性匹配越多，匹配越紧密，MDM系统在匹配中的可信度就越高。每次匹配都会计算置信因子，如果超过阈值，则记录匹配。阈值通常根据错误匹配的结果进行调整。例如，可以指定，如果置信度高于95%，则记录将自动合并；如果置信度介于80%~95%，则数据管理员应在合并之前批准匹配。

大多数合并工具会将一组输入合并到主列表中，因此，最好的过程是使用质量最好的数据开始列表，然后一次合并一个其他源。如果有很多数据和很多问题，这一过程可能需要很长时间。可能希望从合并后获得最大收益的数据开始；使用该数据运行一个试验项目，以确保流程正常工作，并看到期望的业务收益；在时间和资源都允许的情况下，开始添加其他源。这种方法意味着项目将花费更长的时间，虽然花费更多，但风险更低。这种方法还允许从一些组织开始，并在证明项目成功时添加更多内容，而不是试图从一开始就让每个人参与。

将源数据合并到主列表时还要考虑的一个因素是隐私。当客户成为customermaster的一部分时，其信息可能对任何可以访问customermaster的应用程序可见。如果客户数据是在将其使用限制为特定应用程序的隐私策略下获取的，则可能无法将其合并到客户主数据中。可能想在主数据管理计划团队中添加一名律师，此时，如果目标是生成主数据列表，那么就完成了。打印出来或刻录成CD，然后继续。如果希望在添加和更改数据时保持主数据的最新状态，则必须开发基础结构和流程以管理主数据。

3. 如何维护主数据代码

管理和使用主数据有许多不同的工具和技术，这里介绍3种常见的情况：

1）单拷贝。在这种方法中只有一个主数据的主拷贝，所有的添加和更改都是直接对主数据进行的。所有使用主数据的应用程序都将重写以使用新数据而不是当前数据。这种方法保证了主数据的一致性，但在大多数情况下并不适用。修改所有应用程序以使用具有不同架构和不同数据的新数据源，至少是非常昂贵的；如果购买了某些应用程序，甚至可能是不可能的。

2）多拷贝，单次维护。主数据是在数据的单次主副本中添加或更改的，但更改会发送到本地存储副本的源系统。每个应用程序可以更新不属于主数据的部分数据，但它们不能更改或添加主数据。例如，库存系统可以更改零件的数量和位置，但不能添加新零件，也不能更改产品主数据中包含的属性。这将减少所需的应用程序更改的数量，但应用程序将至少必须禁用添加或更新主数据的功能。

3）连续合并。在这种方法中允许应用程序更改其主数据的副本。对源数据所做的更改将发送到代码库，并在其中合并到代码库列表中。对代码的更改随后发送到源系统，并应用于本地副本。这种方法只需要对源系统进行少量更改；如果需要，可以在数据库中处理更改发送，而不会更改任何应用程序代码。从表面上看，这似乎是理想的解决方案，应用程序更改最小化，无须再培训，但这种方法也确实存在以下几个问题：

1）更新中可能的冲突很难调和。如果两个源系统将客户地址更改为不同的值，会发生什么情况？主数据管理系统无法决定要保留哪一个，需要数据管理员的干预；同时，客户有两个不同的地址，必须通过创建数据治理规则和标准操作过程解决此问题，以确保减少或消除更新冲突。

2）添加的内容必须重新合并。添加客户后，有可能另一个系统已经添加了该客户。为了处理这种情况，所有数据添加都必须再次执行匹配过程，以防止代码库中出现新的重复项。

3）保持一致的计量单位更加困难。如果产品的重量从磅换算成千克，再换算成磅，四舍五入可能会改变原始重量。如果用户输入了一个值，几秒后看到它发生了变化，他可能会感到不安。

一般来说，这些事情都是可以计划和处理的，这使得关键用户的易用性更强，但代价是维护更复杂的基础设施和数据管理员的更多工作。这也许是一个可以接受的权衡的过程，但这是一个应该提早有意识地做出的权衡。

4. 版本控制和审计

无论如何管理主数据，了解数据是如何到达当前状态的都很重要。例如，如果一个客户记录是从两个不同的记录合并而来的，那么可能需要知道原始记录是什么样的,以防数据管理员错误地确定这些记录是合并的,并且实际上应该是两个不同的客户。版本管理应该包括一个简单的界面,用于显示版本并将所有或部分更改还原到以前的版本。源代码管理系统使用的版本的正常分支和更改的分组,对于维护不同的派生更改和将更改的组还原到以前的分支也非常有用。

数据管理和法规遵从性要求通常包括一种确定每个更改是谁做的及何时做的方法。为了支持这些需求,主数据管理系统应该包括一个用于审核主数据更改的工具。除了保留审计日志之外,主数据管理系统还应该包含一个简单的方法来查找正在寻找的特定更改。主数据管理系统每天可以审计数千个更改,因此,审计日志的搜索和报告功能非常重要。

5. 层级管理

除了主数据本身之外,主数据管理系统还必须维护数据层次结构,如产品的物料清单、销售区域结构、客户的组织结构等。主数据管理系统捕获这些层次结构很重要,但主数据管理系统能够独立于底层系统修改层次结构也很有用。例如,当员工移动到不同的成本中心时,可能会对差旅和费用、工资单、时间报告、报告结构和绩效管理产生影响。如果主数据管理系统管理层次结构,在一个地方对层次结构的更改就可以将更改分发到所有底层系统。可能还有一些原因,需要在主数据管理系统中维护源系统中不存在的层次结构。例如,收入和支出可能需要汇总到任何单一来源系统都不存在的领域或组织结构中。规划和预测还可能需要临时层次结构来计算拟议组织更改的"假设"数字。在许多情况下,还需要历史层次结构将财务信息汇总到过去存在的结构中,而不是当前的结构中。因此,功能强大、灵活的层次结构管理特性是主数据管理系统的重要组成部分。

4.2 主数据管理

4.2.1 主数据的定义和关键概念

1. 什么是主数据

主数据是不同业务领域的公共信息,并在多个业务流程中使用。主数据通常描述参与事务或事件的事物，如有关课程、学生或雇员的信息。参考数据通常用于对其他数据（如状态代码）进行分类，或与组织边界以外的信息（如国家列表）相关的信息。

相比之下，事务数据描述一个事件。事件发生后，关于事件的信息不会改变。然而，主数据很容易随着时间的推移而改变。例如，工作人员可能改变他们的姓氏，或者学生可能搬到不同的地址。在不同的流程中重用主数据，以及数据本身缓慢变化的性质，给主数据的管理带来了挑战。

主数据管理是一种方法，用于确保以一致、统一和准确的状态捕获、维护和引用组织的主数据，并在需要的所有流程和系统中提供这些数据，并非所有数据都需要掌握。这些努力首先集中在广泛共享的数据上，这些数据往往源自组织外部，而非内部的概念。例如，客户数据在不同的数据层有不同的重点，如核心属性有姓名、生日、身份证号，扩展属性有职业、电话号码、邮箱、住址，派生属性有收益率、客户ID、群体价值、客户价值，相关数据有导师、所修课程，社会数据有爱好、博客、动态等。

2. 主数据管理的关键概念

主数据管理依赖于识别需要掌握的关键数据领域的能力，以及围绕这些领域已建立的"主"信息源声明和维护规程的能力。通常，使用数据模型和业务术语表描述这些关键的数据领域。唯一性指的是对于我们想要掌握的每个现实世界"事物"都有一个单一记录的状态，这意味着要使数据与现实世界保持一致。

使用唯一标识符支持唯一性。唯一标识符是一个数字，用于在一组数据中唯一地表示现实世界中的事物，如教职员编号或学生编号。

发布唯一标识符的行为成为主数据管理的一个关键治理点。创建（或发布）唯一标识符的过程称为起源点或注册机构。重要的是，这指的是创建信息的过程，而不是该过程产生的记录或数据，也不是支持该过程的IT系统。

主记录是指已掌握信息的指定的、权威的版本。这个主记录是由指定的起点过程创建或更新的。记录系统是一种业务系统，支持起始点流程、发布唯一标识符、应用增加唯一性可能性的流程并保存主记录。第二系统是这样一种系统，它需要主数据的副本才能操作，但不需要对该数据的控制过程负责。重要的是，第二系统不能覆盖或记录主信息，否则会导致值冲突。

值冲突指的是在不同的地方捕捉到关于已掌握实体的相同信息,并且记录的值不相同。例如,采集到的"Jim Smith"和"James Smith"作为某人的全名。从数据的角度来看,值冲突很难恢复——永远无法确定这些值中哪个是首选的、准确的或合适的默认值。黄金记录是一种记录,被从不同的信息集重新创建成为主要挑战黄金记录中使用一个主记录的地方,但这需要付出更多的努力来创建,并且不太准确。

建立黄金记录需要做出如下决定:

1)当值冲突发生时,为黄金记录选择哪个值。

2)当唯一性丢失时,是否合并两个或多个数据记录。

3)当数据变得碎片化,必须从不同的地方获得数据时,哪些属性指向来自不同地方的数据。

记录系统的责任都落在创建黄金记录的过程上。

4.2.2 主数据管理原则

1. 流程设计要确保主数据的准确性和一致性

在业务流程中使用主数据应确保数据的一致性。流程必须确保指定的受影响主数据记录系统被更新,以确保一致性。数据匹配不能代替糟糕的流程。

2. 主数据必须有一个已识别的业务所有者

业务所有者可以决定在什么级别上应用所有权,如实体或属性级别。数据所有者有责任确保以准确和一致的方式处理他们负责的数据。

3. 主数据要有一个确定的记录系统

主数据应该有一个公认的系统。主数据可能是逻辑实体(如客户、供应商)或逻辑角色(如领导、学生)。并不是所有与该实体相关的属性都需要保存在同一个记录系统中。

4. 主数据只能由一个指定的记录系统创建或更新

如果其他系统需要受控实体的本地副本,它们必须从相关的主记录系统获取数据,而不是从任何其他中介系统获取数据,除非有例外。对核心属性的更新在主记录系统中执行并发布。不能对复制的主数据进行更新。如果获取了数据的一个副本,持有该副本的系统就有责任确保所持有的副本与主数据保持同步。

5. 复制的数据必须包含由记录系统发出的唯一标识符,并与主记录中的值保持同步

确保存在所有主数据的唯一标识符。标记的唯一标识符提供了返回到真实世界事物的通用密钥。标记跨系统的唯一标识符是确保跨系统数据完整性的重要方法,没有它,数据完整性很难实现。并非所有属性都需要保留在复制的数据中。

6. 跟踪和管理主数据质量

如果一个实体标记为主数据,这个数据就应该被重点关注。这包括:

1)监控主数据的质量问题。

2)监控第二系统的主属性一致。

7. 使用业务定义和业务数据模型声明已标记的实体

业务、流程、数据和技术专家都可以阅读和理解业务数据模型和业务定义。

8. 分析环境不能用作主数据的起始点

分析环境受数据标准化、整合和数据丰富活动的影响,并可能生成派生属性。尽管如此,这些数据丰富被认为是不同类型的数据,并对治理和管理有自己的需求。

9. 没有必要掌握关键实体的所有属性,也没有必要掌握在同一个系统中

1)参见客户信息类型。标记"核心属性"的信息需要掌握。

2)标记"扩展属性"的信息需要掌握。

3)标记"派生属性"的信息不需要掌握,需掌握用于派生属性的定义。

4)"相关数据"可能是根据自己的权力掌握的实体,因此,不作为关键实体的一部分掌握。

5)"外部捕获的数据"是从外部系统复制而来的,外部系统应该控制这些数据。

4.2.3 标准与指引

1. 治理

用已经实现的治理结构指导主数据框架的开发和操作。治理组织包括指导委员会和工作组。指导委员会明确了主数据的所有权和责任,建立了提供和提高主数据质量的责任层次结构，还提供总体愿景、战略和指导。工作组负责：

1）定义和沟通的原则、流程和控制。

2）审查制定的可交付成果，以实现与企业数据战略一致的主数据方法。

3）调查和推荐主数据相关的解决方案，以解决业务难点，并确保与企业数据战略保持一致。

4）调查并建议主要主数据问题的解决方案。

5）协调业务参与或指导主数据项目。

6）将关键议题升级到委员会进行批准。

7）报告主数据指标。

2. 数据标准

指导委员会确认将要掌握的数据实体。工作组确保以业务术语定义实体，包括所有字段/属性及可接受的业务规则和这些属性的值。这些项目随后包括在组织逻辑数据模型中。

工作组确定可用于衡量数据质量的指标，既包括记录系统内的数据，也包括整个记录系统和所有保留主数据副本的系统。报告的实施是为了向指定的所有者提供关于主数据实体的数据质量的定期视图。

3. 流程

对于所有已掌握的数据，应在一致的、标准化的模型中开发流程。虽然此流程与业务流程保持一致，但增强了对数据重要性的认识，以及对系统或记录中的数据的掌握程度。这些过程应形成文档，包括过程模型、描述和流程图。这些过程包括：

1）数据集成。记录系统的实现，以及与每个需要与主数据交互的系统的接口。

2）数据维护。主数据的创建、查询、更新、删除、合并和解除合并，包括对保留该数据副本的所有系统的影响。

3）数据质量保证和控制。需要识别、行动和报告数据质量问题的过程。这些流程应该利用作为数据标准一部分的度量标准，这些度量标准应有助于确定数据维护过程未能达到预期数据质量标准的领域，以便对这些过程进行审查和加强。

4）归档。需要从主数据集中删除记录的过程。这可能需要将记录存档以供将来参考。归档不仅应该发生在记录系统中，而且应该在与主数据交互的所有系统之间进行协调（例如，如果一个员工记录被归档，那么与该员工的交互记录也应该被删除/归档）。

4. 组织

要定义清晰的操作角色、任务和职责，并与上述确定的流程保持一致。资源分配水平是掌握关键数据的过程的一部分。

5. 技术

实现主数据管理有 4 种常见的技术方法：

1）注册表式。中央存储库由识别主数据集中的重复记录所需的最小数据组成。对主数据的更改继续在现有的源系统中进行，而不需要从寄存库集成到源系统。跨源系统的更新要么通过手工处理，要么通过其他接口技术处理。

2）整合式。整合式的方法是在一个中央存储库中合并来自多个来源的数据，对数据进行匹配和分析以保证质量，从而创造"黄金记录"。这种方法通常用于报告和分析。

3）共存式。类似于整合式方法，共存式方法使用数据提要创建一个"黄金记录"，然后集中存储。从源系统检测到的所有更改都可以跨所有源系统反馈。

4）集中式。主数据存储在中央数据存储库中。所有的创建和更新都是通过中央数据存储进行的，更新将反馈给需要访问该数据的系统。

要支持上述任何一种方法，必须在主数据系统中的逻辑数据模型的物理表示与数据源中的物理表示之间提供映射。

6. 记录系统

（1）记录系统必须提供通用注册功能

通用注册功能是指系统或应用程序套件能够注册、维护和分发特定业务实体所需的共享信息的能力。"从源头捕捉一次信息，其他系统共享使用"的原则已广为流传。在现实中，由于缺乏基本的系统功能支持注册过程和开放的信息共享，这种理想很难实现。

（2）支持管理过程的系统应切合实际

一般而言，支持数据注册程序的系统应提供下列数据服务：

1）说明一个给定的唯一标识符是否存在于注册集中。例如，回答"88888888 编号的员工已经存在吗"。

2）给定一个唯一标识符的值，根据请求提供其相关属性。例如，回答问题"编号为 88888888 的员工姓名和出生日期是什么"。

3）规定可以用作自然键的属性的基本集，即最小字段集可以被接受为注册一个新实体所需的最小信息。

4）给定一个基本属性集的值，验证一个记录当前是否存在于现实世界的东西。例如，回答以下问题："您是否已经有一个张三（1977 年 10 月 17 日）注册为员工"。

5）给定任何一组属性的值，返回匹配该属性值的所有记录。例如，回答以下问题："告诉我你注册的所有的约翰·史密斯"。

6）给定包含一个新的自然键的信息，创建一个新的记录，并为该记录发布一个新的唯一标识符。例如，"我知道我有一个新员工称为张三（1977 年 10 月 17 日）。请签发一个新的员工编号"。

7）为相同的真实世界实体启用补救重复记录（合并）。

8）使修复发现的单个记录来表示两个现实世界的实体（分割）。

（3）记录体系应具有完整和独立的覆盖范围

支持数据注册过程的系统应：

1）提供指定实体的完整注册覆盖范围（该实体的所有可能实例应能够在系统中注册）。例如，如果系统在注册员工，在注册过程中容纳所有类型的员工就很重要。这意味着员工可能是海外员工，也可能是国内员工。另一个例子是慈善机构和政府机构，以及企业和行业合作伙伴。提供指定实体的唯一注册覆盖范围。也就是说，企业中不应该有其他系统也注册这种真实世界的东西。

2）在合并和采集的过程中，这个理想可能很难实现，但是如果没有它，注册机构应该提供存储、持有和发布遗留标识符和全局标识符之间的映射或转换的能力。

（4）记录系统应具有适当的业务流程

注册系统应具备以下业务流程：

1）能够非常准确地区分现实世界中的新事物和现有事物。

2）能够提供事后协调，以纠正两个真实世界的事物被错误地用一个数据记录的情况。

3）能够提供事后协调，以纠正为同一个现实世界的东西创建两个数据记录的情况。

这一领域的优秀实践表明，需要不断重新评估注册过程和数据质量分析。支持注册的业务管理流程应该对引起底层主数据更改的业务事件敏感。业务流程应该努力利用每一个机会捕获更新的信息。

唯一标识符本质上是数据世界中真实实体的代表，实现真实世界和数据记录之间的一对一关系。唯一标识符的生命周期应该与真实世界实体的生命周期一致。如果唯一标识符的值发生了变化，就意味着对应的现实世界的东西也变成了某人/某物。要实现唯一性，唯一标识符必须对每个不同的记录是唯一的，否则会引起歧义，标识符就不能准确地识别引用的是哪个记录。

唯一标识符的值一旦发布给一条记录，就不能再发布给另一条记录。在异构技术环境中重新发布唯一标识符会导致排序问题，以及对所要识别的底层实体的混淆。为唯一标识符选择的格式必须提供足够的可用值，以便在可预见的将来支持实体的所有可想到的实例。

唯一标识符的格式通常表示可以发出的唯一值的数量限制。例如，如果选择 4 位数字值表示客户唯一标识符，就可以将客户数量限制为 10 000。选择不当的格式会对业务操作造成人为限制，并削弱唯一标识符唯一地、明确地标识实例的能力。对于任何组织来说，重新颁发唯一标识符都是一个极其痛苦的过程，应该尽可能少地进行。关于"可预见未来的需求"的决策应该是基于有关组织战略远景的最佳可用信息的架构决策。

唯一标识符不应有任何附加含义，唯一标识符的作用是在记录的生命周期内唯一地标识一条记录。一个糟糕的例子是对唯一标识符的第一个数字进行编码，比如用"2"表示"化学试剂"、用"3"表示"原料"等。当一个唯一标识符被赋予额外的含义时，它作为唯一标识符的工作就变得不那么容易了。人们开始对唯一标识符的含义做出假设,这可能会对实体本身的含义造成混淆。如果底层属性改变(如一个物料从化学试剂移动到原料),那么要么唯一标识符的值需要改变,要么唯一标识符不再准确地表示属性。唯一标识符不应该是一个名称,因为它们在语言上不是中性的,传达的意思可能会随着时间的推移而改变。

4.3 主数据建设

4.3.1 主数据项目启动前的准备

我们经常会发现主数据项目实施过程中出现的一些问题,这些问题在一定程度上成为主数据项目成功实施或者实施效果的严重障碍,下面举几个例子:

1)项目组织迟迟不能成立,主数据建设成IT部门的独角戏。
2)数据清洗组织松散无序,数据清洗质量参差不齐难以保障。
3)数据标准草草确认了事,数据集成标准一改再改进度缓慢。
4)数据运维组织专业缺失,数据审核效率低下数据认责不清。
5)业务部门缺乏数据认知,问题五花八门阻碍项目规范实施。

以上只是几个比较典型的例子,无法穷尽,毕竟每家企业不一样,产生的问题也不一样,但总体可以归结为企业没有真正对实施主数据项目做好准备,或者把主数据项目仅仅理解为数据问题。这些都是主数据项目实施效果不佳甚至失败的主要原因,当然数据治理项目也面临同样的问题。

任何数据项目,包括主数据项目、数据治理项目,都不仅仅是数据的问题,归根结底还是人的问题,如果数据治理仅仅把关注点锁定在数据上,实施效果就会大打折扣。为什么这么说呢?数据是人产生的,数据是人使用的,数据问题影响的是人的决策,所以数据问题与人紧密相关。只有认识到事情的本质,才能从本质上解决问题。数据质量问题是表象,根本问题是由于人对数据缺乏敬畏造成的,如数据填写不完整、数据值填写错误、数据填报不及时等,均是由于没有制度、数据文化、数据工具的有效约束和支撑,人对数据的敬畏缺乏,导致数据出现了各种问题,进而需要对信息进行治理,需要对主数据进行治理。有的企业是被动进行的，有的企业是主动进行的，但是无论如何，在将要进行主数据项目实施的时候，请做好充分的准备。

1. 实施主数据项目需要做好心理准备

必须组织做好数据文化、管理变革、应对风险等心理准备，才能更好地实施和顺利推进主数据项目。

（1）数据文化的心理准备

数据文化是企业在运营过程中确立的原则，要求所有员工和决策者关注现有数据所传达的信息，并根据这些结果做出决策和变更，而不是基于特定领域的经验领导企业的发展。这些数据可能包括但不限于：市场中的一般经济或社会趋势、产品的销售量、甚至是员工的绩效等。

数据文化的一个直观体现是企业对数据带来的结果的重视程度，不同的文化积累会带来冲突，如果要做数字化转型、做一家数据驱动型的企业，这类冲突不可避免。举一个简单的例子，当数据统计的结果与企业管理者的印象和判断有明显差异时，管理者是坚持自己的判断，还是从数据中寻找答案。这是一个典型的冲突，企业是相信权威，还是相信数据。换句话说，在企业中管理者是权威，还是数据是权威。不同的文化会有不同的答案，但主数据实施的效果、数据价值的体系，都与企业中数据文化的宣导与根植紧密相关。因此，在实施主数据前要进行数据文化的宣导，为实施主数据项目扫除文化障碍。

（2）管理变革的心理准备

主数据的建设不仅是数据的问题，更是管理的巨大变革。主数据代码将由分散的管理向集中的管理转变，数据管理和运营组织将由兼职人员向实体部门转变，标准管理将由离散的管理模式向全局管理模式转变。这些转变都是组织、制度、流程和工具的支撑，这种变化相对主数据项目实施以前可以说是翻天覆地的变化。如果企业没有做好这种心理准备，以为主数据项目就是上一个主数据管理系统便可解决主数据问题，那就是大错特错了，实施过程将会非常痛苦，实施效果也会微乎其微。因此，实施主数据项目前要充分评估管理变革带来的影响，做好应对这种影响的准备。

（3）应对风险的心理准备

主数据项目建设除了建标准、清数据，更重要的是清洗好数据的应用，这会涉及对系统中业务数据的调整和实际对照。下面举几个例子：某企业根据整理好的物料主数据代码进行盘库时，发现一种物料30年都用不完；某企业根据整理好的固定资产代码进行盘点时，发现花了30多万元买的阀门，用了不到3年时间就报废了，报废资产仅卖了3000多元；某企业根据整理好的员工主数据进行员工工资和系统登录账号审计时发现，有近百名员工吃空饷，多名辞职员工的系统登录账号依然开放着。这样的例子不胜枚举。这些问题都是触目惊心的，如果你是企业主管，看到后会不会心里一颤？这些问题既是由于数据不唯一、不准确、不共享导致的典型问题，更是管理缺失的真实写照。对于这些可能出现的问题，企业在实施前也要有充分的心理准备。

2. 实施主数据项目需要做好组织准备

对于主数据项目的实施组织是很重要的准备之一，从上到下的组织是主数据顺利开展的基础，也是数据标准、制度、流程制定和实施的主体，没有高效完备的组织，主数据项目就不可能正常开展。

（1）数据管理组织的权威性

通常，企业实施数据类项目都要成立诸如数据治理委员会、数据标准化委员会这样的组织，组织的成员通常由企业的领导层组成，如集团总经理、副总经理、分（子）公司总经理等。按常理说，如此高级别成员组成的数据治理委员会在企业中应该具有很高的权威性，但是这种组织往往会流于形式，既不制定数据战略，也不监管数据项目执行，使数据实施项目成了无源之水，对数据项目的实施起不到指导和引领作用，政策的上传下达不能高效执行，更多时候体现在项目没有高层领导站台，难以顺利推进，使项目陷入尴尬境地。因此，企业一旦决定实施主数据项目，企业高层就要真正地把数据作为企业的生产要素，从思想上要高度重视。成立由高层组成的数据管理组织并真正发挥实效，是项目成功最重要的因素之一。

（2）数据清洗组织的专业性

主数据项目最重要的成果之一就是构建各类主数据代码库，代码库就是由通过清洗的数据组成的，因此，数据清洗质量的高低决定了代码库质量的高低，也就决定了主数据作为企业基础数据是否具有正确性、一致性和有效性。从以上描述看出，数据清洗组织的专业性决定了清洗后的数据质量。在现实项目中，数据清洗工作是一项耗时长、需要耐心、比较繁重的工作，很多业务部门为了应付工作派出工作年限短、经验少、年轻的人员参加。尤其是对于企业中最重要的主数据之一的物料，没有一定的经验根本无法正确清洗数据，导致清洗后的数据质量不高。因此，对于实施物料、设备、设施、合同和项目等专业性较强的主数据，一定要事先考虑数据清洗组织的专业性问题，各业务部门也要派出具有多年经验、熟悉本职业务的人员参与，形成各类专业性较强的数据清洗组织。

(3) 数据运营组织的责任感

主数据项目依然遵循"三分建设，七分维护"的规律，由此可以看出数据运营的重要性，项目建设完成后持续的运营是保障主数据项目成功的重要活动。大部分失败的或效果不好的主数据项目，与没有持续运营的组织有很大关系。项目建设期一般的运营工作企业都依靠实施商承担，一旦实施商离开，组织便不知所措，运营组织不健全，数据维护质量不高，审批效率低下，导致主数据项目失败。因此，主数据项目更需要企业意识到运营的重要性，在项目实施过程中培养自己的专业技术人员，建立完善的运营组织，并制定有效的激励绩效机制，增强数据运营组织的责任感，保障项目实施后数据运营有效。只有这样，主数据项目才能真正从一个成功走向另一个成功。

3. 实施主数据项目需要做好持久准备

主数据项目的实施是一个总体规划、持续推进的过程，企业一定要做好持久实施的心理准备，尤其是企业领导层，否则会出现焦虑的情绪，急于看到主数据实施效果，而一旦效果不明显，就会降低支持力度甚至放弃。因此，对于主数据项目而言，做好持久战的准备很关键，但是也要制定每个阶段的小目标。

(1) 不同主数据类别实施的持久性

通常，组织中有很多类别的主数据，如组织机构、员工、岗位、会计科目、银行、成本中心、利润中心、固定资产、供应商、客户、物料、产品、项目、合同、国家、地区、货币和计量单位等，如此多类别主数据的实施复杂度是非常高的。因此，一般情况下企业会选择分期实施，这就是不同类别主数据实施要有一个长期持续的过程。企业在实施主数据项目时，必须要全面考虑这些问题，根据企业实际需要制订主数据实施计划，在兼顾效率和效益的同时高效开展主数据项目建设。

(2) 同一主数据类别实施的持久性

当前，大型集团、多元化集团、投资管控型集团越来越多，组织庞大、业态复杂，即便是同一类主数据的实施也不可能一次性彻底推行完成。例如物料主数据，不同的板块，不同的业态，物料的类别差异性非常大，不可能一次性全部覆盖。因此，众多大型集团都是选择按板块分期推进，先试点后推广，这就体现了同一类主数据实施的持久性，类似的项目类主数据、设备类主数据都有这样的特点。企业在实施主数据项目时也要考虑这种情况，对同一类主数据做好实施计划，一般会按照物料管理的规范程度优先从物料规范性好的板块或企业开展，然后逐步推进，最后达到同一类主数据在整个组织内的统一。

(3) 项目经费投入的持久性

对于主数据项目来说，项目经费投入的持续性是必然的。有的企业在做预算时只做一次或一年的计划，导致主数据项目实施中断，主数据实施的效果可想而知。另外，主数据项目的实施不仅是主数据本身，还涉及主数据系统与其他业务系统的集成，因此，在做主数据项目预算时，也要考虑第三方系统的集成费用，否则项目实施过程中在组织内协调第三方系统的集成费用就很困难，同时由于协调的周期长，主数据项目的进度受到影响。所以，在实施主数据项目前，要考虑费用的持续投入和费用类别的全面性。

4. 实施主数据项目需要做好方法准备

主数据实施通常有多种方法，但是哪种方法适合自身是需要斟酌的问题。实施主数据项目不能好高骛远，适合企业自身的现状最重要。

(1) 典型的实施方法论

主数据项目的实施方法论可以归结为 3 种。

1) 重型方法论。适合大型集团企业整体规划分步实施的特点，类似于古代的正规部队作战，先摆开阵势，再按照作战策略作战。典型的步骤是：成立项目组织—开展项目调研—编写调研总结和需求—制定主数据项目总体规划—制定主数据标准—搭建主数据平台—数据清洗和构建代码库—系统集成和主数据服务—运营主数据—优化主数据。

2）轻型方法论。适合中小型企业根据需求快速实施的特点，类似于运动战、游击战，不在乎形式，要快速见到效果。典型的步骤是：成立项目组织—开展项目调研—制定主数据标准—清洗数据和构建代码库—搭建平台和系统集成—主数据运维。

3）个性方法论。适合企业有一定技术实力和专业队伍的特点，这类企业要么只买软件产品，要么只买实施服务，要么只是按照企业的想法随时改变实施方法。典型的步骤是：前期交流—软件选型—组织自实施；前期交流—实施选型—提供产品—实施。

（2）哪种方法才是真正适合的

企业在实施主数据项目前都必须认真评估自身的情况和现状。

对于板块多、业态复杂、投资充分、放长线钓大鱼的大型集团企业，建议选择最为规范的重型方法论，按照数据治理、数据资产的视角规划和实施主数据，以主数据项目的实施驱动数据治理的开展，为数据资产变现升值奠定基础。

对于同质化强、业态单一、投资受到一定局限的中小型企业，建议使用轻型方法论，实施周期短，局部见效快。企业领导一旦见到实效，就会提升主数据项目投资的信心，主数据项目也会得以较好地开展。

对于个性方法论要看企业自身情况，有的企业把规划和实施分开也未尝不是一种好的选择；有的企业为了节约投资，采用只买软件的方法实施，失败率是最高的，这种例子屡见不鲜；有的企业IT部门认为自己最了解企业，采用由IT部门指导厂商实施的方法，失败率较高，不但浪费了时间，效果也不好。

主数据项目的实施方法要量体裁衣，建议在实施主数据项目前多看、多比较，一旦选择了实施厂商就按照经过实践检验的方法论认真实施，否则受到伤害的是企业自身。近期出现了很多企业中台建设失败的案例，原因也大致是以上几点。所以，既不要高估自己，也不要看低厂商，相互选择后应只顾风雨兼程，毕竟目标是一致的——让项目成功。

5. 实施主数据项目需要自我三度修炼

实施主数据项目需要不断地进行自我修炼和提升，否则在实施过程中会一直带着焦急、焦虑的情绪，不利于项目协同开展。

（1）主数据项目是"我的事"

项目实施伊始，不同业务部门会负责自己认责的数据。一是认为数据是部门自己的，不想让其他部门了解太多；二是一旦数据出现问题，自己部门能够私下进行处理。其中，第一种原因更为普遍，因为现在很多企业信息系统建设的烟囱式特征比较明显，各系统中的数据均被认为是保密数据，不愿意让其他部门全部了解，所以各部门认为只要是属于自己部门管理的主数据，自己就要全权负责，如员工、客户、供应商等比较敏感的主数据。

（2）主数据项目是"他的事"

随着项目的深入开展，出现的数据问题越来越多，如主数据不完整、不一致、不可用和不准确等，处理这些问题需要耗费大量的人力、物力、时间，这时候认责部门可能会有些后悔，会把出现问题的原因归为企业其他部门填报不认真、不及时等。以客户、供应商数据为例，整理和清洗几十万条数据的任务本来是财务部门认责的，看到任务如此繁重，财务部门可能会想是不是其他部门也可以承担，比如财务系统存储的客户、供应商数据最多，接下来极大概率会要求销售部门、采购部门、下属单位相关部门进行数据整理和清洗。

（3）主数据项目是"我们的事"

协调企业中几百万条数据清洗是很困难的，除非有行政命令，如果不是内心自发自愿，就很难保障质量和进度。这时候，大家要认识到，产生数据的是"我们"、使用数据的是"我们"、数据不准确影响的也是"我们"。认识统一了，任务也就好分配了。主数据的问题不是其他部门的问题，也不是实施厂商的问题，而是"我们"共同的问题，形成了主数据项目其实就是"我们"的事，"我们"才是数据质量的主导者。只有思想达到这种境界，才能真正地实施好主数据项目。

4.3.2 主数据建设协同推进

主数据建设是夯实数字化转型基础底座、助力管理体系和管理能力现代化的重要举措。

1. 充分认清主数据建设的重要意义

（1）主数据建设是数字化转型的必经之路

随着集团近年来持续地进行兼并整合，企业规模不断扩大，业务日趋复杂，对管理和经营上的要求越来越高，集团与成员企业间的信息交互越来越频繁，系统之间信息交换和实时集成的需求越来越迫切。历年来，信息系统产生了大量需要统一管理和共享的管理数据和业务数据，在现今的大数据时代，这些数据是重要的生产资料。但由于历史原因，集团没有对这些数据进行归口管理，各系统独立建设，系统之间的数据标准不统一，造成数据集成和共享非常困难，难以有效利用数据。要解决这个问题，亟须建立集团统一的主数据平台，将各系统的数据进行归口管理，通过采用规范化、标准化、制度化的管理流程、程序和技术平台，形成统一的主数据标准。

（2）主数据建设是落实数字化建设的基础性工程

主数据是"数字化"各项目群数据共享和数据交互的"连接中枢"。主数据是数字化建设的"里子"，是"数字化"实施落地中的核心基础性工程。因此，主数据的成效不仅决定了"数字企业"的内在质量，也在很大程度上决定了"数字化"的整体落地效果。

（3）主数据平台是提升集团数字化管控能力的重要抓手

"三分系统，七分管理，十二分数据"，这是多年来企业信息化建设的实践经验，充分表达了数据在"数字化"系统实施中的重要地位，揭示了技术、管理和基础数据三者在管理信息化建设中的权重关系，即管理创新的任务和工作量比技术的任务和工作量重，而基础数据不仅工作量非常大，其工作质量好坏还决定着"数字企业"建设的成败。根据国外机构调查统计，在全球企业信息化项目的失败案例中，70%的原因是基础数据出现了问题。

主数据超越业务、超越部门、超越系统、超越技术，通过主数据平台的建设，可实现数字资产的标准化管理，解决不同异构系统之间的核心数据共享问题，为集团各系统提供准确、权威、具有较高业务价值的数据资源，助力组织数字化转型。这既是加速集团标准化进程、规范基础工作的有力抓手，也是全面贯彻落实高质量发展理念、进一步提升企业管理水平的重大举措。通过跨系统的信息联动共享，解决系统各自为政的信息孤岛问题，有效提升用户体验和办公效率。

2. 充分理解主数据建设的目标

集团主数据平台的建设目标是建立集团准确、权威、统一来源的主数据湖，提升集团关键数据的价值，实现数据共享，为"数字企业"建设夯实数据基础。主数据平台主要实现以下 3 个具体目标。

（1）以主数据平台为手段，构建数据标准化体系

组织数字化转型要"制度先行、标准先行"。主数据是数据标准化的重要支撑，制订主数据总体规划，建立数据标准和规范，使集团在基础数据管理上统一度量衡，消除"一物多码""一码多物"的现象，打破系统集成的壁垒，逐步达到系统互联互通、业务联动协同的应用效果。

（2）以主数据平台为抓手，深化数据管控体系

主数据建设，管理是关键，主数据的特点是持续地运营，必须明确主数据管控体系，包括组织架构、管理流程、落实到人、持续运营，只有这样才能实现数据"源头"集中管理，才能实现数据的全生命周期管理，才能改变基础数据分散管理的现状，为将来的数据治理和数据分析夯实数据基础。

（3）以主数据平台为契机，实现数据共享共用

制定主数据应用指南，引导各分（子）公司在系统建设中规范使用基础数据，保持总部与各分（子）公司所用系统基础数据高度统一，进而为业务报表编制、数据统计分析及财务业务一体化工作提供便利条件。建立基础数据共享"桥梁"，打破各系统信息交互壁垒，使得物资、客商、项目、人员和组织等重要基础信息能够在多个系统内充分共享、高度复用。

3. 充分认识面临的困难，正确把握两个关系

主数据项目是基础性和系统性改造工程，牵扯面广、工作量大、复杂度高，不仅有技术上的复杂性，还有业务上的复杂性。因此，在项目建设过程中，必须充分认识可能面临的困难，正确把握以下两个方面的关系。

（1）处理好主数据项目与各业务系统的关系

主数据管理平台在企业信息化体系中占据着非常重要的地位，一方面能够保证企业内各单位系统信息编码标准的高度唯一性；另一方面能够为企业未来数据仓库建设、大数据应用奠定基础，为各系统数据标准化导入、多维统计分析工作创造先决条件。因此，项目建设首先需要考虑数据从哪里来、到哪里去

的问题，需要建立一整套数据管理规范流程。针对现有已经具备完整用户管理的业务系统，需要考虑好与项目的兼容对接工作，避免重复录入。同时，借助主数据平台建立良好的用户数据同步及唯一校验机制，确保用户数据的及时性、可靠性。

（2）处理好数据共享互通与信息安全的关系

主数据项目的本质是共享，没有共享就没有统一，但一切信息化建设的基础是信息安全，没有安全，数据共享互通就不具备基本条件。在项目建设过程中必须把握好数据共享与信息安全的辩证关系，在系统设计过程中充分考虑哪些数据需要共享、共享范围及权限如何定义，建立完善的数据追踪审查机制，确保信息安全。

4. 落实"3个必须"，高质量推进主数据建设

（1）必须主要领导挂帅，全员参与，持之以恒

主数据虽然不是一个具体的业务系统，但与各业务系统息息相关，主数据来源于各个业务系统，又延伸至各个业务系统，这就必然要求所有相关业务系统的主导部门都参与到主数据建设中来，如果业务部门不积极参与，这个项目就无法成功。因此，各业务部门、各分（子）公司务必要将这两个项目当作自己的事情，主要领导要亲自挂帅，做好组织协调，安排精兵强将，充分参与项目建设，积极献谋献策，齐心协力确保项目成功。

主数据建设项目集团各职能部门和各分（子）公司业务部门都要积极参与数据标准的制定和数据质量认定的过程，一定要杜绝"事不关己，高高挂起"或者"信息化的事与我关系不大"的思想。集团各职能部门、各分（子）公司要安排业务骨干深度参与，保障项目顺利推进。集团的每一名员工要充分认识到数据标准建设不是一次性的项目建设，而是长期的基础性工程，需要建立长效机制，既需要持续地集成业务数据，也需要长期迭代。

（2）必须加强集团统筹，数据无条件归集、有条件使用

主数据建设是一项"打地基"的工作，是组织数字化转型的重要手段。集团各业务部门和分（子）公司必须牢牢树立数字企业"一盘棋"的思想，基于主数据标准建设集团统一的数据湖，坚决拆除数据"部门墙""公司墙"，所有的数据必须无条件地汇集到集团的数据中心，业务系统之间必须无条件实

现互联互通。只有这样，才能充分发挥数据的作用，才能实现数字化业务协同。同时，可以制定使用流程和制度，重要数据可以实行有条件使用，充分发挥数据的作用。

（3）必须加强统筹力度，统一考核，加快推进

主数据是"数字企业"的"里子"。主数据项目是否成功很大程度上关系到企业数字化转型是否成功，需要在思想上充分重视，但是只从思想上重视是远远不够的，还必须落实责任、压实任务，必须对数据的质量进行考核，一旦确定了一个数据域的责任部门，这个部门就需要担负起这个数据域数据质量的责任，数据更新是否及时、数据是否准确等内容在集团业务部门和分（子）公司年度考核中须加以体现，"数字企业"建设办公室作为负责组织推进"数字企业"工作的职能部门，必须加强统筹、加强考核、细化责任，只有这样才能充分保障主数据项目的成功，才能为将来建立数据中台、实现数字化业务协同奠定扎实的基础。

4.3.3 主数据建设应注意的问题

经与大型企业的信息部门就主数据项目的实施进行多次交流发现，各企业普遍存在一个非常困扰的问题，阻碍了信息部门对主数据建设进行推进的步伐。信息部门牵头实施的主数据效果不好，怎么去挽救？怎么去改善？尤其已进行两次、三次主数据项目实施的大型企业，失败了，又失败了，对主数据建设丧失了信心，那么怎么办呢？首先是具体问题具体分析，针对不同的情况对症下药。

1. 信息部门牵头实施主数据项目效果不好的原因

（1）信息部门说不清主数据，业务部门不理解主数据

主数据虽然是老生常谈了，但仍有些信息部门的领导或者员工说不清主数据这点事，如什么是主数据、主数据在哪些系统中应用、主数据在哪些场景中应用、主数据在业务部门分别有哪几类。如果信息部门还没有想清楚这些问题，就很难牵头实施主数据，一是自己说不清楚，二是很难跟业务部门说清楚，这就会导致业务部门根本不理解什么是主数据等一系列问题。

(2) 信息部门难以协调业务部门深度参与主数据实施

这是当前实施主数据过程中最常见的问题，由于信息部门的层级设置通常不是一级建制部门，即便是一级建制部门，在企业的定位依然是以服务为主，在整个项目实施中对于协调业务部门深度参与很困难，尤其是如果信息部门对业务的了解程度很浅，那协调起来就会更加困难。这种原因导致主数据项目失败的案例屡见不鲜。

(3) 业务部门不能认责或者主导某一专业类的主数据

众所周知，在实施主数据项目时往往会涉及多种类别的主数据，如组织机构、客商、物料、设备等。对于物料、设备这种专业性很强的主数据，如果没有主管业务部门认责而一味地让信息部门负责，要想实施成功是很困难的。有些大型集团是战略财务管控型，集团本部并没有主管物料、设备的部门，这就导致实施物料、设备等专业主数据的时候在集团内没有认责部门。信息中心对这些数据既不熟悉也不专业，想解决一物多码的问题却无从下手，导致很尴尬的境地，不牵头做就无法实施，牵头做既不懂又没权力。随着大型集团的改革，业务主管部门下沉至板块和二级集团，这类现象渐渐多起来，这是导致主数据项目实施失败的重大风险。

(4) 业务部门安排的主数据实施人员都是"新兵"

这里的"新兵"主要是指不能深刻了解本部门业务和部门间协同工作的人。为了实施主数据项目，集团成立了数据标准化委员会，也建立了各类主数据线条负责部门，还指定了标准制定专家和数据清洗人员，看似强大的组织，实际上却是弱不禁风的小船。等真正实施和开会的时候才发现，怎么各部门来的都是科员或对业务不太懂的人员。这样一来，无论是标准制定还是数据清洗，全都变成无序和非专业的了。在实践中往往能体会到对付混乱的数据就像打仗一样甚至比打仗还难，为什么呢？因为有大量的暗数据你根本看不到，敌人都看不到怎么打？更糟糕的情况是，专业的主数据团队配置游击队，这也不懂那也不懂，还有些人不懂装懂，起不到正向作用。这些事时有发生，如果你正在实施的项目有这种情况，就要高度预警了。

(5) 业务部门不能有效支持主数据实施方式和时间

过来人都知道，标准制定和数据清洗采用集中式的方式效果最好。现实是什么情况呢？由于主数据项目负责人并不是集团高层领导，导致各业务部门和分（子）公司在制定标准时非常分散，各做各的，在集团层面很难统一起来。尤其是集团下面的同业态企业都比较强势的时候，很难制定一套科学合理的标准。再者是，由于没有成立专门的数据清洗团队，几百万条数据的清洗只能要求业务人员利用业余时间进行，可想而知这样清洗出来的数据质量是不可能高的。数据质量不高，进而影响数据共享和使用，导致主数据的作用和成效难以发挥。

（6）主数据项目的实施度分依赖厂商的实施人员

这种现象也是极为常见的，甲方通过招标确定主数据项目实施团队后，就把业务协调、技术协调等所有的事情交由实施厂商负责，信息部门成了"甩手掌柜"。可以想象一下，同一单位内部不同部门之间的协调尚且困难，更何况是让厂商协调。厂商怎么办？他也有自己的办法，既然有关部门不管，那么就按照合同要求把该干的事都干了就算交付了。整个项目实施下来，都是厂商在唱独角戏，甚至有些系统建设完成后，甲方的业务部门不但不用，还让实施团队帮助他们维护数据。这就如同你买了一辆汽车却不开，那汽车再好有什么用呢？时间一长汽车生锈了，不能开了，钱白花了！还有的人买了汽车，没有经过培训就胡乱开，能不出事故吗？买了汽车自己好好开，才能发挥汽车的作用，信息化资金才不会白白投入，这个道理值得好好深思。

（7）主数据项目实施完成后不能开展持续运营和有效考核

主数据项目实施完成后，不能开展持续的运营，尤其运营组织建设不完整、运营制度建设不规范、运营流程建设不优化、运营标准建设不量化及运营绩效考核不运行，一系列的组织、制度、流程、标准和考核形同虚设，有法不依、有章不循，好的不嘉奖、坏的不惩罚，导致建立的运营体系失效。主数据项目实施完成后，又回到了老路上，这种情况下的失败项目不在少数，因为信息部门在实施完成后，既没有技术力量进行持续运维，也没有权力进行深入考核。

（8）主数据系统功能限制难以支撑业务部门高效应用

主数据管理系统功能不好用，或者功能不能支持标准的落地，也是失败的主要原因之一。尤其对于国外软件本地化，如果信息部门一味追求国外软件，就会导致实施时水土不服。国外的数据治理通常以客户为核心开展，而我们通常以物料为核心开展，数据类型的不同导致软件的管理思想及标准的落地有巨大差异。大型集团上线国外某知名主数据系统后，迟迟不能很好地利用起来，最终导致项目失败的案例不在少数。因此，在选择主数据管理系统时要根据业务需要，以标准能够有效落地为前提，从而规避实施失败的风险。

2. 如何针对不良现状采取整改措施

（1）从管理组织入手，加强组织领导

在主数据建设过程中，组织的作用是非常重要和关键的，但有些企业对此并不重视。对于企业来说，数据治理是战略层面的，只有企业一把手重视、各个域的主数据有专职牵头部门，才能做好。因此，如果主数据实施效果不佳，就应该看看是否能获得高层领导的支持。

（2）从业务部门入手，解决实际问题

主数据实施效果不好，与业务部门的关系最大，应从业务角度认真进行分析，是标准制定得不合理、流程设置得烦琐，还是数据的时效性不强等。仔细分析原因后，看看能否从小处入手解决业务部门急需解决的实际问题。以客商类主数据为例，有时让业务部门手工输入几十条信息是很烦恼的事情，因为有些信息业务部门既不知道，也用不着。可以考虑把主数据系统和天眼查或企查查做一个接口，只要是规范在工商注册的，输入工商注册号，所有的信息即可自动填入，既提高了效率，也提高了准确性。还有的客商需要进行隔离管理，因为存在竞争关系的两家子公司一定不希望对手知道自己的客户信息，只要解决了他们的后顾之忧，就能更好地促进应用。

（3）从数据质量入手，开展绩效考核

数据质量是业务部门非常关注的问题，因为数据是业务部门产生的，也是业务部门应用的，一旦数据发生问题受影响最大的还是业务部门。可以把有效提高业务部门的数据质量、提高业务部门数据统计的准确性、提升业务部门的决策支持能力作为一个切入点。标准落地、代码库建成后，要定期开展数据质量检查，对数据质量较差的部门要追究到人，采取必要的惩戒措施。众所周知，事后控制数据的成本是事前控制的 100 倍，一旦做出错误决策，将给企业造成重大损失。因此，只有长期持续地开展数据质量管理，对数据质量好的部门和个人进行嘉奖，对质量差的部门和个人进行惩罚，才能让全员重视数据，才能有效持续推动。数据质量管理可以作为一个有效推动主数据建设的抓手。

（4）从系统应用入手，开展培训优化

把主数据系统应用作为重要目标，定期开展主数据系统应用培训，做好主数据标准的优化、主数据流程的优化等。因为在主数据实施过程中经常发现前一个月还在清洗数据的人这个月已经辞职了，新人对前面的事情不了解，而加强培训是使系统投入应用的重要保障。建议把主数据的功能使用做成微课，把主数据填报过程中的注意事项做成小视频，在主数据管理系统内置机器人等，保证使用者有疑惑的时候能够第一时间得到解决，提高使用者的系统使用体验。我们自己也有同样的经历，如果一个软件试了3次还不懂如何操作，基本就放弃不用了。因此，保证使用者迅速了解如何使用系统、有哪些注意事项、遇到问题如何解决也是非常重要的手段。

（5）从优秀组织考虑，开展标杆对标

对标可以分为企业内对标和企业外对标。主数据实施后，哪个部门的数据质量最好、审批效率最高、及时性保障最强，就完全可以进行对标；优秀的部门是如何做的，有差距的部门为什么做不好，完全可以相互借鉴经验，先进带动后进，共同提高。也可以组织业务部门到数据治理成效好的外部优秀单位考察学习，借鉴好的做法和经验，从而提高自己。例如，有两家同是投资管控型集团且收入相当的企业，但在效益方面，数据治理做得好的企业是未进行数据治理企业的2倍。这样的对标很有意义，数据在其中的价值不言而喻。然而，推动企业治理最主要的还是内生动力，如果没有良好的数据文化，数据应用内生动力不足，那就是企业的数据治理契机还不成熟。

3. 大型集团企业主数据项目实施的建议

1）在主数据项目实施前做好充分准备。

2）主数据项目实施组织的合理搭建非常重要。

3）主数据项目实施中通过解决调研发现的问题是抓手。

4）主数据项目实施后持续开展绩效考核是进一步成功的保障。

5）主数据项目实施只有开始没有结束，只有持续运维才能长治久安。

4.4　主数据建设案例：物料主数据建设

工业企业中物料主数据的数量最大，也最关键。物料主数据主要记录某种物料的各种参数、属性及其相关信息，如物料编码、物料描述、计量单位、物料类型（原材料、半成品、成品）、工厂、库存地点、销售组织、来源类型（自制件/采购件）和财务成本信息等。这些信息反映了企业的现有资源、现有生产能力和现有工作流程。可以说，物料主数据是牵一发而动全身的，它是基础数据中的基础，可以说物料主数据质量对企业有着至关重要的影响，如何提高企业物料主数据质量的管理能力是企业必须面对和解决的一个问题。下文结合某集团物料主数据标准化管理的情况，谈谈关于企业物料主数据的标准化管理工作。

4.4.1　物料主数据存在的主要问题

物料主数据应用于从计划、采购、入库、出库到结算的全过程。计划、入库等各业务管理要求不同，对物料主数据的描述精细程度也不一致，有时会出现矛盾，这些矛盾体现在主数据的使用中，易造成工作被动。例如，报计划时要求不能指定厂家，只描述物料性能等参数，通过招议标工作才能确定品牌，入库时应有明确的产品型号。以上环节均使用同一描述，要求描述符合以上所有要求，如果产品没有统一标准，就会出现带有厂家信息的描述。

1. 物料主数据存在的问题

物料主数据的重要性近年来逐步提高，管理部门与业务员如不加强重视就会出现问题。

1）一物多码。物料主数据必须具有唯一性，一条物料主数据只能代表一个指定的物料，某一物料只能找到一条相对应的物料主数据。因此，物料主数据的唯一性是主数据最根本的特性和必须严格遵守的基本原则。然而，目前在ERP系统的实际运行中，一物多码的情况非常普遍。有可能在同一品名或不同品名中出现，原因是各厂提报主数据人员对物料的习惯称呼不同，申请主数据时不够细致，未使用规范名称，或由于业务水平和不够重视等因素在不同的品名下进行申请造成同一物资出现不同名称。也有可能只要同一物资的描述稍有变化，就会增加一个新的物料主数据，其结果是同一种物资有多条主数据。

2）一码多物。描述完全一样，库存物资却是不同的物料主数据，造成采购物资不准确、已到的货物不能使用或质量不能保证，既增加了库存积压，还有造成生产事故的风险。

3）物资需用计划工作中也存在套码及对物料主数据描述含义理解不清的问题，工作人员对物资技术标准的了解不够全面，而过分依赖于供应商提供的产品属性及技术要求。因此，管理部门与业务人员需要加强对标准库的建立与学习，增强对实物的了解，否则不利于供需双方合作共赢。

2. 物料主数据在系统应用中存在的问题

ERP上线初始，部分历史业务数据不规范却急需进入系统，由此产生了特批数据，这部分数据影响了业务的运行并成为不合格数据。随着业务需求的深化及信息系统功能的完善，基础数据会由于不符合新要求成为不合格数据。如计量单位要求使用标准单位，会造成使用非标准单位的物料主数据成为不合格数据，这些不合格数据被停用需要重新生成物料主数据，并对已有业务数据进行处理。

基础数据停用等需要在各个信息系统间协同处理，这对生产系统应用的影响很大，易造成工作停滞等，是影响正常业务工作和系统应用的重要问题。

4.4.2 物料主数据出现问题的原因

物料主数据出现问题的原因主要有以下3个方面：

1）物料主数据申请人员为各基层单位材料及设备管理人员，人员水平参差不齐，流动性大，缺乏专业知识，对所需要的物资没有正确的认识，对相关物资标准不清楚，不能将需求物资准确转换成公共数据平台中的标准描述。

2）不同的人对同一物资的叫法不一样，或对该物资的属性理解不同。

3）物料主数据申请没有严格的申请审核指南、物料主数据缺乏统一的规则等，导致不断新增物料主数据，造成重码、多码、错码现象，破坏了物料主数据使用的稳定性和延续性。

4.4.3 物料主数据的管控措施

物料主数据是以 ERP 为核心的企业信息系统的运行基础，优化企业物料主数据质量的管理可以提高企业运营效率，意义深远。某大型集团确定了 SH217 信息化项目群的建设目标、计划和内容。物料主数据标准化管理是实现某大型集团物资集约化管理"三步走"（从物资管理标准化到物资管理精细化，再到物资管理规模化）建设策略的基础。

1. 物料主数据及主数据管控体系

（1）物料主数据的概念

物料主数据是描述企业所有采购和生产的产品及服务的自然属性等基本信息，物料编码是物资的唯一标识，物料编码标准化可以确保物资编码的唯一性和在各个运营单元物资管理系统中的一致性，将供应链的上下游进行整合，使得物资在各个运营模块中保持简单、一致，加快供应链内部的处理速度。

物料主数据包含对企业内部所有现有库存及之前一段确定期限内计划采购的全部物料、动态的采购计划业务的物料的集合，它是企业中有关物料信息（如库存水平）的物料数据代码库，将所有的物料主数据集成在单一的物料数据库中，消除了数据冗余的问题，不仅物资管理部门的计划管理、采购管理、收货、出入库时使用这些数据，而且和设备管理模块的工单需求提报、生产领用，以及财务模块的发票校验、结算等都有直接关联。它是所有模块的基础。

（2）物料主数据管控体系的组成

物料主数据管控体系由 4 部分组成：组织、流程、平台、制度。主数据管控体系中的工作安排要实行责任制，4 个组成部分都要安排具体的负责人。主数据管控体系重要的管理内容有 3 项：

1）实现数据的标准化管理。目前数据标准化管理主要通过数据的统一编码、统一描述及对数据系统分类实现。

2）管控数据的质量。提高数据质量主要是从检验数据的合理性、数据的真实性、数据的完整性、数据的唯一性和数据的及时性等方面着力。

3）保证数据的安全性。将数据进行备份处理，或将数据系统进行加密处理，都可以提高数据的安全性。

2. 物料主数据的分类和编码

（1）分类标准

物料分类标准是物料主数据编制的依据。物料分类标准要兼具科学性、系统性、可扩延性、兼容性和综合实用性等。在确定物料分类标准的过程中，可参照国家和行业有关技术规范，根据企业所处的行业类型、生产特点和管理需求等条件，结合企业物料全生命周期所涉及的要素进行科学分类，确定其分类的合理层级，并对每个类别所包含的范畴进行明确的定义，最终形成分类标准管理体系。

（2）编码规则

物料基本编码规则一般有3种：流水码、分类码和特征码。流水码是一种最简单、最常用的代码，能缩短编码的时间，但无法表现编码的分类特性，不便于数据的统计和查询；分类码和特征码包含类别信息，尤其是特征码还包含物料的基本属性，易于记忆、查询、统计和处理，但增加了软件设计和使用操作的复杂程度。

1）编码码段分配。物资物料编码采用以1、3、4、5、6、7开头的8位流水码，编码范围10000000～19999999，30000000～79999999；服务类物料采用以9开头的8位流水码，编码范围90000000～99999999；商品煤物料采用以8开头的8位流水码，编码范围80000000～89999999；通用码是对采购前物料属性未知的物料进行事先赋码，通用码采用以2开头的8位流水码，编码范围20000000～29999999。

2）唯一性。通过物料编码，可以保证一物一码。

3）稳定性。编码与物料属性不关联，稳定性强。

4）可扩展性。8位流水码可提供千万级的数据量，流水号范围10000000～99999999，可支持千万级的数据。

（3）描述规范

物料描述是物料主数据信息的重要组成部分。规范物料描述可以解决企业物料描述普遍存在的随意性问题，通过固化物料的特性属性描述等信息，有效避免因不同人员操作而产生不同的描述结果，从而实现一物一码。

规范物料描述的方法如下：一是制定《物料特征属性描述规范》，包括物料主要自然属性的确定、取值范围及相互关系，以便对具体物料描述进行规范化定义。二是针对不同物料类别层次建立对应的物料属性特征描述模板。某大型集团编制了《物料编码提报规范性指南》《物资主数据标准》《标准符号对照表》，对物料的分类、属性描述及标点符号均做了严格的规范，以确保物料特征属性描述标准、规范。

3. 企业物料主数据标准化管理工作

为保证物料主数据描述规范统一，有必要在物资分类及特征项体系下制定更加细化的描述规则，即标准描述规则，作为物料主数据提报和审核工作的基础指导文件，有效杜绝归类错误、一物多码等问题，减少人工干预工作量。

（1）建立统一的物料主数据标准体系

物料分类标准是物料主数据编制的依据。物料分类要以物料自然属性为第一分类原则，并兼顾企业管理要求与实用性相结合原则。

在确定物料分类标准的过程中，参照国家和行业相关标准，结合企业物料特性进行科学分类，确定合理的分类层级，并对每个类别所包含的内容进行明确的定义，最终形成分类标准。

（2）搭建统一的物料主数据管理平台

通过需求调研、功能设计、开发、配置、测试、上线，进行物料主数据管理平台搭建。实现主数据申请、审批、校验、分发，以及数据建模、数据清洗、统计分析、数据管理流程配置、系统管理等功能。某大型集团通过搭建物料主数据管理平台，将物料分类标准、物料描述模板等物料主数据标准化管理的标准、规范和流程在系统中固化，有效提高了物料主数据管理的质量和效率。

（3）编制统一的物料主数据代码库

按照已制定好的物料分类标准和物料描述规范，对现有物料数据进行梳理和清理，删减重复的物料数据，补充残缺的参数，改正错误的信息，最终形成了统一、规范的物料主数据代码库。

（4）建立统一的物料主数据管理运维体系

建立统一的物料主数据管理运维管理组织，制定物料主数据管理办法，维护细则、应用考核规范等管理制度。大型集团可以按照"归口管理，分工负责"的原则，建立总部、分（子）公司两个层面的物料主数据管理体系。主数据管理过程示例如图4-1所示。

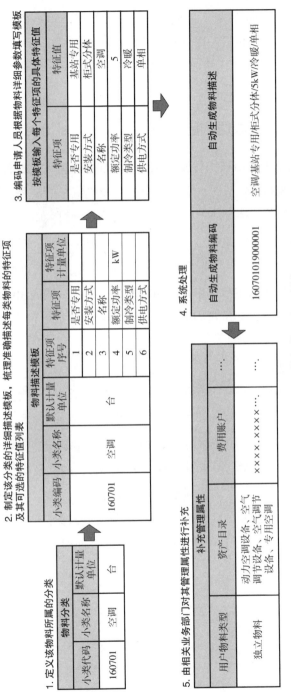

图4-1 主数据管理过程示例

总部和分（子）公司组建物料代码专业审核团队，分设化工、设备、材料、电气和仪表等专业审核岗、提报规范性审核岗，负责物料编码申请、审核、应用和运维情况的监督、检查和考核；定期组织物料编码清理工作，对系统中的冗余数据进行清理，并通知使用单位清理结果；负责受理物料编码申请、审核过程中提出的问题，提供咨询、支持和服务。

4.4.4 物料主数据管理的启示

1. 物料主数据申请审核实行专业化管理，加强物料主数据管理要求

根据当时管理的实际情况，采取了增加专业级审核的流程，让物资采购部各专业采购的业务人员进行线上一级审核，以确保物料的唯一性、准确性、可用性，充分发挥一级审核专业性、二级审核的规则性作用，对不符合要求的坚决予以退回，在问题的源头上把好关，保证物料主数据的准确性与规范性。

2. 进行统一的物料主数据申请、审核培训，明确一些通用的规范要求

物资采购部定期组织开展物资专业知识培训，包括申请人员及审核人员，培训结束后进行统一考试。

3. 完善制度建设

为使物料主数据管理更加规范化，做到有章可循，在《物资采购计划管理规定》中对物料主数据流程和要求及考核等做出了明确的要求。

为贯彻落实新制度，物资采购部组织进行了企业级和物资采购部两个层面的制度培训，通过培训学习、考试竞赛等多种形式，向涉及物料主数据管理和业务操作的各岗位人员宣讲。在制度执行一段时间后，由于主数据管理系统和业务流程的调整又组织人员对规章制度进行了全面梳理评价和修订完善，力争做到用好的制度约束人、用好的制度保护人，为全面提升物资采购管理水平打好基础。

第5章 元数据管理

5.1 什么是元数据

在企业管理信息化建设过程中，必然要求从原有的统一规则规范向统一数据源转变。为推动企业信息化建设，加强经营管理，解决数据源不一致、数据定义不准确、传递不及时等问题，实现信息资源充分共享、信息资源利用效率最大化，必须从全局出发，研究分析不同层级单位、不同业务领域、不同种类信息系统建设中所涉及的业务基础数据，构建统一的底层数据源，其标准化程度直接影响信息化水平，而底层数据源中最基础的莫过于数据元。下面我们用示例理清数据元、元数据、主数据之间的管理关系。

5.1.1 数据元

数据元（data element）也称为数据元素，是用一组属性描述其定义、标识、表示和允许值的数据单元。在一定语境下，数据元通常用于构建一个语义正确、独立且无歧义的特定概念语义的信息单元。数据元可以理解为数据的基本单元，将若干具有相关性的数据元按一定次序组成的一个整体结构即为数据模型。

数据元一般由对象、特性和表示3个部分组成：

1）对象。是现实世界或抽象概念中事物的集合，有清楚的边界和含义，并且特性和其行为遵循同样的规则而能够加以标识。

2）特性。是对象的所有个体共有的某种性质，是对象有别于其他成员的依据。

3）表示。是值域、数据类型、表示方式的组合，必要时也包括计量单位、字符集等信息。

数据元概念是对象＋特性，数据元概念＋表示＝数据元，数据元再经过限定词的约束就构成具体的应用数据元，数据元概念是对应用数据元的"概化"，"数据元概念"具有"普遍性"，而应用数据元则具有"特殊性"。例如，"原油密度"，这里的对象是"原油"，而它的特性是"密度"，这样"原油密度"就是一个"数据元概念"，如果再加上不同的表示词，就构成了不同的数据元，如"原油密度测量值""原油密度平均值"等，是同一个数据元概念"原油密度"。数据元和数据元概念示例见表 5-1。

表 5-1 数据元和数据元概念示例

比较项	要素	示例	
数据元	三要素：对象、特性和表示	每一句是一个"数据元"	
		这张照片的 ISO 值是 200	"这张照片"是对象 "ISO 值"是特性 "200"是表示
		这张照片的光圈值是 4	
		这张照片的拍摄时间是 2014-9-6	
		这个螺栓的产品标准号 GB/T 70—2008	"这个螺栓"是对象 "性能等级"是特性 "8.8"是表示
		这个螺栓的材质是钢	
		这个螺栓的性能等级是 8.8	
数据元概念	两要素：对象、特性	每一句是一个"数据元概念"	
		照片的 ISO 值	"照片"是对象 "ISO 值"是特性
		照片的光圈值	
		照片的拍摄时间	
		螺栓的产品标准号	"螺栓"是对象 "性能等级"是特性
		螺栓的材质	
		螺栓的性能等级	

5.1.2 元数据

元数据（metadata）是描述其他数据的数据（data about other data），或者说是用于提供某种资源的有关信息的结构化数据（structured data）。元数据是描述信息资源或数据等对象的数据，其使用目的在于：识别资源，评价资源，追踪资源在使用过程中的变化，实现简单高效地管理大量网络化数据，实现信息资源的有效发现、查找、一体化组织和对使用资源的有效管理。

见表 5-2，元数据是关于数据的数据，即 data about data 或 metadata（meta 作为前缀表示"变化""变换"或"元标签"之意），用以描述、解释、识别、评价甚至追踪数据。因此，元数据一般是可结构化的，这样才能用以描述或解释某对象或数据；元数据是一组可结构化的数据元或数据元概念的集合。

表 5-2 元数据及其示例

特指元数据		泛指元数据	
这张照片的元数据	ISO 值 = 200	照片的元数据	ISO 值
	光圈值 = 4		光圈值
	拍摄时间 = 2014-9-6		拍摄时间
这个螺栓的元数据	产品标准号 = GB/T 70—2008	螺栓的元数据	产品标准号
	材质 = 钢		材质
	性能等级 = 8.8		性能等级
单拿出来，以上每一句是一个数据元		单拿出来，以上每一句是一个数据元概念	

数据元与元数据是两个容易混淆的概念。元数据用来描述数据的内容、使用范围、质量、管理方式、数据所有者、数据来源和分类等信息。它使得数据在不同的时间、不同的地点，都能够被人们理解和使用。元数据也是一种数据，可以被存储、管理和使用。数据元是一种用来表示具有相同特性数据项的抽象"数据类型"。对于一个数据集而言，元数据侧重于对数据集总体的内容、质量、来源等外部特征进行描述，而数据元则侧重于对数据集内部的基本元素的"名、型、值"等特性进行定义。元数据只用来定义和描述已有的数据，数据元则可以用来指导数据模型的构建，进而产生新数据。

5.1.3 主数据

主数据指满足跨部门业务协同需要的、反映核心业务实体状态属性的基础信息。相对而言，主数据的属性更稳定，准确度要求更高，且唯一识别。如果元数据中某几个数据元或数据元概念的基础性较强、通用性较高，两个或两个以上管理系统共享且相对静态，那么这几个数据元或数据元概念就是主数据。换句话说，主数据是元数据的一个子集。元数据与主数据示例见表 5-3。

表 5-3 元数据与主数据示例

元数据		主数据	
这张照片的元数据	ISO 值 = 200	照片的主数据	ISO 值
	光圈值 = 4		光圈值
	拍摄时间 = 2014-9-6		拍摄时间
	持有人 = 王宇		
这个螺栓的元数据	产品标准号 = GB/T 70—2008	螺栓的主数据	产品标准号
	材质 = 钢		材质
	性能等级 = 8.8		性能等级
	价格 = 5		
单拿出来，以上每一句都是一个数据元		元数据是主数据的子集，如果这些数据元的通用性较高，并可以在多个系统共享，就组成了主数据的属性。例如，螺栓作为物料主数据可以用于采购管理系统、仓储管理系统、生产管理系统和财务管理系统等	

5.1.4 数据元标准的内容

数据元标准主要规定了某对象或某方面的数据元标识符、数据元数据类型、数据元表示格式和数据元允许值等内容。数据元标准示例见表 5-4。

表 5-4 数据元标准示例

数据元标识符	数据元名称	数据元含义	数据元数据类型	数据元表示格式	数据元允许值	约束条件
ZGSH.100	物品统一标识代码	用以唯一标识的物品代码	S1	N9	按××的规定	必填，唯一
ZGSH.101	统计类别代码	统计类别代码	S1	N6	按××的规定	必填
ZGSH.102	物资名称	物资名称	S1	AN.100	按××的规定	必填
ZGSH.103	牌号	牌号	S1	AN.50	按××的规定	必填
⋮						

5.2 什么是元数据管理

随着智能化高级分析成为数据驱动时代经济增长的主要驱动因素，企业更加关注数据相互之间的关系。企业决策层和数据科学界已经意识到，企业必须通过技术来管理和分析业务数据之间的关联关系。近年来引起全球业务关注的数据管理策略中也包括元数据管理，因为它可以管理数据的血缘和数据之间的关联。

5.2.1 元数据管理概述

1. 元数据管理：数据间关系的桥梁

元数据管理是策略、过程和系统的集合，这些策略、过程和系统用于管理描述数据的数据。元数据管理的主要目的是确保可以在整个组织中统一访问、共享、集成、分析或链接数据驱动的见解或业务信息。术语"元数据"定义为描述数据的数据。尽管我们通常是从定义了解元数据，但元数据的功能不仅仅是描述数据。

简单来说，元数据可以告诉用户特定数据在何处及如何查找。元数据的功能类似于老式图书馆的图书卡目录，各个图书卡包含名称、标题、作者和 ISBN 等信息，最重要的是能够找到该书在图书馆中的存放位置。

通过元数据可以知晓业务数据的 5W，即 Who（谁）、What（什么）、Where（在哪里）、When（何时）和 Why（为什么），从而发现并建立数据与以数据为中心的管理程序、资产和流程之间的内部联系。在数据仓库中，有一种类型的元数据被称为"操作元数据"，数据仓库相关人员可以用它来增强 ETL 流程。

2. 元数据管理：管理描述数据的数据

在许多组织中数据的存储多种多样且复杂，如新旧系统的并存、扩展的云存储、用于大数据的 Hadoop 集群及外部数据。管理这些复杂的数据并不容易，数据管理员在管理和维护整个企业范围内如此庞大的数据存储库时，经常会面临严峻的挑战。

这些数据存储库都按照其自己的规则和程序运行，并且在一个位置进行的数据更改可能会影响许多流程中的数据。此外，这些数据在大型企业还承担提供实时洞察力以做出及时业务决策的重担。

面对数据驱动的时代，业务领导和经营部门必须依靠元数据根据需要快速、准确地访问正确的数据。因此，由于高级分析在全球业务中的增长和渗透，使数据管理成为一项核心竞争战略。

5.2.2　元数据管理治理

数据治理在元数据管理中的作用是提供组织数据的 360 度视图，在数据管理中确保数据的透明、数据的质量和风险属性。

当然，保持业务数据完整性和安全性的最高标准是对当前存储数据的保障。为了保证业务环境的洞察力，被识别为数据所有者和数据管理员的个人要承担管理数据定义、数据质量标准和数据使用权的责任。

1. 大数据环境中的元数据管理

众所周知，大数据能为企业带来巨大的价值，因为大数据可以提供复杂的预测或见解。管理这些神奇的预测或见解背后的数据是一项巨大的挑战，元数据为驱动预测或见解的有价值的数据提供了第一层保障。如果不同来源的数据定义不匹配，最终结果就会与预期相去甚远。

随着大型组织不断将孤立的数据推入组织元数据领域，必须部署中央元数据管理流程以消除整个组织中不匹配的数据定义和分析参数。为了保持流程的进行，必须制定变更管理策略。强大的元数据管理流程可以缓解大数据带来的挑战。

2. 图像库中的元数据

扫描或数字创建的每个图像文件均包含一些存储在文件中的元数据。对于特定的图形文件管理标准（如 IPTC 或 PLUS），必须对元数据信息进行填充。

当从图形应用程序中导出图像文件时，除非明确的程序选项覆盖了本机元数据信息，否则元数据通常会随文件一起保留，这样才能使用多种元数据查找图像。

5.2.3 元数据管理优秀实践

拥有一致、彻底的元数据让我们更容易在数据目录中查找数据集和资产。

1. 元数据的常规类型

元数据有以下 4 种常规类型：

1) 管理元数据是最常见的，并在数据收集、生产、发布和归档中产生。大多数开放数据的元数据在此类别。

2) 结构元数据描述了数据集的结构，包括其格式、组织和变量定义。这是研究人员和学者的需求。

3) 参考/描述性元数据是广义术语，主要涉及方法、采样和质量的描述。

4) 行为元数据记录数据集用户的反应和行为，如评分或用户分析。

2. 元数据的一般架构

以下是标准的"开箱即用"元数据架构。管理员可以通过添加更多字段来自定义此架构，以更好地进行元数据管理。

注意：无法从架构中删除以下列出的字段。下面显示的唯一必填字段是"数据集标题"。

（1）基本信息

● 数据集标题

● 简要描述

● 类别

● 标签/关键字：输入一个或多个用逗号分隔的关键字

● 行标签：描述数据集中的每一行代表什么

（2）许可与归属

● 许可类型：为希望使用此数据集的人选择许可条款

● 资料提供者

● 源链接

（3）语义与 RDF

元数据的这一部分虽然并不常用，但是数据集所有者有时会填充这些字段，以进一步对其数据集进行分类。RDF 代表"资源描述框架"。它是一种数据格式，用于通过所谓的图形数据库来指定关系。行类和主题列是该规范中使用的两个可选映射属性。

在导出文件之前，RDF 信息不会在数据集中显示，并且通常留空。

● 行类

● 主题栏

（4）API 端点

● 资源名称

● 行标识符

（5）缩略图片

● 上传图片

（6）联系信息

● 联系人电子邮件的地址虽然不会公开显示，但通过"联系人数据集所有者"按钮提交的查询将被路由到该电子邮件。如果保留为空白，则默认为数据集所有者的电子邮件地址

表 5-5 是一个元数据架构示例，其中包含对大多数数据集可直接参考的字段。

表 5-5 元数据架构示例

内容	描述	定义	值示例
标题	标题可帮助用户发现、选择和区分相似的数据集	易于理解的资产名称。应该易于理解，并包含足够的详细信息以方便搜索和发现。避免使用缩写词	具有字符数限制的文本
描述	描述可帮助用户发现、选择和区分相似的数据集	描述数据集。提供对非技术用户易于理解的数据的较长描述	具有字符数限制的文本
类别	类别将相似的数据集分组在一起，而不管其来源如何，并且可用于定位相似的数据集	由可自定义值的列表标识。如果数据集分为多个类别，就选择最重要的一个。此列表将不断更改	下拉式菜单。预定义的类别
负责部门	负责机构/部门有助于导航并确保有一个负责任的主体	由可自定义值的列表标识。收集和管理数据的机构/部门作为规范来源	下拉式菜单。预定义首字母缩写词的机构/部门列表

(续)

内容	描述	定义	值示例
数据字典	数据字典对于理解如何使用数据至关重要。它可以描述字段、字段之间的差异,并评估数据是否适合预期用途。数据字典可以.csv和.pdf格式发布	解释数据集中的字段(定义、类型、大小及描述数据集的任何其他相关信息)	附件为.csv格式和.pdf形式
最近更新时间	最近更新表明数据的新进度。帮助用户确定数据的使用情况	由可自定义值的列表标识。更改、更新或修改数据集的最新日期和时间	考虑使用ISO8601: YYYY-MM-DDThh: mm: ss.s (与数据集相关),或者为了反映持续更新,ISO制定了持续时间标准,例如每天P1D和每两周P2W
数据变更频率	频率-数据更改与发布频率一起工作,有助于设定对未来更新的期望并有助于计划	由可自定义值的列表标识。数据集更改的节奏	不更新(仅历史),每年,每季度,每两月,每月,每两周,每周,每天,每小时,连续
发布频率	频率-发布与数据更改频率一起工作,有助于设定对未来更新的期望并有助于计划	由可自定义值的列表标识。数据集的发布频率	不更新(仅历史),每年,每季度,每两月,每月,每两周,每周,每天,每小时,连续
独特的身份	数据集管理需要唯一标识符	代理商目录或数据库中维护的数据集或API的唯一标识符	由元数据系统自动生成
固定链接/标识符	永久链接有助于提供访问数据集的连续性	永久链接到数据集	由元数据系统自动生成
公共访问级别	虽然平台上的大多数数据将是公共的,但"公共访问级别"使我们可以跟踪受保护的数据或敏感数据,并为内部用户提供一种发现和访问非公共数据的方法	由可自定义值的列表标识。不管是否可用,该数据集可以公开可用的程度	使用"公共""受限公共""非公共"。考虑使用以下数据清单/目录:受保护的敏感公众

(续)

内容	描述	定义	值示例
公共访问级别评论	如果数据不是公开的,请考虑提供说明和方法,供人们在符合条件的情况下访问它	对所选"访问级别1"的说明,包括有关如何访问受限制文件的说明(如果适用),或者对"非公共"或"受限制的公共"数据资产为何不属于"公共"的说明(如果适用)	具有字符数限制的文本
许可/权利	许可证减少了数据使用者或用户的法律不确定性	发布数据集或API的许可证	当前提供的许可证列表可在此处找到
数据管理员	考虑为每个数据集包括一个数据管理员,以支持数据协调员并回答数据集问题。这有助于跟踪和分类数据请求	管理数据并负责对数据进行更改的人员了解数据集包含的内容,并可以回答有关它的问题	字符串(第一个倒数)
联系电子邮件	考虑在每个数据集上包括公开可见的联系人电子邮件,用户可以使用它进行提问	管理数据并负责对数据进行更改的人员。人员了解数据集包含的内容,并可以回答有关它的问题	字符串(电子邮件地址)
行数	行数是数据集大小的有用指标		由元数据系统自动生成
API端点	API端点有助于以编程方式访问数据	Web服务访问数据集的端点	由元数据系统自动生成
地理单位	地理单位表示收集数据集的地理级别;还有助于跟踪汇总或汇总数据的需求	由可自定义值的列表标识。数据以什么地理单位收集?例如,如果数据是按地址收集的,则应为"街道地址"	考虑使用下拉菜单-项目:纬度/经度,街道地址,地块(地块/地块),人口普查区,人口普查区组,人口普查区,分区,邻里,规划区,监管区,邮政编码,城市,其他,不适用
时间覆盖	时间覆盖提供了一种确定数据集值的简便方法	数据集的时间适用性范围(数据适用性的开始和结束日期)	考虑使用ISO8601。ISO有一些选项可以阐明数据集在特定日期范围内会不断更新

(续)

内容	描述	定义	值示例
下载网址	下载 URL 提供对数据的访问，以达到打开数据的目的	URL 提供对数据集可下载分布的直接访问	网址
标签	标签可将技术语言、次要类别和首字母缩略词链接到数据集，以帮助用户执行搜索	标签（或关键字）可帮助用户发现数据集。包括可以由技术和非技术用户使用的术语	关键字（如金融、公园、环境）
链接	链接可以提供有关数据集来源的更多信息。并非所有数据集都具有此信息	程序区域网页的 URL	网址
相关文件	链接相关文档可提供包含表格或其他类型文档的机会，以帮助用户理解数据。并非所有数据集都具有此信息	相关文档，如有关数据集的技术信息、开发人员文档等	网址

定义元数据架构后，可以在企业数据门户中创建自定义元数据字段，以便数据集所有者和发布者在上载和管理其数据时输入正确的信息。

3. 元数据标准

作为描述数据的约定的方法，使用元数据标准可以使数据集与其他数据集交互，并确保拥有有关数据各部分的完整、标准的信息集。都柏林核心元数据计划（DCMI）和国防部发现元数据标准（DDMS）是元数据标准的两个示例。

4. 元数据格式

（1）受控词汇

对于许多字段选择强制使用受控词汇表而不是自由定义。受控词汇有两个好处：

1）通过确保一致的语言帮助进行跟踪、搜索和摘要。

2）可以通过使数据提供者提供适当的元数据保障合规性。尽可能创建下拉列表或选择列表，以帮助保持一致性。

(2) 数据字典

除了有关整个数据集的信息，数据字典也是非常重要的补充，可帮助最终用户理解提供的数据。数据字典为数据集中的每个字段提供了详细的描述和数据类型。此信息用于填充与数据集内联的元数据字段，并作为最终用户的其他文档提供。数据字典的标准模板见表 5-6。

表 5-6　数据字典的标准模板

名称	类型	说明

(3) 类别和命名约定

为开放数据最终用户提供一致的搜索和导航。

(4) 元数据标准和指南

1) 国际标准（ISO）。

Informationtechnology-Metadataregistries（MDR）

Part1：Framework（ISO/IEC 11179-1—2004）。

Part2：Classification（ISO/IEC 11179-2—2005）。

Part3：Registrymetamodelandbasicattributes（ISO/IEC 11179-3—2013）。

Part4：Formulationofdatadefinitions（ISO/IEC 11179-4—2004）。

Part5：Namingandidentificationprinciples（ISO/IEC 11179-5—2005）。

Part6：Registration（ISO/IEC 11179-6—2004）。

2) 国家标准（GB）。

信息技术元数据注册系统（MDR）（与上述国际标准对应一致，共 6 部分，标准号为：GB/T 18391.1—2009 ~ GB/T 18391.6—2009）。

GB/T 18391.1—2009：信息技术元数据注册系统（MDR）第 1 部分：框架。

GB/T 18391.2—2009：信息技术元数据注册系统（MDR）第 2 部分：分类。

GB/T 18391.3—2009：信息技术元数据注册系统（MDR）第 3 部分：注册系统元模型与基本属性。

GB/T 18391.4—2009：信息技术元数据注册系统（MDR）第4部分：数据定义的形成。

GB/T 18391.5—2009：信息技术元数据注册系统（MDR）第5部分：命名和标识原则。

GB/T 18391.6—2009：信息技术元数据注册系统（MDR）第6部分：注册。

5.3 元数据管理的意义

元数据管理是从数据资产中获取所有可能价值的关键。然而，大多数组织并没有使用他们所掌握的所有数据得出关于如何增加收入、实现法规遵从性或完成战略目标的更深层次的决策和分析。

5.3.1 元数据的关键作用

强大的数据管理策略和支持技术及业务所需的数据质量，包括数据目录（各种来源的数据集）、数据映射、版本控制、业务规则和词汇表维护及元数据管理（关联和沿袭）。

元数据可以回答很多重要的问题：

1）有什么数据？

2）数据从哪里来？

3）数据现在在哪里？

4）自最初创建或采集以来，数据发生了什么变化？

5）谁被授权使用数据，如何使用？

6）数据是否敏感或有任何相关的风险？

元数据还可以帮助组织：

1）发现数据。从各种数据管理竖井中识别和查询元数据。

2）采集数据。自动采集来自不同数据管理筒仓的元数据，并将其合并到单个源中。

3）构造和部署数据源。将物理元数据连接到特定的数据模型、业务术语、定义和可重用设计标准。

4）分析元数据。了解数据与业务的关系及数据具有哪些属性。

5）地图数据。确定集成数据的位置，并跟踪数据如何移动和转换。

6）管理数据。开发一个治理模型来管理标准、策略和优秀实践，并将它们与物理资产相关联。

7）数据社会化。利益相关者可以在他们的角色环境中查看数据。

5.3.2 元数据管理的好处

1. 更好的数据质量

有了自动化，数据质量得到了系统的保证，数据管道被无缝治理和操作，使所有利益相关者受益。实时识别集成数据源或目标内的数据问题和不一致性，通过增加洞察或修复的时间提高整体数据质量。在企业兼并重组过程中，为现有结构的定期维护映射、移动和测试数据，从历史系统移动到新系统，都更加容易。

2. 更快的项目交付

自动化的企业元数据管理为数据移动和部署项目提供了更高的准确性和高达70%的项目交付速度。它从各种数据源获取元数据，并将任何数据元素从源映射到目标，并协调跨平台的数据集成。有了这幅准确的元数据地图，可以加速大数据部署、数据仓库、云迁移等。

3. 更快的洞察速度

数据科学家往往需要花费大量的时间来寻找和理解源数据，并解决错误或不一致的问题，而不是分析它的真正价值。通过更强大的数据操作和分析，可以逆转这一等式，从而更快地获得洞见，访问、连接底层元数据及其沿袭。技术资源可以自由地集中在价值最高的项目上，而业务分析师、数据架构师、ETL 开发人员、测试人员和项目经理可以更容易地协作以更快地做出决策。

4. 提高生产率和降低成本

依赖自动化和可重复的元数据管理流程可以提高生产率。例如，一个客户已经经历了生产率的急剧提高超过85%，因为手工密集型和复杂的编码工作已经自动化，70%以上是因为无缝访问和所有元数据的可见性，包括端到端系统。显著的数据设计和转换节约（分别高达50%和70%），也可能降低高达80%的数据映射成本。

5. 法规遵从性

例如，《通用数据保护条例》（GDPR）、《健康保险和便携性责任法》（HIPAA）、巴塞尔银行监管委员会（BCBS）和《中华人民共和国个人信息保护法》等法规对金融、零售、医疗保健和制药、生命科学等行业影响显著。当关键数据没有作为集成过程的一部分被发现、收集、编目、定义和标准化时，审计可能是有缺陷的。敏感数据被自动标记，它的沿袭被自动记录，它的流转被描述，它很容易被发现，它在工作流中的使用也很容易被跟踪。

6. 数字化转型

知道什么数据的存在和它的价值潜力促进数字化转型：

1）改善数字体验，因为你了解组织与如何支持客户。

2）加强数字业务，因为数据准备和分析项目建设得更快。

3）驱动数字创新，因为数据可以用来提供新的产品和服务。

4）建立数字生态系统，因为组织需要建立平台和伙伴关系扩大规模和发展。

7. 企业数据治理经验

数据治理包括协作关系中的IT用户和业务用户，因此，数据治理是每个人的业务。现代的、战略性的数据治理必须是一个持续不断的进程，它要求企业所有人员重新思考他们的数据职责，并承担新的合作和责任。随着业务数据部门推动数据治理和战略企业目标之间逐渐达成一致，以及IT处理数据管理的技术机制得以建立，查找、信任和使用数据以有效地满足任何组织目标的大门打开了。

5.3.3 自动化管理元数据

采用手动方式管理元数据管理不但代价高、耗时长、容易出错，而且无法跟上动态企业数据管理基础设施的步伐。

尽管集成和自动化数据管理和数据治理对许多组织来说仍然是一个新概念，但它的优势是显而易见的。

元数据管理系统需要包括数据目录、数据读写和自动化功能，以更好地了解和访问数据资产,指导它们的使用,并确保遵循数据策略和优秀实践。元数据管理的自动化为组织提供对不同数据流的可见性和控制性,从收集到聚合和集成,包括具有完整上下游血缘和所有相关文档的转换。

5.4 元数据管理和主数据管理的区别

5.4.1 概述

在高速发展的数字化时代,企业必须依靠对数据的了解来生存和发展。元数据管理和主数据管理为组织获取知识和获得成功提供了必要的过程。因此,两者都需要妥善管理。元数据管理与主数据管理之间的差异和交集,对于许多寻求更好地利用和管理其广泛数据资产的企业来说常常难以区分。

糟糕的元数据管理会导致费用和机会的损失。例如,1999 年 9 月 23 日,美国国家航空航天局(NASA)在前往火星 286 天后损失了价值 1.25 亿美元的火星气候探测器,原因是元数据不一致。

主数据管理对于客户获得成功的体验至关重要。《福布斯》记者布莱克·摩根曾说:"端到端的主数据管理帮助客户将营销活动的效率提高 30%,提高 60% 的增销和交叉销售率,并增加 20% 的忠诚会员支出。"显然,对元数据管理和主数据进行管理可以降低成本,提高业务效率。

古希腊哲学家亚里士多德曾说:"在所有学科中,对事物有系统的认识,包括原则、原因或要素,这些都来自对这些知识的把握:当我们发现了事物的主要原因和原则,并遵循它的基本要素,我们就认为我们对事物有了认识。"元数据管理和主数据管理帮助定义主要问题或有效原因,并在数据元素中跟踪这些问题,以达到预期的结果。虽然在元数据管理和主数据管理中都可能使用相同的数据元素或业务驱动因素,如客户电话号码、销售收据、事务报告,但方法是不同的。

具体的案例研究提供了解元数据管理与主数据管理方法如何解决业务问题并导致预期的结果。了解元数据管理和主数据管理框架,还可以帮助企业实现其业务目标。

5.4.2 元数据管理与主数据管理

前文曾提及，元数据是关于收集的数据的信息：谁、什么、在哪里、何时和为什么。我们可以把它看作一个包装箱，它包裹着描述它的数据，就像包装告诉我们盒子里装的是什么物品。本质上，元数据帮助组织理解数据。

随着时间的推移，持续应用的元数据将带来越来越大的回报，而缺乏这样的元数据将逐步复合检索问题，并进一步对组织效能造成压力。元数据管理考虑的主要因素包括：

- 元数据捕获和存储
- 元数据集成和发布
- 元数据管理和治理

主数据表示一致和统一的概念元素并构成业务，包括事务、引用和活动。无论组织做什么，以及它在不同业务组织之间的定义如何不同，都包含主数据。主数据管理需要对主数据值和标识符进行控制，从而能够跨系统一致地使用最准确和最及时的数据。

主数据建立了业务的 360 度视图，主数据管理描述的关键考虑事项是："业务和 IT 如何协同工作，以确保一致性、准确性、及时性、管理职责以使组织共享主数据资产。"

5.4.3 元数据与主数据管理的交集

元数据管理和主数据管理通过管理活动和业务流程将会产生共同的结果，特别是两者在以下 3 个方面都有所提高。

1. 数据质量

元数据管理有助于组织理解业务术语和用途，提高组织对数据的信心，防止数据过时或误用。通过元数据管理活动，如元数据拼接和跟踪数据沿袭性，可以获得更好的数据质量，因为正确的数据能够正确连接。主数据管理也提供了提高数据质量的平台。

2. 数据治理

组织需要通过数据治理、实践和流程的集合控制数据资产。元数据和主数据都包含在企业的数据资产中。对每个数据的良好管理需要将任何元数据管理集成到更大的数据治理结构中，并将数据治理实现到主数据管理解决方案中。每一种数据管理策略都保证了企业掌握和操纵数据的能力。

3. 法规遵从性

元数据管理需要创建数据沿袭，以获得组织对数据的准确理解。附带的好处是元数据管理为遵从性生成审计跟踪。主数据管理解决方案提供了关键数据的洞察力和可视性，从而更好地进行根本原因分析，并确保符合规定。

5.4.4 元数据管理与主数据管理的差异

元数据管理和主数据管理在结果方面存在差异，例如。

1. 减少培训与交易成本

元数据管理改善了沟通。例如，元数据管理通过业务术语表记录和存储组织的业务概念和术语。由于这个过程提供了一个通用的词汇表，培训员工知道什么是"客户"变得更加容易，因为语言是相同的。团队成员在开发和测试产品之前，而不是在他们完成工作之后，理解术语"客户"的含义。相比之下，主数据管理降低了交易成本。

2. 跨系统更好地使用数据和系统集成

元数据管理允许组织创建其数据的高级概念或映射。因此，企业元数据管理可以跟踪数据在不同平台上的变化情况及变化方式。主数据管理改进了系统之间的互操作性。例如，某企业需要从超过 25 000 个数字资产中确保关于水质检测设备的信息，许多打印文件使用超过 20 种不同的语言。通过使用主数据管理平台，可以发布、更新和维护所有的产品信息。

3. 简化数据消费者和 IT 之间的通信并简化数据共享架构

良好的元数据管理需要识别所有内部和外部元数据源，以及业务试图捕获什么。通过元数据集成和发布，IT 部门可以更好地理解业务需求，因此，需要共享架构，如数据仓库如何存储数据。主数据管理简化了围绕客户事务的体系结构。例如，通过建立一个集中式客户数据存储库，提供客户偏好的集中视图，改善分析和业务交易体验。

5.4.5 元数据管理和主数据管理案例

1. 元数据管理

A 公司包括 15 家医院和 1 个全面的医疗设施网络，医疗保健需要更好的数据来提供更好的医疗服务。正如该公司首席信息官所指出的，这需要领导和团队成员通过数据治理政策提高数据质量。为了支持这些数据治理活动，首席信息官围绕元数据管理开发了一个可重复的流程，他找到了提倡者，并对他们进行术语培训。结果，团队成员说的是一种共同的语言，并能理解健康行业和技术所代表的含义。这有助于围绕项目定义特定框架，以支持数据治理计划。

2. 主数据管理

张先生是 B 公司负责采购运营的副总裁，他面临着客户如何购物和他们的购物活动如何变化的挑战。他希望 B 公司能够响应日益增长的客户需求，提供更全面的多渠道购物体验。B 公司需要一个响应式的解决方案，可以为"一个由数百家供应商提供数百万种产品的复杂网络"标准化数据。这种级别的复杂性意味着需要找到一个集中式的主数据管理解决方案。B 公司通过主数据管理解决方案，结果新产品上市时间缩短了 60%。

5.4.6 制定策略的重要性

以上元数据管理与主数据管理的例子给出了业务目标的原因和原则，以及期望的最终结果不同的公司。他们当然都想要更好的数据质量和数据治理，以及对数据更多的控制，但是所有组织都将业务元素追溯到特定的元数据管理和主数据管理策略，从而解决现实问题。虽然元数据管理和主数据管理重叠，但它们提供了两种不同的框架或系统来解决数据问题。因此，要根据企业的数据管理现状制定元数据管理和主数据管理的策略。

5.5 元数据管理及应用

元数据是对数据属性信息的描述，其有助于对数据对象的理解、定位和管理。对于企业管理信息系统来说，根据主体对象不同，可分为业务元数据和技术元数据两种类型。

1）业务元数据。业务元数据是对业务领域的相关概念、关系、规则，如业务指标、业务术语等的定义和相关关系的描述。其中，业务指标元数据是对业务总体数量特征概念的描述。对于电商来说，新增用户数、发展用户数等就是重要的业务指标，业务术语元数据是对业务名词或名词短语，如高价值客户、VIP客户等术语定义的描述。

2）技术元数据。技术元数据是对技术领域的相关概念、关系、规则，如源系统、数据模型、数据处理过程等定义的描述。

5.5.1 元数据管理、主数据管理、数据标准管理的关系

元数据管理是数据管理各项工作的核心，是主数据管理的基础组成，也是数据标准实施的载体。主数据是各系统间共享的重要基础数据。主数据管理作为数据管理的高级形式，通过对重要数据的共享与同步，实现了数据管理与数据应用的有机结合。目前，工业企业的主数据管理通常是以物料、供应商、客户和产品为目标，实现相关数据的集中管理与共享同步。在大数据平台或数据中台建设中，除建立相应的主数据系统，还可以由元数据管理实现主数据管理功能。首先，通过数据标准实现主数据的定义，将数据标准按照客户、产品、协议等主题进行分类定义，在明确每个标准信息项的业务属性和技术属性的同时，设置"数据主系统"属性，明确每一项数据共享的主系统；其次，通过数据标准在系统开发过程的落地，确保数据接口的取数逻辑符合数据主系统定义，满足数据共享准确一致的要求；最后，通过数据标准在元模型的落地和企业级元数据库管理，实现对主数据定义的统一管理。

数据标准是为了保证数据定义和交换的一致与准确而制定的规范性文件。对于数据标准管理，可以基于元数据管理实现标准的动态闭环管理，一方面，在元数据设计过程中落地数据标准，并在数据模型上线前，通过元数据审核功能检验数据标准落地情况；另一方面，通过元数据的设计发现标准的缺失和不足，从而推动标准的制定与完善。

5.5.2 基于元数据的数据管理

1. 元数据管理的本质

元数据是关于数据的数据，描述了数据的定义和属性。传统的元数据管理

过程，有些仅仅将元数据管理当作简单的工具，仅实现了元数据信息的浏览和分析；或虽实现了元数据的部分管理，但视角较单一，仅仅从技术角度出发，而忽略了企业不同工作领域的需求。在明确元数据管理概念时，需要回归元数据管理的真正需求，回归企业数据管理本身。只有通过对企业数据管理工作领域的梳理和归纳，才能还原元数据管理的真正对象，元数据管理才能做到脱离简单的工具变为管理和服务的平台。也只有如此，元数据管理才不会变为无源之水、无根之木。因此，元数据管理的本质是通过元数据管理实现各类数据管理手段的回归，实现数据管理的统筹。

2. 元数据管理的实现

基于对元数据管理方法的实践，将元数据管理、元数据应用和数据管理工作3部分内容有机结合，形成动态、闭环、螺旋上升的完整体系。

（1）元数据管理

元数据管理厘清了元数据之间的关系与脉络，规范了元数据设计、实现和运维的全过程，为元数据的应用奠定了坚实基础；同时，元数据的有效管理搭建了业务与技术的桥梁，为系统建设、系统运维、业务操作、管理分析和数据管控等工作的开展提供了重要指导。

从元数据管理的内容出发，需要将业务元数据、技术元数据和操作元数据3方面有机结合。通过业务和技术元数据的映射并结合操作元数据管理，建立企业经营管理业务领域与元数据设计、实现和运维之间的关系，最终形成元数据管理的主体框架。

元数据的设计阶段，应通过统一的设计规范并完成数据标准落地工作；元数据的实现阶段，要对元数据开发实现及标准落地情况进行检核并记录上线版本；元数据的运维阶段，要对运行状态的元数据定期进行比对分析，掌握实际情况。通过对元数据不同阶段的协调统筹管理，实现元数据的动态管理，保证及时、客观、准确地反映元数据现状。

（2）元数据应用

元数据应用为数据管理工作提供服务和支持，同时也会优化和完善元数据管理的相关内容。元数据应用包括元数据基础功能、元数据分析和元数据质量管理3部分。

1）元数据管理的基础功能是支撑元数据系统运行的基础应用，主要包含元数据维护、元数据查询、元数据版本管理、元数据统计和元数据使用情况统计等功能。

2）元数据分析主要包含血缘分析、影响分析、实体关联分析、实体差异分析、主机拓扑分析和指标一致性分析等功能。通过元数据的影响分析和血缘分析，可以清晰地展现各应用系统的全局框架，为系统架构设计、应用开发测试、版本发布等工作提供可靠的支撑；通过实体关联分析、实体差异分析可以了解实体的重要程度及实体之间的关联性和差异性，为需求变更提供影响评估，并为业务定义的统一提供支撑；指标一致性分析可以帮助用户更好地了解指标加工的来龙去脉，清楚理解指标定义。

3）元数据质量管理的主要目标是提高元数据自身的质量，建立有效的元数据质量检查机制，及时发现、报告和处理元数据的质量问题。元数据质量检查包含但不限于以下内容：元数据一致性、元数据关系的健全性、元数据属性的填充率、元数据名称重复性、元数据关键属性的填充率和元数据关键属性值的唯一性。元数据质量管理能够生成详细的检查报告供相关人员使用。

(3) 数据管理工作

数据管理工作包括系统建设、系统运维、业务操作、管理分析和数据管控 5 个领域。数据管理工作既是元数据管理和应用的需求方和服务对象，也能促进和优化元数据管理和应用。元数据管理和应用对数据管理工作 5 个领域的指导和支撑作用如下：

1）系统建设。企业级元数据管理不仅可以规范 IT 建设流程，提高设计开发质量，还有助于开发人员了解数据交互情况，为系统间的接口开发提供支持。

2）系统运维。通过操作元数据管理，掌握系统间作业调度和 ETL 过程，为批任务监控、异常预警和定位及影响分析提供有力支持。

3）业务操作。简化业务人员的数据查询工作，可便捷找到所关注的业务元数据在系统中对应的数据项，并了解相关业务元数据的系统分布和使用情况。

4）管理分析。便于业务分析人员明确统计口径、选择恰当的分析数据项，有助于各部门实现灵活、丰富的自助数据统计和分析工作。

5）数据管控。提升数据管理水平，直观展现数据全貌与脉络地图，为数据质量问题的快速定位、数据管控措施的影响性分析和数据标准落地等工作提供重要支持。

5.5.3 指标元数据的应用实践

1. 指标数据的定义

指标数据是企业管理、业务运营过程中所有指标的集合，也是用来描述企业各个方面相互依存、相互制约关系的指标集合。业务指标是业务元数据的重要组成部分，指标数据是业务元数据的核心应用，供各个部门业务分析人员、技术人员使用，对业务指标信息进行解释。

2. 企业指标数据管理现状

1）同一指标数据的定义不统一。集团管理部门及分（子）公司对同一指标存在着不同的理解，导致上报数据不统一与信息遗漏、数据失真等问题，使企业管理统计、数据分析工作产生了很大困难。

2）缺乏 IT 手段支撑。企业范围内缺乏统一的管理系统对指标进行系统化支撑，没有形成支撑指标元数据管理的技术能力，无法追溯数据的业务源头和数据加工的处理过程，致使指标数据的一致性和完整性要求得不到保障。

3. 指标元数据管理方法思路

为加强企业数据管理工作，解决指标数据管理存在的问题，采用指标元数据管理方法思路解决指标管理的问题。

1）在企业范围内对指标数据进行设计。将梳理成果作为输入导入指标元数据支撑平台。

2）由指标元数据支撑平台对指标数据进行统一管理，并提供指标元数据应用。

3）在管理层面，为满足指标数据集中化管理需要，指标数据维护应遵循规范化管理流程。

4. 指标数据设计

（1）指标数据设计思路

指标是对同类现象总体数量特征的描述，也是获取数据的依据。指标体系架构应根据企业生产流程、行业统一分类方式进行设计，真实描述每一环节信息原貌，全面反映企业运营状况，确保基本架构的相对稳定和指标定义清晰。

除生产流程外，指标数据设计采用自顶向下与自底向上相结合的设计方法。其中，自顶向下是指要站在全企业的高度对待企业各个业务领域和全业务过程，自顶向下地进行演绎，以使指标更加体系化；自底向上是指基于现有指标体系和业务理解，梳理当前指标存在的问题，自底向上地进行归纳。

（2）指标数据描述方式

从元数据角度出发，对指标采用属性描述方式。

1）维度。维度模型属性包括维度标识、名称、描述及层级等。维度应按照业务分析需要逐层展开。

2）基本指标。基本指标属性包括基本指标编号、指标名称、业务解释、计量单位等。

3）指标。指标由维度和基本指标组成，如 ETC 业务网上用户数由 ETC 业务维度和网上用户数基本指标组成。

指标基本属性包括指标的标识代码、名称、描述、数据来源、口径、统计频度、度量单位、创建日期、最后修订日期和指标备注等，其他属性可根据指标查询的展示需求进行扩展。将企业管理统计、数据分析中覆盖的全部业务指标按照上述标准化方式进行定义和描述后，也就完成了指标数据的设计工作。

5. 指标元数据支撑平台

（1）指标元数据支撑平台总体架构

从业务角度完成指标数据设计后，为提供指标数据维护和使用所需的相关管理、查询检索和各种分析功能，指标元数据支撑平台应包含指标元数据获取层、存储层、应用层和访问层。

（2）指标元数据获取

将包含指标属性的指标数据的梳理成果按照模板整理成 XLS 文件，由元数据管理工具批量导入。以后可根据系统功能的扩展情况，采取自动获取等方式获取指标元数据。

（3）指标元数据存储

在逻辑层面上，指标元数据按对象形式进行组织，指标元数据间的关系按对象关系进行组织，指标元模型按类的形式进行组织，逻辑模型应遵循对象管理组织（OMG）的 CWM1.1 标准。除指标属性，为满足指标元数据的各类应用需求，还应在元数据存储中考虑指标加工的相关技术元数据与元数据间的关系属性，包括指标元数据与应用元数据间的关系属性及逻辑模型与物理模型间的关系属性。

1）指标元数据与应用元数据间的关系属性。应用元数据是指报表、主题分析等应用层元数据，包括应用与数据服务或数据库对象的依赖关系、应用与业务指标的关系。由于指标数值可通过报表或主题分析来提供，因此，需定义指标元数据和报表、主题分析间"由……提供"的关系，作为指标活跃度统计分析的依据。

2）逻辑模型与物理模型间的关系属性。ETL 过程以物理模型为加工对象，指标口径定义以逻辑模型、数据编码为依据。只有明确逻辑模型与物理模型间的映射关系，业务解释才能完整落地，技术处理过程才能清晰化。

映射关系用来描述逻辑模型与物理模型间的关系，实现系统应用层对物理层的透明访问。在映射关系、指标元数据及其他技术元数据的基础上，用户以图形化形式查看指定指标的数据加工过程的同时，能够验证指标实际加工过程是否满足指标计算口径的定义。

3）其他。元模型、元数据的维护历史、操作日志也需存储。

（4）指标元数据应用

指标元数据的应用包括基础功能和分析功能两类功能。其中，基础功能包括元数据维护、查询、版本管理、权限管理及日志管理等功能；分析功能包括影响、血缘、一致性及活跃度分析等功能。基于这些功能组合形成的指标元数据应用功能包括指标数据维护、浏览、查询及指标加工过程浏览、指标活跃度分析等功能。

1）指标数据维护。指标元数据主要通过人工梳理后导入元数据库，同时用户也可对少量指标元数据进行人工维护。

2）指标数据浏览。提供树形的指标数据层次结构展现浏览，支持展开、折叠及分页展现，为各类用户提供指标导航。

3）指标数据查询。通过指标元数据的检索功能，按指标名称、定义及指标与应用的关系等查询符合条件的指标。

4）指标加工过程浏览。元数据血缘分析是指从某一实体出发，向上追溯其处理过程，直至相应业务系统、数据源接口或数据产生地。结合技术元数据，通过元数据血缘的分析功能，指标数据支撑平台支持以图形化形式查看指定指标的数据来源、加工过程所涉及的所有对象和加工路径，验证指标实际加工过程是否满足指标计算口径的定义。

5）指标活跃度分析。通过对元数据活跃度的分析，可反映指标在相应的业务逻辑或功能逻辑中是否被频繁引用、该指标是否是相关环境的瓶颈，进而帮助判断相关业务设计或技术设计是否准确。

6. 指标元数据维护管理流程

指标元数据的所有维护操作都应遵循规范化的操作流程，因此，应培训、引导技术人员和业务人员将元数据支撑平台作为指标数据的日常管理工具，以提升元数据的准确性和时效性、保障元数据的质量，为指标元数据在实际生产运维中的应用价值的发挥奠定坚实基础。

元数据维护管理制度流程如下：

1）需求提出。指标数据维护需求由业务部门提出，按模板要求填写元数据文件，并作为需求单附件提交。

2）审批。指标元数据主管根据维护类型确定相应的维护分析人员，各维护分析人员评估需求对系统各专业领域的影响范围。指标元数据主管归纳整合维护分析结果，形成完整的需求维护影响分析结论，完成需求的审批流程。

3）开发。指标元数据维护需求可能涉及系统的开发实现，也可能不需要开发实现。需要开发实现的需求（如指标口径修改），由相关厂商进行开发和测试；不需要开发实现的需求，指的是对指标元数据自身的维护需求，如对指标描述纠错等。

4）实施校验。当需求部署到生产环境及相关指标元数据维护完毕后，需求主管应组织相关业务人员或技术人员检验需求实现情况。

5）发布及需求关闭。需求实施检验通过后，由需求主管归档需求信息、发布需求上线通知、关闭需求单、结束需求处理流程。

7. 指标数据管理意义

指标数据是企业管理信息系统的重要数据资源之一，对业务运营分析和管理决策的支持起到重要的支撑作用。基于元数据的指标数据管理方案能有效提高指标及指标数据管理的规范性，保障系统开发方、数据管理方及用户对指标理解的一致性，提升企业数据管理及数据分析水平。

5.5.4 元数据管理的探索与实践

众多元数据管理工作的实践表明，元数据管理要形成以管理办法为指导、以数据标准为保障、以系统支持为手段的元数据管理体系。

1. 发布元数据管理办法

《元数据管理办法》要规定元数据管理的范围、内容和流程，明确元数据设计、开发、采集和使用各环节的相关方责任，制定IT系统新建和变更时的元数据审批流程，为元数据管理工作的有效开展提供重要指导和规范。

2. 制定并执行数据标准

要保证元数据定义的科学、统一，就要坚持"标准先行"。数据标准的内容一般分为业务和技术两部分，为业务元数据和技术元数据的贯通奠定了基础。业务部分对数据进行了统一的业务定义，包括数据项的业务含义和数据项处理加工过程中应遵循的业务规则等，并明确了数据项的归口业务部门；技术部分对数据的技术属性进行统一规范和定义，包括字段长度、数据格式等。目前，企业已经制定完成了涉及客户、产品、交易、协议、财务、资产、营销、渠道、内部机构和员工9个主题的2623项基础类数据标准和1068项分析类数据标准，基本满足了元数据定义和设计的要求。

对于数据标准落地执行，要坚持标准在业务和技术领域的同步落地。一方面，推动数据标准在各类业务开展与创新、业务制度和操作手册的编写中落地；另一方面，将数据标准落地与元数据设计紧密结合，通过发布《数据标准应用细则》，明确系统设计、开发过程中的标准落地要求和执行方法，并通过上线前的数据模型审批，确保标准落地质量。此外，建立标准问题反馈机制，形成落地工作对标准制定维护的促进和完善机制。

3. 数据管理系统建设

从组织整体层面建立元数据采集与管理系统，支持企业级数据模型审批、数据标准和数据质量考核等工作。随着数据管理工作精细化要求的不断提高，建设以企业级元数据管理为基础和核心，实现全员参与数据管理工作的IT支持平台。一是扩展元数据管理范围，逐步实现对各类IT系统元数据的统筹管理；二是完善元数据管理流程，通过建立统一的元数据开发模块和上线审批机制，比对更新数据跑批作业和ETL过程的监控调度及定期的IT系统元数据，实现对元数据的动态更新和地图展现；三是提升元数据管理与数据标准管理、数据质量管理、数据管控审批和数据归档等功能的融合与集成，实现数据的全生命周期管理。

第6章 数据建模

6.1 数据建模是理解数据的基础

6.1.1 什么是数据建模

数据建模是为整个信息系统或其部分创建可视化表示的过程，用于数据点和结构之间的通信连接。数据建模的目的是说明系统中使用和存储的数据类型、各数据类型之间的关系、数据的分组和组织方式及数据的格式和属性。

数据模型是围绕业务需求构建的。规则和需求是通过业务利益相关方的反馈预先定义的，它们可以被融合到新系统的设计中，或者在现有系统的迭代中进行调整。

数据可以在不同的抽象级别上建模。该过程首先从利益相关者和最终用户收集有关业务需求的信息，然后将这些业务规则转换为数据结构，以制定具体的数据库设计方法。可以将数据模型与路线图、架构师的蓝图或其他形式的图表进行比较，以便更深入地理解所设计的内容。

数据建模应采用标准化的模式和正式的技术，提供一种通用的、一致的、可预测的方式来定义和管理跨组织甚至组织以外的数据资源。

理想情况下，数据模型是随着业务需求的变化而变化的动态文档。它们在支持业务流程和规划IT体系结构和战略方面扮演着重要的角色。数据模型可以与供应商、合作伙伴或行业同行共享。通过数据建模能够更好地理解企业信息系统中数据流的本质。

6.1.2 数据模型的类型

与所有设计过程一样，数据库和信息系统设计也是从高阶抽象开始，并变得越来越具体和明确。数据模型通常可以分为 3 类，根据其抽象程度的不同而不同。该过程从概念模型开始，进展到逻辑模型，最后是物理模型。下面详细讨论每种类型的数据模型。

1. 概念数据模型

概念数据模型也被称为域模型，提供系统包含什么、如何组织系统和涉及哪些业务规则的宏观视图。概念模型通常是在收集初始项目需求的过程中创建的。通常，它们包括实体类（定义业务在数据模型中表示的重要事物的类型）、它们的特征和约束、它们之间的关系及相关的安全性和数据完整性需求。概念数据模型的符号通常很简单。

2. 逻辑数据模型

它们不那么抽象，并且提供了关于所考虑领域中的概念和关系的更多细节。以下是几种正式的数据建模符号系统之一，它们表示数据属性，如数据类型及其对应的长度，并显示实体之间的关系。逻辑数据模型没有指定任何技术系统需求。这一阶段在敏捷或 DevOps 实践中经常被忽略。逻辑数据模型可以用于高度程序化的实现环境，或者用于本质上面向数据的项目，如数据仓库设计或报告系统开发。

3. 物理数据模型

物理数据模型提供了如何在数据库中物理存储数据的模式，因此，它们是最不抽象的。它们提供了可以作为关系数据库实现的最终设计，包括说明实体之间关系的关联表，以及用于维护这些关系的主键和外键。物理数据模型包括特定于数据库管理系统（DBMS）的属性，包括性能调优。

6.1.3 数据建模的过程

数据建模需要利益相关者参与并对数据处理和存储进行评估。数据建模技术有不同的约定，这些约定规定使用哪些符号表示数据、模型如何布局，以及业务需求如何传递。所有方法都提供了形式化的工作流，其中包括以迭代方式执行的一系列任务。数据建模的过程通常如下。

1. 确定实体

数据建模的过程从识别要建模的数据集中表示的事物、事件或概念开始。

每个实体均应具有内聚性,并且在逻辑上与所有其他实体分离。

2. 识别每个实体的关键属性

每个实体类型区别于其他实体类型,因为它有一个或多个唯一的属性。例如,名为"customer"的实体可能拥有诸如名、姓、电话号码和称呼等属性,而名为"address"的实体可能包括街道名称和号码、城市、州、国家和邮政编码。

3. 确定实体之间的关系

数据模型最初将指定每个实体与其他实体之间关系的性质。在上面的例子中,每个客户"居住"在一个地址。如果该模型被扩展为包含一个称为"订单"的实体,那么每个订单将被发送到一个地址,并按该地址计费。这些关系通常是通过统一建模语言(UML)记录的。

4. 将属性完全映射到实体

这将确保模型反映业务将如何使用数据。有几种正式的数据建模模式得到了广泛的使用,面向对象的开发人员经常应用分析模式或设计模式,而来自其他业务领域的利益相关者可能使用其他模式。

5. 根据需要分配键,并确定一定程度的规范化,以平衡减少冗余的需求和性能需求

规范化是一种用于组织数据模型及它们所表示的数据库的技术,其中将称为键的标识符分配给数据组,以表示它们之间的关系,而不重复数据。例如,如果给每个客户分配了一个键,则该键可以与客户的地址和订单历史相链接,而不必在客户名称表中重复此信息。规范化倾向于减少数据库所需的存储空间,但它可能以查询性能为代价。

6. 最后确定并验证数据模型

随着业务的发展和变革,业务职能和业务流程会随之发生改变,支持业务的数据也会联动变化,因此,数据模型要同步更新。数据建模是一个迭代过程,应该随着业务需求的变化进行优化和细化。

6.1.4 数据模型的类型

数据建模与数据库管理系统同步发展,随着业务数据存储需求的增长,模型类型的复杂性也在增加。以下是几种模型类型：

1）层次数据模型以树状格式表示一对多的关系。在这种类型的模型中，每条记录有一个根表或父表，它映射到一个或多个子表。该模型是在 IBM 信息管理系统（IMS）中实现的。IMS 于 1966 年引入，并迅速得到广泛应用，特别是在银行业。尽管这种方法的效率低于最近开发的数据库模型，但它仍然用于可扩展标记语言（Extensible Markup Language，XML）系统和地理信息系统（Geography Information System，GISs）。

2）关系数据模型最初是由 IBM 研究员 E. F. Codd 在 1970 年提出的，它今天仍然在企业计算中常用的许多不同的关系数据库中实现。关系数据建模不需要详细了解所使用的数据存储的物理属性。其中，数据段通过使用表显式连接，降低了数据库的复杂性。关系数据库经常使用结构化查询语言进行数据管理。这些数据库在维护数据完整性和最小化冗余方面效果很好，经常用于销售系统和其他类型的交易处理。

3）实体关系（ER）数据模型使用形式化图表示数据库中实体之间的关系。数据架构师使用一些 ER 建模工具创建传达数据库设计目标的可视化映射。

4）面向对象的数据模型作为面向对象的编程获得了支持，并在 20 世纪 90 年代中期流行起来。所涉及的"对象"是现实世界实体的抽象，对象被分组在类层次中，并具有相关的特性。面向对象数据库可以合并表，也可以支持更复杂的数据关系。这种方法被应用于多媒体和超文本数据库及其他用例。

5）多维数据模型是由 Ralph Kimball（数据仓库方面的知名学者）开发的，设计目的是优化数据仓库中的分析数据检索速度。关系模型和 ER 模型强调高效存储，而维度模型则增加了冗余，以便更容易定位用于报告和检索的信息。这种建模通常跨 OLAP 系统使用。当前，有两种流行的维度数据模型，一种是星型模式，其中数据被组织成事实（可测量的项）和维度（参考信息），其中每个事实被其相关的维度以星型模式包围；另一种是雪花模式，类似于星型模式，但包含额外的相关维度层，使分支模式更加复杂。

6.1.5　数据建模的好处

数据建模使开发人员、数据架构师、业务分析师和其他利益相关者更容易查看和理解数据库或数据仓库中数据之间的关系。此外，它还可以：

1）减少软件和数据库开发中的错误。

2）提高整个企业的文档和系统设计的一致性。

3）改进应用程序和数据库性能。

4）简化整个组织的数据映射。

5）改善开发人员和业务团队之间的沟通。

6）在概念、逻辑和物理级别上简化和加速数据库设计过程。

6.1.6 数据建模的工具

下面介绍几个数据建模、绘图和可视化工具。

1）Erwin Data Modeler 是一个基于信息建模集成定义（IDEF1X）数据建模语言的数据建模工具。该数据建模语言现在支持其他符号方法，包括维度方法。

2）Enterprise Architect 是一种可视化建模和设计工具，它支持对企业信息系统和体系结构及软件应用程序和数据库进行建模。它基于面向对象的语言和标准。

3）ER/Studio 是一款数据库设计软件，与当今最流行的几个数据库管理系统兼容。它同时支持关系和维度数据建模。

4）免费的数据建模工具包括开源解决方案，如 Open Model Sphere。

6.2 数据建模与数据治理的关系

数据建模是数据治理的一种形式。这里将数据治理定义为"执行和实施"对数据和与数据有关的资产的定义、生产和使用的权威。数据的管理从管理数据的定义开始。这也是交付高质量数据模型的基本目标——交付满足组织需求的高质量的数据定义。因此，如果同意对数据治理的这种理解，可能也会同意数据建模本身也是一种治理数据的形式，特别是治理数据的定义。

数据建模与数据定义有关，对组织的数据有更重要的影响。数据定义的质量直接影响数据生命周期的许多其他方面，如影响数据的生成方式，并直接影响数据在整个组织中的使用方式。也就是说数据定义的质量直接影响数据生产和使用的质量。既然数据定义的质量如此重要，那么我们最好确保执行和加强对定义数据的权限，控制如何定义数据的过程。同样，数据建模是必须治理的规程，这使得数据建模成为数据治理的一种形式。

6.2.1 数据管理的3种主要行动

面对数据，主要有3种行动可以做，包括：定义数据，产生数据，使用数据。数据治理的前提是每个定义、生成或使用数据的人必须对其相关的行为负责。因此，每一个参与这3种行动中的一个或多个人都将成为数据的管理者；也就是说，他们要对自己的行为负责。事实上，每个人都是数据管家。

这里从建模如何影响人们对数据采取的3种行动的角度，将数据建模视为数据治理的一种形式。

1. 控制数据定义

定义数据可能是这3种行动中最重要的，有效的管理数据定义将提高数据生产质量和数据使用。

严格遵循定义数据流程的组织需要管理的数据似乎也更少，虽然这可能并不总是事实——但它确实有一定的道理。防止创建重复数据集的组织需要管理的数据更少。了解整个组织中定义的所有数据集的组织通常能够更好地处理自然增长或通过收购或合并增长的数据。

可以通过回答几个简单的问题来考虑如何管理数据定义：

1) 组织是否将数据建模作为定义数据过程的一部分。

2) 是否有定义数据必须遵循的步骤的流程。

3) 这些步骤是否包括获得客户对数据定义的验证。

4) 最重要的是：定义的步骤是否被遵循。

这些问题集中在管理数据定义的基本操作上。如果对第一个问题的回答是"否"，那么未建模数据要么是完全未治理的，要么是使用内部开发的工具（如电子表格或数据字典）来记录数据的基本质量的。数据定义的属性包括业务名称、业务定义、有效值和数据设计的常见属性，包括数据类型、位置等。技术数据定义通常交给数据库管理员来构建数据库。

在非结构化数据、大数据和大量非传统数据源的时代，管理这些数据源的定义并从管理的角度保存这些数据源的清单是很重要的。许多组织认为非传统数据源的定义者就是"数据所有者"。在数据治理中，这些人通常被称为数据管理员或数据管家。

数据定义和数据建模是有机联系在一起的。数据建模被描述为一系列用于定义支持业务流程的数据需求的过程。数据建模通常侧重于概念、逻辑和物理数据定义，它们分别代表组织在不同抽象级别上的信息组件。

模型通常会产生数据库和数据资源，这些数据库和数据资源成为组织信息系统的一部分。

除了遵循标准的数据建模约定，数据建模优秀实践还包括：让正确的人参与定义需求；记录适当的数据质量（元数据），解决意见和业务理解上的分歧。

第一种实践要求能够识别并在建模过程中涉及适当的人员。让合适的人参与进来是指：找到"正确的"人，在"正确的"时间参与，以"正确"的方式，使用"正确的"数据，做出"正确"的决定，找到"正确"的解决方案。

第二种实践侧重于将适当的元数据记录为数据建模过程的一部分。数据模型元数据通常包括数据质量的核心定义，包括业务术语、定义、敏感性和规则，以及数据库中数据的物理属性。

第三种实践需要一个受控的流程来解决关于如何定义数据的业务意见上的分歧。企业管理领域和重要的个人经常有相反或不同的想法，即"数据应该是什么样的"，或者数据应该如何基于他们认为对组织最有利的经验来定义。需要主动地处理这些问题，以在整个团队中建立共同的理解。

2. 控制数据生成

产生数据的行为与定义数据的行为直接相关。数据只能在定义数据的同时生成。数据可以手工产生或通过数据采集。数据定义的质量有助于加强对手工数据生成需求的理解。如果负责生成数据的人员不理解数据是如何定义的，那么就很难或不可能满足手工数据生成的需求。由其他数据衍生的数据通常是组织中最关键的数据，同时也是最不容易理解的数据。确保清晰定义如何生成、派生、计算、匹配、排序、组装和分解数据是一种优秀实践。最好的实践是管理如何定义人造数据，并让使用这些数据的人直接通过数据库或他们收到的报告获得该定义。最有价值的商业智能数据是为用户目的而制造和定义的数据。

在工作中产生数据的个人必须对产生的数据负责，这需要对生成数据的过程进行治理。这些流程的治理要确保每个生成数据的人知道并遵循与生成数据相关的规则。在许多情况下，治理还包括共享数据如何使用。

数据生产与数据建模有着重要的联系。对于一般的业务人员来说，数据建模可能不会对数据的生成产生直接影响。然而，事实恰恰相反，管理数据建模的组织会产生更高质量的数据。

组织通常依赖于在整个企业中流动的数据。当数据从数据存储系统移动到数据存储，或者从数据存储移动到商业智能平台时，对于数据的标准和数据的质量都有相应的规范。如果说数据建模是数据定义的质量的核心，则必须使用数据模型中的数据定义，包括物理属性、有效值和业务定义，以确保数据的提供者理解必须如何生成数据。如果没有对数据的详细定义，数据生产者就会尽其所能制造数据，这可能是业务需要的，也可能不是。显然，受治理的数据定义可以提高企业内数据的质量。

组织还依赖于外部产生的数据，以满足特定的业务需求或满足组织接收数据所需的规范。组织要么对其外部数据源有权力，要么没有。当组织有权力要求高质量的外部数据，或者他们对外部数据的质量有重大影响时，接收方向数据生产者提供的受治理业务数据定义将极大地提高数据的质量。从对质量没有影响的来源获取数据的组织，常见的做法是使数据与他们的数据规范一致。拥有高质量的受治理的业务数据定义，还可以使所获得的数据与内部数据规范保持一致。

高质量的业务数据始于建模时的数据定义，因此，可以说数据建模是数据治理的一种形式。

3. 控制数据使用

使用数据的行为与定义数据和生成数据的行为直接相关。数据的使用取决于对他们使用的数据的理解。这种理解来自在数据建模或数据定义过程中进行的高质量的数据定义。

数据使用的风险包括：保护敏感数据；遵循法规和法律要求的风险管理。其中，保护敏感数据是一项影响所有业务的要求。敏感数据包括个人身份信息

(PII)、受保护的健康信息（PHI）或知识产权（IP）。

1）PII 数据可以单独使用或与其他数据一起用于识别、联系或定位某人。

2）PHI 数据是由组织收集的关于健康状态、医疗保健或医疗保健支付的任何数据，可以与特定的个人链接。

3）IP 数据包括商标、版权、专利、设计权，在某些司法管辖区还包括商业秘密。

高质量的数据定义包括定义与保护敏感数据相关的规则。这些规则专注于机密或敏感数据的处理。处理规则包括如何共享、打印、分发、传输、使用和讨论敏感数据。数据治理涉及与保护敏感数据相关的规则和流程的执行和实施。

可审计的遵从性和法规报告始于向负有这些责任的人员提供对他们期望遵循的规则的全面理解。通常，法规遵循意味着组织必须遵守规则、政策、标准和法律。数据治理就是这些规则的执行和实施。

数据治理要求以一种可理解的方式收集规则、记录规则、批准规则、沟通规则和执行规则。这些操作要求组织实体（数据治理办公室本身）被赋予执行和操作的职责和权力。

数据使用与数据建模也有关键联系。数据建模对定义和生成数据有直接和积极的影响，使用数据的行为也是如此。数据建模及在建模过程中收集的元数据，可以在跨组织使用数据时带来一些关键性的改进，其中的 3 种改进如下：

1）组织可以提高人们对使用哪种数据的认识。

2）组织可以提高人们对数据本身的理解。

3）组织可以提高人们对数据质量需求的认识。

这 3 种改进都需要与数据建模相关的治理流程。如前所述，这些数据建模流程的治理要求在正确的时间涉及正确的人员，以正确的方式定义数据。正确的方式意味着需要在建模环境中收集正确的元数据。

4. 将数据治理的重点放在 3 种行动上

数据治理运作的前提是，组织中所有定义、产生或使用数据的人必须对这些数据关系的质量负责任，并遵守与这些关系相关的规则。

数据的关系与人的工作活动相关。根据这个推理，把工作分成 3 种行动是非常有意义的。

(1) 数据定义

数据架构师、数据建模师、数据所有者、系统集成者、数据转换主管、项目经理、业务架构师、分析人员和项目代表是与数据定义相关联的角色。这些人努力工作，以确保他们定义的数据满足业务需求。

数据治理可以帮助这些人：对于专注于改进组织如何定义数据的数据治理项目，该项目必须为如何定义数据提供指导方针和监督，包括开发和实施数据标准、业务术语、数据模型、元数据和数据字典的指导方针。

(2) 数据生产

系统集成商，获取数据的人，以及为了他们的目的和其他人的目的而获取和操作数据的人，是与数据生产相关的角色。这些人努力工作，以确保生产高质量的数据，满足业务需求和实现业务目标。

数据治理可以帮助这些人：对于专注于改进组织产生数据方式的数据治理项目，该项目必须为如何产生数据提供指导方针和监督，包括制定和实施数据质量、数据获取和大数据管理的指导方针。

(3) 数据使用

报告编写者、分析师、超级用户、数据科学家及在组织的所有级别使用数据回答问题和做出决策的人，是与使用数据相关的角色。这些人努力工作，以确保他们使用数据满足他们的团队和企业的需求和要求。

数据治理可以帮助这些人：对于专注于改进组织如何使用数据的数据治理项目，该项目必须为如何使用数据提供指导方针、规则和监督，包括开发和执行数据分类、保护、遵从性和监管报告关注的指导方针。

对于如何将数据治理应用于这 3 种行动，有两个基本类别，即主动式的数据治理和响应式的数据治理。在理想情况下，两者都将在组织内实现。

主动式数据治理是将治理数据的行为构建到流程中。主动数据治理的是彻底将数据治理考虑添加到系统开发方法中。通过将关注数据治理的活动插入系统开发方法论的步骤中，可以假定这些步骤将随着方法论的遵循而完成。

响应式数据治理是开发可重复的流程，并为特定角色指定责任，以便在需要解决与数据相关的问题时做出响应。响应式数据治理是数据问题收集和解决过程的开发，处理访问敏感数据请求的过程的开发，以及获取启用数据功能包或工具的过程。

6.2.2 使用建模工具建模和管理数据

数据治理只能在对数据和流程进行建模的组织中有效完成。它不是一次性的活动，而是一项持续性的活动，必须在保证遵从性的同时对更改做出响应。为了建立对 GDPR、《数据保护法》、《个人信息保护法》等法律法规的遵从性，企业需要知道哪些数据是敏感的、谁有权访问这些数据，并能够提供关于整个数据沿袭所做的任何更改的详细报告，尤其是跨国企业。组织需要有效地计划、管理、监视和控制对数据的访问，无论数据来自内部还是外部。

数据建模工具需要包括用于逻辑和物理数据建模、业务流程和概念建模的工具、共享模型和元数据存储库，以及用于业务词汇和术语的协作门户。相关人员能够轻易地定义模型和元数据、跟踪对模型和业务术语表的更改、定义企业架构，以有效地横跨整个组织管理数据，并为数据治理活动奠定坚实的基础。

通过协作功能和对数据模型和词汇表的访问，加快决策过程，并提高整个组织的数据质量。业务分析师和架构师可以定义业务流程，与参与元数据定义工作流的数据专业人员协作，并根据需求在适当的级别访问有关模型和元数据的信息。数据建模师和架构师可以记录和共享模型、元数据和报告，并在统一的企业术语表上与业务利益相关者协作，这些术语表使用的元数据术语和定义可以跨多个数据库平台和应用程序一致使用。

数据血缘显示了数据在组织中的移动。当数据在组织中移动时，它捕获真实的来源，并描述相关的来源、目标和转换。数据建模工具需要创建一个图来显示模型中的这些转换，其中包括关系、非结构化和 ETL 数据源。通过合并不同的数据源和支持数据沿袭来跟踪数据移动，使数据专业人员能够有效地记录和理解他们的数据环境，并建立一个有效的企业架构，使他们能够实现业务目标。

6.2.3 数据建模是数据治理的一种形式

事实是，整体而言数据建模本身并不是数据治理，但是数据治理的一种形式。

数据建模是一门数据学科。通过数据建模，可以设计组织的数据、减少冗余、遵循标准，并为数据构建对业务有用的定义。数据建模的作用远不止于此。

数据建模的使用因组织而异。一些组织拥有企业数据模型（EDM），它们被构建来设计整个组织的数据。开发 EDM 通常是一项艰巨的任务，需要大量的业务和技术人员参与讨论组织的详细数据和信息需求，有些人认为企业模型是开始改进整个组织的数据和数据质量的地方，有些人认为 EDM 是定义和解决企业整体数据需求的一个步骤，还有一些人认为开发 EDM 是在浪费时间。有的组织为其内部开发的信息系统和/或数据仓库或业务智能环境中的数据建模。通常，这些模型比 EDM 小，并且是为特定目的而构建的——尽管许多组织选择重用现有的模型来创建新模型。有的组织购买行业数据模型，遵循所描述的用于生成数据模型的模式，或者在定义、生成和使用数据的设计阶段获取和放置规则。数据建模现在或过去被视为组织数据管理活动的基础。同样，数据建模是关于数据纪律的。

创建数据模型有很多原因，包括遵循数据标准、减少冗余、将业务定义用于数据，以及更好地定义数据或将数据定义作为重要资产进行管理。

"毫无疑问，数据建模既是一门艺术，也是一门科学。"对数据建模主要是为了向组织灌输关于定义数据的规程。

行业实践表明，数据建模是一种用于定义和分析支持组织信息系统内业务流程所需的数据需求的过程；数据建模的过程涉及专业数据建模师与业务利益相关者及数据和信息系统的潜在用户密切合作。

数据建模大师 Steve Hoberman 认为，数据建模是学习数据的过程，数据模型是数据建模过程的结果。为什么说数据建模是数据治理的一种形式呢？因为数据治理是对数据管理权限的执行和强制执行。数据建模可以看作对数据定义的权限的执行和实施。数据建模的规程包括"正确的"人在"正确的"时间为组织定义"正确的"数据。这就是数据治理的本质。

数据建模是数据治理的一种形式或者至少是数据治理的一部分，因为它需要纪律，这对于确保数据的设计符合需要是必要的。不为数据建模的组织更难从数据中获得价值，因为他们的数据充满了不一致性和误解。

6.3 数据建模应用

6.3.1 构建全域一致性模型方法

数据建模包括概念模型、逻辑模型、物理模型。企业级数据模型设计通常有以下两种方法。

1. 自上而下

自上而下的方法是从业务需求分析开始逐步完成概念模型、逻辑模型和数据仓库物理模型的设计，然后进行数据的溯源、认责，与现有应用系统的模型匹配衔接，指导将现有数据采集到数据仓库。自上而下的方法，优点是得到的模型很容易保障企业数据模型的全域一致，不存在重复定义、相互冲突的现象。缺点是当企业规模很大、业务非常复杂时，要对企业的全部业务进行需求分析，工作量巨大，有时几乎不可行；现实中现有的应用系统在建设时已经对局部的应用进行了需求分析和模型设计，自上而下的做法无法复用现有成果；重新进行需求分析和设计难免使企业级数据模型和已经存在的应用系统的模型之间产生巨大的差异，导致企业级数据模型失去指导意义；一般会依据企业级数据模型构建数据仓库，但由于企业级数据仓库是从头开始设计，使得已经存在的应用级模型和企业级数据模型之间的差异巨大，现有数据在灌入依据企业级数据模型设计的数据仓库时面临困难。

2. 自下而上

自下而上的方法是从现有应用级模型开始，逐渐整合，形成物理模型，再剥离与具体数据库实现有关的元素，整合出企业级逻辑模型，进一步抽象出企业级概念模型。自下而上的方法复用了现有应用系统的设计，省去了对企业全部业务进行需求分析的巨大工作量，但也有一些明显的缺陷：由于应用级模型是在不同历史时期、由不同团队建设的，这些模型之间普遍存在重复定义、相互冲突等情况，存在严重的不一致性，对于一个大型企业的企业级数据模型，解决这些问题也需要付出巨大的努力。采用自下而上的方法时，不一致性主要存在于 4 个层面：实体层面，属性层面，编码取值层面，数据层面。

6.3.2 数据模型必须保障全域一致

经过多年的信息化建设，大部分集团企业已经建成覆盖全业务链的应用系统，但是系统繁多，互相孤立。这些应用系统可以分为处理域和分析域两个域，处理域即传统的业务处理类应用系统和管理类应用系统，分析域即各种辅助决策和数据挖掘分析类应用。

处理域的应用系统在不同历史时期，不同业务需求驱动又由不同厂商实施，形成了业务领域千差万别、众多互相独立的应用级数据模型，这些模型是相互隔离的、筒仓式的，存在明显的模型孤岛和数据孤岛现象。分析域的数据层分为贴源层、明细层、轻度汇总层和数据集市层。贴源层模型和数据基本保持与处理域各个源系统一致，因而和处理域一样是分立的，充满不一致性，不但存在模型孤岛，也存在数据孤岛；明细层是企业级逻辑模型的具体实现，试图在贴源层之上实现一个全域一致的数据模型，消除模型孤岛和数据孤岛，为轻度汇总层和分析域各项应用提供协调一致的数据环境。企业级数据模型则试图在这些模型之上实现数据模型的全域一致，形成规范统一的语义环境，做到实体唯一、属性统一、编码和取值统一，消除模型孤岛，从数据模型层面为消除数据孤岛、实现处理域各系统之间的信息共享提供保障；同时为分析域的企业级数据仓库建设和处理域的各项系统的建设打好基础。而构建企业级数据模型时需要解决的首要问题是全域一致性问题，大致可分为 4 个层次：实体的全域一致性，属性的全域一致性，编码取值的全域一致性，数据的全域一致性。

在自上而下的方法中，概念模型是从业务空间中抽象出来的，经过归纳和分类阶段，抽象成一个体系化的模型，自然就保障了一致性，由概念模型演化出的逻辑模型自然也会具备一致性，进而物理模型也会继承这一基因。但是实际上很多大型集团企业数据模型采用自下向上的方法，从应用层模型反求企业级逻辑模型，再从企业级逻辑模型反求企业级概念模型。而已经存在的诸多应用层模型是在不同时期由不同服务商单独建立，各不相同，互相独立，抽象程度不统一，分类标准不统一，且没有站在企业级视角抽象和定义，故应用层各模型之间语义关系混乱，造成互相重叠交叉，充满重复冲突的定义，这一基因也就带入企业级的逻辑模型和概念模型。

采用自下而上的方法从应用层模型反求企业级数据模型时不一致性的具体表现如下：

1）同一语义的实体在不同的应用级模型中多次定义。

2）同一语义的实体采用不同的名称重复定义。

3）不同语义的实体采用相同的名字。

4）相似语义的实体多次重复定义，概念内涵互相重叠、交叉，边界不清晰。

5）属性值域的编码、取值没有站在企业级角度考虑，不能满足企业级数据模型的需要。

要做到实体的全域一致性，就需要识别这些冲突的实体，重新定义和去重。重新定义就是调整相互交叉或者定义不明确的实体的语义；去重即识别实体的重复定义情况，合并重复定义的实体。假如需要处理的实体仅有数十个，人工识别很容易完成。但通常情况下是企业级数据模型包含 10 个域，有上万个实体，对如此数量级的实体逐一进行两两比较，从中识别重复、冲突、重叠交叉的实体，巨量的实体数量是实现实体一致性的主要困难，数量之大使得该项工作已接近不可行，且两两比较无规则的选取实体并不能确保识别出全部的不一致。

面向对象方法的核心是抽象，抽象的本质是基于语义的分类和归纳，识别实体之间的泛化关系，建立继承树的过程就是反复分类和聚合的过程：向上归纳，向下分类，分类的原则是"统一标准、无重复、无遗漏"。待全部实体归纳为有限的几棵继承树后，再在树的根节点构成的集合内进行语义比较和调整，取得一致性。以上过程在各个树中递归进行，就达到了全域的一致性。这种方法是一种收敛的算法，只要按照规定步骤递归进行，必定会达到一致性的状态。

面向对象分析的方法能够帮助企业在全域范围内识别重复定义、交叉定义，从而取得实体的全域一致，实际工作中通过建立和识别实体之间的泛化关系，不断抽象、归纳、分类，形成由多棵语义继承树组成的森林，把呈无序状态的实体集合组织成森林。由于泛化关系是按照语义组织的，因此，只在同一父类兄弟节点之间才有可能存在重复和交叉。树可以由多个层次的节点构成，每个类的子类不会太多，一般在数十个以下，大大缩小了参与比较的实体数量，把上万实体中的两两比较缩小为有限兄弟节点之间的比较，呈几何级数地减少了工作量，使得实体去重工作具有可行性。

去重和调整定义会影响泛化关系，故需要进行多次迭代。经过多次迭代调整，每次比上次更加收敛，更加接近正确模型集。实际工作中这样经过 3 次迭代后，即得到相对理想的一致性效果，达到实体全域一致性的设计目标。该方法的具体过程如下。

（1）构造实体集合

合并应用层物理模型，去掉汇总型表、记录型表、辅助表、日志表、临时表和控制表等不应在企业数据模型中出现的表。从面向对象角度看，此时每个表可以看作一个类（class），它们是相互孤立的实体，有些实体定义模糊不清，有些实体之间互相重叠甚至重复。这些实体之间是平等的、散列的。

（2）分域识别实体之间的泛化关系，建立继承树

识别实体之间的泛化关系，对实体进行归纳、分类，此时可以不处理语义重复、交叉的情况，但需要做两件事情：一是对于定义不规范的实体要规范定义；二是为了便于表达实体之间语义上的泛化关系，可以定义一些抽象的类，如收款凭证、付款凭证都是凭证的泛化，此时可能需要建立一个抽象的凭证实体。

由于此时模型由上万个实体构成，为了提高效率可以把整个设计团队分为多个小组，每个小组负责一个域并行进行，团队分头遍历自己域内所有实体，识别和构建泛化关系。经过上述步骤处理后，各域在内部形成了一个按照语义继承关系组织的森林，但此时兄弟节点之间还有可能存在重复定义或者语义交叉的情况。

（3）合并各域森林为一个大森林

合并各域森林，形成一个大的、完整的森林。合并首先在树的根节点这一层展开，此时需要做两方面的事情：一是对重复定义的实体做合并处理，将重复实体的树合并为一棵树；对语义有交叉的实体进行重新定义、分割、归并，或者新建类，或者拆分后合并入其余几棵树中，目标是保证不同森林中树根节

点之间的语义相互独立、不重复、不交叉，使整座森林的根部达到"相互独立、不重复、不交叉"的状态。

具体工作方法如下：从语义分析入手，逐一对照树的根节点，分析其语义：

1) 同一语义的实体发生多次定义（有可能同名，也有可能不同名）。
- 统一命名
- 合并这几个实体为一个实体
- 合并以这几个实体为根的树

2) 不同语义的实体采用相同的名字重新命名实体，从命名上区分开。

3) 相似语义的实体多次重复定义，概念内涵互相重叠、交叉，边界不清晰拆分实体，分别命名或者合并到已经存在的实体上，注意该树的子节点也要一起进行合并。

(4) 递归上一步的合并过程

在各棵树内部递归进行上述过程，待递归处理完成后，即达到了全域范围内的"相互独立、不重复、不交叉"状态。为了加快处理速度，上述递归处理过程可以由多个独立小组并行进行。

企业级数据模型必须在实体层面、属性层面、编码取值层面具有一致性，否则根据该模型构造的数据质量必然低下。一方面，基于该模型开发分析类应用需要进行大量的清洗转换，增大开发难度，数据挖掘、大数据分析等高级形式的应用会愈加困难，甚至某些场景的应用成为不可能；另一方面，企业级数据模型无法指导制定数据共享的标准，数据交换停留在低效、复杂、割裂的数据交换层次，无法由数据交换提升为信息交换一致性。这不仅是企业级数据模型必须具备的基本特征，也是构建企业级数据模型过程中面临的主要困难，利用面向对象的方法可以有效解决实体、属性、编码取值等层面的一致性问题，为更好地采集、加工、应用数据奠定基础，也为更好地发挥数据价值起到至关重要的作用。

6.3.3 数据模型实践和思考

信息系统、数据集成、主数据管理、数据仓库、大数据、数据湖和机器学习等应具有一个共同的基本要素：数据模型。必须时刻记住这一点，否则就会像许多企业那样，数据模型完全处于被忽略的地步。

数据模型几乎是所有的高价值、关键任务和业务解决方案的核心，从生产、产品、销售到财务，从客户管理到商务智能和物联网都是如此。没有良好的数据模型，业务数据在哪里？我们根本不可能准确地找到它。

数据模型和数据建模方法从计算机被发明和应用起就存在了。数据需要结构，以便理解它，并为计算机提供处理它的比特和字节的方法。当然，今天也要处理非结构化和半结构化的数据，但这仅仅意味着要构建出比 IT 前辈所要处理的更复杂的范式。因此，数据模型仍然存在，并提供了构建高级业务应用程序的基础。就像经历过的优秀实践一样，必须认真对待数据模型和建模方法。

1. 数据模型发展简史

在"计算黑暗时代"，使用平面记录布局或数组；将所有数据保存到磁带或大磁盘驱动器，供后续检索。然而，在 1958 年，J. W. Young 和 H. K. Kent 将建模信息系统描述为"一种精确和抽象的方法，用来指定数据处理问题的信息和时间特征"。在 1959 年，由明尼苏达大学查尔斯·巴贝奇研究所组成的 CODASYL 或"数据系统语言委员会"联盟诞生了标准编程语言，如 COBOL 和"集成数据存储"（IDS），这是 20 世纪 60 年代由查尔斯·巴赫曼在通用电气/霍尼韦尔设计的早期数据库技术。事实证明，它很难使用，由此演变成由 B. F. Goodrich 公司（当时是一家美国航空航天公司，也是今天人们所知的轮胎公司）开发的"集成数据库管理系统"（IDMS），由 Cullinane 数据库系统公司销售。这两种数据建模方法分别被称为"层次数据模型"和"网络数据模型"，在此之后的 50 年里，它们在大型机计算领域的应用非常普遍，并且至今仍在使用。

20 世纪 60 年代末，E. F. Codd 与 C. J. Date（《数据库系统概论》的作者）在 IBM 工作时绘制了 E. F. Codd 的创新数据建模理论，在 1970 年出版了《大型共享数据库数据的关系模型》。E. F. Codd 在 1985 年发布了他著名的"关系模型的 12 条规则"，以确保供应商正确实现该方法。该关系模型还通过"五种范式"的定义引入了"规范化"的概念。现在，很多人都在谈论"3NF"或者"第三范式"，但是你知道如何定义它吗？

1996 年，Ralph Kimball 在他与 Margy Ross 合著的开创性著作《数据仓库工具箱：维度建模的完整指南》（*The data Warehouse Toolkit*：*The Complete Guide to Dimensional modeling*）中提出了下一个重要的数据建模方法。Ralph Kimball 所提出的被广泛采用的"星型模式"数据模型应用了数据仓库范例中引入的概念，该范例最早由 Bill Inmon（2007 年被 Computer world 命名为计算领域头 40 年最有影响力的十大人物之一）在 20 世纪 70 年代提出。1991 年出版的《构建数据仓库》已经成为所有数据仓库计算的实际标准。

最近出现了一种新的数据建模方法——数据库建模。它的作者和发明者 Dan Linsdedt 在 1990 年首次构想了数据库建模，并在 2001 年向公共领域发布了一个出版物。数据库模型解决了 Bill Inmon 和 Ralph Kimball 争论的许多问题，包含数据的历史传承，并提供了高度可适应、可审核和可扩展的范例。2013 年，Dan Linsdedt 发布了 Data Vault 2.0，解决了大数据、NoSQL、非结构化和半结构化数据集成等问题，并列举了 SDLC 关于如何使用这些数据的优秀实践。

通过对历史上不同数据建模方法的研究，数据模型主要分为以下 6 种：

1）平面模型，是指数据元素的单维、二维数组。

2）层次结构模型，包含定义父/子层次结构的字段和集的记录。

3）网络模型，类似于层次模型，允许使用连接"链接"表映射的一对多关系。

4）关系模型，在有限的谓词变量集合上的谓词集合，定义了对可能值和值组合的约束。

5）星型模型，规范化的事实表和维度表删除了数据聚合的低基数属性。

6）数据库模型，使用集线器、卫星和链接表记录来自多个数据源的长期历史数据。

2. 数据库开发生命周期（DDLC）

现在的话题似乎完全集中在数据的复杂性和数据的数量上，虽然这很重要，但应再次强调的是，数据模型是非常重要的部分。随着需求的发展，数据模型必须跟上数据应用的脚步——甚至是引领方向，无论如何，它都需要被管理。因此，这里提出数据库开发生命周期。

对于每一个涉及数据的环境（如 DEV/TEST/PROD），开发人员都需要调整代码以适应不可避免的结构变化。与软件开发生命周期（SDLC）类似，数据库应包含适当的数据模型设计和优秀实践。在以往设计的许多数据模型中，制定了清晰的规则，其中包括：

1）适应性，创建可承受增强或纠正的架构。

2）可扩展性，创建超出预期的架构。

3）基本原理，创建可交付特征和功能的架构。

4）可移植性，创建可在不同系统上托管的架构。

5）开发，创建可最大化主机技术的架构。

6）高效存储，创建优化的架构磁盘占用空间。

7）高性能，创建出色的优化架构。

这些设计规范融合了任何所选建模方法的本质，其中一些与其他方法矛盾。凭借以往经验，抛开二分法，数据模型从创建到废弃只有以下3个生命阶段：

1）全新安装，基于架构的当前版本。

2）应用升级，删除/创建/更改 dB 对象，将一个版本升级到下一个版本。

3）数据迁移，发生破坏性的"升级"（如拆分表或平台）。

设计数据模型可能是一项艰苦的工作，需要对烦琐的细节进行深度关注，并通过模糊性的创造性抽象来解决。这里推荐具有挑战性的方案，寻找可以纠正或优化的地方，这些问题常常以各种方式表现出来，例如：

1）复合主键，可以避免使用，很少有效或不合适；根据数据模型有一些例外。

2）错误的主键，通常不适合日期时间和/或字符串（GUID 或哈希除外）。

3）错误索引，要么太少，要么太多。

4）列数据类型，仅在需要整数时不使用 Long（或 BigInteger），尤其是在主键上。

5）存储分配，不考虑数据大小和增长潜力。

6）循环引用，其中表 A 与表 B 有关系，表 B 与表 C 有关系，表 C 与表 A 有关系——这简直是错误的设计。

也许这对于大多数人来说是不言自明的，但还是需要强调采用这一过程的重要性。虽然架构更改是不可避免的，但在任何软件开发项目中尽早获得可靠的数据模型都至关重要。毫无疑问，这对交付成功的软件项目而言，对应用程序代码的影响无疑是最小的。模式更改可能是一个昂贵的提议，因此，了解数据库生命周期及其作用变得非常重要，对数据模型进行版本控制也至关重要。使用图形表示设计，创建一个"数据字典"或"词汇表"，并跟踪沿袭历史变化，这是一门更高深的学科。

3. 数据模型建模方法

（1）概述

理解数据模型的历史和设计它们的最佳流程只是起点。作为事务（OLTP）和分析（OLAP）模型的数据库架构师，会发现上面描述的前3个步骤大约占了工作的80%。有时数据模型很简单，这通常是由于简单性和/或体积小。数据模型也可能非常困难，这通常是由于数据的复杂性、多样性和/或数据的大小和类型，以及整个企业中使用数据的许多地方决定的。企业应该尽早地、全面地了解数据是什么、在什么地方，数据如何影响使用数据的应用程序和系统，以及数据模型为什么首先存在。而明确谁需要什么样的数据及如何提供数据是一个极大的挑战，将其映射出来，以确保目标是一个可靠的数据模型。因此，选择正确的数据建模方法非常重要。

编制ETL/ELT作业是为了读写数据，这样做表面上是为了给企业带来价值。那么，为什么需要一个数据模型呢？它的目的是什么？难道不能简单地处理它，然后完成它吗？从技术角度来看，依赖数据模型来提供操作数据流的结构。数据模型的生命周期直接影响作业设计、性能和可伸缩性。从技术上讲，这只是冰山一角。业务视图可能更加抽象。首先，数据模型验证业务需求。它为系统集成和业务使用的数据的结构控制提供了关键定义，确保各种功能和操作原则。如果没有数据模型，业务就会变得完全没有效率。

（2）数据建模优秀实践

1）概念理解。什么是数据模型？作为开发人员，每天都能看到它，你认为它是：

● 业务系统数据的结构定义

● 业务数据的图形表示

● 用于构建业务解决方案的数据基础

这些可能都是正确的表述，但它们都是无关的定义，因为它们无法单独地实现数据模型的根本目的或数据模型真正的目标。

那么，什么是数据模型？与它相关的内容很多，但同时又是一件具体的事情。数据模型是结构基础，为业务信息系统定义良好的图形特征。你是否认为这与上面的定义一样，其实不完全一样。这个定义包含所有元素转换为一种单一的目的。数据模型意味着从结构上识别业务用例的信息，而不仅仅是它的数据。

今天，大多数企业使用数据模型帮助验证需求，这是一个真正的业务价值，但他们不一定知道如何正确地进行。在许多情况下，持久数据模型的假象仅仅是假定存在一个持久数据模型，而不知道或验证它是否正确。在数据架构和数据库设计中，有过太多的糟糕的数据模型，让我们不得不认为大多数数据模型在某种程度上可能是错误的。那么，如何判断一个数据模型是好还是坏呢？只要有数据进出，难道还不够好吗？答案是当然不是。数据模型必须很好或者很棒，才能确保针对它们运行的业务系统或与它们协同的业务系统成功。数据模型是业务的本质，必须是全面的、坚固的和有弹性的。数据模型是软件项目的 3 个基本技术元素之一，另外 2 个是应用程序代码和用户界面。

2）建模实践。许多数据模型是通过使用建模器先创建逻辑模型后创建物理模型的过程进行设计的。通常，逻辑模型描述实体和属性及将它们绑定在一起的关系，以清楚地表示数据的业务目的。物理模型实现逻辑模型表、列、数据类型和索引，以及数据完整性规则。这些规则定义了主键和外键及默认值。另外，可以根据需要定义视图、触发器和存储过程以支持实现。物理模型还基于大多数系统（如 Oracle、MSSQLServer、MySQL 等）提供的特定配置选项，定义磁盘上的存储分配。

然而，许多关于逻辑模型和概念模型之间区别的讨论认为它们是相同的，都表示业务数据的实体和属性。这是一种错误的观点，概念模型旨在为数据的业务理解提供上下文，而不是为技术提供上下文。所有相关者都可以理解概念模型及与实体和属性的争论，如果概念模型处理得当，它将是每个相关人员交流业务数据的最佳工具。通常，人们更喜欢使用统一建模语言（Unified Modeling Language，UML）作为绘制概念模型的方式，并使其保持简单，而不是纠缠于细节。把细节问题留给逻辑模型和物理模型，因为在这些模型中这些细节是必不可少的，并且经过了改进。

通常具有大量应用程序系统的企业业务在对数据建模时引入了更高的关注度，即使是概念模型，逻辑模型和物理模型也远远不够。所以，对于大型企业来讲，整体数据模型是必需的。整体数据模型的目的是识别和抽象整个企业中的数据筒仓，从而描述存在或需要的东西，如它们之间的相互联系、如何在最高级别组织它们，以便最有效地加以使用。

3）数据模型的 4 个层级。鉴于企业中存在 4 种不同类型的数据模型，给出以下数据建模过程，即自上而下地进行"每层"操作，以定义、改进理解和特定的设计功能。每个级别的关键角色均可确定参与流程的人员和角色。

①整体数据模型。整体层表示整个企业中数据筒仓的抽象景观。此数据模型为建立广泛的业务数据治理创造了机会，从而能够更好地理解企业固有的所有数据关系。它们旨在合并来自任何内部或外部的应用程序的数据。可以使用气泡图绘制整体数据模型。

②概念数据模型。概念层表示业务数据元素及其关系的抽象定义。概念数据模型从应用程序的角度定义了企业数据图景的语义，从而能够更好地理解基础业务信息。UML 提供了设计此模型的图形化方法。概念数据模型由元素对象组成，定义了从整体模型中的数据筒仓派生的信息类。实际上，可以将其看作一个信息模型。

UML 信息架构。每个元素对象封装了数据筒仓和连接线（也称为链接）的特定部分，定义了两个元素之间的特定关系。定义特定元素项（称为特征）以进一步帮助理解对象和实现该对象的目的。

元素对象也可以有"泛化"，也就是说对象的实例可能有一些特殊的或唯一的特征和/或关系。在这种表示中，对象更像一个父元素的子类，包括它的所有特征及任何其他涉及的唯一特征。子类元素在名称和表示上都被细化，以提供对抽象的整体数据筒仓的可理解的细化。连接到元素对象的泛化用纯蓝色链接表示，该链接有一个闭合的箭头连接到父对象，不需要标签。

子类之间的链接进一步定义了关系，这些关系对于理解其表示的概念数据模型很有用。连接到同一父对象的其他泛化子类被视为具有以实心绿色链接和有目的的标签表示的"关联"。这些关系可以选择由打开的箭头符号指示为"可导航",然后进一步用关系基数进行标识。

在 UML 图中,元素可以具有自链接关联,它是扩展父对象定义的特定特征,以及/或特定特征之间的"关联"。特定的扩展并不表示类或泛化,而是标识出为了更好地理解抽象数据筒仓而调用的相关特征。特定特征与元素的连接用纯红色链接和有目的的标签表示。此外,元素特征可以链接到相同父对象的其他元素特征,这些元素特征用绿色链接表示,类似于相关的泛化。这些关系也可以是"可导航的",用一个可选的、开放的箭头符号表示,然后用一个关系基数进一步标识。

概念数据模型使用基于类的隐喻描述特定的数据元素,最好使用 UML 绘制图表,它进一步解释了抽象的整体数据筒仓。此目标是定义、细化和减轻业务信息,并封装整体模型之外的细节。

与软件工程人员和利益相关者一起对 UML 模型进行验证是数据建模过程中的关键里程碑。

③逻辑数据模型。逻辑层表示逻辑数据对象,其属性及它们之间的特定关系组织的语义信息的抽象结构。从概念模型的元素对象派生的此数据模型定义相关的详细信息(键/属性)及实体之间的关系,而无须考虑任何特定的主机存储技术。实体可以表示单个元素、元素的一部分或封装适当的数据结构所需的多个元素。逻辑数据模型封装了在概念模型中标识的结构实体和记录集,并添加了特定的属性,从而可以更好地理解所涉及的数据。

推荐做法如下:实体关系图或 ERD 描述了能够独立存在的唯一可识别实体,而这些实体又需要最少的唯一识别属性集,称为主键(PK)。如果子实体链接到某个父实体,则可以并且应该通过在子实体中使用与父实体相匹配的标识属性[称为外键(FK)]实现参照数据的完整性。

在适当的情况下,可以将实体链接在一起,以证明记录集的性质,或两个或多个实体之间的基数关系。具有链接的实体可以利用在实体关系图(ERD)中广泛采用的 Crow's Foot Notation 技术。由蓝色链接指示,两侧的适当鱼尾纹还应包括有目的的标签,以描述其代表的记录集。这些实体链接提供了特定的基数，解释了记录集的允许记录数。这些符号或者指定：零，一个或多个行或某些强制性的组合。

基数只有两个规则：每个实体可以参与的关系的最小和最大行数，其中最接近该实体的表示法是最大计数。为记录集指定基数还表明该关系是可选的或强制的，这有助于物理数据模型的设计。

ERD 可以支持多个实体的链接，包括自链接。实体也不应混淆，因为表通常可以直接映射到物理数据模型中的表。相反，逻辑实体是结构抽象，专注于概念数据模型中的简化表示。逻辑数据模型提供了概念数据模型的语义抽象，提供了可以从中设计物理数据模型的细节。此优点还可以帮助应用程序服务工程师和数据库工程师，不仅了解抽象的数据结构，而且了解数据事务的需求。

④物理数据模型。物理层表示主机系统工件（物理数据对象）的组成，这些组件来自逻辑数据模型及其所需的存储配置。该数据模型包含表、列、数据类型、键、约束、权限、索引、视图，以及数据存储上可用分配参数的详细信息。这些主机工件代表在其上构建软件应用程序的实际数据模型。物理数据模型从逻辑数据模型中定义的实体和属性封装了所有这些工件，最终使应用程序能够访问以存储和检索实际数据。

推荐做法如下：模式（物理）设计模型或 SDM（系统定义模型）定义数据库信息系统中涉及的特定对象。SDM 提供了工程参考，通常随图表和数据字典文档一起提供。提供对 SDM 中实现的每个数据库对象的关键、详细的参考，此文档应合并其目的，参考完整性规则及有关任何预期行为的其他重要信息。这里推荐一个好结构：

- 对象名称和定义（表/视图）
- SQL 对象创建/修改文件名
- 业务领域和功能利用
- 版本/完整性级别
- 列/数据类型/大小
- 可空性
- 默认值
- 主键

- 外键
- 自然业务键
- 独特的约束
- 检查约束
- 唯一和非唯一索引（集群和非集群）
- 控制流（涉及额外的复杂性设计/使用时）
- 有用的评论
- 变更记录

为了便于使用，SDM 数据字典按名称的字母顺序引用对象。由于大多数物理数据模型是高度规范化的，因此，应该为每个表调用引用完整性规则。根据经验，许多处理这些规则的方法，特别是在针对现有模式执行 SQL 对象脚本时，都是简单地关闭完整性检查，运行脚本，然后将其打开。这种方法很简单，但容易出错。

建议花时间理解对所有表的特定引用，并为每个表分配一定程度的完整性。表"完整性级别"标识父/子表关系的层次顺序。简而言之，表的"完整性级别"基于对父表的任何外键引用。例如：

- 没有父表的表：是 L0 或级别 0（最高级别）
- 具有至少一个父表的表：是 L1 或 1 级
- 具有至少一个父表但该父表具有 L0 父表的表：是 L2 或 2 级
- 具有多个父表的表，这些父表具有不同级别的父表，使用的是最低级别 +1
- 即：父 A 是 L0，父 B 是 L1，子表是 L2
- 或：父 A 是 L1，父 B 是 L4，子表是 L5

注意：L0 是最高级别，因为没有父表；最低级别由物理数据模型确定。这种方法还消除了创建循环引用的可能性。物理数据模型是实际实现的一种模型。建议将 SQL 对象创建脚本或 SOCS 用于此实现。通过使用这种方法可以发现，用于任何物理数据模型的 DDLC 均可以作为一个独立的过程解耦，这是非常需要但难以实现的过程。这个想法是为一个主数据库对象（表、视图、触发器或存储过程）创建一个 SOCS 文件，这些脚本包含智能检查，以确定要应用（删除、创建、更改等）哪些 SQL 语句。

4. 为何要使用数据模型

数据模型关键要素见表 6-1,有助于理解使用数据模型的目的,以及它们如何在建模过程中既相互支持又有所不同。

表 6-1 数据模型关键要素

数据模型关键要素	整体	概念	逻辑	物理
数据孤岛	√			
数据孤岛关系	√			
元素名称		√		
元素关系		√		
元素概括		√		
元素项		√		
实体名称			√	
实体关系			√	
实体键			√	
实体属性			√	
实体约束			√	
表/视图名称				√
列名				√
列数据类型				√
列默认值				√
主/外键				√
索引名称				√
索引属性				√
存储配置				√

第 2 篇
数据治理进阶篇

数据是企业战略转型和发展的重要战略资源，数据质量和数据安全是服务于这个目标的一项任重道远的基础性工作。通过量身定制适应企业自身业务需求的数据资产管理体系，实现了从生产、加工、传递到使用、销毁全过程的数字管控，为企业数字化转型提供了有力支撑。数据治理则是转型的必由之路，为企业带来数据质量的全面提升，夯实企业数字化转型基础能力。

本篇旨在分享数据质量、数据安全、数据资产、大数据治理实践经验。

第 7 章　数据质量

7.1　数据质量管理概述

企业在发展过程中积累了大量的生产数据和经营数据，如何利用这些数据发掘有价值的信息已经成为企业普遍关心的问题。随着数据整合度的提升，以及数据使用范围的扩大，在使用过程中发现了大量数据质量问题，如何更好地管理和控制数据，做好数据标准化和数据服务体系建设，成为当前企业迫在眉睫的任务。

7.1.1　数据质量管理问题

数据质量定义为：数据对其期望目的的适合度。即：数据质量管理生命周期及其相关的数据质量管理流程，都要为确保数据满足其自身预期目标提供相应的方法和手段。

1. 数据质量管理的基础和问题

（1）数据质量管理的基础

数据质量管理的基础需要具备以下 4 个要素：

1）数据质量是由用户和数据的使用价值决定的。

2）数据质量代表数据在数据知识应用中、数据所存在的系统中及数据使用过程中被应用的频次或者自身价值。

3）只有当数据被下游过程（系统或用户）接收并使用时，讨论数据质量问题才有意义。

4）因为数据是持续变更化的，所以数据质量管理也是一个持续的过程。

（2）数据质量管理的问题

企业关注的常见的数据质量问题可以归为以下 7 类：

1) 定义缺失。缺少关键业务元素定义，导致对同一字段的理解产生偏差。

2) 数据异常 1。指系统的个别字段出现了异常信息，包括取值错误、格式错误、多余字符、乱码等。

3) 数据异常 2。指系统的个别字段出现了异常信息，包括取值错误、格式错误信息缺失或不准确。或在系统表中已经设计了相关字段，但使用过程中很多记录没有收集该字段信息，或出现信息不准确、信息重复登记等情况。数据缺失情况通常以缺失客户信息最严重。

4) 数据异常 3。指系统的个别字段出现了异常信息，包括取值错误、格式错误系统间数据不一致。主要体现在系统间数据维护不一致和系统间数据同步时效性造成的不一致。

5) 数据异常 4。指系统的个别字段出现了异常信息，包括取值错误、格式错误数据完整性问题。主要体现在参照完整性和数据含义冲突。

6) 数据异常 5。指系统的个别字段出现了异常信息，包括取值错误、格式错误数据生命周期问题。企业中的关键数据，如员工、客户、产品信息等，都有若干日期字段记录其生命周期，但在业务系统中往往存在修改了记录状态但未同步更新相关日期字段的情况。此外，还有一个违反合理数据生命周期的常见做法，就是直接物理删除记录。

7) 数据异常 6。指系统的个别字段出现了异常信息，包括取值错误、格式错误代码问题。主要体现在：代码不统一问题，即不同应用之间相同用途代码的编码不一致；未代码化问题，常见情况是用文字存储，而非将信息代码化，很多时候会发现虽然信息存储得不少，但不利于分析使用；意外代码，即实际数据中出现了未定义的代码值。

2. 数据质量管理方法论

数据质量管理可分为以下 6 个步骤。

（1）定义及验证

从技术和业务两个层面定义数据应满足的质量目标。数据质量度量标准最终定义应以规范的形式描述，如属性 X 的缺失率不超过 2%。对于派生数据，源数据和转换的规则必须详细说明。

最终，上面描述的定义和规则将作为数据质量评估计划的输入。数据质量评估计划用来验证定义和规则的正确性，并将详细描述数据必须满足、适合它预期用途的属性，即：它定义了数据质量。这个计划将指导初始的数据度量，通常也称为数据剖析。

（2）影响分析与共性分析

完成数据质量目标定义后，需评估一个特定的数据质量问题在预期的数据使用适合性方面带来的影响，根据影响分析可以确定数据质量问题的重要性与优先级。

所谓共性分析就是分析错误的共性，把许多错误的共同归类找出来，为下一步追踪根本原因做准备。

（3）追踪根本原因

鱼骨图是一个众所周知的用于鉴别数据质量根本原因的工具，它反映了需要达到的和实际数据质量之间的差距原因，通常是信息系统、流程、技术和人员。数据质量问题示例如图7-1所示。

（4）预防/修复数据质量问题

导致数据质量问题的根本原因最常见的有：人员、流程、业务系统前端、业务系统数据库、抽取和加载过程。对于人员、流程、业务系统的前端重点在于预防，业务系统数据库、抽取、加载过程则通常通过修复的手段来解决。

数据质量问题的预防/修复都有有利的方面和不利的方面。例如，由人员方面引发的质量问题，有利方面是可以在源头预防，不利方面在于人员往往会疏于管理、容易遗忘、不同人员的差异性和专注点不同，这些都会不可避免地产生一定的数据质量问题。

涉及数据量。数据质量问题需要修复的数据量有大致规律，如人员、流程、前端应用产生的质量问题需要修复的数据量往往不大，而数据库、抽取、加载等后台环节导致的数据质量问题涉及数据量通常较大。对于已经发生的数据质量问题，只能通过修复措施解决，但是从长远看，重视预防措施，在源头控制错误的产生更为重要。

（5）趋势监控

一个已知的数据质量问题被修复后并不意味着这个特定问题被永远解决

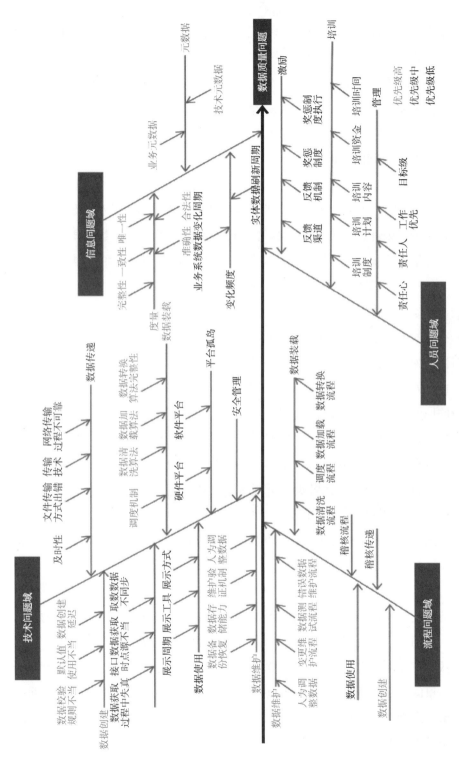

图7-1 数据质量问题示例

第7章 数据质量

了，如果没有有效的预防措施，错误仍有可能再现。因此，应持续监控重要数据质量问题。

（6）识别和研究偏差

当监控流程识别到问题时，如一个已知数据质量超出允许控制范围，流程需要从该分支返回到步骤（3）识别根本原因。

3. 数据质量问题特性分析

根据数据质量定义，数据的不同使用目的会导致不同的数据质量定义。例如，业务系统对数据的使用目的主要是保证业务流程正常运转和满足一些简单的统计功能，因此，只要业务流程和统计正常，就可以认为数据质量满足要求。而分析型系统对数据的使用目的多种多样，涵盖企业运营的方方面面，满足业务流程正常运转的需要并不一定能保证满足分析的需求。因此，分析型应用的需求是决定数据质量管理目标的主要因素。

在这一前提下，对企业内部数据流转过程中各环节呈现出来的数据质量问题特性做如下分析，数据流转过程分为以下3个环节：

1）数据产生环节。企业内部的原始数据绝大部分产生于业务源系统，很少量的增值数据产生于分析型系统。

2）数据集成环节。在基础数据平台类系统（ODS/数据仓库和数据集市）中，集成来自不同源系统的数据，并按照数据模型整合。

3）数据使用环节。由各类分析型应用组成，也包括随机业务查询、数据分析、数据挖掘等信息访问手段。

数据质量问题主要发生在数据产生环节，其次是在数据集成环节的数据加工过程，数据使用环节由于原则上不对数据做修改，基本不产生数据质量问题。

数据质量问题的发现基本呈相反特征，业务源系统虽然是数据的主要产生环节，但通常只能发现与业务流程相关的数据质量问题，并且仅限于系统内部；数据集成环节由于是企业内部数据的一个最主要的汇聚点，所以通常也是数据质量问题暴露最多的环节；数据使用环节是数据质量问题频繁暴露的另一个环节，因为对数据的使用决定了数据质量问题的定义，很多质量问题都是在使用中首次发现。

基于数据质量管理的关键环节和质量问题特性，建议在不同流转环节侧重完成的重点如下。

(1) 数据产生环节

1) 修正。数据质量问题必须在源头得到修正，这是数据质量管理的一项基本原则。

2) 预防。相对于修正，预防的意义更大，因为可以防止产生新的数据质量问题。

3) 定义。根据数据质量问题的定义主要取决于使用目的和原则，数据质量问题主要应当结合数据使用环节发起定义，但通常都会基于源系统的数据结构进行定义。

(2) 数据集成环节

1) 检查。基础数据平台类系统作为企业数据的主要汇聚点，在这里进行数据质量问题检查的效率最高。

2) 报告。对于数据质量检查结果，应当以报告形式展现，并通过一定的机制（工作流程或人工流程）通知相关的数据质量问题责任人，如业务源系统项目组、业务部门、数据仓库或应用项目组等。

3) 跟踪。由于来自业务源系统的数据每天都会加载到基础数据平台类系统，因此，应利用基础数据平台类系统对数据质量问题的解决情况进行跟踪，作为数据质量问题治理成效的一个依据。

(3) 数据使用环节

1) 定义。在数据使用环节根据对数据的使用目标定义数据应满足的质量标准，作为上下游系统之间服务水平协议的输入。

2) 评估。作为数据的最终使用者，在使用环节应评估数据质量治理的成效，并作为设定下一阶段数据质量管理目标的依据之一。

4. 数据质量管理流程的关键点

数据质量管理流程应涵盖从"数据产生"到"数据集成"再到"数据使用"的全过程，为了能在企业范围进行有效的数据质量管理，数据质量管理的重点应分布在流程的恰当环节，基于基础数据平台类系统构建数据质量管理系统，并将源系统、相关应用和业务用户都纳入数据质量的发现—修正—跟踪—

评估的闭环流程中，这是实施数据质量管理的重要基础。

同时，数据质量管理成功的关键在于合理有效的组织和流程保障，而不是管理系统自身，因此，应当更重视与数据质量管理配套的组织架构和流程建设。

在构建数据质量管理体系时，需考虑 5 个关键因素：跨部门以上领导的重视和牵头；专门负责解决数据质量问题的组织；专门负责解决数据质量问题的流程；专门负责解决数据质量问题的平台；专门负责监测数据质量问题的工具。

7.1.2 数据质量与数据治理的关系

数据质量管理应与企业数据治理体系有机结合在一起。

数据标准为数据质量管理提供质量检查规则来源，而数据是否符合标准是一个典型的数据质量问题，通过部署数据质量管理系统，可以为数据标准的落地实施提供监控和检验手段。

元数据管理可以作为数据质量管理的一个输入，辅助数据质量检查脚本的自动生成；数据质量管理系统中存储的检核规则等信息又是一项元数据，应被元数据管理系统采集。

数据安全管理中定义的数据所有者，是构建数据质量治理闭环流程、确定数据整改权责的重要依据。

7.2 指标驱动的数据质量管理

7.2.1 什么是数据质量管理

数据质量管理是旨在维持高质量数据的一系列实践，包括从获取数据和实施高级数据流程一直到有效分发数据的全过程。它还需要对企业的数据进行管理监督。有效的数据质量管理对于任何一致的数据分析都是必不可少的，因为数据的质量对于从数据中得出可行的、准确的见解至关重要。

可以使用许多策略提高数据质量。数据质量管理流程被设计为数据开发的"瑞士军刀"，可以使组织随时随地面对数字时代数据的挑战。这里将详细介绍讨论数据质量管理时所面临的所有问题：为什么它是必不可少的，如何测量数据质量，良好质量管理的支柱，以及数据质量控制技术。另外，还将介绍一些数据质量指标示例，可以参照这些示例评估企业在此方面的工作。

7.2.2 为什么需要数据质量管理

尽管数字时代已经成功促进了广泛的创新，但它也推进了所谓数字时代的"数据危机"——低质量数据。首要的任务是，要明确数据质量的定义是什么。

数据质量是指对企业所拥有的数据的评估，相对于其目的和服务于此目的的能力。数据的质量由不同的因素定义，这些因素将在后面详细介绍，如准确性、完整性、一致性或及时性。这种质量对于满足组织在运营、计划和决策方面的需求是必不可少的。

如今，企业的大多数运营和战略决策都严重依赖数据，因此，数据质量的重要性更为关键。实际上，低质量数据是导致数据仓库建设、大数据建设、主数据中台建设和高级技术项目建设失败的主要原因。一般来说，低质量的数据会影响生产率、利润和整体投资回报率。

稍后，将深入探讨劣质数据的一些后果。需要注意的是，应确保不要陷入"质量陷阱"，因为数据质量管理的最终目标不是针对什么是"高质量"数据创建的主观概念，而是为那些依赖数据的业务部门增加投资回报（ROI）。

从客户关系管理到供应链管理再到企业资源计划，有效的数据质量管理的好处可能对组织的绩效产生连锁反应。组织可以利用高质量数据搭建数据仓库，以分析趋势并建立面向未来的策略。在整个行业范围内，对数据质量的正 ROI 都已广为人知。根据埃森哲公司的一项大数据调查，92% 的企业高管对使用大数据进行管理的结果感到满意，89% 的企业高管认为数据"非常"重要或"极其"重要，因为它将"像互联网一样彻底改变运营"。

7.2.3 数据质量管理的 5 个支柱

在已了解高质量数据重要性的基础上，看一看数据质量管理的 5 个支柱。

1. 技术的效率取决于实施它的个人

不管技术有多先进，人为监督和流程实施至今尚未过时。因此，有几个关于数据质量管理的角色需要了解，包括：

1）数据质量项目经理。数据质量项目经理的角色应由负有商业智能计划一般监督职责的企业高级领导人员担任。他还应监督涉及数据范围、项目预算和计划实施的日常活动的管理，应领导实现高质量数据和 ROI 的愿景。

2）组织变更经理。变更经理的职能顾名思义就是：组织。他通过提供对高级数据技术解决方案的清晰度和洞察力来协助组织。由于通常使用仪表板来突出显示质量问题，因此，变更管理在数据质量的可视化中起着重要的作用。

3）业务/数据分析师。业务分析师是关于业务的"主要部分"，他从组织的角度定义了质量需求，然后将这些需求量化为数据模型以进行数据获取和交付。他（或一组人）确保将数据质量背后的理论传达给开发团队。

2. 数据剖析

数据剖析是数据质量管理生命周期中必不可少的过程。它涉及：

- 详细查看数据
- 将数据与元数据进行比较和对比
- 运行统计模型
- 报告数据质量

此过程是为了深入了解现有数据，并将其与质量目标进行比较。它可以帮助企业确定数据质量管理流程的起点，并为提高数据质量设定标准。完整而准确的数据质量指标对于此步骤是必不可少的。准确的数据在寻找不成比例的数字，而完整的数据则在定义数据主体并确保所有数据点都是完整的。

3. 定义数据质量

数据质量管理的第 3 个支柱是质量本身，应根据业务目标和需求创建和定义"质量规则"。数据只有遵守这些业务/技术规则，才能被认为是可行的。

业务需求很可能在这一支柱中占据首要位置，因为关键数据元素应该取决于行业。质量规则的开发对于任何数据质量管理过程的成功都是至关重要的，因为这些规则将检测并防止受损数据影响整个数据集的运行状况。

就像抗体检测和纠正人们体内的病毒一样，数据质量规则将纠正有价值数据之间的不一致性。当与在线 BI 工具结合在一起时，这些规则可以成为预测趋势和报告分析的关键。

4. 数据质量报告

数据质量报告是删除和记录所有危害数据的过程，应将其设计为遵循自然的数据规则执行过程。一旦发现并捕获异常，就应该将它们汇总起来，以便识别质量模式。

捕获的数据点应基于特定特征进行建模和定义（如按规则、按日期、按来源等）。计算出这些数据后，可以将其链接到在线报告软件，以报告质量状态和存在的异常。如有可能，还应实施自动化的"按需"技术解决方案，以便仪表板见解可以实时显示。

报告和监视是数据质量管理 ROI 的关键，因为它们可以实时、随时提供对数据状态的可见性。通过允许企业识别数据异常的位置和方式，数据专家团队可以制定补救过程的策略。了解从何处开始进行主动数据调整，能帮助企业进一步挽回每年因低质量数据而造成的损失。

5. 数据修复

数据修复是确定以下内容的两步过程：一是修复数据的最佳方法；二是实施变更的最有效方式。

数据修复最重要的方面是执行"根本原因"检查，以确定数据缺陷产生的原因、位置和方式。实施该检查后，应开始制订修复计划。

依赖于先前有缺陷的数据的数据处理可能需要重新启动，特别是当其功能受到缺陷数据的威胁或损害时。这些过程可能包括报告、活动或财务文档。这也是应该再次检查数据质量规则的地方。审查过程将有助于确定规则是否需要调整或更新，并将有助于开始数据演变过程。一旦数据被认为是高质量的，关键的业务流程和功能就应该更有效、更准确地运行，并能以更低的成本获得更高的投资回报率。

7.2.4　如何衡量数据质量

要衡量数据质量，显然需要数据质量指标，它们也是评估提高数据质量所做的努力的关键。在各种质量管理技术中，数据质量指标必须是一流的，并且必须明确定义。这些度量标准涵盖质量的不同方面，可以用代表准确性（Accuracy）、一致性（Consistence）、规范性（Normalization）、完整性（Integrity）

和及时性（Timeliness）的首字母缩略词"ACNIT"来概括。

尽管数据分析可能非常复杂，但所有数据质量管理关键利益相关者都应了解一些基本测量方法。数据质量指标对于为将来的分析提供最佳和最坚实的基础至关重要。这些指标还将帮助企业跟踪质量改进工作的有效性，这也是确保数据质量工作始终在正确轨道上所必需的。接下来研究这6类指标，并详细说明它们所包含的内容。

1. 准确性

指实时发生的业务交易或状态更改。准确性应该通过源文档（如来自业务交互的文档）来度量，但是如果不可用，就通过独立性质的确认技术来度量，它将指示数据是否有重大错误。

一种衡量准确性的典型指标是数据与错误的比率，该比率跟踪相对于数据集的已知错误（如缺失、不完整或冗余条目）的数量。这个比例当然会随着时间的推移而增加，证明数据质量会越来越好。数据与错误之间没有特定的比率，因为它在很大程度上取决于数据集的大小和性质——但是越高越好。

2. 一致性

严格来说，一致性指从不同数据集提取的两个数据值不应相互冲突。但是，一致性并不能意味着正确性。例如，一致性的示例是一条规则，该规则将验证企业每个部门的员工总数不超过该组织中的员工总数。

3. 规范性

规范性也称为数据验证，是指对数据进行结构测试以确保数据符合规程。这意味着没有意外的数据错误，并且与其相应的名称（如日期、月份和年份）相对应。

4. 完整性

完整性将表明是否有足够的数据得出结论。可以通过确定每个数据条目是否为"完整"数据条目衡量完整性。所有可用的数据输入字段必须完整，并且数据记录集不应丢失任何相关信息。例如，可以使用的简单质量指标是数据集中的空值数量：在库存/仓库环境中，这意味着每一行条目指向一个产品，并且每个条目必须有一个产品标识符。在该产品标识符被填满之前，行项无效。注意，应随着时间的推移监控该指标，以实现减少该指标的目标。

这里，一切都归结为数据转换错误率。企业希望使用的指标可以跟踪相对于整体而言有多少数据转换操作失败——换句话说，以一种格式存储数据并将其转换为另一种格式的过程不成功执行的频率。

5. 及时性

及时性符合对数据可用性和可访问性的期望。换句话说，它测量的是从期望数据到易于使用数据之间的时间。

评估及时性的指标是数据的价值转化时间。这对衡量和优化时间至关重要，因为它会对企业产生许多影响。如今，获取有价值的数据信息的最佳时机总是如此，因此，越早获得该信息越好。

无论选择哪种方式提高数据质量，都始终需要衡量工作的有效性。所有这些数据质量指标示例都对数据质量管理开展进行了很好的评估，不应将其排除在外。评估得越多，可以改善得越好，因此，控制它是关键。

以下给出 5 个可以使用的数据质量指标示例：

1）数据与错误的比率。与整个数据集相比，监视已知数据错误的数量。

2）空值数量。计算数据集中出现空字段的次数。

3）数据价值转化时间。评估数据集中获得洞察所需的时间。还有其他因素也会影响它，但质量是可以提高的主要因素之一。

4）数据转换错误率。该指标跟踪数据转换操作失败的频率。

5）数据存储成本。当存储成本上升，而所使用的数据量保持不变或更糟糕的减少时，这可能意味着存储的数据中有相当一部分无法使用。

7.2.5 数据质量控制案例

现在从以下几个方面研究高质量数据的好处：市场营销。想象一下，你有一个购买清单，上面有 10 000 封电子邮件、姓名、电话号码、公司和地址。假设该列表的 20% 不正确，也就是列表中 20% 的电子邮件、姓名、电话号码等有误。如何将其转化为数字呢？

如果针对该列表上的姓名开展一个广告活动，由于这些错误的名称输入，费用将比应有的金额高出 20%。如果进行邮件发送，那么多达 20% 的信件甚至不会到达收件人。如果打电话，那么销售代表将把更多的时间浪费在错误的号码或无法接听的号码上。对于电子邮件,可能有些人会认为这没什么大不了的,但是根据"脏"列表,未结清费率和其他指标会失真。

如果数据质量控制已经准备就绪,就能够:

1)以比竞争对手低的成本获得潜在客户。

2)从执行的每个直接邮件、电话或电子邮件活动中获得更高的投资回报率。

3)向高层管理人员展示更好的结果,使广告支出更有希望获得增加。

总而言之,在当今的数字世界里,拥有高质量的数据是区分行业领袖和"失败者"的关键。不良的数据质量控制可能会影响组织的各个方面,包括:

1)营销活动需要多少费用,效果如何。

2)了解客户的准确程度如何。

3)能多快将潜在客户转化为销售线索。

4)做出业务决策的准确性如何。

1. 无形成本

可以找到许多关于不良数据的有形成本的数据,却无法直接检查无形成本,在这方面可以运用我们的直觉和想象力。

假设某公司正在创建一种数据驱动的文化,你将带头进行这项工作,并且目前正在执行一项试点计划,以显示使用商业智能和分析制定数据驱动型决策的投资回报率。如果数据不是高质量的,就会遇到很多问题。如果你将数据质量归咎于"事后",那么像是在找借口。但是,如果预先解决问题,并向同事明确指出高质量是绝对必要的,并且是从数据中获得 ROI 的基础,那么你将从数据驱动中获益。

2. 错误的决定

也许你想让其他人相信以数据为依据的决策的重要性,也许公司已经利用了分析功能,但没有对数据质量控制进行尽职调查。在这种情况下,可能会面临更大的打击:根据不准确的数据做出代价高昂的错误决策。

正如大数据专家 Scott Lowe 所说的,最糟糕的情况是决策由不良数据决定:最终可能导致更大、更严重的问题。他宁愿听从自己的直觉做决定,也不愿冒险用错误的数据做决定。

例如，假设你有一个不正确的数据集显示你当前的现金流是健康的，如果你感到乐观，你就会大大扩展业务。而在一两个季度之后，你就会遇到现金流问题，突然间你就很难支付给供应商了。这种灾难性的情况可以通过高质量的数据来避免。

俗话说，一分预防胜于三分治疗。考虑到这一点，这是一些低质量数据的来源，因此，可以注意随着时间的推移保持记录的准确性。请记住：保持数据高质量不是一项一次性的工作，这是一个永无止境的持续过程。以下是低质量数据的 3 种来源。

（1）并购

当两家公司以某种方式合并在一起时，它们的数据标签就形成了这种新的工作关系。但是，就像两个重组家庭建立新的关系一样，事情有时会变得混乱。例如，两家公司很有可能甚至完全有可能使用完全不同的数据系统，也许其中一家拥有旧版数据库，而另一家拥有更新的数据库，或者使用不同的数据收集方法。其中的一家公司甚至有可能拥有许多不正确的数据。

数据专家 Steve Hoberman 举例说明了数据库合并引起的困难。他写道，当这两个数据库彼此不同时，必须建立一个赢家-输家矩阵，该矩阵指出哪个数据库的条目被视为"真实"。这些矩阵可能变得极其复杂：在某些时候，"赢家-输家矩阵是如此复杂，以至于没有人真正了解正在发生的事情"。的确，程序员可以开始与业务分析师争论徒劳无益，并且"抗抑郁药的消费量正在上升"。

行动步骤：在计划合并或收购的事件中，确保将 IT 主管带到谈判桌前，这样就可以在签署交易协议之前就提前计划好这些问题的解决方案。

（2）从旧系统过渡

对于非技术用户，可能很难理解从一个系统切换到另一个系统所固有的困难。凭直觉，一个外行人会期望事情已经"准备好"，这样过渡对于最终用户来说既简单又轻松。这绝对与现实不符。

许多公司在其已有数十年历史的数据库中使用所谓的"旧版系统"，当不可避免的过渡时期到来时，将面临许多问题。这是由于数据系统本身的技术性质导致的。每个数据系统包含 3 个部分：

1）数据库（数据本身）。

2）业务规则（解释数据的方式）。

3）用户界面（显示数据的方式）。

在从一个系统到另一个系统的数据转换过程中，这些不同的部分可能会带来不同的挑战。正如 Steve Hoberman 所阐述的，人们关注的焦点是数据转换期间的数据结构。但这是一种失败的方法，因为源和目标的业务规则层明显不同。即使在技术上仍然正确，转换后的数据在实际应用中还是会不可避免地不准确。

行动步骤：当从旧系统过渡到新系统时，仅让过渡团队成为一个系统或另一个系统的专家是不够的，他们必须在这两个方面都是专家，以确保过渡顺利进行。

（3）人为错误

由于人将始终参与数据输入并且人会犯错误，因此，这是一个永远不会消失的问题。人们会定期打错东西，这必须予以考虑。Steve Hoberman 在他的 TechTarget 帖子中讲述了一个有关他的团队如何负责"清理"数据库并纠正所有错误条目的故事。大多数人会认为数据清理专家是万无一失的，但事实并非如此。正如 Steve Hoberman 所说："仍然有 3% 的更正输入有误。这是在一个以数据质量为主要目标的项目中！"

行动步骤：创建企业使用的所有表格，尽可能简单、直接地填写。虽然这不能完全防止用户错误，但至少可以减少错误。

7.3 数据治理下的数据质量管理

7.3.1 如何构建数据质量管理框架

数据质量管理已经成为一个决定大数据分析和人工智能或机器学习成功与否的越来越重要的因素。即使是在操作层面上，维护关于客户、产品和供应商的数据质量也是非常重要的。围绕高度个性化的体验和跨多个渠道（如店内、在线和客户服务互动）的一致互动而不断发展的客户期望，凸显了数据质量是重中之重。

多年来，数据质量很差一直是一个众所周知的问题。随着数据量的剧增和处理数据的软件系统的多样化，与这些信息的一致性、准确性和及时性有关的挑战也在相关性和复杂性方面增加了。

为了掌握数据质量，并从数据质量管理软件中获得最大限度的好处，业务领导者应该仔细考虑他们处理过程的总体方法。企业应该定义数据质量管理框架，从该框架开始构建更详细的战略和战术计划，以实现其数据质量目标。在这样做的时候，企业领导者应该记住，数据质量不是"一下子就能搞定"的事情。相反，它是围绕持续改进的哲学实现的持续实践。

以下是一个由4个步骤组成的框架，许多企业已经成功地将其作为连续数据质量管理的起点。

1. 定义关于数据质量的目标

作家Stephen Covey经常提醒他的读者，最好是在开头就考虑到结尾。在组织中，由糟糕的数据质量导致的成本是什么？营销部门是否在向错误的客户推销产品或服务而浪费金钱？发货是否因为地址错误而被延迟或退回？产品是否在网站上被歪曲，导致销售损失或客户不满意？客户数据的质量以某种可预测的速度衰减，由此导致的数据质量下降对组织有什么影响？目前是否在衡量劣质产品的成本？如果没有，该如何开始呢？除非清楚地知道问题让你付出了什么代价，否则很难就改进计划达成共识。

当组织开始部署高级分析来推动战略业务决策时，糟糕的数据质量的负面影响也随之加剧。人工智能和机器学习正开始成为创造商业价值的主流工具，但是如果算法是根据错误的信息进行训练的，那么对于旨在建立竞争优势的极其重要的商业计划来说，长期的负面影响就可能是毁灭性的。

一个可靠的数据质量框架必须从期望结果的清晰定义开始，考虑现有业务数据的当前状态、潜在的未来IT计划、法律和遵从性问题，以及糟糕的数据质量对客户忠诚度的影响。

2. 确定数据质量实施领域

当业务领导者发现他们的数据质量问题时，特定领域很可能成为组织的优先需求。客户数据通常会排在列表的首位，原因很简单，这类数据的质量以某种可预测的速度下降，并且客户数据是所有业务的核心。

根据业务性质，其他一些领域也可能成为优先事项。例如，为房主投保的保险公司必须拥有有关他们投保的财产的准确和最新的信息，拥有大量产品的公司必须特别关注产品主数据及库存数量的一致性和准确性。

一旦确定了优先级，企业就应该根据其组织当前的能力来评估这些优先级。哪些高优先级数据质量问题可能最容易得到解决？什么是众所周知的"容易获得成果"，它能否带来高回报的资源投资？与任何项目一样，企业领导者必须与利益相关者一起工作，以确定哪些活动和投资能带来最大的利益。

3. 实施改进

确定关键机会之后，业务领导者应该制订项目计划，以实现那些最高优先级的数据质量计划。为了高效地和大规模地实现这一点，组织需要企业级的数据质量管理软件。虽然零碎的数据质量改进可能会产生一些价值，但更有意义的数据质量改进需要对问题采取战略和整体的方法。

有效的数据质量改进计划还需要彻底的文档记录。项目领导者应该在实施数据质量改进计划之前和之后分别建立一种测量数据质量的方法，包括定义所需的最终状态，并记录为使组织的数据质量发生积极变化而采取的步骤。这就创建了一个关于该做什么、为什么它是重要的，以及如何衡量成功的明确协议。

4. 监控变更并进一步改进计划

对数据质量的追求是一个过程，而不是一个终点。组织必须将数据质量管理视为一个迭代过程，其中持续改进才是真正的目标。前3个阶段要求企业领导者在实施改进之前和之后分别确定目标并建立一种衡量数据质量的方法。有了正确的数据质量管理软件和定义良好的过程来识别和确定关键目标的优先级，项目领导者应该做好充分的准备来衡量数据质量结果和评估数据质量改进计划的有效性。这为持续改进过程提供了一个起点，返回框架的第一步重新评估情况，为下一个改进迭代建立目标，并推动组织朝着更高的数据质量标准前进。

7.3.2 制定7个指标衡量数据质量

要衡量数据质量，并跟踪数据质量改进工作的有效性，需要继续阅读组织可以用来度量数据质量的数据类型和度量标准。

数据质量指的是一组数据服务于预期目标的能力。低质量的数据不能被有效地用来做想做的事情。

有很多好的策略可以用来提高数据质量，并将数据优秀实践构建到企业的DNA中。然而，无论采用哪种方法提高数据质量，都需要确保有一种方法衡量工作的有效性。否则，在数据质量策略上投入时间和金钱，可能会有回报，也可能不会。

数据质量评估在实践中是什么样的？表 7-1 是典型的度量数据质量工作的指标示例。

表 7-1　典型的度量数据质量工作的指标示例

规则	定义	如何计算
数据错误比率	相对于数据集的大小，有多少错误	用错误总数除以数据总数
空值个数	空值表示数据集中缺少信息	计算数据集中为空的字段的数量
数据转换错误率	当将信息转换为不同的格式时，会出现多少错误	数据转换失败的频率有多高
暗数据量	由于数据质量问题，有多少信息无法使用	看看有多少数据存在质量问题
电子邮件退回率	有多少收件人没有收到邮件，因为邮件寄错了地址	用退回的邮件总数除以发送的邮件总数，再乘以 100
数据存储成本	存储数据要花多少钱	数据存储提供商收取多少存储信息的费用
数据价值的转换	需要多长时间才能从信息中获得价值	首先决定"价值"对企业意味着什么，然后衡量实现这个价值需要多长时间

1. 数据错误比率

这是最明显的数据质量度量类型。它可以测量数据集中已知错误的数量（如缺失、不完整或冗余条目）如何对应于数据集的大小。如果发现的错误更少，而数据的大小保持不变或增加，就代表数据质量正在提高。

2. 空值个数

数据集中的空值通常表明信息丢失或记录在错误的字段中，是跟踪此类数据质量问题的一种简单方法。可以先量化一个数据集中有多少空字段，而后监视这些字段如何随时间变化。

3. 数据转换错误率

数据转换的问题即获取以一种格式存储的数据并将其转换为另一种格式的过程，通常是数据质量问题的标志。通过测量失败的数据转换操作的数量（或完成操作花费的时间长得令人无法接受），可以了解数据的总体质量。

4. 暗数据量

暗数据是不能有效使用的数据，通常是因为数据质量问题。暗数据越多，可能出现的数据质量问题就越多。

5. 电子邮件退回率

如果正在进行营销活动，糟糕的数据质量是电子邮件被退回的最常见原因之一。它们的发生是因为错误、丢失的数据或过时的数据导致将电子邮件发送到错误的地址。

6. 数据存储成本

数据存储成本在上升，实际使用的数据量却保持不变？这是数据质量问题的另一个可能迹象。如果存储了数据却没有使用，这可能是因为数据有质量问题。相反，如果存储成本下降，而数据操作保持不变或增长，则可能会提高数据质量。

7. 数据价值的转换

计算从给定的数据集得出结果所花费的时间是衡量数据质量的另一种方法。虽然有很多因素（如数据转换工具的自动化程度）会影响数据的"时间到价值"，但数据质量是一个常见的问题，它会减慢从数据中获取有价值信息的工作。

当然，最有意义的度量标准取决于组织的特定需求。以上 7 点只是测量数据质量的指导方针，组织应制订数据质量解决方案，支持数据治理和遵从计划，并生成完整、单一和可信的数据视图，最重要的是要有某种数据质量评估计划。

7.3.3　数据质量管理的重要性

数据质量管理本质上管理的是数据的质量，通过数据在组织内的完整性、有效性、准确性、一致性和可用性来衡量，同时满足与产品或服务相关的法律法规要求。

高质量的数据在能够执行其预期目标的程度上实现了这些特征，其目标是有能力不断地、准确地测量业务的盈利趋势，或者保持一致、最新的客户记录，以提供最好的服务。数据的差异或缺失的数据都会影响数据质量，干扰业务绩效的效率。

数据质量管理通过确定处理数据的配置、传输、维护和获取的角色、职责、过程和策略，帮助企业改进和管理数据质量。然而，当数据质量在内部操作和与客户的处理中发挥作用时，数据质量管理实践很容易被忽视，原因如下：

1) 没有任何业务单位或部门认为自己应对这个问题负责。
2) 它需要跨职能合作。
3) 它要求组织认识到自身有重大的问题或潜在的问题。
4) 它需要纪律。
5) 它需要财务和人力的投资。
6) 它被认为是人力极其密集的。
7) 投资回报通常很难量化。

虽然人们很容易忽视数据质量管理的重要性，但数据管理不善每年给企业造成的损失巨大是切实存在的。应理解而不是低估数据质量管理的重要性，并避免数据不准确和损失带来的财务影响。

1. 挑战

采用更好的数据质量管理策略的企业首先必须处理这些策略可能产生的一些内部挑战。许多企业，无论是有意还是无意，都没有意识到他们有一个重大的问题或潜在的问题。即使是已经在做数据质量管理的企业，在预算财政资源和人力以实现改善数据质量方面也常常犹豫不决。在大多数情况下，直到业务中发生灾难性事件，他们才意识到实际上存在问题，这通常会导致负面的财务影响和严重的数据损失，从而破坏客户关系。数据质量管理也会带来投资方面的问题，如重复使用不准确的客户数据，从而导致数据被误解，并对企业的报表产生负面影响。

另一个常见的挑战是，没有业务单位或部门愿意承担数据质量管理的责任，他们不了解自己在数据质量管理过程中的职责和它的重要性。然而，为了使数据质量管理真正工作，利用数据的人需要一起工作，或者在 IT 顾问的帮助下管理数据质量，详细说明数据管理的定义和通用业务规则。

为了确保企业记录和维护准确的数据，这些挑战必须与战略性数据质量管理实践和创造变革所需的纪律相适应。

2. 解决方法

简单地说，有两种方法可以解决企业在努力提高数据质量时面临的挑战：主动方式和响应方式。主动方式能够在数据质量成为实际问题之前检测出潜在的问题。这些包括定义数据的角色和职责、建立数据的准确性和数据的整体治理，以及支持建立这些实践的环境。如果数据出现问题，响应方式可以帮助处理这些问题。例如，客户可能在文件中有非常准确的信息，开票不是问题，但了解客户的盈利能力才是问题。由于这个问题已经存在，一个反应性的方法是获取了解客户盈利能力所需的信息。

第 8 章 数据安全

8.1 数据安全管理

在当今的数据环境中,数据安全变得更加复杂。经过识别的数据安全管理对于一系列关键任务是至关重要的,包括确保每个用户准确地访问数据和应用程序,以及确保敏感数据不会被过度公开。

8.1.1 数据安全的威胁

数据安全面临许多不同的威胁,并且这些威胁还在不断演变。以下是最常见的威胁,需要得到更多关注:

1)恶意软件。恶意软件指的是一种设计用来在未经授权的情况下获取计算机的访问权限或者损坏计算机系统的软件程序。恶意软件一旦感染一台电脑,就会迅速通过网络传播。恶意软件有很多种形式,如病毒、蠕虫、特洛伊木马、间谍软件和犯罪软件。恶意软件通常利用受害者的访问权限进行传播,因此,将每个用户的权限限制在其工作所需的数据和系统中是至关重要的。

2)DDoS 攻击。分布式拒绝服务攻击试图使服务器不可用。为了降低风险,可以考虑引进入侵检测系统(IDS)或入侵防御系统(IPS),对网络流量进行检测,并记录潜在的恶意活动。

3)网络钓鱼诈骗。这种常见的社会工程技术试图欺骗用户打开网络钓鱼邮件中的恶意附件。解决方案包括建立一种以网络安全为中心的文化,并使用工具自动阻止垃圾邮件和钓鱼信息,让用户永远看不到它们。

4)黑客。这是对上述攻击背后的参与者的总称。

5)第三方。缺乏足够网络安全的合作伙伴和承包商可能使互联系统容易受到攻击，或者他们可能直接滥用在 IT 环境中授予的权限。

6）恶意内部人士。一些雇员故意窃取数据或破坏系统，如利用这些信息建立竞争企业，在黑市上出售，或因真实存在或察觉到的问题向雇主实施报复。

7）错误。用户和管理员可能会犯一些虽然无害但代价高昂的错误，如将文件复制到个人设备上，意外地将包含敏感数据的文件附加到电子邮件中，或者将机密信息发送给错误的收件人。

8.1.2 数据保护实践

要建立一个分层的防御策略，关键是了解数据安全风险，以及如何控制风险。同样重要的是，要用一种方法衡量努力对业务的影响，这样就可以确保进行了适当的安全投资。以下操作和技术上的实践可以帮助降低数据安全风险。

1. 操作方法：使用遵从性需求作为网络安全基础

简单地说，合规法规旨在迫使企业防范重大威胁并保护敏感数据。虽然满足法规遵循要求对于完全的数据安全来说是不够的，但它能帮助企业走上风险管理和数据保护的正确道路。

1）制定清晰的网络安全政策。创建一项政策，明确说明如何处理敏感数据，以及违反数据保护的后果。确保所有员工阅读和理解该政策，降低关键数据因人为操作而损坏或丢失的风险。

2）构建并测试备份和恢复计划。企业必须为一系列的数据泄露情况做好准备，从轻微的数据丢失到完全的数据中心破坏，对关键数据必须进行加密、备份和离线存储。设置角色和过程以加速恢复，并定期测试计划的每个部分。

3）制定自带设备政策。允许用户使用他们的个人设备访问网络会增加网络安全风险，因此，应创建流程和规则，平衡安全问题、便利性和生产力。例如，可以要求用户保持软件的最新状态。记住，个人设备比企业设备更难追踪。

4）定期提供安保培训。帮助员工识别和避免勒索软件攻击、网络钓鱼诈骗和其他行为对数据和 IT 资源的威胁。

5）优先保留网络安全人才。网络安全人才在今天是稀缺人才，所以必须采取措施留住人才。投资自动化工具，消除日常任务，这样他们就可以专注于实施强大的数据安全技术，以对抗不断演变的网络威胁。

2. 技术实践：根据数据的价值和敏感性对数据进行分类

1）获得所有数据的全面清单，包括在办公场所和云中，并对其进行分类。像大多数数据安全方法一样，数据分类在自动化时是最好的。与其依赖忙碌的员工和容易出错的手工流程，不如寻找一种能够准确可靠地对信用卡号码或医疗记录等敏感数据进行分类的解决方案。

2）定期进行权力审查。对数据和系统的访问应基于最低特权原则。由于用户角色、业务需求和 IT 环境都在不断变化，与数据所有者一起定期检查权限。

3）运行脆弱性评估。主动寻找安全漏洞，并采取措施减少受到攻击的风险。

4）执行强密码策略。要求用户每季度更改他们的凭证，并使用多因素身份验证方式。由于管理凭证更强大，要求他们至少每月更改一次。此外，不要使用共享管理密码，因为这样就不可能让个人对他的行为负责。

8.1.3 数据安全工具

1. 基本数据安全工具

数据安全管理需要使用以下基本数据安全工具：

1）防火墙。防火墙能够阻止不需要的流量进入网络。根据组织的防火墙策略，防火墙可能完全禁止某些或所有流量，也可能对某些或所有流量执行验证。

2）备份和恢复。如前所述，需要可靠的备份和恢复，以防数据被意外或故意更改或删除。

3）防病毒软件。防病毒软件提供了关键的第一道防线，通过检测和阻止木马、rootkits 和病毒，避免敏感数据被窃取、修改或破坏。

4）IT 审计。对系统的所有更改和访问关键数据的尝试进行审计，能够主动发现问题，迅速调查事件，并确保个人责任。

2. 高级数据安全工具

以下类型的解决方案解决了更具体的问题：

1）数据发现和分类。数据发现技术扫描数据存储库以定位所有数据。数据分类将发现结果和敏感数据进行标签化，根据企业数据对组织的价值进行保护，降低数据泄露不当的风险。

2）数据加密。加密使数据对恶意行为者无用。基于软件的数据加密技术可以保证数据在写入 SSD 之前的安全性。在基于硬件的加密中，一个单独的处理器专门用于加密和解密，以保护便携式设备（如笔记本电脑或 USB 驱动器）上的敏感数据。

3）数据丢失预防（DLP）。这些数据安全产品和技术有助于防止敏感或关键信息离开公司网络，从而有助于防止其丢失、滥用或被未经授权的人访问。

4）动态数据屏蔽（DDM）。DDM 支持实时屏蔽数据，以限制敏感内容暴露给非特权用户，而不改变原始数据。对 DDM 的兴趣在大数据项目中尤其突出。

5）用户和实体行为分析（UEBA）。UEBA 是一项复杂的技术，用于对正常活动进行基线化，并在可疑偏差影响安全或业务连续性之前发现它们。UEBA 可以帮助检测多种类型的威胁，包括内部威胁、黑客、恶意软件和勒索软件。

8.1.4 数据安全法规

数据安全性是法规遵从性的一个关键因素，无论组织在哪个行业或部门运营。大多数监管框架将数据安全作为遵从性的一个关键方面，因此，需要认真对待数据安全问题，以确保采用了所有正确的措施。可以参考以下涉及数据安全的法规：

- 《数据安全法》
- 《个人信息保护法》
- 通用数据保护条例（GDPR）
- 加州消费者保护法案（CCPA）
- 健康保险流通与责任法案（HIPAA）

- 萨班斯-奥克斯利法案（SOX）
- 支付卡行业数据安全标准（PCIDSS）
- 国际标准化组织 ISO 27001

数据安全不是一个简单的一次性项目，没有什么魔法可以保证数据 24 小时完全安全。相反，需要将数据安全视为一项持续的、全公司范围内的努力，并且需要正确地实践，如数据清除和隔离，并与技术协同工作。数据分类软件在管理数据方面也很重要，以便知道要保护什么、从谁那里获取什么、在必要时要清除什么。当涉及法规遵从性时，不应忽视数据安全性的重要性。如果没有足够的数据安全，就会面临罚款和处罚的风险。数据安全需要一个团队的努力，应该从各个角度解决。通过了解什么是数据安全、可以采取的措施，最大限度地降低数据泄露、黑客攻击或意外丢失数据的风险。

8.1.5 数据安全管理

数据安全管理涉及各种技术、流程和实践，以确保业务数据的安全，并使未授权方无法访问。数据安全管理系统的重点是保护敏感数据，如个人信息或关键业务知识产权。例如，数据安全管理可以包括创建信息安全策略、识别安全风险、发现和评估对 IT 系统的安全威胁。另外一种关键的做法是与整个组织的员工分享数据安全实践的知识。例如，在打开电子邮件附件时要谨慎。

8.2 数据安全治理

随着企业对数字经济理念认识的不断深化，以及《中华人民共和国网络安全法》的出台，数据资产的价值得到众多企业的确认，企业在数据治理、数据安全防护等方面的投资力度逐渐增大，以数据审计、脱敏和加密为目标的数据安全防护成为企业数据安全管理的焦点。

目前，企业安全防护管理以单独产品采购为主，这些采购的发起部门各不相同。很多集团企业在数据安全治理方面存在疑问，数据安全的建设是否有系统化的方法？是否要沿用传统的网络安全的处理策略，通过边界防护和防止攻击的方式进行数据保护？数据安全的责任主体，是由数据存储所在的部门、负责数据处理的业务部门还是负责数据运维的部门负责？这些不同的产品之间是彼此割裂还是具有联动性质？在这些产品的应用上应该采用什么样的安全措施？

这些疑虑非常正常，因为数据与业务系统的高度融合，数据如何被使用、数据的价值如何更被业务部门所识别，但是安全法规又通常由单位或企业的安全或保密部门负责，数据安全产品的采购和使用需要系统化的方法，需要与数据处理的业务场景整合，既要保证数据使用行为不受影响，又要保证必要的安全措施得到保障。

数据安全治理的思路，正是这种将数据安全技术与数据安全管理融合在一起，综合业务、安全、网络等多部门多角色的诉求，总结归纳为系统化的思路和方法。

8.2.1 数据安全治理理念

1. Gartner 数据安全治理理念

国际咨询机构 Gartner 认为，数据安全治理不仅仅是一套用工具组合的产品级解决方案，更是一个从决策层到技术层、从管理制度到工具支撑、自上而下贯穿整个组织架构的完整链条。组织内的各个层级之间需要对数据安全治理的目标和宗旨取得共识，确保采取合理和适当的措施，以最有效的方式保护信息资源。这也是 Gartner 对"安全和风险管理"的基本定义。安全和风险管理分为以下 5 个步骤：

（1）业务需求与安全（风险/威胁/合规性）之间的平衡

这里需要考虑 5 个维度的平衡：经营策略、治理、合规、IT 策略和风险容忍度，这也是治理队伍开展工作前需要达成统一的 5 个要素。

1）经营策略。确立数据安全的处理如何支撑经营策略的制定和实施。

2）治理。对数据安全需要开展深度的治理工作。

3）合规。企业和组织面临的合规要求。

4）IT 策略。企业的整体 IT 策略同步。

5）风险容忍度。企业对安全风险的容忍度如何。

（2）数据优先级

进行数据分级分类,以此对不同级别的数据采取合理的安全手段。

(3)制定策略,降低安全风险

从两个方向考虑如何实施数据安全治理:

1)明确数据的访问者(应用用户/数据管理人员)、访问对象、访问行为。

2)基于这些信息制定不同的、有针对性的数据安全策略。

(4)采用安全工具

数据是流动的,数据结构和形态会在整个生命周期中不断变化,需要采用多种安全工具支撑安全策略的实施。Gartner 提出了在数据安全治理体系中实现安全和风险控制的 5 种工具:Crypto、DCAP、DLP、CASB、IAM,这 5 种工具针对 5 个安全领域,其中可能包含多个具体的技术手段。

(5)策略配置同步

策略配置同步主要是针对 DCAP 的实施而言,集中管理数据安全策略是 DCAP 的核心功能,而无论是访问控制、脱敏,还是加密、令牌化,各种手段都必须注意对数据访问和使用的安全策略保持同步下发,策略执行对象应包括关系型数据库、大数据类型、文档文件和云端数据等数据类型。

2. Microsoft 的 DGPC 理念

由 Microsoft(微软)开发的隐私、保密和合规性(DGPC)框架的数据治理计划,是为了企业和组织能够以统一、跨学科的方式实现以下 3 个目标,而非组织内不同部门独立解决这 3 个不同的问题:

1)传统的 IT 安全方法侧重于 IT 基础设施,通过边界安全与终端安全进行数据保护。重点是加强对存储数据的保护,并随基础设施移动。

2)与隐私相关的保护措施必须超越与安全重叠的隐私保护措施,包括:重点获取、保护和执行客户对如何及何时收集、处理或第三方共享的行为保护措施。

3)数据安全和数据隐私合规责任需要通过一套统一的控制目标和控制行为进行合理化处理,以满足合规要求。

DGPC 框架与企业现有的 IT 管理和控制框架(如 COBIT)、ISO/IEC27001/27002 和支付卡行业数据安全标准(PCIDSS)等安全标准协同工作。DGPC 框架围绕 3 个核心能力领域组织,涵盖人员、流程和技术 3 个部分:

1）人员。建立一个 DGPC 团队，由组织内的个人组成，并给予他们明确规定的角色和职责，提供其履行职责所需的资源，并就整体数据治理目标提供明确的指导。

2）流程。有了合适的人参与 DGPC 的工作，组织就可以专注于定义流程。首先，检查各种权威性文件（法律、法规、标准、公司政策和战略文件），明确必须满足的要求；其次，确定指导原则和政策，创造符合这些要求的环境；最后，在特定数据流场景下识别和分析威胁数据安全、隐私和合规的风险，并确定适当的控制对象和行为。

3）技术。技术可以分析特定的数据流，并识别信息安全管理系统和控制框架的更广泛的保护措施可能无法解决的剩余流量特定风险，可具体落到风险/差距分析矩阵模型中。该模型围绕 3 个要素构建：信息生命周期，4 个技术领域，数据隐私和保密原则。

①信息生命周期。为了识别安全风险并选择合适的技术措施和行为保护机密数据，组织必须先了解信息如何在整个系统中流动，以及信息如何在不同阶段被多个应用程序和人为了不同目的被访问和处理。

②4 个技术领域。组织还需要系统评估保护其数据机密性、完整性和可用性的技术是否足以将风险降低到可接受的水平。以下技术领域为此任务提供了一个参考框架：

a）安全的基础架构。保护机密信息需要技术基础架构，可以保护计算机、存储设备、操作系统、应用程序和网络免受恶意软件、黑客入侵和内部人员窃取。

b）身份和访问控制。身份和访问控制技术有助于保护个人信息免受未经授权的访问，同时促进合法用户的可用性。这些技术包括认证机制、数据和资源访问控制、供应系统和用户账户管理。从合规角度来看，身份和访问控制技术能够使组织准确地跟踪和执行整个企业的用户权限。

c）信息保护。机密数据需要持续保护，因为它们在组织内部共享。组织必须确保其数据库、文档管理系统、文件服务器和实践在整个生命周期内正确分类和保护机密数据。

d）审计和报告。遵从性控制的系统管理、监控与自动化审计能够验证系统和数据访问控制是否有效,这些对于识别可疑或不合规的行为十分有用。

③数据隐私和保密原则。以下 4 项原则旨在帮助组织选择能够保护其机密数据资产的技术和行为,以指导风险管理和决策过程。

原则 1:在整个机密数据使用期限内遵守政策,包括:承诺按照适用的法规和条例处理所有数据,保护隐私并尊重客户的选择和意愿,允许个人在必要时审查和更正其信息。

原则 2:尽量减少未经授权的访问或滥用机密数据的风险。信息管理系统应提供合理的管理、技术和物理保障,以确保数据的机密性、完整性和可用性。

原则 3:尽量降低机密数据丢失的影响。信息保护系统应提供合理的保护措施,如加密,以确保遗失或被盗数据的机密性。应制定适当的数据泄露应对计划和升级路径,可能参与违规应对的员工都应接受培训。

原则 4:记录适用的控制措施并证明其有效。为帮助确保问责制,组织应遵守数据隐私和保密原则,应通过适当的监督、审计和控制措施的使用加以验证。此外,组织还应该有一个报告违规行为和明确定义的升级路径的流程。

4)风险/差距分析矩阵。该工具可帮助组织识别并弥补现有保护工作的缺失:针对特定数据流中的隐私、机密和合规威胁的数据安全。该矩阵提供了数据现有的和未来的保护技术、措施和行为,形成了统一视图。

8.2.2 数据安全治理概要

1. 数据安全治理的核心内容

数据安全治理是以"让数据使用更安全"为目的的安全体系构建的方法论,核心内容包括:

1)满足数据安全保护(Protection)、合规性(Compliance)、敏感数据管理(Sensitive)3 个需求目标。

2)核心理念包括:分级分类(Classfiying)、角色授权(Privilege)、场景化安全(Scene)。

3)数据安全治理的建设步骤包括:组织构建、资产梳理、策略制定、过程控制、行为稽核和持续改善。

4）核心实现框架为数据安全人员组织（Person）、数据安全使用的策略和流程（Policy&Process）、数据安全技术支撑（Technology）三大部分。

2. 数据安全治理的愿景

这里首先要强调的是，数据安全治理的愿景是"数据安全使用"，我们不谈脱离了"使用"的安全，数据存在的目的就是使用，如果不是基于这个前提谈安全，最终有可能无法落地或者即使落地也难以取得预期效果。

3. 数据安全治理的需求目标

围绕"让数据使用更安全"的愿景，数据安全治理覆盖了安全防护、敏感信息管理、合规三大目标，比过去防黑客攻击和满足合规性的两大安全目标更为全面和完善。经过信息化和互联网经济20多年的发展，数据成为继货币和技术之后的又一核心价值资产；数据黑客在过去10年里快速发展，让国家、企业和个人的数据都面临着巨大威胁；只有合理地处理好数据资产的使用与安全问题，企业才能在新的数据时代稳健而高速地发展。敏感数据的安全管理和使用，是数据安全治理的核心主题。

4. 数据安全治理的核心理念

数据安全治理的核心理念包括：

1）数据的分级分类。首先是来自对数据的有效理解和分析，对数据进行不同类别和密级的划分；其次是根据数据的类别和密级制定不同的管理和使用原则，对数据进行有差别的和针对性的防护，实现在适当安全保护下的数据自由流动。

2）角色授权。完成数据分级和分类后，重要的是了解这些数据被谁访问、这些人如何使用和访问数据，针对不同的角色制定不同的安全政策。常见的角色包括：业务人员、数据运维人员、开发测试人员、分析人员、外包人员和数据共享第三方等。

3）场景化安全。要针对不同角色所在的不同场景，研究主要的数据使用需求；要在最大限度满足数据正常使用的目标下，完成相应的安全要求和安全工具的选择。例如，对于开发测试人员，在开发场景下，主要需要满足对生产数据的高度仿真模拟要求，而仿真数据的加密、访问控制、审计等安全措施并不重要；对于运维人员，在备份和调优场景下，只需提供行为审计、敏感数据掩码能力即可。

5. 数据安全治理建设与演进模型

为了有效地实践数据安全治理过程，需要一个系统化的过程完成数据安全治理的建设。

1）组织构建。在数据安全治理中，首要任务是成立专门的安全治理团队，保证数据安全治理工作能够长期持续地执行。同时，数据安全治理要明确与数据治理相关的工作部门和角色，使数据治理工作能够有的放矢。组织的构建规模和形式十分灵活，可大可小，最关键的是要有专门的团队，以及能够调用多方部门协同参与数据安全治理工作。

2）资产梳理。构建队伍后，重要的是对企业中的数据资产进行盘点，了解企业中有哪些数据，这些数据中哪些与外部合规有关、哪些是企业的重要数据资产，这些数据被谁访问、如何被访问。

3）策略制定。根据梳理的情况，对数据进行分级分类，对人员进行角色划分，对角色使用数据的场景进行限定，对这些场景下的安全策略和措施进行规定。

4）过程控制。不同的角色团队要在日常的管理、业务执行和运维工作中将相关的流程规定落地执行，要采用相对应的数据安全支撑工具，在办公和运维的过程中融入这些工具。

5）行为稽核。对数据的访问过程进行审计，判断这些数据的访问过程是否符合所制定的安全策略；对数据的安全访问状况进行深度评估，判断在当前安全策略有效执行的情况下，是否还有潜在的安全风险。

6）持续改善。对当前的数据资产情况进行进一步梳理，看是否有增加的资产或访问角色；对稽核的情况进行梳理，看是否有未纳入管理的数据访问行为；观测最新的相关安全规范的变化情况，看是否有需要新增或移除的外部安全策略；了解企业新的业务系统或组织结构，看数据的访问权限和行为方式是否有改变。根据以上情况，改组当前的数据安全组织结构，修订当前企业的数据安全策略和规范，持续保证安全策略的落地。

6. 数据安全治理框架

在数据安全治理框架中，需要建立专门的安全治理团队，保证数据安全治理工作能够长期持续地执行，组织落地是有效开展数据安全治理工作的基础。数据安全治理团队要覆盖安全、业务、运维等多个部门。

数据安全治理的策略和流程，要以文件的形式明确组织内部的敏感数据有哪些、对敏感数据进行分类和分级，规定不同类别和级别的敏感数据的管理控制原则、不同工作部门和角色所具有的权限、数据使用的不同环节所要遵循的控制流程。

数据安全治理的技术支撑，是要明确采用什么样的技术工具帮助完成数据安全治理工作，包括早期策略制定前的数据梳理工具，数据访问过程控制中采用什么样的技术手段帮助实现数据的安全管理过程，以及在后期对数据安全治理工作进行稽核的过程中采用什么样的技术工具进行辅助监管。这些技术手段包括数据的梳理、数据的访问控制、数据的加密、数据的脱敏、数据的水印、数据的隔离、数据的防注入、数据的审计和数据访问的风险分析等。

8.2.3 数据安全成熟度模型

如图 8-1 所示，数据安全成熟度模型（Data Security capability Maturity Model，DSMM）是另一个数据安全建设中的系统化框架，是围绕数据全生命周期，结合大数据业务的需求及监管法规的要求，持续不断地提升组织整体的数据安全能力，以数据为核心的安全框架。

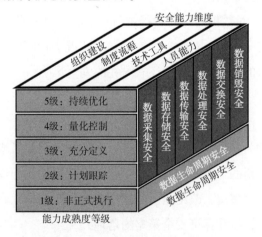

图 8-1 数据安全成熟度模型

该模型包含以下 3 个维度：

1）数据生命周期安全。围绕数据全生命周期，提炼出大数据环境下，以数据为中心，针对数据全生命周期各阶段建立的相关数据安全过程域体系。

2）安全能力维度。明确组织机构在各数据安全领域所需要具备的能力维度，明确为组织建设、制度流程、技术工具和人员能力 4 个关键能力的维度。

3）能力成熟度等级。基于统一的分级标准，细化组织机构在各数据安全过程域的 5 个级别的能力成熟度等级要求。

DSMM 模型与数据安全治理理论既有共性，又有区别。共性在于：这两个安全体系都强调以数据为中心建立系统化的数据安全体系，在数据安全建设上都不强调唯技术论，都强调组织建设、制度流程和技术工具的综合作用。但数据安全治理和 DSMM 又有以下重要区别：

1）数据安全治理是以数据的分级分类为核心进行安全策略的设定；DSMM 是以数据的全生命周期为核心寻求安全策略的覆盖。

2）数据安全治理体系化建议了数据使用或服务人员的角色，并根据角色对数据使用的主要场景提供相应的安全措施及所要使用的安全工具；DSMM 更多的是提供一种评估方法，看数据使用的过程中企业是否定义了明确的控制措施，并无具体化的方法推荐。

3）数据安全治理并不那么强调数据的全生命周期，反对在数据的全生命周期中采取不区分化的安全措施，强调针对数据使用场景、满足数据使用需求的针对性安全措施。例如，在开发测试场境下，强调采用脱敏的技术获得高仿真数据，不强调审计、管控和加密等措施。

4）在数据安全治理体系中，将安全体系的构建明确归纳为安全政策的制定、技术支撑平台的建设、安全政策执行有效性的监督、安全政策的改善这一持续循环过程。DSMM 对安全成熟度进行了等级化分级，将持续改善定义为最高级别。而在数据安全治理的理念中，无论完成了多少安全建设，持续改善都是一个标准动作。

5）从本质上讲，数据安全治理更像一种方法论，帮助企业迅速构建一套行之有效的数据安全体系；DSMM 更像一种评估方法，让企业或监管机构评价企业当前的安全建设状态。

8.2.4 安全治理与数据治理

当信息系统建设发展到一定阶段时,数据资源将成为战略资产,而有效的数据治理才是数据资产形成的必要条件。数据治理的作用就是确保企业的数据资产得到正确有效的管理,从组织架构、原则、过程和规则等方面确保数据管理的各项职能得到正确的履行。

从目的来讲,数据治理就是要对数据的获取、处理、使用进行监管,而监管的职能主要通过 5 个方面的执行力来保证——发现、监督、控制、沟通和整合。

从严格意义上来说,数据安全治理是数据治理的一个过程,在对数据资产高度重视和个人隐私数据高度监管的当今,数据安全治理更应该是数据治理的一个重要组成部分。

但从实际操作上来看,两者之间又有很大的不同:

1)从发起部门来看,数据治理主要是由 IT 部门驱动,数据安全治理主要是由安全合规部门驱动。当然两者的成功都要涉及业务、运维和管理部门甚至企业的最高管理决策层。

2)从目标上看,数据治理的目标是数据驱动商业发展,提升企业数据资产价值;数据安全治理的目标让数据在使用中更安全,保障数据的安全使用和共享,实质上也是保障数据资产价值。

3)从工作内容产出上看,数据治理的一个核心成果是数据质量提升,通过数据的清洗和规范获得有质量的数据;数据安全治理的重要产出是完成对企业数据访问安全策略的分级分类,完成企业对数据的合规安全访问政策和措施。

4)从数据资产梳理上看,数据治理资产梳理的主要产出物是元数据。数据安全治理中的资产梳理,是要明确数据分级分类的标准、敏感数据资产的分布、敏感数据资产的访问状况和授权报告。

5)当然,在当前的数据治理中也在逐步提高对数据安全的要求,但相对而言仍属于从属角色,不够系统化,这就如同信息安全在 IT 建设中的关系。

8.3 构建数据安全治理技术体系

数据安全治理作为一种系统性的、以数据安全建设为核心的方法和框架体系，能够帮助具有大型数据中心、数据向云端迁移的转型组织、数据高密度行业的企业建立一个持续优化改进的、最大限度保障数据安全使用的数据安全体系。

目前，我国有很多大型集团企业正力求通过数字化转型加速业务增速，摆脱数据规模激增、数据安全管理能力滞后的矛盾。数据安全治理必须在数据使用安全中发挥重要作用，以降低业务风险。

8.3.1 数据安全治理的技术挑战

实施数据安全治理的大型集团企业通常具有较为完善的信息化系统，数据资产庞大，涉及的数据使用方式多样，数据使用角色繁杂，数据共享和分析的需求强烈，在满足数据有效使用的同时还要保证数据使用的安全性，需要非常强大的技术支撑体系。

数据安全治理面临数据现状梳理技术、敏感数据访问与管控技术、数据治理稽核三大挑战。

1. 数据现状梳理技术挑战

企业需要确定敏感性数据在信息系统内部的分布情况，其中的关键问题在于如何在成百上千的数据库和存储文件中明确敏感数据的分布；企业需要确定敏感性数据是如何被访问的，如何掌握敏感数据在被什么系统、什么用户以什么样的方式访问；企业需要迅速确定当前的账号和授权状况，清晰化、可视化、报表化地明确敏感数据在数据库和业务系统中的访问账号和授权状况，明确当前权控是否具备适当的基础。

2. 敏感数据访问与管控技术挑战

在敏感数据访问与管控技术方面，细分为 5 个方面的挑战：

1）如何将敏感数据访问的审批在执行环节有效落地。对于敏感数据的访问、对于批量数据的下载要制定审批制度，这是数据治理的关键，但若是无法在执行环节有效控制工单的审批，访问审批制度也就成了空中楼阁。

2）如何对突破权控管理的黑客技术进行防御。基于数据库的权限控制技术，在基于漏洞的攻击的基础上很容易被突破。

3）如何在保持高效的同时实现存储层的加密。基于文件层和硬盘层的加密无法与数据库的权控体系结合，对运维人员无效。实现存储加密、权限控制和快速检索，是解决这一问题的关键，只有这样的存储加密才能在保证安全的同时保证数据可用。

4）如何实现保持业务逻辑后的数据脱敏。需要模糊化测试环境、开发环境和BI分析环境中的敏感数据，但模糊化的数据保持与生产数据的高度仿真，是实现安全可用的基础。

5）如何实现数据提取分发后的管控。数据的共享是数据的基本使用属性，但数据的复制是没有痕迹的；数据分发后如何保证数据不会被流转到失控的环境，或者被复制后可溯源，这是数据提取分发管理的关键。

3. 数据治理稽核挑战

1）如何实现对账号和权限变化的追踪。定期对账号和权限变化状况进行稽核，是保证对敏感数据的访问在既定策略和规范内的关键，但如何对成百上千个业务系统和数据库中的账号与权限的变化状况进行追踪是难点。

2）如何实现全面的日志审计。例如，全面的数据访问审计要求日志存储6个月；在数据安全等级保护中要求，云提供商和用户都必须实现全面的日志记录。全面审计工作对各种通信协议、云平台的支撑，1000亿条以上数据的存储、检索与分析能力，均形成挑战。全面的日志审计是检验数据安全治理中的策略是否在日常执行中切实落地的关键。

3）如何快速实现对异常行为和潜在风险的发现与告警。在数据治理中，有一个关键要素是发现非正常的访问行为和系统中存在的潜在漏洞问题。对日常行为进行建模，是在海量数据中快速发现异常行为和攻击行为、避免系统面临大规模失控的关键。

8.3.2 数据安全治理的技术体系

1. 数据资产梳理

数据安全治理始于数据资产梳理。数据资产梳理是数据安全治理的基础，通过对数据资产的梳理，可以确定敏感数据在系统内部的分布、敏感数据是如何被访问的、当前的账号和授权状况。必须根据企业的数据价值和特征梳理出核心数据资产，并对其进行分级分类，才能在此基础之上开展针对性的数据安全管理，才能确定更加精细的措施。

数据资产梳理能够有效摸清企业数据资产安全状况及数据资产管理情况，改善传统方式下企业资产管理和梳理的工作模式，提高工作效率，保证资产梳理工作质量。合规合理的梳理方案，有助于实现对风险的预估和对异常行为的评测，很大程度上避免核心数据遭破坏或泄露的安全事件。

（1）静态梳理

静态梳理的作用是完成对敏感数据的存储分布状况的摸底，从而帮助安全管理人员系统掌握数据资产的分布情况。静态梳理可以分为结构化数据梳理和非结构化数据梳理。

对于结构化数据的梳理，通过静态的扫描技术可以获得数据的以下基本信息：

1）通过端口扫描和特征发现，获得系统网段内存在的数据库列表，以及所分布的IP，从而获得数据库资产清单。

2）根据所定义的企业内不同敏感数据的特征，以及预先定义的这些数据的类别和级别，通过对表中的数据进行采样匹配，获得不同的列、表和库中的数据所对应的级别和类别。

对于非结构化数据的梳理，通过磁盘扫描技术，根据预先定义的数据特征，对CSV、HTML、XML、PDF、Word、Excel和PPT等文档中的内容进行扫描，获得这些文件中所具有的信息的类别和级别。

无论是结构化的数据还是非结构化的数据，都要建立对应的敏感数据资产清单。

（2）动态梳理

动态梳理是基于对网络流量的扫描，实现对系统中敏感数据的访问状况的梳理，包括：敏感数据的存储分布、敏感数据的系统访问状况、敏感数据的批量访问状况、敏感数据的访问风险。

通过动态梳理可以获得数据的以下基本信息：

1）哪些 IP（数据库主机）是数据的来源。

2）哪些 IP（业务系统或运维工具）是数据的主要访问者。

3）敏感数据是如何被业务系统访问的（时间、流量、操作类型、语句）。

4）敏感数据是如何被运维人员访问的（IP、用户、操作）。

动态梳理同样分为对结构化数据访问的网络流量的扫描，以及对非结构化数据访问的网络流量的扫描。结构化数据的网络流量，主要是对 RDBMS、NoSQL、MPP 数据库的通信协议的流量监控；非结构化数据的网络流量，主要是对 Mail 协议、HTTP、FTP 等协议的监控和解析。

（3）数据状况的可视化呈现技术

通过可视化技术将梳理出的信息以可视化的形式呈现，如敏感数据的访问热度、资产在组织内不同部门或业务系统内的分布、系统的账号和权限图和敏感数据的范围权限图。

（4）数据资产存储系统的安全现状评估

安全现状评估是对已定位、已梳理的数据库资产进行全面检测评估，评估项包括口令和账户、弱安全策略、权限宽泛、权限提升漏洞、日志和补丁升级等，评估目的是判断是否存在安全漏洞，通过安全风险检查让数据资产管理员全面了解数据库资产运行环境是否存在安全风险。

通过安全现状评估能有效发现当前数据库系统中存在的安全问题，对数据库的安全状况进行持续监控，保持数据库的安全健康状态。

安全现状评估的价值有：

1）提升数据库使用安全系数。检测出数据库的 DBMS 漏洞、缺省配置、权限提升漏洞、缓冲区溢出和补丁未升级等问题，对检测出的问题进行针对性的修复，整体提升数据库使用安全系数。

2）降低数据库被黑客攻击的风险。检测出数据库使用过程中由于人为疏忽造成的诸多安全隐患，如低安全配置、弱口令、高危程序代码和权限宽泛等。对上述安全隐患进行针对性处理，有效降低黑客攻击风险。

3）满足政策检测要求。完成安全现状评估后，数据库管理人员可针对数据库漏洞、风险使用等方面的风险进行改进，满足相关政策对数据库安全使用的检测要求。

2. 数据使用安全控制技术

在数据使用过程中，按照数据流动性和使用需求划分，将面临如下使用场景：

- 通过业务系统访问数据
- 在数据库运维时调整数据
- 开发测试时使用数据
- BI 分析时使用数据
- 面向外界分发数据
- 内部高权限人员使用数据

在数据使用的各个环节中，需要通过技术手段有效规避各个场景下的安全风险。

（1）业务系统数据访问安全管控

在业务系统提供服务的同时，其安全风险也随之暴露在系统中，攻击者可利用数据库的脆弱性发起攻击，达到破坏系统或者获取数据信息的目的。由此，需要针对业务访问过程进行严格控制。

通过虚拟补丁技术对漏洞攻击行为进行实时准确监测，一旦发现访问行为中包含漏洞攻击行为，即实时进行拦截。通过 SQL 注入防护技术，精确解析每一条到达数据库的 SQL 语句，并准确判断每一条语句是否带有注入特征，确保每一条到达数据库的语句均是合法的。

综上所述，通过业务系统数据访问安全管控，实时、动态地监测数据库访问行为，一旦发现存在数据库攻击特性的行为，立即进行精确拦截，确保业务系统数据访问的安全性。

（2）数据安全运维管控技术

在数据运维过程中，对重要数据的操作需要高度谨慎，一些细微的错误操作可能会导致数据异常，并且由于接触数据的人群错综复杂，很容易发生数据运维过程中的恶意篡改或者批量导出问题。由此，数据运维安全性需要以技术手段进行保障。

通过建立数据运维行为流程化管理机制，为数据运维行为提供事前审批、事中控制、事后审计和定期报表等功能，将审批、控制和追责有效结合，避免内部运维人员的恶意操作和误操作行为，确保数据运维的安全性。

数据安全管控技术需要对内部运维人员的数据操作请求进行智能分析，判断请求的合理性及安全性，辅助决策。取代传统的"OA或纸质申请"的审批模式，不仅能提高工作效率，更能确保实际操作与原申请的一致性。

数据安全管控不仅需要为审批者提供对操作申请的风险评估，更能实时对申请与审批进行细粒度管控。通过语句特征及审计规则检测，对于疑似SQL注入、漏洞攻击等高危操作，即使审批通过，依然进行实时阻断；对于违反安全策略的风险操作，予以告警。同时，通过对操作申请与审批行为的实时监控，为安全管理人员同步提供可视化分析，辅助判断运维操作是否合理、安全。

（3）开发测试环境数据安全使用

在企业内部的系统开发测试过程中，由于要高度模拟生产环境，很多情况下需要使用生产环境中的生产数据进行系统开发测试。而生产数据一旦流转到开发测试环境，其数据的安全性将无法得到保障。由此，需要通过脱敏技术确保数据中的敏感信息被漂白，但不影响开发测试人员对于数据的使用。

通过建立数据脱敏机制，对发放到开发测试环境中的生产数据预先进行脱敏处理，确保经过脱敏后的数据不再带有敏感信息，且数据面向开发测试人员可用。

在数据脱敏时，为确保数据脱敏的可用性、灵活性，须遵循"保证脱敏后数据可应用"规则，并获得以下6个方面的支持：

1）智能化。能够在复杂的数据库表与字段中，不依赖元数据中对表和字段的定义，根据数据特征自动识别敏感数据并进行有效脱敏。

2）可重复性和不可重复性。可以提供重复脱敏相同数据的能力，在不同轮次的脱敏中，保证相同的隐私数据脱敏后的数据也是相同的，从而保证数据在增量环境下能够被有效关联。也可以提供不可重复脱敏相同数据的能力，保证相同的数据在不同轮次的脱敏任务中产生的数据是不同的，从而防止逆向工程还原数据。

3）数据有效性。脱敏后的数据准确反映原始数据的业务属性和数据分布特征，从而保证数据在应用系统中的正常使用。

4）数据完整性。保证脱敏后数据的完整性，并提供不改变原始数据尺寸、不包含无效信息的能力，防止敏感数据不符合目标数据的定义，避免造成无法顺利入库的情况。

5）数据关联性。严格保留原有数据库中数据的关系特征，支持时间序列脱敏后仍然能够保持原有的时间序列。

6）脱敏技术有效保障脱敏后的数据满足与原始数据相同的业务规则，是能够代表实际业务属性的虚构数据，能够使脱敏数据的使用者从体验上感觉数据是真实的，从而最终保证使用脱敏后的数据能够保障业务可靠运行。

(4) BI 分析数据安全管控

面向 BI 分析场景，需要提供经过脱敏后的数据，用于遮盖数据中的敏感部分，但是当完成 BI 分析后，如需再对分析后的数据进行挖掘利用，则需将脱敏后的数据进行还原，否则无法了解 BI 分析后的数据结果的对应关系。

与此同时，在分析师访问业务系统获取数据时，不同的分析师应按照自己的职责范围获取自身授权的数据，但由于系统在数据访问过程中无法精确控制数据访问，存在越权访问数据的行为。

由此，在 BI 分析场景下，可逆脱敏技术是必不可少的，它既可以保障顺利将数据脱敏，又可以保障完成 BI 分析后脱敏数据可以还原成原始数据。在分析师进行数据访问的同时判断分析师的身份，根据分析师的身份返回不同程度遮盖的数据。

(5) 数据对外分发管控

开展业务时，数据需要对外共享，但是一旦数据对外分发后，安全保护责任的主体也会转移，而数据共享中的接收方在接收到数据后并没有对数据的安全保护起到应用的作用，所以会引发很多数据二次扩散事件。由此，对于数据分发后的安全性需要通过技术手段进行监管。

通过建立数据分发水印机制，对发布到外界的数据预先进行水印处理，在水印中植入数据接收者的相关信息，而植入的带水印的数据具有如下特性：

1）安全性。嵌入在原始数据中的水印是不可去除的，且能够提供完整的版权证据。数据水印不会因为数据的某种改动而丢失水印信息，能够保持完整性或仍能被准确鉴别。

2）透明性。在原始数据中嵌入水印标记信息不易被察觉，不影响原数据的可用性。

3）溯源能力。从水印数据中溯源水印标记信息的能力。

4）低错误率。误判率低，误判分为两种：一种是数据无水印标记信息却检测到水印存在；另一种是加了水印标记信息却没有检测出水印存在。

一旦发现数据泄露，即可通过提取泄露的数据样本，对样本数据进行水印信息提取及分析，从而追溯数据泄密单位信息。

(6) 数据内部存储安全

数据在内部的存储大多采用明文方式，一旦数据被有意无意地带出内部环境，将面临泄密风险，或者内部高权限用户对数据的访问权限过高，同样存在数据被恶意利用的风险。通过建立数据加密机制，将重要数据在数据库中以加密方式存储，无论受到外部攻击导致"拖库"，还是内部人员恶意泄露数据文件，都无法对数据内容进行提取或破解。

要使用我国密码管理机构认定的加密算法，也要使用国际先进的密码算法，对数据库指定列进行加密，保证敏感数据以密文形式存储，以实现存储层的安全加固。

透明的数据加密有两层含义：一是对应用系统透明，即用户或开发商无须对应用系统进行任何改造；二是对有密文访问权限的用户显示明文数据，且加密、解密过程对用户完全透明。增设数据安全管理员（Data Security Administrator，DSA）。数据库管理员（Database Administrator，DBA）和 DSA 相互独立，共同实现对敏感字段的强存取控制，实现责权一致。DBA 实现对普通字段一般性访问权限控制，DSA 实现对敏感字段的增、脱密处理和密文访问权限控制。在数据加密存储的基础上，实现密文访问权限体系，对数据库用户进行强制访问控制，有效防止特权用户对敏感数据的非法访问。

8.3.3 数据安全审计与稽核技术

数据安全稽核是安全管理部门的重要职责，以此保障数据安全治理的策略和规范被有效执行和落地，以确保快速发现潜在的风险和风险行为。但数据稽核在大型企业或机构超大规模的数据流量、庞大的数据管理系统和业务系统数量面前，也面临着很大的技术挑战。

数据所面临的威胁与风险是动态变化的过程，入侵环节、入侵方式、入侵目标均随时间而不断演进。这也就要求防护体系、治理思路不能墨守成规，更不能一成不变，数据安全治理过程中始终要具备一项关键能力——完善的审计与稽核能力。通过审计与稽核能力帮助企业掌握威胁与风险的变化，明确防护方向，进而调整防护体系，优化防御策略，补足防御薄弱点，使防护体系具备动态适应能力，真正实现数据安全防护。

数据的安全审计和稽核机制由4个环节组成，分别是行为审计与分析、权限变化监控、异常行为分析、建立安全基线。下文介绍前3个环节。

1. 行为审计与分析

在数据安全治理的思路下，建设数据安全防护体系时必须具备审计能力。利用数据库协议分析技术将所有访问和使用数据的行为全部记录下来，包括账号、时间、IP、会话、操作、对象、耗时和结果等内容。一套完善的审计机制能够为数据安全带来两种价值。

（1）事中告警

数据的访问、使用、流转过程中一旦出现可能导致数据外泄、受损的恶意行为，审计机制可以第一时间发出威胁告警，通知管理人员。管理人员在第一时间掌握威胁信息后，可以针对性地阻止该威胁，从而降低或避免损失。所以，审计机制必须具备告警能力，可以通过邮件、短信等方式发出告警通知。

为实现事中告警能力，审计系统应能够有效识别风险威胁，需要具备下列技术：

1）漏洞攻击检测技术。针对CVE公布的漏洞库，提供漏洞特征检测技术。

2）SQL注入监控技术。提供SQL注入特征库。

3）口令攻击监控。对指定周期内风险客户端IP和用户的频次性登录失败行为进行监控。

4）高危访问监控技术。在指定时间周期内，根据不同的访问来源，如IP地址、数据库用户、MAC地址、操作系统、主机名，以及应用关联的用户、IP等元素设置访问策略。

5）高危操作控制技术。针对不同访问来源，提供对数据库表、字段、函数、存储过程等对象的高危操作行为监控，并根据关联表个数、执行时长、错误代码、关键字等元素进行限制。

6）返回行超标监控技术。提供对敏感表的返回行数监控。

7）SQL 例外规则。根据不同的访问来源，结合指定的非法 SQL 语句模板添加例外规则，以补充风险规则的不足，形成完善的审计策略。

（2）事后溯源

数据的访问、使用过程中出现信息安全事件之后，可以通过审计机制对该事件进行追踪溯源，确定事件发生的源头（谁做的、什么时间做的、什么地点做的），还原事件的发生过程，分析事件造成的损失。这不但能够对违规人员实现追责和定责，还能为调整防御策略提供非常必要的参考。所以，审计机制必须具备丰富的检索能力，可以将全要素作为检索条件的查询功能，方便事后溯源定位。

一套完善的审计机制是基于敏感数据、策略、数据流转基线等多个维度的集合体，对数据的生产流转、数据操作进行监控、审计、分析，及时发现异常数据流向、异常数据操作行为，并进行告警，输出报告。

2. 权限变化监控

账号和权限总是被动态维护的，在成千上万的数据账号和权限下，要快速了解在已经完成的账号和权限基线上增加了哪些账号、账号的权限是否发生了变化、这些变化是否遵循了合规性保证，需通过静态扫描技术和可视化技术帮助信息安全管理部门完成这种账号和权限的变化稽核。

权限变化监控是指监控所有账号权限的变化情况，包括账号的增加和减少、权限的提高和降低，这是数据安全稽核的重要一环。对权限变化进行监控，对抵御外部提权攻击、抵御内部人员私自调整账号权限进行违规操作均是必不可少的关键能力。

权限变化监控能力的建立分为两个阶段：一是权限梳理；二是权限监控。

（1）权限梳理

结合人工和静态扫描技术，对现有账号情况进行详细梳理，梳理结果形成账号和权限基线。权限基线的调整必须遵循规章制度的合规性保障，通过可视化技术帮助管理人员直观掌握环境中所有账号及对应的权限情况。

（2）权限监控

账号和权限基线一旦形成，即可通过扫描技术对所有账号及权限的变化进行监控。对比监控结果与基线，一旦出现违规变化（未遵循规章制度的私自调整权限）会通过可视化技术和告警技术确保管理人员第一时间得到通知。

3. 异常行为分析

在安全稽核过程中，除了明显的数据攻击行为和违规的数据访问行为，很多数据入侵和非法访问是掩盖在合理的授权下的，这就需要通过一些数据分析技术对异常行为进行发现和定义，因为从单一的个体来看这些行为往往是合法的。

对于异常行为，可以通过两种方式进行告警：一是通过人工分析完成异常行为的定义；二是对日常行为进行动态的学习和建模。异常行为分析示例见表8-1。

表8-1 异常行为分析示例

分类	异常描述	影响分析
异常的查询频率	一段时间内重复查询客户信息几百次	高
	一个号码一天内被查询10次以上，或一个月内被查询100次以上	中
	某些特殊符号被多次查询，如吉祥号	中
账号异常	长期不登录的账号登录使用，查询敏感信息	低
	同一个账号被多个人员使用，同时登录或登录IP地址经常变化	中
异常的修改频率	一段时间内修改客户信息几百次	高
	一个号码信息一天内被修改10次以上，或一个月内被修改100次以上	中

异常行为分析机制的建立对分析、寻找"好人中的坏人"非常关键，同时也是调整防御体系、防御策略的重要参考内容。

通过梳理近年来层出不穷的数据安全事件不难发现：既有黑客的攻击，更有内部工作人员的信息贩卖、离职员工的删库、开发测试人员的误操作等，多种原因导致的数据安全事件背后折射出的是，仅仅依靠单点防护难以达到真正的安全防护效果，而构建基于数据全生命周期的安全防护成为必然选择，数据安全治理技术成为数据安全治理体系的重要支撑。

8.4 物联网安全隐私计算和数据安全

8.4.1 物联系统的安全

1. 物联网和联网设备

物联网被称为下一次工业革命,正在改变企业、政府和消费者与现实世界的互动方式。通过将物理和数字领域融合在一起,物联网正在深刻地改变着人与环境、人与人及人与信息之间的关系,也正在彻底改变人们生活、工作、旅行、医疗的方式。根据 Gartner 的说法,物联网是"一个包含嵌入式技术的物理对象网络,可以与内部状态或外部环境进行通信、感知或交互"。这种感知是由各种类型的传感器完成的,无论是办公室的烟雾传感器,还是城市街道上的噪声传感器,或者是能够检测个人生理状态和变化的传感器。通信是通过嵌入在连接的物理设备中的标准有线或无线通信方法来处理的。连接的物理设备包括恒温器、电能表、湿度计和可穿戴设备,用于监测个人健康和生命体征。能够收集或共享关于其自身使用及其环境的有意义数据的数字设备都可以参与物联网。连接的设备产生各种各样的数据,在物联网应用中,这些数据通常聚集在云中,可以对这些汇总的数据进行处理和分析,以提取企业、政府和个人可以用来实现其目标的知识和可操作的见解。物联网仍是一项相当年轻的技术,其基础设施仍在发展,但其潜在影响是巨大的。现在,从这些数以亿计的连接设备中收集的海量数据需要技术、分析方法、软件平台和计算能力的特殊组合,这种组合被称为大数据。大数据带来了传统方法无法解决的新的数据管理挑战,带来了新的风险,尤其是在企业仍在学习如何避免陷阱和采用新出现的优秀实践时。

2. 系统安全和数据管理

一些安全专家认为,确保数据安全的唯一方法就是不要保存它。例如,IBM Resilient 的首席技术官 Bruce Schneier 认为,数据是一种"有毒资产",必须"像对待任何其他有毒来源一样对待"。虽然这一观点略显极端,但领先的分析师和研究人员一致认为,安全是当今物联网面临的最大挑战之一。麦肯锡的一项研究表明，受访者常将安全列为他们对物联网最大的担忧。同样，在 Gartner 的物联网调查中，从技术和管理的角度来看，"安全成为最重要的问题"。该调查研究了全球重要的地理区域，包括中国、德国、印度、日本、英国和美国。如此多的链接和数据流经如此多的互联系统，如何保证一切的安全，如何保护数量巨大且范围不断扩大的无价数字资产——包括公司机密数据、城市基础设施、个人信息、交易数据和家庭设备。安全的两个主要方面是系统安全和数据管理。系统安全包括物理安全和网络安全——物理网络、连接的设备、应用程序、通信操作等。数据管理包括将数据作为一种有价值的资源进行管理所需的所有学科。国际数据管理协会 DAMA 数据管理知识体系将数据管理定义为"控制、保护、交付和提高数据和信息资产价值的计划、政策、计划和实践的开发、执行和监督"。数据治理、数据安全和数据隐私是数据管理的所有方面。

3. 物联照明互联系统

下面以物联网照明系统说明互联系统。LED 照明革命始于 20 世纪 90 年代末，当时飞利浦（Philips）等公司设计并推向市场的是最先进的数字照明系统和灯具，用于整个照明应用领域的专业和家庭使用。从 21 世纪初开始出现输出光和质量与传统灯具相当或更好的 LED 灯具，以及建筑应用中的变色 LED 灯具，它们在娱乐和舞台照明的方法和控制解决方案上进行了优化和改进。最近数字照明空间的创新包括光谱可调 LED 照明器，支持健康和生产力应用程序中新的以人为中心的照明方法。

在过去的几年中，领先的公司一直在将他们在 LED 照明方面的专业知识应用于在消费者领域和专业照明领域开发联网照明系统。互联照明是数字照明和物联网的交叉点。在连接照明系统中，LED 灯具启用了双向数据通信，允许它们通过共享自己的状态和运行数据参与物联网。由于照明设备已经安装或者必须安装，在人们工作和生活的任何地方，以及在城市环境中他们去的任何地方，它成为传感器网络和其他物理分布式系统的自然平台。如果把照明系统连接起来，它可以作为一个启用平台，在任何使用照明的地方提供物联网应用。

按照思科（Cisco）的观点，照明是创建单一聚合 IP 网络的第一步，该网络可以将不同的网络（hvac、计量、照明、闭路电视、物理安全、调度）集成到一个网络中。这种融合和连接的网络提供了建筑智能，"为建筑使用者提供新的和创新的体验，同时为建筑业主和运营商提供粒状的能源管理、控制、分析和集成能力。"同样，智慧城市越来越依赖融合基础设施，为市民提供更好的体验和成果。连接路灯起到了与数字天花板类似的作用，为分布传感器、宽带通信设备和整个城市的其他连接设备创建了一个平台，并提供了用于集成监测和管理不同城市服务网络的 API。这些应用程序都表示必须管理的新数据源。例如，LED 灯具可以收集和共享从任何可能集成到系统中的传感器收集的数据。这些传感器通常包括日光、占用率、运动、噪声和空气质量传感器，但对可添加到系统中的传感器类型没有内在限制。来自照明系统的通信，通过可见光通信或其他方式，使通常利用无处不在的智能手机应用程序和无线连接的基于位置的应用程序成为可能。这些对空间的用户和管理人员有许多好处，并且表示基于云的系统可以存储用于处理和分析的额外数据流。交互系统使用连接的照明基础设施在几个关键应用领域提供物联网应用。该系统为智能城市、智能建筑和智能零售提供端到端连接照明解决方案。虽然具体细节因系统而异，但所有系统都共享一个通用架构，包括：

1）照明仪表，包括连接灯具、传感器和照明控制。

2）网络硬件和软件，包括网关、服务器、交换机、电缆和数据通信。

3）照明系统和照明系统托管的物联网应用的管理和监控软件。

4）托管软件应用程序和从照明环境中收集数据的云服务。

5）用于将应用程序与数字生态系统中的其他设施和管理应用程序集成的 API，以及用于构建移动应用程序和其他软件组件，如仪表板。

6）物联网系统的每一个方面都对数据隐私、数据和系统安全及数据治理提出了挑战。

4. 互联系统的安全和隐私挑战

对安全和隐私最严重的威胁包括恶意访问、拒绝服务和窃取服务，特别是数据。攻击者越来越多地使用物联网黑客制造其他类型的破坏，这意味着用恶意软件感染连接的设备，并协调它们释放大量的互联网流量，使网站和其他在线资源瘫痪，这就是所谓的分布式拒绝服务（DDoS）攻击。2016 年，黑客使用僵尸网络的大规模物联网 Mirai 利用物联网安全缺陷。Mirai 被用来"攻击并暂时关闭个别网站，但也会对互联网服务提供商和互联网骨干公司发动攻击，导致全球各地的连接中断"。安全专家预计，随着网络连接安全不足的设备数量的增加，DDoS 等攻击的数量将会增加。

随着新型设备的连接，黑客也在设计新的攻击方式。2016 年 11 月，芬兰拉彭兰塔几个公寓楼的供暖系统在寒冷的天气里遭到 DDoS 攻击。虽然芬兰的供暖系统关闭似乎是无心之过，但不难想象，针对城市、办公室和家庭的联网系统，如供暖、物理安全和照明系统的攻击是直接针对性的。物联网专家 Ahmed Banafa 写道："婴儿监视器、智能冰箱、恒温器、药物输液泵、摄像头，甚至你车里的收音机都被黑客入侵，这意味着物联网的未来将引发一场安全噩梦。"人们的担忧将不再局限于对敏感信息和资产的保护，因为我们的生活和健康都可能成为物联网黑客攻击的目标。安全专家已经发现并解决了联网照明生态系统中的数十个风险，他们的态度是"多疑是有好处的"。

因为连接的照明系统是复杂的系统，有很多方法可以攻击它们。安全专家正在制定系统安全和数据管理政策和程序，以降低风险。这些攻击包括对连接的设备、网关、网桥和其他网络硬件、云接口和基础设施、内部和外部 API 及移动应用程序的攻击。尽管许多安全风险适用于所有连接的照明应用，但在不同的主要应用领域有一些具体的考虑。智能城市应用程序将城市系统的安全（交通、街道照明、应急响应）作为首要和中心关注点，而智能建筑应用程序的安全更注重保护企业资产和员工隐私。智能零售应用程序有一个特别授权，保证客户的金融、事务和个人数据，而智能家居应用程序也必须关注业主的风险。

8.4.2 物联网中的数据

1. 数据是宝贵的智能系统资产

智能连接基础设施，无论是在城市、工作场所、零售环境还是在家庭，都会产生大量数据。政府和私营企业可以通过降低服务交付成本和精简运营的方式，预测并满足公民、雇员和顾客的需求，从而获得竞争优势，并通过新的数据驱动产品和服务创造新的收入来源。组织可以将通过连接的应用程序和基础设施收集的数据与相关的外部数据和领域模型结合起来，以更深入地了解人们的行为和交互。例如，一个城市可以通过传感器、控制和软件收集和分析人们在何时何地的数据以节约能源，允许城市在需要的时间和地点提供光，给人们更好的城市体验，同时最大限度地减少光和能源的浪费。类似地，企业可以收集和分析工作场所使用的和活动的数据，允许组织安排照明、暖通空调和其他服务，以降低成本、改善运营，并改善员工的工作环境。那么，数据到底是什么呢？如何将数据转化为可操作的见解？数据生命周期管理的理想方法是什么？正确的方法如何为连接系统的用户和所有者提供关键的安全和隐私保护？

2. 从数据到智慧

一般来说，数据是数字或字符的集合。数据可以使用各种格式，如表格、图表、图表和图像进行测量、收集、分析和展示。从概念上讲，数据是指一些现有的信息或知识以适合更好使用或处理的形式表示或编码的事实。数据、信息、知识和智慧是密切相关的概念，但每一个均是不同的。数据本身没有什么价值，只有对其进行处理和语境化，才能产生可操作的见解。DIKW 金字塔是一个被广泛使用的模型，用来表示数据、信息、知识和智慧之间的关系。此模型表示层次结构，并表示一系列用于升序层次结构的转换。数据是信息的基本构成要素。数据要成为信息必须经过处理，经过处理和解释的信息必须经过分析才能产生知识，必须把原则应用于知识才能产生智慧。

（1）DIKW 金字塔

1）数据。在 DIKW 金字塔的背景下，数据是一组符号或迹象，代表刺激或信号。这些信号没有任何意义或价值，除非它们被置于可用的形式和上下文中。数据示例如下：红色的 1466005743-33.882816，151.204150。

2）信息。信息将描述应用于数据，使其有用。如果我们在上面的数据示例中添加一些描述，可能会得到如下信息：2021 年 6 月 15 日格林尼治标准时间 15:49:03，皮特街和乔治街拐角处的交通灯变成了红色。

3）知识。知识为信息带来额外的背景和规则：我正朝着刚刚变成红色的交通灯行驶。规则规定当交通灯是红色时我必须停车。

4）智慧。智慧建立在长期积累的知识和经验基础之上，你可以说智慧就是"知道要做正确的事情"。建立在我们例子中的知识基础上的智慧可以这样表达："闯红灯是违法的、危险的，还可能致命。所以我最好在红灯前停车。"

(2)数据的类别：结构、规模、速度、来源

重要的是要认识到不同的数据类别有不同的管理需求，可以按照结构、规模、速度和来源进行分类。在有效的数据管理过程中，必须考虑到每一个因素。

1）结构：结构化、半结构化和非结构化数据。结构化数据是指高层组织的数据。结构化数据有一个预定义的数据模型或模式，即要记录的数据类型及如何存储、处理和访问这些数据的模型。模式包括定义将存储什么数据及如何存储数据，包括数据类型（数字、货币、字母、名称、日期、地址）和任何数据输入限制（字符数量、特定术语、数字范围）。结构化数据的例子有客户关系管理、企业资源规划、事务管理、供应链管理、员工信息和系统日志。结构化数据的一个优点是它容易查询和分析。过去，由于存储、内存和处理的高成本和性能限制，关系数据库和电子表格是有效管理数据的唯一方法。半结构化数据是一种缺乏严格数据模型结构的结构化数据。对于半结构化数据，使用标记或其他类型的标记标识数据中的某些元素，数据本身没有严格的结构。例如，电子邮件将发件人、收件人、日期、时间和其他固定字段添加到电子邮件消息内容和任何附件的非结构化数据中。照片或其他图形可以用关键字进行标记，如创建者、日期、位置和关键字，使组织和定位图形成为可能。文件系统和各种文件格式通常用于管理半结构化数据。非结构化数据是指没有预定义的数据模型或没有按照预定义的方式组织的数据。非结构化数据虽然通常包含大量文本，但也可能包含其他类型的数据，如日期和数字。与结构化数据相比，这导致了不规范和歧义，使得使用传统程序很难被理解。数据挖掘、自然语言处理（NLP）和文本分析等技术提供了在非结构化数据中寻找模式或解释模式的不同方法。非结构化数据的例子有社交媒体、网页内容和呼叫中心日志。

2）规模：小数据和大数据。另一种对数据进行分类的方法是根据数据的大小。能够放进电脑内存、可以由传统数据处理应用程序管理的数据被称为小数据，而传统数据处理应用程序无法处理的大数据或复杂数据则被称为大数据。传统的关系数据库管理系统和桌面统计和可视化软件包在处理大数据方面往往存在困难。处理大数据可能需要在数十台、数百台甚至数千台服务器上运行大量并行软件。大数据的定义取决于用户及其工具的能力和扩展能力，这使

得定义大数据成为一个不断变化的目标。

3）速度：静止数据、运动数据、慢数据和快数据。另一种对数据进行分类的方法是根据其动态特性。在本质上是静态的数据，即以任何数字形式（如数据库、数据仓库、电子表格、文件）存储在持久存储（磁盘、类型）中的数据，通常称为静止数据。动态数据是指传输中的数据，即在不存储数据的情况下对数据进行动态处理。动态数据的第一个典型特征是速度。速度是数据创建、存储、分析和可视化的流速。快速的数据速度意味着数据在短时间内被处理。在快速大数据时代，数据是实时或近似实时创建和传递的。数据流速率的增加为实现实时或接近实时的数据使用带来了新的挑战。传统上，这个概念被描述为流数据。动态数据的第二个典型特征是可变性，它指的是数据随时间的变化，包括流量、格式或组成。由于许多数据处理在给定的时间内会导致到达的数据量激增，因此，需要新的技术来有效地处理这些数据。

4）来源：内部数据和外部数据。从数据源或数据来源的角度看，数据可以分为内部数据或外部数据。来自内部系统（如公司系统、IT应用程序）的数据称为内部数据，而来自第三方服务的数据称为外部数据。外部数据的例子包括社交媒体、来自第三方网络服务的天气或流量数据。传统的企业信息管理系统主要处理结构化或半结构化数据、小数据、慢数据、静止数据和内部数据。物联网数据通常以非结构化、大数据流和外部数据为特征，需要新的架构来管理此类数据。

3. 数据价值原则

有几个关键的价值原则驱动数据资产应该如何进行价值管理。

1）数据的价值随着使用而增加。数据被使用得越多，它就越有价值。与数据相关的成本主要由获取、存储和维护决定，与使用无关，使用数据的成本可以忽略不计。由于数据是无限可共享和不可耗尽的，如果充分利用其潜力，其价值可以成倍增长。相反，未使用的数据是一项负债，因为获取、存储和维护成本是无缘无故产生的。要使数据有价值，数据必须易于发现、易于使用，并最大限度地共享。

2）数据的价值会随着时间的推移而降低。虽然高度依赖于应用程序，但在大多数情况下，越新的数据越有价值。随着时间的推移，数据变得越来越不相关、越来越没有价值，最终会过时。

3）数据的价值随着质量的提高而增加。数据质量的概念包括数据本身固有的特征，包括准确性、精确性、一致性、完整性、可信赖性（可跟踪沿袭）和及时性。只有数据是准确的、完整的、及时的、可信的，才能从数据中得到真正的价值。低质量的数据会导致糟糕的决策或操作错误，成本可能会非常高。

4）当数据与其他数据集成时，数据的价值就会增加。与集成相关的概念有很多。当将多个数据源组合在一起以创建新的数据或关键见解时，通常会实现更高的价值。数据处理包括改进和确保数据质量，添加元数据和索引以改善上下文和可访问性，以及转换和丰富数据以提高效用和价值。

4. 数据全生命周期

在全生命周期中，数据经历了处理、存储、转换和分析几个阶段。整个阶段序列构成了数据全生命周期管理。

1）数据规划。数据全生命周期的第一个阶段是计划，它确定所需数据的类型、数据获取策略，以及人力、计算和系统资源的分配。此外，这个阶段还包括所需资源（如软件）的开发和获取。

2）数据创建。数据全生命周期的第二个阶段涉及数据的实际创建。创建是指直接、间接或自动生成表示底层数据源特征的数据。源可以是一个实体，如物理环境、组织、设备，甚至是产生与进程或目标相关的数据的计算机程序。

3）数据捕获。一旦创建了数据，数据捕获就开始发挥作用，直接或间接地测量创建的数据。例如，想象一个摄像机记录沿着街道行驶的车辆。数据创建过程——车辆沿着街道行驶——是自动发生的，摄像头会捕捉数据。在这种情况下，数据不是由感兴趣的实体（相机）直接生成的。

4）数据记录。一旦数据被捕获，它就被记录下来。记录允许数据在捕获所需的时间之外可用。

5）数据采集。数据采集是指企业外部组织已经测量或记录的数据的采集。这个阶段可能会发生在数据全生命周期中，也可能不会发生。当需要从第三方获取数据时，创建、捕获和记录阶段可能发生在规划阶段之前或期间，因为它是由在规划阶段确定的数据供应商管理的。数据采集发生在数据测量之后或数据记录之后，并且可以由一份合同来管理，该合同规定了如何允许第三方使用所采集的数据。

6）数据保存。数据保存确保根据指定的指导方针和规则，在特定的时间内安全地维护数据及从中得到中间结果和最终结果，无论是作为备份还是作为将来投入使用，数据备份、附加元数据生成、文档和数据归档都是数据保存的各个方面。

7）数据处理。到目前为止的所有阶段都涵盖基本形式的数据的可用性，一旦数据可用就会进行处理。在处理过程中，对数据进行转换、丰富，并与其他数据进行组合，从而得出有意义的结果和结论。数据处理是关于格式化和数据融合的，并不能直接产生服务于组织目标的资产。这发生在下一个阶段——数据分析。

8）数据分析。在数据分析阶段，对数据进行研究，以确定模式，进行推断，并得出对组织的最终目标有意义的结论。该阶段应用了机器学习、大数据、信号处理、图像处理和统计分析等技术。回顾 DIKW 金字塔，数据分析将信息转化为知识。

9）数据发布。在合同和版权法规定的范围内，可将数据和由此产生的结果授予相关的当地机构或第三方。不同的用户可能被授予对全部数据/结果或一部分数据/结果的不同访问权限。

10）数据处置。在过程结束时，数据必须从所有存储位置删除或存档。一旦此阶段完成，将不再保存数据的任何副本。

8.4.3 数据管理和数据治理

在不断增长的物联网和智能系统领域，包括城市、工作场所、零售环境和联网照明系统，数据管理是确保安全和隐私的关键。数据管理包括将数据作为有价值的资产安全地管理所需的所有规程。成功的数据管理需要一个数据管理架构，该架构支持所有数据资产的统一实时视图，这些数据资产通常来自不同的数据源。在理想情况下，数据管理体系结构管理组织全生命周期的数据资产，从获取点到在最终用户应用程序中使用，再到删除。需要中央治理和全公司范围的数据管理策略，以调整与数据相关的活动并最大化数据资产的价值。

成功的数据管理必须做到：

1）管理数据生命周期。

2）提供所有获取数据的可访问性。

3）确保数据质量。

4）提供所有数据资产的统一视图，实现跨系统垂直部门和企业竖井的集成。

5）包括数据的处理、转换和丰富。

6）指定数据治理政策和程序，以确保最高水平的数据安全和隐私。

1. 数据管理的概念

数据管理体系结构管理从获取到使用的数据资产。组织级别的概念性数据管理体系结构可能很复杂，包括多种功能和能力。数据治理主要负责降低风险、实施遵从性和确保安全性，它是一个涉及体系结构所有层的垂直功能。

一个完整的概念数据管理架构的功能包括：

1）数据采集。能够从各种来源（物联网、企业、社交媒体）获取各种类别（结构、规模、速度）的数据。

2）数据架构。数据从采集到存储、最终使用或两者兼而有之的路由。该函数还可以包含一个数据充实管道，以提高数据质量。

3）数据存储。能够存储多种数据类型以满足不同需求，包括用于初始临时存储的存储池或暂存区域，用于经济地存储大规模、轻度结构化数据的数据湖或存储库，用于存储主要结构化数据的数据仓库和用于存储企业关键数据的企业数据仓库。

4）数据管理。能够跨多个数据存储管理数据，执行传统和非传统的提取转换和加载（ETL）操作，并实现治理，包括数据供应、全生命周期管理和数据质量功能。

5）数据访问层。提供与应用程序之间的数据路由，以及必要时的数据虚拟化。

6）数据分析与处理。用于数据消费的应用层（大数据沙箱发现、业务分析、数据建模和转换）。

7）治理、风险、法规遵循和安全。用于实现所有数据管理和安全流程的分支功能，不解决与私有云、公共云、内部部署或混合实现相关的问题。

2. 数据治理的概念

治理、风险、法规遵循和安全显示为跨体系结构中所有层的单个垂直功能，因为一个统一的体系结构使治理更加直观。治理要求政策、过程和程序有效地发挥作用，包括：

1）确保遵守法律、法规和隐私的政策。

2）账户、网络和数据的安全措施。确保数据价值的政策和过程，由数据价值原则决定数据治理实践应实现数据价值原则。

3）数据的价值随着使用而增加。确保数据的价值包括通过发放、用户访问和用户授权提供数据访问。

4）数据的价值会随着时间的推移而降低。必须在数据全生命周期中有意识地进行管理，以最大化其价值。

5）数据的价值随着质量的增加而增加。因为数据必须是完整的、准确的和值得信任的才能有价值，它还涉及数据清理、充实、沿路、元数据和相关的数据质量功能。

6）当数据与其他数据集成时，数据的价值会增加。企业必须使用政策和技术解决方案的组合，必须使用适当的度量标准监控整个数据管理系统的有效性，确保持续改进。实际的系统实现将对安全性和治理产生影响。例如，隐私和地区法律法规取决于云服务器的物理位置。因此，治理必须具有地理意识，并且组织策略必须适当地保持一致。对于治理，策略从上到下驱动，最终在数据体系结构中实现技术实现。但是，正如技术解决方案需要由策略驱动一样，策略也需要由组织驱动。明确定义的组织角色和职责对于开发、部署和执行有效的策略是必要的。

数据治理的关键作用包括：

1）治理主体是一个多学科的团队，负责开发政策、指示和策略。团队应该有执行权力；有来自领导层的代表，如首席信息官；有来自安全、隐私和合规团队的负责人员；有来自 IT 管理、数据管理等相关职能的技术资源。治理主体应该向信息所有者报告，并向保管人提供政策方向。

2）信息所有者对数据资产负责并有权批准治理机构提出规则的个人。信息所有者将实现委托给管理员。

3）托管人接收来自治理主体的策略方向，并代表信息所有者定义和执行资产规则。管理员将实现委托给管理员。

4）管理员执行资产规则并向托管人报告。

5）用户遵守已实施的规章制度，并向保管人提供要求和反馈。

在一个业务组中可以有多个信息所有者，管理员和托管人角色可以跨业务组。单独的业务团体可以制定治理策略，但这样做并不能解决"筒仓"问题。打破竖井需要一个具有执行权力的组织范围或跨业务小组治理主体来设置鼓励信息共享的政策。成功的数据治理还需要对所有员工进行教育和培训，以及认可和支持数据治理原则和价值观的文化。

3. 跨企业的数据治理注意事项

跨城市、企业和生态系统合作伙伴的数据管理带来了额外的挑战：元数据和本体标准（数据资产的类型、属性和相互关系的正式命名和定义）需要确保跨组织的语义互操作性；需要开放的架构和 API，以实现不同组织的不同系统之间的数据交换；需要跨组织治理，以确保整个生态系统中的数据完整性、价值和可用性。治理可以采用集中式、自上而下的方法，或者通过类似区块链的技术支持自动化交易和治理管理的去中心化方法。

8.4.4　数据隐私

隐私与安全性和遵从性相关，但有自己的定义、风险和缓解策略。隐私通常指消费者或用户保护个人信息不被他人使用的权力。潜在易受攻击的数据包括但不限于在社交媒体上分享的数据，以及任何类型的人口统计或个人数据。在智能系统中，易受攻击的数据可能包括员工的习惯（上下班时间、薪水和其他人力资源数据），公民的偏好或者购物者的购买习惯、银行账户和信用信息。一般来说，隐私是一个人对自己保留这一类型和其他类型的个人数据的权力。安全性的主要目标是保护可能存储和管理易受攻击的个人数据的企业、组织或机构。虽然隐私和安全目标有时可以一致，但安全策略和程序不能解决所有隐私问题。例如，企业或政府保护其存储的个人数据不受网络攻击，但网络内部的员工或主管可能能够审查这些数据。很常见的一种情况是，一个在线零售商拥有最先进的系统安全措施，但它自由出售个人数据，以实现二级收入流。

1. 涉及个人隐私数据、机密数据，开放数据隐私和保密是密切相关的

隐私通常被理解为关于个人的数据，而机密性通常被理解为关于公司的数据。一般来说，可以讨论收集的数据与隐私和保密性的关系是：私有数据包含侵犯隐私信息的个人可识别和个人敏感数据，受法律和道德条件限制。机密数据包括商业秘密和与业务相关的数据，如战略、蓝图、公式/配方和操作流程。根据公司的政策和与合作伙伴及其他第三方的协议，可能会完全或部分限制。开放数据没有隐私或机密性问题的数据，可以不受限制地收集和共享。

2. 法律和伦理风险

收集、监控、处理和存储来自智能系统的数据伴随着法律和伦理风险。在任何时候，都应该对所收集的数据的潜在好处，以及收集、存储和使用这些数据可能对个人和群体的隐私、道德规范和社会标准造成的潜在危害进行可操作的评估。这些担忧适用于所有受影响的公民，无论是在政府中工作的公务员、在企业中工作的员工、在零售环境中的顾客，还是在家中的居民。智能城市的隐私问题尤其严重，因为收集的数据可能会导致滥用权力和歧视，削弱人类平等的基本原则。联合国《人权宣言》《公民权利和政治权利国际公约》及许多其他国际和区域条约都承认，所有人都有隐私权，他们的个人隐私不被政府或私人等通过监视侵犯。

3. 隐私保护机制

有一些隐私保护机制专门用于保护私人和机密数据，独立于也可以提供保护的安全机制。匿名化是一种将个人身份信息从数据集中删除或屏蔽的保护措施。伪匿名化是一种保护措施，其中可识别元素被称为假名的人工标识符所取代。在某些情况下，当稍后阶段需要重新识别匿名数据时，将在一个单独的安全位置保存用于反转该措施的密钥。k-匿名是一种数据点被抑制（移除）和/或一般化（被更广泛的类别取代）的过程，以这样一种方式，数据集中包含的每个人都不能与至少 k-1 个信息也出现在数据集中的个人区分开来。抑制的一个例子是用星号替换字段中的数据。一般化的一个例子是，将个体的特定年龄替换为多个个体所处的年龄范围（例如，在 35 岁到 50 岁之间）。k 的值决定了

k-匿名过程将产生多少不可区分的记录。例如，2-anonymity 将确保个人数据集不能区别于至少一个其他个人数据集（k = 2，2 – 1 = 1），而 3-anonymity 将确保个人数据集不能区别至少其他两个个人数据集（k = 3，3 – 1 = 2）。数据扰动是一种数据安全技术，它向数据库中添加"噪声"，以保持个人记录的机密性。添加"噪声"的技术可能是值失真方法，它直接对数据集中的值使用某种随机化程序或者概率分布方法，使用某种算法来转换数据。数据扰动允许用户确定没有被扭曲的关键摘要信息。此方法通常用于保护电子健康记录的隐私。差异隐私是另一种很有前景的技术，它结合了一些机制，确保向差异私有数据库输出的查询产生相同的结论，而不管数据库中是否存在特定的个人数据。也就是说，它解决的问题是，在对一个个体一无所知的情况下，对一个群体做出结论。即使隐私保护机制已经到位，数据仍然可能泄露。必须考虑的一种情况是将内置隐私保护机制的数据集组合在一起。例如，一个数据集可能是匿名的，但如果将其与其他信息结合起来，则可能会丢失匿名性，必须建立机制来限制或禁止通过合并或进一步处理数据集泄露信息。

8.4.5 系统安全

更多的连接成为物联网的重要推动者。当连接时，系统的攻击点大大增加。连通性也为来自远程位置的攻击打开了大门。为了保护公司机密数据、客户数据和其他资产的安全，公司必须设计具有适当安全措施的连接系统，并确保安装人员和客户能够正确部署这些系统。连接系统还会收集和处理潜在的隐私敏感数据，法规规定这些数据必须得到充分保护。安全不仅是安全的通信，事实上，安全通信只是这个谜题中相对较小的一块内容，单独保护通信或其他单独的系统功能不能提供有效的保护。安全组织必须从整体上考虑整个系统——包括人员和流程，以评估整个系统是否安全。系统安全的整体方法有 3 个重点领域——"什么""如何""何时"，即系统安全架构描述系统架构师需要做什么：设计一个安全的系统（什么）；安全开发流程确保安全性嵌入设计、实现和部署的所有阶段（如何实现）；安全生命周期涉及安全性嵌入系统生命周期的所有阶段，包括从制造到部署，在维护和退役期间（何时）。

1. 物联系统的安全架构

下面以物联照明系统为例说明安全架构。设计安全系统的第一步是识别系统的攻击点。攻击点是可以用来攻击系统的入口点的集合。清晰的系统攻击点视图有助于识别需要保护哪些组件，并决定要实施哪些安全控制，有助于评估与使用某些组件和技术相关的风险，并帮助确定安全测试人员和（外部）渗透测试人员如何最有效地指导他们的安全验证工作。通常，连通系统的攻击点是每个系统组件的攻击点和它们之间的连接，以及所有攻击向量的集合。每种攻击媒介都提出了潜在的风险和安全缺陷，并提出了降低风险的缓解策略和安全控制措施。下面描述一个典型的、略微简化的室内连接照明系统的架构，并确定了 7 个主要的攻击点。其他连接的照明系统，如街道照明系统和立面照明系统，在细节上有所不同，但在所有连接的照明系统中，许多攻击点和原理是相似的。

1）现场设备包括终端节点（灯具包含与其他设备通信的控制器）和群控制器（包含终端节点的照明网络与 IP 网络之间提供接口的设备）。现场设备必须易于安装，必要时可更换，通常可以运行几十年。确保现场设备安全的一个谨慎方法是假设黑客能够从物理上破坏其安全。这种安全漏洞的影响必须仅限于该设备——也就是说，危及一个设备不应导致危及整个系统。这种方法被称为"遏制"，其原则之一是，将全球机密存储在现场设备中不是一个好主意。随着设备类型的广泛部署，黑客破坏设备的概率也会增大。黑客社区对硬件攻击越来越感兴趣，因为发起此类攻击的工具变得越来越便宜，越来越多的用户可以使用这些工具。为了降低硬件攻击的影响，应该禁用设备调试接口或设置密码保护。加密密钥不应该以明文形式从一个硬件部件传送到另一个硬件部件。密钥材料不应该存储在容易被攻击者读出的内存中。无论何时在内存中使用密钥，都应该在加密操作完成后尽快擦除内存。有足够预算的攻击者可以通过注入故障、测量功耗或调整时间进行侧通道攻击。设备必须携带软件和硬件保护，以防止此类侧向通道攻击导致密钥泄露。因为现场设备部署的时间较长，所以它们需要固件可更新。固件更新过程必须得到充分的保护，以保证固件更新的完整性。例如，设备必须能够验证固件更新是真实的。如果这种验证方法不到位，攻击者就可以用软砖将现场设备软砖化，导致其出错或使其完全不可用。

2）照明网络中的通信包括灯具和群控制器之间的通信或灯具之间的通信，或两者兼有。如果攻击者在当地存在，他们可能会破坏照明网络。照明网络的主要安全要求是可用性和完整性。通过确保没有单点故障，并增加现场设备之间的通信路径数量，可以提高可用性。传统上，可用性是一个很难满足和测试的需求。使用包含消息验证码（MAC）的加密方法对消息进行签名，可以确保消息的完整性。设备必须配置为替换已重置的消息。大多数用于现场设备之间通信的协议已经支持完整性要求。例如，ZigBee 提供重放保护，并使用经过身份验证的加密算法确保消息的完整性。

3）照明骨干由控制器和本地照明管理服务之间基于 IP 的通信组成。连接到照明主干网的设备在硬件资源方面比灯具受到更少的限制，因此，它们可以使用标准和协议来保护互联网通信。其中包括 TLS（Transport Layer Security）和 VPN（Virtual Private Network）等协议，TLS 是 SSL（Secure Sockets Layer）协议的升级版本，VPN 可以验证通信伙伴的真实性，保证数据的私密性和真实性。网络隔离，如虚拟局域网（VLAN），可以用来分离流量，减少照明骨干暴露到内部网络的其余部分。网络接入控制措施可以进一步降低网络攻击对照明主干网的概率。

4）本地照明管理服务（LMS），提供从本地 IT 网络接入照明网络的接口。LMS 为现场管理人员提供管理和诊断服务，以便对照明系统进行微调和维护。在某些情况下，LMS 提供了连接到楼宇管理服务的接口。这些服务通常运行在本地 Web 服务器上，攻击者可以利用典型的 Web 服务器漏洞获得访问权限。需要对访问系统的实体进行正确的身份验证和授权，以确保系统和系统日志的完整性。安全编程和测试针对知名的 Web 攻击需要减轻识别的威胁。必须定期执行基于风险的威胁和漏洞评估，并且必须持续打补丁。移动和基于浏览器的照明管理系统界面正变得越来越普遍。当运行应用程序的设备的信任级别未知时，就会带来新的漏洞。没有适当的对策，安全凭证和敏感数据就无法存储在此类设备上。手机应用在发布前应测试特定的漏洞，如 OWASP Mobile Top 10，以及来自 Web 的浏览器访问的常见漏洞，如跨站点脚本编写、跨站点请求伪造等。手机应用应该被视为一个独立的产品并进行相应的测试。

5）云照明管理服务。越来越多的城市和建筑中的互联照明系统正在将管理从本地照明管理服务转向基于云的照明管理服务。这种转变在安全方面有利有弊。一方面，基于云的服务提供了一个可以从整个 Internet 访问和攻击的攻击点；另一方面，在集中式的基于云的服务上执行安全更新要比在独立的内部管理系统上更容易、更快。基于云的系统可用于确保跨多个部署的单一真相源（SSOT），如用于检测跨多个部署的克隆设备。基于云的照明管理服务在安全设计方面需要格外小心，因为它们是非常高风险的组件，可能会影响多个部署。云服务的安全设计应该是可伸缩的，以确保最大的可用性。外部渗透测试和对既定标准的审核是极其重要的。

6）公共网络连接。当使用公共互联网连接来连接照明组件（如从云到移动应用程序）时，应该使用基于风险的适用安全机制选择。Web 上使用的安全机制是从多次失败和经验教训中发展而来的，不建议重复发明轮子。TLS 和 IP-Sec（Internet Protocol Security）等协议适用于跨 Internet 的通信接口桥接。此外，安全设计应提供正确的方法以在接口的两端建立信任，包括密钥管理和安全引导。

2. 安全开发流程

物联网照明组织需要一套流程，以确保照明系统的架构、设计、实施和部署是安全的。在安全工程实践中，这些过程在安全开发生命周期（SDL）过程或安全软件开发生命周期（SDLC）方法中详细说明，如由 OWASP 发布的方法。这些方法提供了一套完整的开发过程、里程碑交付、工作方式和培训。安全生命周期每个连接的系统都遵循一个由几个阶段组成的生命周期，通常包括制造、部署、维护、退役和最终处理。安全性必须是每个阶段中不可分割的一部分，并且这些阶段必须连接在一起，以确保系统从"摇篮"到"坟墓"都是安全的。整个系统的安全性取决于最薄弱环节的强弱。具有唯一凭据的设备的安全制造是系统在其生命周期内安全性的基础。这些长期凭证需要安全地存储在设备上，并在后端进行适当的密钥管理。系统的运行安全性是建立在委托密钥的基础上的，因此，对委托步骤进行适当的认证和授权是非常重要的。操作安全性是指系统花费其生命周期的大部分时间，并且需要通过安全通信协议、对等点的身份验证和授权及适当的密钥更新来抵御攻击。对于软件更新、设备更换等维护操作，应确保操作的安全性，保证系统的运行安全。退役可以基于操作和制造关键的组合，以确保从现有系统中安全移除设备。在处理设备时，需要适当地操作密钥管理，以防止密钥泄露或无意中允许访问操作环境。不同领域的照明系统有不同的安全生命周期需求，由工作流需求决定，从而导致不同的建筑设计。

第9章 数据资产

9.1 数据资产管理

9.1.1 如何进行数据资产管理

首席执行官是否在那些没有给企业带来真正价值的任务上浪费了大部分时间？根据《哈佛商业评论》的说法，企业高管80%的时间被困扰在各类问题上，但处理这些问题所带来的长期价值还不到组织价值的20%。

在数据资产很可能是提高生产力方面最有价值的资源的世界中，对其进行管理是改善这些糟糕统计数据的简单解决方案。通过信息管理提高生产力，可以使企业的运营效率每天发生变化，同时也使重大决策变得更加容易。

1. 业务面临的挑战

以下是企业高管他们每天面临的一些挑战。能够用于处理所有这些挑战的是两种非常基础的东西，但常常被人们忽略——信息和知识。组织为其信息和知识资产赋予的价值可以直接影响组织获得和维持竞争优势的能力。

（1）做决定

所有业务决策中约有50%归于失败，原因是管理错误，这是俄亥俄州立大学研究人员统计的数据。从纸面上看，这似乎是一个惊人的数字，但是当考虑到企业高管如何处理大的业务决策甚至是他们最大的业务决策时，这个百分比会更高甚至令人惊讶。

大多数决策者的决策是基于机会，而不是经过慎重考虑的结果。在普华永道的研究中，只有1/3的受访者表示，他们的决定在很大程度上取决于数据，而其他人则对数据视而不见；另有1/3的受访者表示，他们认为这些决策的价值超过 10 亿美元。因此，决策不力所带来的风险显而易见。

在高度以目标为导向的世界中，错误地做出重大决定会损失惨重，而那些正确地做出重要决定的人通常会促进企业健康持续地发展。根据相关信息做出决策显然是不可或缺的。

信息对于任何决定都是有价值的，无论是从餐厅的菜单中读取数据，还是使用数据分析选择合并或收购的最佳时机。如果没有正确的见解，就很可能导致错误的结果。

这就是数据资产管理介入的必要性。企业将信息作为其宝贵的商业资产进行管理，确保在需要时可以得到做出重要决策所需的信息。在正确的时间访问正确的信息对于许多关键业务活动至关重要，这些活动包括：

- 制定业务策略
- 准备并购
- 瞄准新市场
- 设计新产品
- 管理业务风险
- 制定招聘策略
- 制订继任计划

提高决策成功率的三管齐下的方法涉及获得正确的信息，对其进行组织并在需要时进行访问。为了更快、更成功地制定决策，应专注于以下 3 个方面：

1）改善信息收集。对当前做法的独立审核，可确保能够首先找到并安全地存储正确的信息。

2）发展数据组织。一旦存储了正确的信息，企业的特定成员就需要访问它，并使用正确的信息进行实践，快速有效地进行操作。

3）改善数据治理。确保企业拥有适当的数据治理框架，将信息用于更广泛的业务战略，并将其用作整体资产。

毕竟，信息是四大关键业务资产之一（另包括财务、实物和人力），但很少有企业真正将其视为一种资产。信息管理不善的错误可能从未像在决策过程中那样清晰地被看到——正确管理信息的好处。

(2) 生产率

那些拥有组织良好的信息和知识的企业，将使其团队中的每个成员达到新的生产力水平。生产力通常是好生意和坏生意之间的区别，通常被认为是许多组织的"圣杯"，但很难获得生产性劳动力。拥有一个巨大的优势，对企业总是有深远的影响。

高效的工作环境是：

1）利润更高。产量提高带来了更健康的利润。

2）更快乐的工作场所。有助于招聘和留用人才。

3）客户服务。可以更高效地为客户提供质量更好的服务。

生产力应从头开始。首席执行官是负责分配资源以达到最佳效果的人员，这意味着他必须考虑所有4种资产——财务、实物、人力和信息。因为如果只把注意力集中在前3种资产上，企业高管可能会对数据一无所知，对组织内部数据的真正结构和使用方式了解甚少。

数据管理影响组织的各个部分，从招聘和业务风险管理到决策制定，当然还有生产力。如果高管的资产管理决策不包括创建一种以最佳方式使用公司数据的环境，他们的员工就不会有生产力。这样做的结果将是：

1）利润减少。

2）员工注意到，在恶劣的工作环境中会产生挫败感和疏离感。

3）对客户服务产生影响，尤其是在影响业务决策时。

取而代之的是，所有信息必须易于访问和管理，还要能够安全、快速地找到它们。这就是"数据资产管理"介入的地方。企业应制定信息战略，以更好地利用信息资产提高生产力。

我们知道，经营特定业务并确保所有员工以使他们以接近最佳的效率工作的方式使用信息并不容易。

首先，需要改变观念，将许多组织所缺少的信息治理和问责制放在首位。这涉及调查当前的信息管理实践、流程和信息体系结构，以确保正确的行为和系统到位。在这方面，健康检查通常是一个不错的起点。

其次，需要对企业员工进行培训，以便他们精通关于如何改善信息使用的知识。这样做有什么好处？一旦企业具备了组织良好的信息和知识，团队成员就拥有了将生产力提高到新水平的工具，收益将是巨大的，并且可以在以下方面取得显著成效：

- 减少员工在正确的时间找到正确的信息所花费的时间
- 优化内容使用
- 更快采用新系统和软件
- 捕获和使用企业知识的能力
- 围绕信息和知识的安全性改进
- 简化合规性
- 降低业务风险
- 消除重复并减少工作量

最终，允许企业的所有业务利用其现有的资源做更多的事情，从而使企业受益。

（3）风险管理

在企业中，风险无处不在。这是财务决策不当或对数字资源进行物理攻击所造成的，可能会带来利润增长过快或增长不足、丧失生产力或违反法律法规的风险。

没有透明的管理，每个行业的组织将很难识别和缓解最紧迫和最关键的业务风险，但他们有一个工具——信息。有了正确的信息，就有能力进行更准确的结果预测。如果以正确的结构利用这些数据并使用最理想的工具进行控制，则风险管理将成为日常工作的一部分，而不是为减少意外事件而进行的匆忙处理。

为此，企业需要了解信息、财务、实物和人力是仅有的 4 种资产，主管人员需要分配这些资源并创建信息治理，这是业务治理的一部分。遗憾的是，尽管优势很多，但一些组织尚不了解以这种方式提供信息最大限度地降低业务风险的优势。

通过更好的数据管理和治理可以降低业务风险的方法清单很长，并且从来没有定论，但可以借此发现组织这样做能够实现的一些最大的好处，具体是：

1）通过灾难恢复改善业务连续性以减少停机时间。

2）由于效率低下或违法而导致声誉受损的额外保护。

3）更好地获取证据文件以辩护诉讼和/或违规案件。

4）知识产权保护。

5）减少退休/离职员工或承包商持有的文件中的知识和市场洞察力。

6）减少对掌握知识、证据和知识产权的人的依赖性。

7）改进的物理和数字数据安全性。

由于组织的个性化特征，降低业务风险的道路并非一帆风顺。但是，有了更好的知识管理，再加上有效的文档和记录管理，企业就可以有效地避免或面对风险。

需要了解业务风险并以减少对企业造成持续威胁的方式来处理信息资产，确定最紧迫和最直接的风险，以及那些可能会构成严重威胁的风险。确保企业拥有内容管理系统和工具，确保能够快速、安全和有效地访问关键业务文档和知识，同时帮助业务经理和行政人员创建有效的数据、文档、记录和知识治理的环境。

（4）新技术

在数字时代，新技术不断涌现，每一项新技术都有望帮助人们达到更高的生产率和利润水平。企业一直在寻求对软件、硬件和基础架构进行明智的投资，以在竞争中脱颖而出。尽管技术总是在变化，但是这些升级所依赖的信息通常保持不变。如果企业没有使用正确的信息，那么所有那些价格昂贵的新技术都将失去投资价值。因此，将信息视为有价值的业务资产很重要。在数字时代，企业发现了如何从数据中获取价值的不同点，如在生产力、降低风险和制定更好的策略方面，不良的数据管理则具有完全相反的效果。这就是我们在数据资产管理中所做的工作：帮助企业达到更高的可操作性水平，同时为人们提供可充分利用技术投资的手段。

现在正处于技术时代，这是激动人心的时刻，所涌现出的许多解决方案为真正的业务优势打开了大门，例如：

1）更好的决策。可轻易获取宝贵的资源并防止被窥探。

2）改进的策略。提供洞察力和工具，帮助企业领导者树立远见。

3）提高生产率。缩短员工访问信息和进行信息处理的时间。

4）移动性。允许从世界的任何地方快速访问资源。

5）简化的合规性。使放错文件成为过去的解决方案。

6）节省空间的数字化。将这些纸质文档存储的数据转移到几乎没有空间的数字介质中。

企业正在充分利用新技术产生比以往更多的信息，并采用新的解决方案帮助他们进行管理。无论是基于云的存储产品，还是允许更多协作的软件解决方案，很多解决方案是对企业所有生产力和利润率困境的一站式解决方案。但是，这些解决方案仅与放入其中的信息一样好，如果企业管理不善，其信息就好比将水倒入跑车的水箱并期望达到最快速度。

为了充分利用新技术，组织首先需要就位的信息治理和管理来收集、组织、存储和分发有价值的数据。只有这样，企业才能随时随地成功地投资于新技术。

（5）合规管理

合规管理部门是企业的重要部门，负责定期记录合规信息以证明企业遵守法律法规。如果这样做未能使合规管理工作得到简化，那将浪费生产力并增加业务风险。回想上一次遇到合规性问题，是从数据库中查找并提取正确的记录简单，还是在系统之外疯狂地寻找隐藏的信息和知识简单？在某些情况下，丢失此类重要信息可能会使企业面临罚款甚至法律诉讼。

无论上次发生什么，证明合规性的过程都很可能没有以前那样顺利，除了收集所有这些数据的压力，可能还会感受到业务其他领域生产力下降方面的影响。

那么，该怎么办呢？作为业务领导者有责任确保负责合规的每个人拥有使这项工作尽可能简单的资源、结构和治理。这始于收集内容和信息的方式，如何命名和分类、在何处存储、如何访问及由谁访问，并一直持续到这些记录被使用、重用、重新定型和存档为止。

这意味着要像对待财务和人力资源一样对待信息资产，要谨慎并对其生命周期进行详细的了解。这就是数据资产管理可以提供帮助的地方。

（6）盈利能力

组织中信息的使用方式对每个关键绩效指标（包括利润）都有影响。如果盈利是最终目标，则组织需要重新考虑其处理关键信息资源的方式。

信息如何推动盈利？在现在这个时代，整个组织中使用的信息质量可以帮助或阻碍成功。以下是一些可以提高利润率的方法：

1）改善决策。那些依靠及时、准确的信息做出决定的人可以在其庞大的数据存储中找到他们所需的一切，无论是发布新产品还是进行收购所需的市场洞察力，依据合适的信息进行决策都是不可或缺的。通过了解真实的数据价值，并随后改善信息的使用方式，企业高管能够根据自己的判断做出快速、明智的决定。

2）实施新技术。似乎每隔一段时间就会发布一次新技术，每种新技术都有能力使劳动力更加高效、合规并最终获得更多利润。但是，如果依靠不良的信息，从而只能提供质量低劣的数据，那么昂贵的技术升级就会阻碍盈利能力，而无助于提升盈利能力。将信息视为关键资产可以提高技术升级的成功率。

3）提高生产力。当员工拥有随时可用且易于访问的正确信息时，他们可以提高工作效率已不是什么秘密。数字时代释放了巨大的生产潜力，这使员工能够在更多的设备和更多的位置上更高效地工作，只要为他们提供足够的信息管理工具和针对工作的培训，就可以极大地提高生产力。通过最大限度地发挥员工的力量，组织通常可以节省支出，同时增加收入。

4）制定更好的策略。组织积累的大量数据将包含不可思议的洞察力，这些洞察力随后可用于创建有效的企业战略。作为成功的主要因素之一，数据战略对未来的盈利能力必不可少。

(7) 管理治理

管理组织成功的关键因素是确保组织具有正确的结构和治理——这意味着要有足够和适当的资源完成工作，并且在出现问题时能够进行认真的管理审查。

信息治理框架和工具包括：
- 政策
- 角色与责任
- 标准
- 程序

- 指导方针
- 流程图

有效的企业治理实践围绕数据，信息和知识的好处包括：

- 更好地管理业务风险
- 改善合规性
- 消除双重处理
- 由于业务连续性的提高减少了灾难后的停机时间
- 防止由于效率低下或违法而造成声誉损失
- 通过能够发现和提供证据文件为案件辩护来防止诉讼
- 减少承包商、心怀不满的员工或退休员工手中的文件中所包含的知识、证据和知识产权的损失
- 减少对掌握知识、证据和知识产权的人们的依赖
- 增强信息和知识的安全性

(8) 战略管理

没有人认为制定一项业务战略很容易，采取的方向和做出的选择对未来的盈利能力和最终的成功至关重要。没有准确的依据，制定策略就好比试图在一个漆黑的大房间里寻找门，但是通过正确使用信息，企业领导者可以打开灯。

信息流过每一项业务——今天比以往任何时候都要多。如果能够找到最有洞察力的数据，制订成功的业务计划就会变得更加快捷、轻松，从而使业务领导者对他们推动业务发展的方向充满信心和信念。这就是为什么在考虑战略之前，真正的信息管理应该成为首要任务的原因。

选择不同策略、战略可以使企业得到截然相反的结果。例如，想通过合并、收购和招聘活动来发展业务并拥有更多实物资产和员工，甚至旨在全球化以覆盖更广泛的业务，相反，业务计划可能是缩减预算以减少开销并专注于最擅长的业务领域。

希望在市场竞争中获得竞争优势，使所销售的产品或服务多样化或改变定价策略。无论最终决定是什么，如何知道自己在做出正确的决定？尽管看不到它们，但可能会被警告信号包围，表明策略是错误的。这在不正确处理其信息资产的企业中很常见。企业可以要求的仅有4种资源，随着数字和物理数据遍

及整个企业，并且它们一直在流动，管理和将有用与无用分开是一项不可或缺的任务，尽管这并非易事。企业需要以最佳方式使用现有的信息、数据和知识资源，这通常涉及创建有效的信息治理以阻止对这些关键业务资产的错误管理。

有了正确的结构，企业就可以开始实现真正的数据价值，从企业领导者必须做出的关键决策开始。通过访问企业内部和外部的有用数据，可以更轻松地分析市场并选择最佳行动方案。

建立这种数据管理结构能够带来的好处包括：

1）提高员工生产力。员工可以更快地找到和使用正确的数据。

2）实施新技术。确保硬件和软件升级依赖有效的信息。

3）简化合规性。可以迅速找到证明合规性的正确文件。

4）改进的风险管理。正如将信息用于战略洞察，发现风险也更加容易。

5）盈利能力。所有这些好处都可以使业务更具成本效益，同时为客户提供更好更流畅的服务。

最终，这些优势不但有助于形成良好的业务策略，而且为在所选业务计划中获得成功奠定了基础。

2. 企业数据资产管理价值

数据资产管理将使组织的信息资产与其业务目标保持一致，人们应识别、计划、管理和创建可解决业务问题并带来可衡量业务收益的信息和知识资产。

（1）发现与项目论证

因为很多组织对资源的需求超过供应，所以你的想法正在与许多其他可能的计划、项目、系统和解决方案形成竞争。要取得成功，你需要开发并提出具有高度说服力的业务案例。

数据资产管理可以帮助：

- 在企业内部进行咨询以收集有关当前情况的数据和故事
- 确定最合适的业务案例内容和样式
- 形成"未来愿景"
- 购买解决方案的成本加上持续的运营费用
- 花费项目中的步骤

- 指定和量化收益
- 向决策者介绍业务案例并寻求输入和接受
- 获得批准和预算

数据资产管理可以研究并准备所需的文档、图表和统计数据，并向管理层提出令人信服的商业案例。

为了从信息和知识资产中积极推动价值，数据资产管理可帮助企业：
- 确定重要的信息和知识
- 有效地管理信息和知识
- 实现并认识到其信息管理计划对业务的价值

具体的战略咨询和业务计划服务包括：
- 确定高级别需求以支持当前和新兴的关键业务需求
- 可行性研究
- 制定业务规则
- 运营、管理和战略咨询
- 业务计划和审查
- 战略研讨会的促进
- 战略采购计划和资产管理
- 与利益相关者合作制订与战略相一致的业务计划
- 监控策略实施
- 调整策略以适应环境的变化

（2）信息与知识管理
- "我们当前的信息管理实践正在妨碍更好地开展工作"
- "我们只是空间不足"
- "员工将文件存储在其个人驱动器上，没有其他人可以找到它们"
- 搜索而不是查找可能是最令人沮丧和浪费时间的活动之一

数据资产管理如何提供帮助：
- 数据资产管理可以帮助简化复杂的信息纠缠并帮助使用者
- 快速找到想要的东西
- 呈现所需的方式

- 通知所有人
- 响应信息请求
- 进行发现

数据资产管理可以：

- 制定信息管理原则——一个高级框架，定义组织的信息管理应如何工作
- 通过运行状况检查识别和评估当前的信息管理实践
- 制定改进路线图

有效的信息管理的好处包括：

- 改善风险管理和合规性
- 最小化物理存储空间
- 减少开支
- 消除双重处理

知识管理是关于人与人之间及人与信息之间的联系。它致力于为组织的利益创造、共享、保留和重新利用知识。知识管理是一种鼓励共享信息和知识的整体方法，根据组织的战略方向优化业务流程、技术和文化。

在业务级别，这种知识共享往往会提高质量、响应能力、创新能力、竞争力和资产价值。

知识管理提供：

- 知识管理教育
- 知识管理策略和路线图
- 知识管理解决方案规范
- 知识管理可行性研究、业务案例和绩效管理
- 知识管理项目范围界定和项目管理
- 知识管理沟通和变更管理

（3）文件和记录管理

数据资产管理通过提高记录和文档的捕获、查找、共享、归档和处置效率降低企业的运营成本。

数据资产管理可以通过制定战略来解决管理硬拷贝信息的所有要素，包括：

- 分类
- 排序和结构化
- 创建保留和处置时间表
- 分级
- 应用
- 封存
- 毁灭

数据资产管理还可以通过运行状况检查，查看组织当前在处理记录和文档方面的表现。

体验事项将存档无效记录，包括：

- 根据当前批准的处置时间表分级
- 装箱并列出被使用的记录
- 准备所需的状态记录文档以将记录销毁或转移到二级存储
- 制定政策和程序
- 培训员工

所有项目或计划的目的都是实现变更对实践和系统的更改，尤其是涉及技术的更改，会导致人们的工作方式和组织发生变化。在所有变革项目中，至关重要的都是人们必须积极主动地减少恐惧并最大限度地减少阻力。

数据资产管理将制订一个量身定制的变更管理计划，以确保项目中的所有利益相关者和利益集团都被适当地告知其进度及可能对其角色产生的影响。这推动了对确保项目成功所需的文化和工作场所变更的管理。

（4）利益实现

为什么计算和传达项目收益如此重要？

要做好准备：董事会、执行团队和审计师经常在没有警告的情况下询问他们从投资中获得了什么回报。

如果一个计划或项目要真正获得成功，则组织需要采取刻意而积极的方法来实现收益。收益实现过程不仅涉及跟踪结果，还包括识别并寻求特定机会。

该过程还指出了项目预期成果的所有风险，可以监控它们并在需要时采取先发制人的行动。积极说明已实现的收益对于那些支持该计划的人来说，可能是一种职业发展之举。当然，如果第一次就能够很好地管理收益，那么下一个业务计划就很有可能一次性通过。

数据资产管理可以帮助企业：
- 交流需要采取哪些行动才能实现预期的收益
- 弄清员工如何为取得成果做出贡献
- 制定策略以积极降低已识别的风险
- 未产生预期收益时采取纠正措施
- 设计指标，用于监控承诺收益的实现
- 将成本与收益相匹配以评估净收益

总之，信息的爆炸式增长为各种规模的企业打开了大门，以多种新方式推动成功。提高生产力，做出更好的基于数据的决策并简化合规性，信息是关键。

9.1.2 数据资产管理的关注点

进行数据资产管理可以保护、管理和利用有价值的企业数据资产、企业数据及其数据化服务。如今，人们广泛认为数据资产对于推动和赋能业务价值至关重要。

就像其他有形资产货币化一样，企业数据服务在资产负债表上也具有财务价值。通过数据资产管理从企业数据和服务中提取商业价值——推动数据要素创新、促进数字经济时代新数据产品和服务发布及支撑竞争性商业计划，可提供增强的运营绩效和加速的业务价值。

在每个组织中，依靠从企业数据中获得的分析和见解所提供的大量决策和行动，正日益受到新的和不断发展的数据资产管理框架、数据架构和技术平台的推动。

当前，所有行业的企业都在不断争夺独特的数据资产并在开发数据利用方法方面展开竞争。那些不将数据视为企业核心资产或无法制定数据资产管理战略的企业面临竞争力下降的危险，并最终冒着业务失败的风险。

1. 信息成熟度模型（IMM）

现在，许多组织正在通过数据资产管理改变规划设计、业务管理、产品生产和物流供应的方式，从而提供一种更成功、更有效的方式持续改进核心运营和流程的日常执行方式和结果。

数据资产管理体系结构、方法和技术、数据服务和平台支持数据创新，以创建新的数据产品和服务，提升企业竞争力，提高业务绩效。

数据资产管理涉及的核心内容有：

- 数据资产模型：企业和域级别的数据、服务和数据模型
- 数据架构：业务和技术数据架构和路线图
- 数据技术平台：社交、移动、分析和云平台
- 数据资产管理框架：企业数据和服务框架
- 快速数据设备：内存计算、GPGPU/SSD（SAPHANA）
- 大数据平台：Hadoop 集群，Spark（Cloudera、Hortonworks、MAPR）
- 数据科学平台：倾向和预测模型、分析和见解
- 人工智能平台：人工智能（AI）/机器学习

通过创新的方式将这些新数据资产组装和集成在一起，可以创建新的业务模型和数据架构，如社交智能、生活方式分析和消费者行为分析。

如今，可以通过数据创新实现以数据为驱动的特征和功能，如微型营销和大规模定制，满足个人消费者独特需求的特定产品和服务定制，不但可以通过新的生成手段实现，而且可以通过数据创新实现竞争优势和开拓新市场，大大提高运营效率和经济效益。

2. 数据信息知识智慧模型（DIKW）

数据资产可分解为稀缺、独特、有价值且来之不易的数据点和应用程序。每个数据点均由其共享的元数据（格式）及其特定的内容（值）定义。

数据点出现的特征可以是结构化的事务性的基于事件的数据，包括时间（历史）和空间（地理）、个人（人口）、位置（地点）、财政（货币）、条件（状态）和事务性（事件）数据项值，也可以是非结构化的文本、图像、音频和视频等数据内容。

每个数据点与特定的一组应用程序（数据服务）、源、成本和收益相关联。正如企业无法在没有必要的种子资金或资本的情况下参与新的市场和经济，企业也无法在没有数据和算法支持的情况下产生新的预测模型或定价测量。

3. 企业数据框架

数据资产管理和支持数据资产管理的数据体系结构和技术平台，包含一组企业数据框架，而该企业数据框架又由执行企业数据管理任务和决策的方法、技术和过程组成。

企业数据框架如下：

- 治理、审计、报告和控制
- 可用性、健壮性、可靠性、扩展性
- 性能、速度、可变性和容量
- 质量、标准、合规性和可追溯性
- 采集、识别和捕获
- 应用、索引、编目和注释
- 管理、存储、访问和安全
- 交流、检索、出版和发行

数据资产管理必须支持对速度、可变性和容量的关键数据要求，从而可以将传统的本地应用程序（ERP、CRM、DWH 和 BI）转换为一组健壮、有弹性和可靠的 SMAC（社交、移动、Analytics 和 Cloud）数据服务。这些新的 SMAC 数据资产通过 Internet 交付，并作为公共、私有或混合云服务托管。SMAC 数据资产还必须与企业信息系统集成才能有效。SMAC 数据资产释放的价值不仅能极大地提高运营效率，还能进一步增强战略竞争优势。竞争优势是通过部署数据科学/大数据/快速数据，为分析和洞察力提供动力，API 服务访问、云计算和其他第三方消费者平台来推动的。

SMACT/4D 数据技术集合如下：

- 社交媒体、用户内容
- 移动平台、智能设备、智能应用
- 分析数据科学、大数据-Hadoop，Spark、快速数据-GPGPU，SSD
- 云平台-AWS，Azure，NetSuite，Salesforce，Workday
- 远程数据处理-机器生成，自动数据流，物联网
- 地理空间数据科学，地理人口统计，GIS 映射和空间分析

4. 数据资产管理关注的重点

数据资产管理及其混合云架构，以及开源软件和商业软件之间的协作，为数据服务的扩展提供了机制：流程执行、数据管理和集成、分析和见解。但是，所有这些都需要大量投资。数字化时代，许多企业更加关注以下数据资产管理能力。

（1）数据驱动的定制化

数据资产管理在微观营销和大规模定制等领域中需要支持数据驱动的定制化功能，这些定制化功能和服务可以满足每个消费者的独特需求。机器学习算法通过在多个周期内处理更多输入数据来增强倾向性和预测分析，从而随着时间的推移提高准确性。要发现在什么条件下有效、在多长时间内有效，需要进行迭代实验，并且需要在许多系统周期中重复进行。数字资产驱动的定制化使分析预测场景更具成本效益，可以按计划运行或临时运行，并且可以"即时"修改分析中需要输入的参数。

（2）内外部数据获取应用

除了针对标准、反复出现的问题的最终用户分析及针对"高级用户"的临时分析之外，数据服务还需要提供访问内部和外部数据的可能性，这些市场可以满足对新智能产品和扩展数据消费的需求。内部和外部数据的视觉和图形界面使数据科学家和其他主要利益相关者能够以与在任何电子商务站点上购买商品的方式相同的方式浏览和访问新数据集。可视化地发现、分析、转换、组合和显示内部和外部数据的数据应用功能，使探索新的风险因素或商业机会的实际成本低于未能调查问题的机会成本。

许多企业收集可能与其他组织共享的数据，也许在进一步处理之后，对数据进行完善和增强或匿名化（清除专有和个人识别信息）。其中一些数据可能对其贸易伙伴或供应链中的其他方面非常有价值，一些数据可能对不相关的外部组织（政府机构等）具有商业价值。

（3）嵌入式分析

应用程序中的嵌入式分析使用户获得计划的和期望的结果，如将"购买倾向"转换为"购买意图"。这些措施包括呼叫中心代表的最佳行动、产品推荐和移动应用中的进度指标，这些指标可推动目标的实现，鼓励消费者实现特定的结果、目标和目的。

（4）按需数据服务

将数据作为按需服务进行采集，就像其他任何按需服务一样进行调配和管理。许多企业通过社交媒体平台、音频和视频流服务、地理人口统计信息提供者在机场、火车站和汽车站、酒店和其他媒体、旅行和休闲公司创建内部和外部应用程序，以通过自动化的应用程序获取按需数据接口服务（API），以多种方式削减新数据存储和现有数据存储的成本，并提高数据资产的业务价值。

总之，数据资产将增强算法分析和见解的影响力，从根本上改善人工决策的结果。随着管理人员将更多数据纳入其决策过程，更多的问题或机会将暴露出其嵌入式逻辑。那些日常性分析工作将更多地由机器承担。

9.2 数据资产价值度量

9.2.1 数据资产价值评估概述

数据是需要管理、部署和评估的业务资产。首席数据官、首席分析官、首席信息官、首席营销官和首席财务官可以参照 Gartner 发布的信息评估方法衡量数据的使用价值和货币价值。

1. 面临的主要挑战

1）多数高管认为他们的组织对数据资产的管理不善，尤其是与传统资产的管理方式相比。这导致错过了商业机会和不必要的开支。

2）目前，会计行业并不认为数据是资产负债表上的资产，这意味着只有很少的组织能够真正认识数据产生的价值或者如果得到最佳的管理和治理可能产生的价值。

3）Gartner 学术研究人员的研究表明，以数据为驱动的企业的表现往往优于同行，金融市场也往往更青睐他们，但企业领导人没有办法衡量这种隐藏的价值。

4）大多数 IT 领导者努力证明与数据管理相关的关键举措的经济效益，如主数据和元数据管理、数据质量、数据治理、数据架构和基础设施升级，甚至是商业智能或分析。

2. 数据资产评估建议

1）CxOs 和公司董事会应要求他们的组织将数据视为一种资产而不仅仅是作为一种资产来谈论。

2）首席数据官和首席行政官应在首席财务官的指导下建立一套标准方法，以衡量关键数据资产对其组织的实际和潜在经济价值。采用一个或多个 Gartner 建议的数据资产价值评估模型，并定期执行这些度量。

3）IT 和商业领袖至少应该利用他们的数据价值评估来帮助 IT 和商业计划的优先级和预算，改善数据管理文化和纪律，并制定明智的数据战略、生命周期和做出相关决策。

3. 战略规划设想

1）2015 年，超过 90% 的商业领袖将数据视为战略性资产，但只有不到 10% 的人对其经济价值进行量化。

2）2016 年，30% 的企业将通过易货或直接出售数据资产，开始直接或间接地将数据资产变现。

3）2017 年，80% 的首席数据官将努力实现数据价值最大化，同时继续努力降低数据风险。

4）2018 年，超过 75% 的首席数据官不会向首席信息官或其他 IT 领导汇报工作。

5）2020 年，数据将被用于改造、数字化或淘汰 10 年前 80% 的业务流程和产品。

6）2020 年，30% 的数据在创建时将包含来源、业务、安全和价值元数据。

4. 数据资产评估介绍

试想一下，以下情况都无法衡量价值：一名零售经理没有店铺库存的记录；一名首席财务官没有公司财务资产和价值的记录；一名人力资源主管没有公司名录、员工评分和薪酬数据。这看起来很荒谬——但这就是当今大多数组织的数据管理状态。

首席数据官通常缺乏关于组织中存在哪些数据的可靠库存，如数据在哪里、用途是什么、它的价值如何度量。然而，"数据"是首席数据官的中间单词——而我们正处于数据时代。

实物资产、金融资产，甚至某些无形资产，如专利和版权，都在资产负债表上进行盘点、计量和估值。甚至连自20世纪60年代以来被视为"人力资本"的公司员工，也会被衡量、评估和报告。

为什么数据不能放在资产负债表上？美国注册会计师协会（AICPA）、财务会计准则委员会（FASB）和国际会计准则理事会（IASB）等会计准则组织，各自对资产的定义类似于具有以下特征：

● 拥有和控制的一个实体
● 可兑换现金的东西
● 可以产生经济效益的实体

然而，现行的会计惯例，如通用会计准则（GAAP）和国际财务报告准则（IFRS）可以追溯到标准化财务报告惯例时代，至今不允许在财务报表上对数据资产进行资本化。即使是其他无形资产，如版权、商标和专利的价值被衡量和报告，在数据时代，越来越重要的数据资产组织却没有在资产负债表上体现。

在Gartner看来，会计行业长期以来未能承认数据是一种资产，这导致大多数企业普遍缺乏数据管理纪律。此外，它已经导致大多数组织不能从他们的数据中产生尽可能多的经济价值。有一类以数据为中心、以数据为导向的公司，他们在数据管理方面表现出领先的做法，其市值与账面价值远高于正常水平。然而，这一价值并未在任何地方得到正式反映。

Gartner认为，正式的数据会计实践，具体来说，衡量数据的价值是大多数客户实现其可用数据资产的潜在利益的重要一步。古老的格言"你没有必要管理你不衡量的东西"非常适合这种情况。然而，由于没有这样的模型存在，作为信息经济学开创性研究的一部分，Gartner已经开发和实施了一套可行的方法。

目前，虽然数据评估的国际会计准则尚未出台，但金融分析师已经开始部分基于企业的数据资产和数据相关能力来评估企业。我们预计这一趋势会继续。尽管如此，由于各种原因，Gartner推荐并与组织合作来衡量其数据资产的价值，包括：

（1）与 IT 相关的好处

1）加强信息管理。

2）对数据治理、分析、保留和归档等与数据相关的举措进行更智能的优先排序。

3）为 IT、商业领袖和首席财务官创造一种共同的语言，以进行信息交流。

4）证明和证实 IT、数据相关的商业计划的好处。

5）推动数据文化，促进数据相关学科的发展。

（2）与商业相关的好处

1）提高企业最未充分利用的资源之一的经济效益。

2）实现高管对所有资产价值的一致理解，而不仅仅是公认会计准则资产。

3）推动企业市场估值改善。

4）给投资者和潜在商业伙伴留下深刻印象。

5）通过出售或以物易物的方式直接将数据货币化。

6）成为一个更加关注的中心业务（具体来说，是决策和过程自动化/优化）。

7）通过数据创新，开发新产品、新服务。

5. 数据资产评估分析

采用数据资产评估方法，提高数据管理和业务绩效。为了帮助企业将信息经济学原理付诸实践，Gartner 开发了多种计算数据资产价值的方法。这些方法包括基本估算和财务估值方法。估值基本模型考虑数据的质量相关方面，或者它对替代性能指标的影响。其中一些方法采用了公认的资产估值方法，尽管没有一种方法被任何会计准则机构接受或认可。目前，这些模型仅供企业内部计量和比较其数据资产的价值时使用。然后，这种分析可以用来帮助改进与数据收集、管理和部署有关的工作，就其本身而言，更有意义的并不是衡量本身：

1）数据资产的已实现价值和潜在价值之间的差值。

2）跟踪数据资产随时间升值或贬值。

所有与资产评估相关的方法，如信息资源元库（IRR）、经济增加值（EVA），对于任何类型的资产评估都是基于一组假设。正确地描述和一致的应用假设是很重要的。与离散度量本身相比，应该更加关注随着时间的推移而出现的价值增值或减值，这意味着定期应用估值模型进行评估是至关重要的。

避免在单位或记录级别上评估数据。在大多数情况下，这种粒度级别是不必要的，并且很耗时。当将一类信息（如客户数据、产品数据、维护数据、呼叫中心数据或员工数据作为数据）组合处理时，这些模型通常适应性最好。虽然将这些模型应用到特定的数据集可能更容易，但是可能会发现将它们应用到先前相关数据资产的逻辑分组中会有更多好处。

由于需求的差异和环境的不同，评估模型提供了多种模式。选择使用哪些和何时使用取决于企业的数据估值目的。有些是高级指标，有些是常规指标，有些是面向企业信息管理（EIM）改进的，还有一些是用于评估信息的业务效益。通常我们会发现，为了不同的 IT、信息、金融和业务领导人的利益，或者为了不同类型的数据资产，应用几种模型是有意义的。

9.2.2 基本数据资产评估模型

基本评估模型适用于尚未准备好或没有迫切需要为其数据资产赋予货币价值的组织或部门。这些模型对于评估数据资产的质量、潜在的与实际的效用非常有用，可以帮助改进企业信息管理（EIM）策略，也可以作为数据资产潜在经济利益的领先指标。

1. 数据的内在价值（IVI）评估模型

（1）概述

数据的内在价值是它的假定好处，它允许跨数据类别进行广泛的比较，而不管当前如何使用这些数据。这种方法能够衡量数据资产的正确性和完整性，以及其他组织拥有它的可能性。这表明，更专有或排他性的高质量和可用数据具有更大的内在价值潜力。这种方法可以用于在不同的数据源或计划中对与数据相关的投资进行优先排序。例如，数据的内在价值对于指导数据质量或与安全有关的努力和投资特别有用。

（2）公式

IVI 计算公式如下

$$IVI = Validity \times Completeness \times (1 - Scarcity) \times Lifecycle$$

式中，Validity 为有效性，即记录被认为是正确的百分比；Completeness 为完整性，即总记录与潜在或假设记录的百分比；Scarcity 为稀缺性，即市场或竞争对手可能也有相同数据的百分比；Lifecycle 为生命周期，即数据资产的任何给定单位（记录）的合理可用性（如以月为单位）。

（3）用途

这个模型非常适合数据管理员使用，以比较多种类型数据的潜在效用，或者跟踪特定数据资产随时间推移而增加或降低的趋势。最佳的 IVI 是 1.0，具体来说就是完美的数据准确性和完整性，在组织之外没有该数据的任何部分的副本或版本。对于 IVI 较高的信息，可能希望增加或确保其广泛可用和使用。对于 IVI 较低的信息，需要加倍开展数据治理和质量工作。

（4）示例

在表 9-1 中，公司的客户支持数据比客户联系数据具有更大的内在价值。因此，不管具体的业务用途是什么，客户支持数据的使用都应该优先于客户联系数据。或者，客户联系系统和流程可能需要更多地关注改进它们捕获的数据。

表 9-1　数据内在价值评估示例

信息类型	有效性	完整性	不足	生命周期	IVI
客户支持记录	0.85	0.95	0.00	24 个月	19.4
客户联系方式	0.62	0.67	0.33	36 个月	10.2

（5）变化因素

1）对数据质量的主观或客观度量，如及时性或精确性。

2）在记录级或数据集级确定完整性，并引入因素权重。

3）为了更符合已建立的数据价值比较，用 ln（Lifecycle）代替，其中生命周期≥1，ln（稀缺性），稀缺性＞1。

（6）好处和挑战

1）好处。IVI 是可用的最简单的数据评估模型。数据质量因素可以通过自动分析和基本的市场了解来确定。它可以帮助快速比较不同数据资产的潜力，识别数据质量、数据隐私或数据治理问题，或者识别不应该保留的数据。

2）挑战。IVI 不考虑数据实际或潜在与任何实际商业目的的相关性。

2. 数据的业务价值（BVI）模型

（1）概述

这种方法考虑了数据资产对实际业务使用的效用（与上面的 IVI 方法不同）。它解决了数据的好坏程度、对业务的适用程度及数据的最新程度。这种方法可以方便快速地了解数据在现实世界中的潜在好处。例如，当存在竞争的业务优先级时，此模型可用于将与数据相关的优先级与它们保持一致。

（2）公式

BVI 是以下方面的函数：

1）相关性（Relevance），数据对一个或多个业务流程的有用程度（0~1）。

2）有效性（Validity），记录被认为是正确的百分比。

3）完整性（Completeness），总记录与潜在或假设记录的百分比。

4）及时性（Timeliness），捕获和访问数据的新实例或更新实例的速度有多快。

BVI 计算公式如下

$$\text{BVI} = \sum_{p=1}^{n}(\text{Relevance}_p) \times \text{Validity} \times \text{Completeness} \times \text{Timeliness}$$

式中，n 为业务流程或功能的数量。

（3）用途

数据业务价值评估方法对整个组织的业务功能进行全面的数据支撑价值分析是很有用的。测量数据的实际价值和潜在价值之间的差距，具体来说，使用实际的和潜在的相关性评估可以快速识别更好地利用"暗数据"的机会，以度量各种数据质量属性。

（4）示例

数据业务价值评估示例见表 9-2。

表 9-2 数据业务价值评估示例

信息类型	销售流程相关性	维护流程相关性	订购流程相关性	有效性	完整性	及时性	BVI
销售交易	50	20	90	99	96	80	1.21
网络博客	80	10	30	95	99	98	1.11

在本例中，销售事务数据的业务价值指数比 weblog 数据数值稍大一些，这主要是因为它被认为在产品、材料订购方面具有更高的相关性。

考虑在更广泛的流程中使用这些类型的数据可以进一步区分它们的业务价值。

(5) 变化因素

1) 数据质量指标。

2) 使用不同的方法确定相关性（如调查、数据使用分析）。

3) 相对一般情况，衡量每个业务流程的准确性、完整性和/或及时性。

4) 考虑仅针对特定业务流程的不同信息的 BVI。

5) 因素权重。

6) 对于及时性的要求（如及时性要求 >1），是为了更好地与现有的信息理论保持一致。

(6) 好处和挑战

1) 好处。BVI 将数据与实际业务价值联系起来。它的实现相对简单，可以考虑实际和潜在的场景。这个模型对于识别"暗数据"和做出"可选择的处置"决定是有用的。

2) 挑战。业务相关性可能是非常主观的，可能需要进行耗时的分析来确定。

3. 数据绩效价值（PVI）

(1) 概述

此方法着眼于数据资产对业务目标的已实现的或估计的影响，业务目标表示为关键性能指标（KPI）。这回答了以下问题：拥有这些数据能在多大程度上提高业务性能？简而言之，这种方法需要运行一个受控验证过程或推测验证过程，但得到的是一个确定的、经验值度量。

作为一个数据价值度量的滞后指标，这种方法可能比 IVI 或 BVI 模型数据相关计划或决定潜在信息价值的优先级要低。然而，这是一个测量实现商业利益对建立业务指标和数据资产经济价值的首选方法。

(2) 公式

PVI 是一个简单的比率，通过合并给定的数据资产计算 KPI 改进，在任何

给定数据实例的可用生命周期进行推断。PVI 计算公式如下

$$PVI = \left[\left(\frac{KPI_i}{KPI_c}\right) - 1\right] \times T/t$$

或者对于多个 KPI，总体 PVI 可以表示为其个体 PVIs 的平均值，其中

$$PVI = \frac{\sum_{p=1}^{n}\left[\left(\frac{KPI_i}{KPI_c}\right) - 1\right]_p}{n} \times T/t$$

式中，i 为使用数据资产的业务流程实例（知情组）；c 为不使用数据的业务流程实例（控制组）；n 为测试测量的不同 KPI 的数量；T 为任何数据实例的平均可用寿命；t 为衡量 KPI 的持续时间。

（3）用途

在理想情况下，使用 PVI 模型需要运行受控的数据管理过程，其中业务流程的某些实例合并其他实例没有的某些数据资产。这是一个经典的 a-b 测试。正的 PVI 表明该数据对这一过程是有价值的；负的 PVI 表明数据在某种程度上阻碍了这一过程。在确定 PVI 时，重要的是在试验期间保持收入过程的所有其他方面不变。

（4）示例

这种方法的典型例子是一个目标营销活动利用有关客户偏好和行为的信息，而另一个完全相同的活动没有利用这些数据。一段时间后，比较这两组的表现。

在表 9-3 的示例中，新数据对销售的影响最大，并对每个订单的收益产生负面影响。或许，新数据在某种程度上鼓励了低价格产品的推广，或将目标锁定在低收入客户，或阻碍了对多种产品的购买。

表 9-3　数据绩效价值评估示例

KPI	附加数据	无附加数据	数据生命周期（月）	审计持续时间（月）	PVI
线索数量	6000 元/月	4500 元/月	24	3	2.67
销售数量	120 元/月	55 元/月	24	3	9.45
每个订单的收入	400 元/月	350 元/月	24	3	0.89
总体 PVI					3.74

（5）变化因素

1）衡量单个或多个 KPI。

2）消除时间变量。

3）以各种方式吸收或利用新数据。

4）测试单个 KPI 的替代数据源，以确定哪个提供了最大的好处。

5）对于术语 $\ln(T)$ 和 $\ln(t)$，$T>1$，$t>1$，以更好地与已建立的信息论保持一致。

（6）好处和挑战

1）好处。PVI 是硬性的、经验的测量，是一个很好的预测或金融措施。它介绍了一个不需要进行业务功能级分析的场景。

2）挑战。PVI 需要运行一个或多个实验，可能涉及系统或流程更改。数据集成到流程中的方式会影响结果。它没有考虑将数据合并到流程中的费用。

9.2.3 数据资产价值评估模型

数据资产价值评估模型对于需要确定数据资产与其他资产相比表现如何的组织是有用的；在数据资产的收集、管理、安全和部署上投资什么；如何在业务交易，如合并和收购、数据联合、在信息交换中表达它们的价值。

这些价值模型是已建立的资产评估模型的变体，评估专家和会计师使用这些模型评估传统资产。但是，已经对这些模型进行了调整，以适应数据独特特征的细微差别：数据在使用时不会耗尽。

1. 数据成本价值（CVI）模型

（1）概述

这种方法是将数据资产作为生成、捕获或收集数据所需的财务费用进行评估，还包括一个可选术语，该术语考虑了当此数据资产变得不可用（如损坏、丢失）或被盗（特别是复制）时对业务的影响。当数据资产没有活跃的市场且其对收入的贡献不能充分确定时，这种方法是首选。此外，该模型还可用于评估数据资产损坏、丢失或被盗的潜在财务风险。

(2) 公式

CVI 计算公式如下

$$\text{CVI} = \frac{\text{ProcExp} \times \text{Attrib} \times T}{T} \{ + \sum_{p=0}^{n} \text{Lost Revenue} \}$$

式中，ProcExp 为捕获数据所涉及的流程的年化成本；Attrib 为可归因于获取数据的过程费用的部分（百分比）；T 为任何给定数据实例的平均寿命；t 为测量过程费用的时间段；n 为直到数据被重新获取，或直到业务连续性不再受丢失或损坏的数据影响的时间间隔。

(3) 用途

数据捕获的过程费用部分可能很难确定，因为可能在业务操作过程中收集，在这种情况下，通常是费用。如果分配给获取该数据资产的过程的部分是确定的，这一金额表面上可以作为资产价值而不是费用。还应考虑声誉或竞争风险的成本，如果这些数据被公开披露或被竞争对手窃取。

(4) 示例

可以考虑数据没有被偷、损坏或丢失的成本价值：设备维护过程每年花费 200 万美元，估计其中 2% 用于获取和收集数据。因此，每年捕获价值 4 万美元的数据，但由于它的使用寿命为 3 年，估计它为 12 万美元。

(5) 变化因素

1）在确定整个过程费用时，考虑物理过程资产的摊销费用，加上它们的持续运营费用（包括人工）。

2）包括数据的存货持有成本（管理费用）及其购置费用。

3）为了更好地与已建立的信息论保持一致，用 $\ln(T)$ 和 $\ln(t)$ 替换这些项，$T>1$，$t>1$。

(6) 好处和挑战

1）好处。CVI 是评估数据替换成本和如果丢失、被盗或损坏的负面业务影响的最佳方法。会计人员喜欢用这种更保守、更稳定的方法评估大多数无形资产的初始价值。

2）挑战。一些成本因素的评估带有主观性。这些成本很可能已经被支出，所以 CVI 仅仅表示通过将数据从费用转为资产来表达数据的价值。

2. 数据市场价值（MVI）模型

（1）概述

这种方法着眼于数据资产在开放市场中的潜在或实际财务价值。通常，数据货币化是在贸易伙伴之间进行交易以换取现金、货物或服务，或出于其他考虑，如优惠的合同条款和条件。然而，越来越多的企业直接通过托管的数据市场（如 Programmable Web、Quandl、Microsoft Azure Marketplace）或特定行业的数据代理来销售他们的数据。

一般来说，这种市场价值方法不适用于大多数类型的数据，除非它们是经过许可的或以物易物的。然而，随着组织在外部利用数据方面变得更加复杂和积极，应该考虑这种方法。

（2）公式

在对这一传统方法进行修改时认识到，大多数数据实际上并没有出售，特别是所有权转移；相反，它是被许可的。因此，评估模型已包含一个降低数据市场可销售性的因素，因为它在市场上变得更加无处不在。这表示为应用于数据资产的假设所有权转移或专有价格的可变折现因子（反向溢价）。MVI 计算公式如下

$$\mathrm{MVI} = \frac{\text{Exclusive Price} \times \text{Number of Partners}}{\text{Premium}}$$

式中，Exclusive Price 为独家价格；Number of Partners 为缔约方数量；Premium 为溢价。

（3）用途

在考虑通过出售或物物交换将数据货币化时，使用 MVI。在理想情况下，首先，使用 CVI 或 EVI 模型确定独占价格——具体地说，将数据资产的完全所有权（或独占权）转让给另一个实体可能需要多少钱；然后，确定或估计在任何给定记录的平均生命周期内，将有多少可能的缔约方许可该数据。确定市场规模的传统市场分析方法也可用于确定可能的数据许可方的数量。

对潜在授权方的额外调查可以确定溢价因素，如询问"您愿意为独家访问或直接拥有该数据而支付的任何给定授权费用的溢价（倍数）是多少"。

(4) 示例

表 9-4 的示例考虑了一个组织的客户忠诚度数据的可营销性，说明了通常所期望的：MVI 是数据独占值的小倍数。这是因为潜在的被许可方对数据的普遍可用性的了解几乎抵消了被许可方的数量，特别是数据所有权溢价的潜在被许可方的数量。然而，当一个组织的数据成为必要的行业标准数据产品（如信用机构、金融数据经纪人、市场研究组织）时，它可以达到指数 MVI 倍数。

表 9-4 数据市场价值评估模型

数据类型	专属价值	可寻址的市场规模	市场销售给高于平均水平的寿命百分比数据	许可人的可能数量	所有权、溢价结束、许可证	MVI
客户忠诚度计划数据	1 000 000	5000 个组织	20%	1000	700X	1 428 571

(5) 变化因素

1) 考虑预期现金流的净现值（NPV）。

2) 考虑数据所有权转移的情况——虽然这种情况很少。

3) 运行不同组合的模型，或完善和打包数据资产组合。

4) 考虑限制被许可方的数量，以降低保费。

5) 数据资产的市场价值可以通过对可比形式的数据进行当前市场评估来确定。

6) 考虑衡量稀缺性（参见 IVI 模型）来确定溢价因素。

(6) 好处和挑战

1) 好处。MVI 对于确定可销售或可交易的数据资产的价值是最有用的。它可以用于确定数据产品的价格点，也可以进行调整，以确保对另一个数据产品收取可接受的许可费用。

2) 挑战。对于非市场数据资产，它不是特别适用或有用。它包括高度主观的因素，可能需要进行广泛的市场分析。数据资产的独占价格可能很难确定或估计。

3. 数据的经济价值（EVI）模型

(1) 概述

该方法采用传统的收益法进行资产评估，然后减去与数据相关的生命周期费用，从而产生数据资产的财务净值。该方法与 PVI 方法一样，是对数据资产实际价值的实证计算。因此，它更多的是一个落后指标，而不是数据价值的领先指标——除非第一个收入期能够被充分估计。

（2）公式

当一个特定的数据资产被合并到一个或多个产生收入的流程中时，EVI 会考虑收入中已实现的变化，然后对数据的获取、管理和应用成本进行计算，公式如下：

$$EVI = [Revenue_i - Revenue_c - (AcqExp + AdmExp + AppExp)] \times T/t$$

式中，$Revenue_i$ 为使用数据资产产生的收入（知情组）；$Revenue_c$ 为不含数据资产的收入（控制组）；T 为任何给定数据、实例或记录的平均预期寿命；t 为执行 EVI 实验或试验的时间。

（3）用途

作为上述 PVI 方法的财务变体，EVI 需要进行一段时间的试验。然而，在这种方法中，收入是唯一的 KPI，价值是货币而不是比率，并且数据资产的生命周期也被考虑在内。首先，衡量使用这些数据与不使用这些数据产生的收入之间的差异；然后，减去数据的生命周期成本；最后，将这个总和乘以数据资产寿命（T）与试验持续时间（t）的比率。在确定 EVI 时，重要的是在试验期间保持收益过程的所有的其他方面不变。

（4）示例

在表 9-5 的数据经济价值评估示例中，确定了电子商务网络绩效数据和社交媒体趋势数据的净经济效益。

表 9-5 数据经济价值评估示例

信息类型	数据带来的收益	无数据收入	数据采集费用	数据管理员编制	数据应用费用	数据生命周期跨度	审判	EVI
例1 电子商务网络性能数据	25 000 元/月	22 000 元/月	500 元/月（摊销）	250 元/月	1200 元/月	6 个月	3 个月	2100
例2 社交媒体趋势数据	28 000 元/月	22 000 元/月	1000 元/月（含税）	200 元/月	2000 元/月	12 个月	3 个月	1200

在表 9-5 的例 1 中，捕获和利用电子商务网络性能数据，表面上优化网站

性能，产生每月 3000 元的总收益和 1950 元的数据生命周期费用，每月净收入为 1050 元。

在表 9-5 的例 2 中，授权和将社交媒体趋势数据（可能是营销和/或产品推荐引擎）结合起来，每月总收益增加 6000 元，额外支出增加 3200 元，净收益略微增加 2800 元。然而，由于社交媒体数据的效用较长，其 EVI 要大得多。考虑到竞争的 IT 优先级，整合社交媒体数据似乎是更好的选择。

（5）变化因素

1）只需计算收入差异，而不考虑估计的费用。

2）假设数据的生命周期是恒定的。

3）包括较长生命周期的贴现现金流信息，如客户联系数据。

4）用经济刺激替代公共部门组织的收入。

5）替换 $\ln(T)$ 和 $\ln(t)$，$T>1$，$t>1$，以更好地与已建立的信息理论保持一致。

（6）好处和挑战

1）好处。EVI 是一种对数据对顶层和底层贡献的实证分析。除了在以多种方式复制和应用数据时确定与数据相关的费用外，不需要进行功能分析。

2）挑战。EVI 需要现场试验和估算数据成本的能力。许多传统的企业领导仍然对尝试数据创收过程的当代概念不太认可。EVI 是一个跟踪指标，尽管结果可以用于对 IT 和业务计划进行优先排序。

不同行业、不同业态、不同管控模式的企业对数据价值的判断具有较大差异，因此，对实际数据资产价值进行评估时，要根据企业不同的需求选择一个或多个组合的数据价值评估模型进行评估。数据价值评估有利于数据驱动型企业判断数据资产价值对数字化转型的贡献度，从而为更好地利用数字资产提供有益帮助。

9.3 数据资产管理面临的问题

在数字化时代，成功企业的与众不同之处在于他们已经发展了将数据作为整个企业资产进行管理的能力。这种能力取决于 3 个要素：强大的技术基础，管理数据处理的机制，员工对管理数据的良好责任感。这些要素为何重要？它们如何帮助企业使用数据支持其业务目标？这里对将数据作为资产进行管理涉及的九大问题进行探讨。

9.3.1 企业如何利用数据创造价值

企业利用数据最大的价值来自能够收集和关联各种系统的数据形成洞察和决策。例如，大型石油公司过去使用传统的数据模型和数据库确定油井的获利能力，他们从收集有关油井的数据开始，如生产成本是多少、有多少产量，然后他们可能会问，如果油价达到××元，这口油井产生的效益是多少。这是对油井进行分析的传统方法。

现在，通过物联网IIoT，石油公司可以获得有关产量和维护状态等实际生产的更多数据并关联这些数据。因此，他们开发了预测分析模型，以识别运行效率最高的油井或利润最高的油井，进而做出实时决策。

在众多行业中看到了这一点。他们获取公司传统上处理利润、成本、费用等方面的数据，并将其与效率、维护、运行状态等基于物联网的更多数据相结合，从而形成更加精准的预测和科学的决策。

9.3.2 企业数据集成的主要挑战

当前，企业数据集成的主要挑战是如何在整个企业范围内对所有系统进行集成。从根本上讲，数据的设计、收集和存储方式与10年、20年或30年前的处理方式相比没有变化。数据是在特定业务计划或特定应用程序的建设下开发的，当前很多企业仍然在优化单个业务计划收集和设计数据的方式。假设对相同的数据进行其他操作和应用，比如在一家银行，可能已经收集了25年前建立的抵押申请系统的数据，现在他们希望在不同的场景中使用该数据，因此，必须收集数据、清理数据，并以不同的方式管理数据。一旦将数据提供给另一个业务部门，他们将如何处理？会打电话给这些客户吗？然后会发生什么？人们拥有数据，但是没有动力去共享它们。这是必须克服的基本组织障碍。

不可避免的还有技术障碍。该数据采用什么格式？使用什么数据库？该数据是加密的还是未加密的？此外，使用数据的原始应用程序或业务系统可能已在其中内置了一定的逻辑，如果在没有业务逻辑的情况下为企业提供数据，那么这些数据是否仍然有用并在新的场景中仍然有意义？

9.3.3 如何有效进行数据管理

过去，每个业务功能、每个应用程序均创建有自己的数据模型和数据库，这导致大量的数据以分散的方式进行存储。现在有很多事情要做，以便在问题发生后能够通过数据进行分析。现在最大的变化是，如何从一开始就设计这种功能？这有些像几年前在制造业中看到的那样。Kaizen 和其中的一些技术之所以能进入市场，是因为管理人员意识到，在制造产品后尤其是在产品已经发货的情况下修复缺陷确实非常昂贵，而在生产或设计阶段修复缺陷效率要高得多。这正是现在在数据世界中所看到的。

例如，想创建一个新的客户数据库以分析客户行为、参与度等，企业没有采取从不同地方收集所有数据，将它们拼凑在一起进行分析和应用的方法，而是退后一步说："我们首先要做一个数据目录：确定我们拥有的数据，数据是高质量还是低质量，什么是敏感数据，什么不是敏感数据，是来自内部系统的数据，还是其他来源的数据等。"有了该数据地图后，就可以设计和构建一个可扩展的新平台，能够支持客户数据的多个维度和场景的使用。

这是当前能看到的最大差异：了解如何收集和管理数据，并从一开始就将其设计到系统中。

9.3.4 数据管理如何赋能数字化转型

数据应支持许多业务举措，这些业务举措通常是数字化转型的一部分。例如，数字化转型通常涉及使用智能化数据分析平台。如何使企业内所有关键人员都可以使用分析，以便他们可以开发预测见解等？如果想使用智能化分析平台，则需要一个可以支持该分析的数据平台。

常见的例子就是 360 度客户视图。许多企业对如何真正改善客户体验和客户参与度感兴趣。大多数上一代系统是为交易而构建的，比如银行系统是为支票账户交易或抵押交易而构建的，不是为体验而构建的，进行更改需要合并与交易及与客户的所有交互相关的数据。这就是为什么需要一个数据平台：支持与数字化转型相关的典型计划。最终，数据成为推动业务转型过程中可能需要的分析应用或发现新机会或新业务模式的动力。

9.3.5 数字化转型在技术层面上关注什么

对于大多数企业而言，传统的 IT 管理方法是围绕大型应用程序项目制定预算。现在，大多数企业意识到，他们需要采用更加敏捷的模式。在这种模式中，他们开发的应用程序是模块化的，颗粒度更小。拥有可支持不同应用程序的数据平台，确实有助于实现向敏捷模式的转变。一旦构建了独立的数据平台，就可以使应用程序开发更加敏捷。

该平台必须基于元数据，才可以真正理解并拥有真实的数据目录。它不必存储所有数据，只是创建一个抽象层。

想一下来自后端系统和较旧系统的数据供应，它们只能让数据移动得更快，并且数据的消耗正在迅速变化。通过在数据平台上创建抽象层，可以使新应用程序更快地实现，而不必创建点对点连接。

9.3.6 领导数字化转型工作的是谁

企业通常从启动大型数字化转型计划开始，这涉及指定首席数据官。首席数据官负责确定企业使用新的数字技术转变的关键流程。现在，可能出于几个不同的原因任命首席数据官：由于合规性要求，一些企业需要首席数据官；许多企业之所以拥有一名首席数据官，是因为他们想建立一个数据平台，能够从各种不同的系统中引入数据，以推动其数字化转型；首席数据官教会企业中的每个人如何使数据发挥作用。

9.3.7 数字化转型中数据处理方法在组织中还有哪些方面

一家优秀的企业是将数据视为每个人都必须进行良好管理的战略资产。说到资金管理，这不仅是首席财务官的问题，有效地使用企业的资源是每个人的工作。正如，吸引、留住和发展人才不仅仅是首席人力资源官的问题，而是所有人的问题。人们认为数据已经开始发生这种变化，数据不仅是他们的数据，也是企业的数据。因此，要建立数据思维文化，首先要从领导层的思维调整开始。

一旦拥有正确的文化，企业就可以开始考虑如何管理数据，以便人们可以开展相关工作并针对优先级进行优化，同时平衡企业对未来的需求。

如何取得适当的平衡？对于不同的企业来说，答案是不同的，但这就是首席数据官扮演的角色："这是拥有自主权并做出决定的地方。这就是需要发挥作用的地方，以及我们如何将数据视为整个公司的资产。"

9.3.8 如何改变员工日常管理数据的方式

从集中的事后处理的数据治理和数据质量方式到协作的方式，思维方式发生了巨大的变化。

过去建立一个数据仓库，将所有数据放入仓库，并成立了一个由数据管理专家或数据质量人员组成的团队，以对记录进行抽样和检查，并确定数据是否完整、一致。这种方法根本无法扩展，特别是当我们拥有大量的数据时。

当前的方法是使数据治理和数据质量成为企业中最接近数据并在业务环境中了解数据的人员中的一部分。它是在收集和处理数据之前完成的。还有一个过程，如果仍然有不是最高质量的数据，则可以迭代，在数据质量基线的基础上（而不是事后）对其进行清理。

9.3.9 人工智能在确保数据质量方面是否能够发挥作用

的确如此，这已经在发生。例如，围绕识别敏感数据有新技术。《通用数据保护条例》(General Data Protection Regulation，GDPR) 指出，如果拥有与欧洲客户或欧洲雇员有关的数据，则需要以某种方式处理该数据。需要知道在哪里存储与欧洲客户有关的数据，并确定保存该数据的数据库。许多人工智能和机器学习技术都用于解决这类问题，结果可能不是 100% 正确的，就像其他任何 AI 或 ML 系统的输出一样。但是，即使 90% 正确，其余的 10% 也可能来自人类专家，他们会查看输出并确认考虑到 GDPR 保证了数据库的安全。

以纯人工方式完成整个工作很困难，因为这些任务是大量重复的。即使可以让某人对前 10 个数据库执行此操作，对后 1000 个数据库执行此操作也是不切实际的。因此，用软件机器人完成这项任务要好得多，要最大限度地将这些烦琐的工作自动化，并由人类专家来处理需要更多判断的异常情况。

9.4 数据资产管理方法

"数据资产"一词由 Richard Peters 于 1974 年提出，由信息资源和数据资源的概念逐渐演变而来，并随着数据管理、数据应用和数字经济的发展而普及。中国信通院将其定义为"由企业拥有或者控制的，能够为企业带来未来经济利益的，以一定方式记录的数据资源"。在企业中，并非所有的数据都构成数据资产，可明确作为资产的数据资源表现为以下两种形式：可帮助现有产品实现收益的增长；数据本身可产生价值。而数据资产管理，就是针对上述数据资产进行管理，主要内容包括以下 3 个方面：

1）数据资产治理。让企业数更加准确、一致、完整、安全，降低 IT 成本。

2）数据资产应用。使企业数据的使用过程更为人性、快捷，从而提升管理决策水平。

3）数据资产运营。支持企业数据资产的分发、开放、交易等数据嫁接的实现，从而促进数据资产价值的实现。

数据作为越来越重要的生产要素，将成为比土地、石油、煤矿等更为核心的生产资源，如何加工利用数据、释放数据价值、实现企业的数字化转型，是各行业和企业面临的重要课题，然而数据的价值发挥面临重重困难。企业的数据资源散落在多个业务系统中，企业主和业务人员无法及时感知数据的分布与更新情况，也无法进一步开展数据加工工作。数据标准不统一，数据孤岛普遍存在，导致业务系统之间的数据无法共享，资源利用率降低，降低了数据的可得性。标准缺失、数据录入不规范导致数据质量差、垃圾数据增多、数据不可用。数据安全意识不够、安全防护不足导致数据泄露事件频发，危害了企业经营和用户利益。为了解决解决数据面临的诸多问题，充分释放数据价值，必须对数据资产进行管理。

数据资产管理覆盖元数据、数据标准、数据质量、数据集成、主数据、数据资产、数据交换、生命周期和数据安全九大领域，实现全角色的可视化，包括领导、技术管理、业务管理都能通过平台清晰地了解数据治理的过程和结果，从而保证数据治理落地，产生积极的推动作用。

企业的数据治理指的是企业对所拥有的数据资产的治理。但是，并非企业所拥有的所有数据都能被称为数据资产，只有其中关乎重大商业利益的数据资源才是数据治理的对象。重要的数据资源可以为企业带来显著的商业利润，因此，这些数据资产也是企业公司资产的重要组成部分。数据治理需要在企业战略层面从上至下进行推动，通过建立组织架构，制定和实施系统化的制度、流程和方法，确保数据统一管理、高效运行，并在经营管理中充分发挥价值的动态作用。

数据已成为企业的核心资产和重要战略资源，是重要的生产要素。在数据驱动的数字时代，企业只有将核心业务数据更好地掌握在手中，才能从中萃取更大的业务价值，进而优化产品管理，拓展市场新渠道，打造企业核心竞争力，而数据治理就是挖掘这些价值的重要手段和工具。那么，对企业而言，如何才能将数据转化为数据资产呢？

对于普通企业而言，其数据治理的关键环节主要包括企业端数据治理的整体策略和方向，明确企业数据的范围和分布、打破数据壁垒，实现数据互通和共享，以及实现数据质量闭环管控这4项主要工作。

企业数据战略的制定是数字化转型工作开展的前提：

首先是组织开展数据工作的愿景、目的、目标和原则，是组织开展各项数据相关工作的宗旨和指引，同时也引领了企业数据治理的方向。

其次是数据资产盘点，即解决"有什么"（数据资产）、"用什么"（数据资产）、"如何用"（数据资产）等问题。其工作目标主要有4个方面：一是通过对关键系统关键数据资源的梳理，形成企业数据资产目录；二是通过盘点数据资产，推进企业数据整合共享及相关标准化工作；三是分析总结企业数据资产现状及问题，开展治理工作，提升数据质量；四是以体现数据价值为目标，推进数据资产使用，实现数据价值最大化。

再次是打通数据壁垒，加强数据共享。目前大多数企业的系统建设为"烟囱式"，各个系统如同烟筒一样独立支持业务应用，仅在功能层面有少许交互，而企业未建立统一的数据汇总、整合平台，导致各个系统之间的数据壁垒严重，数据无法释放价值。为避免因未开展数据规范造成的不良影响，可从以下两点入手：第一，企业应建立统一的、权威的数据规范——数据标准。数据标准从业务属性、技术属性和管理属性三方面定义了数据分类、数据标准名称、业务定义、取值范围、数据类型、数据长度和数据定义部门等内容，阐明了数据"应该是什么"的问题。第二，企业应将数据标准落实到系统开发中，保证新系统中产生的数据都满足数据规范要求，具体的流程包括：在需求提出阶段审查数据需求是否符合数据标准要求；在需求设计及系统开发阶段严格遵守数据标准进行系统设计及开发；在测试阶段纳入数据规范测试，检查数据规范的落实情况。通过以上机制，从技术流程控制角度，保证了新建系统中的数据满足规范要求。针对已有系统中不满足数据标准的情况，应适时开展系统改造，在系统层面落地数据标准，保证已有系统增量数据的规范性；对于存量数据，可根据需要进行存量数据的专项整改。

最后是构建数据治理三道防线，实现数据闭环管控。数据治理三道防线是业务管理条线、数据治理管理条线、审计监督条线，是数据管理的组织架构，是数据管理全面化、体系化的具体体现。这三道防线融合了企业前台、中台、后台的部门和人员，所有人员只有各司其职、各负其责，加强沟通联系，形成合力，实现信息共享、联动互动、合理覆盖，才能建成有效的全面数据治理体系，切实提升数据管理水平，充分释放数据价值。

数字经济正在改变人们生活和工作的方方面面，而数据是数字经济的核心，对企业而言，数据更是企业重要的资产，未来只有拥有大量数据并有效利用数据的企业才能在竞争中获得优势。

第 10 章 大数据数据治理

10.1 大数据治理

10.1.1 大数据治理概述

当业务人员和 IT 专业人员第一次谈到大数据治理时，许多人对大数据治理的复杂性感到不知所措。系统的数量和相互竞争的业务日程将如此多的变量混杂在一起，以至于手头的任务似乎无法管理。要成功地解决问题，需专注于基本原则，决定核心价值的数据是什么，并将决策过程与这些原则联系起来。治理大数据所需的原则来源于基本的数据管理实践，它们随着技术进步带来的创造价值的新机会和需要管理和控制的新风险而演变。

乍一看，可能会将这些原则视为常识或良好的数据管理而不屑一顾，尽管这是事实，但这些原则在许多组织中很少得到实践。为了走捷径和妥协，原则经常被抛在一边。作为数据治理过程的一部分，我们必须问自己，组织中的数据状态是怎样的？为什么会出现这种情况？

组织的领导应该将这些原则付诸行动。这项任务是通过确保将这些原则广泛地传达给处理数据的每个工作人员来完成的。员工需要将这些原则作为他们的指导，因为他们每天都要做出成千上万个小的决定，而这些小的决定正是组织成功所需要的，没有它们，这个组织就会向千百个随机的方向出发。这些原则必须成为组织的基础和组织"DNA"的一部分，是创建策略的基础，这些策略则体现了这些原则是如何在组织中进行常规应用的。与向组织传达和体现原则相比，策略是次要的。

10.1.2 大数据治理原则

大数据治理原则是基于一个简单的核心规则：组织管理数据的目标是尽可能快地移动信息，同时保持信息质量尽可能高、尽可能安全。这是其他原则的主要来源，虽然只是一个简单的概念，却有着深远的影响。它建立了一种微妙的平衡行为，将生产率和质量作为平衡的要素，有时在不同的目的下工作。

核心原则中"尽可能"一词的使用是有意为之的，因为完美不是大多数组织的追求，现实中组织的生产力和产品质量只需要保持领先于竞争对手并稳步提高即可。这也是客户和股东评判企业能力的标准。在短时间内，你可能需要选择其中一个，但是太长时间的不平衡会导致任何组织的灭亡。

组织必须在确保数据符合目的和拥有健康的生产节奏之间保持适当的平衡。只有组织才能确定何时达到了临界点，即任何额外的治理和监督只能提供有限的价值或最大限度地降低风险。这个决定只属于组织高层领导，不能授权。

大数据治理的核心原则是组织高层领导提供决策的基础，并向组织的较低层次传达他们的意图，从而为组织高层领导服务。了解这些原则之后，在高生产力时期所需的决策仍然可能与企业数据治理委员会的意图保持一致。

这些原则中有许多是结构化数据领域中的常识和常见实践。它们的起源可以追溯到几十年前开发的良好数据管理实践。它们是这些实践的扩展，通常为许多监管需求提供基础，如 SOX、HIPPA、Dodd-Frank 等。在这里将它们扩展到大数据治理所必需的原则。如果组织还没有建立基于原则的治理计划，那么可以考虑从以下 13 个方面着手。

（1）保持敏捷

数据治理实践的焦点必须允许对技术、客户需求和内部流程的变化做出敏捷的响应。

1）组织必须能够对紧急技术做出响应（每天，而不仅仅是当天）。

2）考虑规则和管理控制可能如何降低生产力。

3）在不显著影响工作流程的情况下进行标准化。

（2）法规遵从

组织必须遵循法律法规的要求采集个人或流程产生的数据。

1）上市公司。履行保护股东投资的义务，在创造价值的同时管理风险。

2）私人公司。符合隐私法，即使财务法规不适用。

3）两种类型的公司。履行国际、国家、地区和地方政府的外部法规的义务。

（3）管理质量

信息和数据是业务的核心，信息内容的质量对持续成功至关重要。

1）对于大数据，数据必须符合目的；评估时可能需要假设背景。

2）质量并不意味着清洗工作，而清洗工作可能会掩盖清洗结果。

（4）保障结果

人员是保证数据质量、安全性和遵从性的要素。

1）持续产生意识，作为治理计划的关键任务。例如，许多公司提供定期的个人信息保护培训。

2）按照这些原则定期对组织进行审计和衡量，并将结果纳入个人和部门的绩效监测。

（5）映射信息

理解企业整个业务和跨所有流程的信息流，能够成功实现前两个原则。这需要在整个组织中捕获和记录静态数据和动态数据。

1）在大数据中，起源和血统仍然很重要，如果不是更重要的话。

2）消息来源是什么？这是验证分析结果是否符合目的的关键问题。

3）它要去哪里或已经去了哪里？对于正在进行的系统维护和支持工作来说，这是一个至关重要的问题。

4）启用审计报告，这被认为是一个基本的监管合规功能。

（6）管理含义

数据是企业的语言。为此，理解企业正在使用的语言并积极地管理它，可以减少歧义、冗余和不一致问题，这些都直接关系到信息的质量。

1）大数据可能没有提供逻辑数据模型，因此，实践中的任何结构化数据都应该映射到企业模型。

2）大数据仍然有上下文，因此，建模对于创建知识和理解变得越来越重要。

3）确定在报告和分析中可以容忍的歧义程度，对这种不确定性进行度量监控。

4）计划随时间变化的意义。定义随着时间的推移而演变，企业必须计划管理含义的转变。

（7）管理分类

对于业务主管来说，一旦数据所有者引入整个源数据集和内容，就立即对其进行分类，以支持信息生命周期管理、访问控制和法规遵从性，这一点非常重要。

1）公共与私人。

2）保持期/时间表。

3）安全级别。

4）适用的监管控制（如 PII、PCI 和非法内容）。

5）无损检测在分段区域（静止数据）进行评估/分类，或在流中进行威胁评估/功能（动态数据）。

如果没有对传入流的积极控制（如 Twitter 提要是不受控制的），那么必须有组件来监视和分类跨边界的内容。这需要能够排除任何不符合验收标准的数据。

（8）保护信息

保护数据质量和访问权对于维护客户及客户的信任至关重要。

1）信息保护不应因权宜之计、便利性或最后期限（如简单的数据探索）而受到损害。如果条件允许，则应由适当的管理团队决定例外情况并形成文档。

2）预测新的风险是如何出现十分困难。

3）不仅要保护你引入的内容，还要保护你加入/链接的内容，以及你从中获得的内容。否则，你的客户会指责你没有保护他们免受恶意链接的攻击。

4）企业必须制定策略，以处理更多的数据、更长的保留期、更多的试验数据、更少的围绕数据的过程，同时努力在更长的时间内获得更多的价值。

（9）促进管理

确保数据的适当使用和重复使用需要员工的行动。此角色不能自动化，需要业务组织的成员积极参与，以充当数据元素或源的管理员。

1）源数据集/内容（包括结构化数据元素、元数据和非结构化文件/消息内容）是用于一个关键业务流程、报告或分析过程，数据管理员从业务视角，负责定义内容、验证规则、安全水平和质量标准的数据元素。数据管理员的记录必须始终保持最新。

2）专员不属于IT部门（除非他们拥有业务流程）。数据管理员是公司里的人，他们监督为合法商业目的而获取或创建的数据。

3）从业务角度对数据的类型和主题领域进行控制。除非数据来自它们自己的业务流程，否则信息技术只是一个启用器。

（10）管理需求

政策和标准是管理人员沟通其长期业务的机制要求，它们对于有效的治理计划至关重要。

1）影响数据获取、存储或移动方式的项目必须参考所有适用的策略和标准。这些策略和标准必须与业务需求同等对待。

2）如果你正在启动一个大数据项目，很可能需要一个大数据政策（或重新审视现有政策），看看什么适用，什么独特风险/价值机会被创造。重新审视规则，因为大数据正在改变游戏规则。

3）考虑到大数据意味着较少的人为干预和确定新的应对方法的能力。

4）必须构建中断进程，以避免失控的进程，并监控此类事件。团队必须计划反馈机制控制变更速度，以避免被失控的流程或决策引擎淹没。

（11）管理反馈

作为策略和标准的伙伴，当策略和标准与新的业务需求发生冲突时，升级和异常流程可以在整个组织中进行沟通。它形成了驱动策略和标准文档改进的核心过程。

1）每个政策或标准必须有一个渠道，以促进那些被要求遵守政策或标准的人所确定的变化。这符合第一条指导原则。

2）一般来说，有了政策和标准，就必须存在、知道和遵循升级过程。

3）必须考虑创建和管理策略异常的能力，并确保随着时间的推移清除异常。例外情况永远不应该成为永久的解决方案。

（12）培育创新

治理不能压制创新，治理能够并且应该适应新的想法和增长。这是通过将基础设施环境作为体系结构的一部分进行管理的。

1）在开发过程中，除了对数据的变更和保护进行设计，不断的创新必须在有限的治理约束下发挥作用。

2）作为技术开发工作的一部分，项目必须报告需要对策略、标准、现有流程、数据模型或业务术语进行哪些更改。其目的是将驱动治理的核心原则灌输进去。

（13）控制内容

第三方数据在大数据中发挥着越来越大的作用。第三方数据有 3 种类型（定义如下），治理控制必须适合具体情况。它们必须考虑适用于业务地理区域的规章，因此，必须理解并管理这些义务。

1）外包交付。契约需要反映策略，因为要对数据的内容负责（如可跟踪性）。

2）数据提供者。责任是什么（如基于错误数据的错误行为），第三方提供者的责任是什么（如错误的紧急响应）。根据条款和条件，责任属于第三方。

3）数据订阅者。责任属于交付者，具体取决于条款和条件。

10.2　大数据的安全和隐私

从安全和隐私的角度来看，大数据与其他传统数据不同，需要不同的方法。可以在许多现有的方法和实践基础上进行扩展，以支持大数据的安全和隐私模式。

10.2.1　数据的安全和隐私概述

从表面上看，大数据似乎与传统数据有着类似的风险和暴露。然而，在以下几个关键领域，情况却截然不同：

1）更多的数据意味着在数据泄露事件中暴露的风险更高。

2）更多的实验性使用意味着组织的治理和安全规程不太可能到位，特别是在测试和部署的初始阶段。

3）新的数据类型正在揭示新的隐私含义，几乎没有隐私法律或指导方针来保护这些信息。例如，用于监测电力使用的联网家庭和数字电表（eMeters），广播物理位置的手机信标，医疗、健身和生活方式跟踪器等健康设备，以及跟踪汽车位置的远程信息数据。

4）其他数据的公开。安全风险的增加不仅暴露隐私数据，而且会公开其他数据，如智力资本（软件、算法）等关键的企业内部信息。

5）不成熟的市场。Hadoop 的许多领域仍在发展。

6）数据连接和合并敏感数据。将多个数据源组合在一起的行为可能会导致意外的敏感数据公开，通常是在缺乏保护意识的情况下。

7）匿名化生产数据。大数据的大部分价值在于揭示不需要识别个体的模式，因此，组织越来越多地使用匿名化和去标识的方法删除单个标识符，同时仍然能从数据中获得实用价值。

10.2.2 数据安全的定义

《数据安全法》第三条中给出了数据安全的定义，是指通过采取必要措施，确保数据处于有效保护和合法利用的状态，以及具备保障持续安全状态的能力。

下面主要介绍与数据保护相关的安全性。大数据环境中需要考虑的其他安全领域还包括用户和应用程序级别的安全性。信息安全的两个驱动因素包括：遵从命令，防范入侵和破坏。

安全框架可以在规划大数据安全实现方面使用。安全框架提供了一组首选实践、操作标准和控制，以指导组织评估漏洞、规划和实现安全计算，并减少数据和系统入侵的风险。

这些安全框架奠定了信息安全管理系统（ISMS）的基础。在目前使用的几种安全框架中，如信息和相关技术的控制目标（COBIT）、NIST 和国际标准组织（ISO 27000），ISO 27000 是唯一包含公司认证标准的框架，它在本质上也是可跨国使用的。值得注意的是，尽管 ISO 27000 为安全策略、资产管理、加密和访问控制制定了标准，但它并没有专门处理数据安全性本身。相反，安全框架通过用户身份验证和职责分离等控制来支持数据安全。此外，应检查组织，以更好地了解组织使用的安全框架，以及数据安全的现有标准、策略和过程，同时确保了解组织的主要遵从性需求。

10.2.3 数据隐私的定义

国际隐私专业人士协会（IAPP）将数据或信息隐私定义为"个人、团体或机构自行决定何时、如何及在何种程度上将其信息传达给他人的权利主张"。

世界各地的隐私法都是由各种法律法规拼凑而成的，大多数包含一组被称为公平信息实践原则（FIPPs）的共享原则，用于管理信息的通知、选择和同意、收集、使用、访问、处理和程序管理。

以下是大数据从业者需要遵循的 3 个关键原则：

1）选择和同意意味着个人有权力选择加入或退出数据收集。

2）收集和使用限制，个人信息的收集仅用于指定的目的。

3）保留和处置（数据最小化）规定，数据只能在需要的时候保留，之后必须进行处置。

由上可以看出这 3 个关键原则对大数据的潜在影响，因为收集和存储的信息只能应用于隐私通知中指定的用途，并仅能在需要时保留。因此，应向隐私办公室或法律顾问咨询，以了解组织的隐私政策，因为它们构成如何管理和保护敏感数据的决策的基础。

1. 什么是敏感数据

一般来说，敏感数据是任何识别个人的信息。这些数据可以是你的姓名、地址、物理特征、位置、电子邮件地址，也可以是你手机的唯一标识符。敏感数据的定义因国家甚至地区而异。例如，在欧洲联盟（EU）中，敏感数据的定义要宽泛得多，并扩展到工会成员甚至政治信仰等标识符。基本上，任何有关已识别或可识别个人的资料，均被视为个人资料。敏感数据的两大类别是个人身份信息（PII）和个人健康信息（PHI）。除了上面描述的 PII 示例，个人健康信息通常与 HIPAA 相关，包括与个人健康、状况和治疗相关的任何信息。保护数据的第一个步骤是了解组织的隐私策略,然后确定组织内的哪些内容被认为是敏感的。

2. 隐私运营结构

当采取技术措施保护信息时,了解这些活动在隐私业务实践(通常由隐私办公室管理)中的位置是至关重要的。下面是对操作结构、框架、成熟度模型和隐私生命周期的简要描述。在这些实践中,我们强调与技术大数据从业者相关的领域。

(1)隐私框架

隐私框架是 FIPPs 的扩展,由一组指导方针组成,这些指导方针管理敏感信息的创建、使用、共享、处理和程序管理的隐私策略。隐私框架为隐私程序提供了结构和实现路线图,主要框架包括美国注册会计师协会(AICPA)和加拿大特许会计师协会(CICA)公认的隐私原则(GAPP),经济合作与发展组织(OECD)的隐私准则和隐私设计(PbD),亚太经济合作组织(APEC)的 ISO/IEC 29100:2013,以及加拿大的个人信息保护和电子文件法(PIPEDA)。可咨询企业的隐私或法规遵循办公室,以更好地了解组织使用的框架。

(2)隐私成熟度模型

评估组织在保护大数据方面准备情况的一个有用工具是 AICPA/CICA 的隐私成熟度模型,它与 AICPA/CICA 隐私框架紧密一致。成熟度模型指定了 73 个标准和 5 个成熟度级别,它们由 10 个框架原则中的每一个原则组织起来。5 个成熟度级别的范围是从特别的到优化的,有定期的审查和反馈。在实施大数据私隐管制时,应特别考虑以下 6 个范畴:

- 个人信息识别和分类
- 风险评估
- 基础设施和系统管理
- 用于新的目的和用途
- 关于个人的信息
- 信息安全项目

(3)隐私操作生命周期

IAPP 定义了一个隐私操作生命周期,描述了管理数据隐私的 4 个主要步骤及每个步骤下的活动。生命周期中有 4 个阶段：评估、保护、维持和响应。尽管一些步骤和活动是在业务和组织级别上实现的，但是对于技术从业者来说，理解他们在流程中的角色是很重要的。

1）评估。在第一阶段，评估组织的隐私成熟度级别，确定隐私差距所在的关键业务领域，建立他们的隐私实践和评估第三方合作伙伴。

2）保护。保护阶段是隐私和安全计划的核心，包括以下活动：

①进行私隐影响评估。隐私影响评估（PIA）是一种工具，它可以识别将要使用的个人或敏感信息的类型，确定安全风险的级别，并识别用于减轻风险的解决方案。PIA 通常采用高级问卷的形式，在应用程序或数据主题领域的基础上执行，涵盖隐私的所有方面，如持有什么数据、谁拥有访问权、数据共享、数据质量、维护和管理控制等。它还可能包括一个数据目录。通常，在隐私或安全办公室的协助下，应用程序或业务数据所有者负责领导评估。

②进行风险评估。风险评估是评估和记录与保留敏感数据相关的风险的过程。它通常遵循 PIA。风险评估通常也是为了安全而进行的，并且更加全面。

③创建数据清单。数据目录记录所持有的信息，包括特定的细节，如数据元素名称、位置，并特别指出敏感信息。因为组织已经定义了敏感数据的策略，所以这个阶段的大部分工作是了解数据的位置、格式，并以结构化的格式表示信息，如报告，然后可以使用该报告实现隐私和安全技术控制。

在大数据环境中，有一些工具可以帮助完成此过程。对于结构化数据，如数据仓库，一些工具可以识别和分类敏感信息，如 PII 和 PHI。在半结构化和非结构化 Hadoop 文件中，可以搜索文件系统，以识别嵌入的敏感信息。例如，机器数据日志可能包含电子邮件地址、IP 地址和主机名。

④实施数据安全控制。数据安全控制可以采取多种形式。例如，用户和角色级别的安全性可以指定对特定文件和文件系统的访问级别控制。应用程序级安全性可用于隔离信息，并仅向具有授权凭证的用户显示特定的窗口、报告或结果。

3）维持。在此阶段实施隐私程序的持续活动，如监视和审计。维持阶段还包括非技术方面，如沟通隐私计划和政策，并进行教育和意识。监视通常指 IT 控制。在这种情况下，隐私组织也参与监视法规和监视组织和业务流程控制。

支持大数据维持阶段的控制包括对关键事件的数据使用进行监视和审计，如登录、对象创建、谁在运行 MapReduce 作业及哪些数据作业正在访问。一些工具提供了监视和审计 Hadoop 数据使用和更传统的数据存储中的数据使用的功能。使用工具可以实现 Hadoop 数据活动监视，并创建一个安全的、详细的、可验证的用户和活动的审计跟踪，包括特权用户和文件或对象的创建和操作。通过这种做法，可以获得涉及敏感数据的集群活动的可见性，即谁、什么、何时及如何进行。监控提供了针对可疑活动的实时警报和异常检测，这对于防止入侵至关重要。工具还要集成审计遵从性的业务流程，包括将报告分发给适当的人员进行签名和审查，以及根据审计要求保留签名和报告。

4）响应。在隐私操作生命周期的最后阶段，响应信息和遵从性请求，并计划事件响应和事件处理。尽管此阶段的大部分内容与业务流程保持一致，但可以看到 IT 和 IT 安全性也发挥了作用。例如，法规遵循请求可以包括生成审计报告。

10.2.4　安全和隐私如何交叉应用

可以有没有隐私的安全，但不能有没有安全的隐私。安全性是管理人员、流程、应用程序和用户广泛而全面的基础，而隐私专门用于保护个人信息。良好的安全实践支持有效的隐私实践。

在大数据项目的信息治理中，有完整和持续的目标是很重要的，同时要从一个小项目开始，以获得经验。增量式进展有助于展示信息治理和协作的价值，以确保满足所有遵从性和安全性/隐私目标。在大数据环境中，成功的关键是在影响点管理治理并使用多种互补的方法保护关键数据。不同类型的数据有不同的保护要求，因此，组织必须采取全面的方法保护数据，无论它在哪里。这一方法包括下列项目：

1）了解数据的存在。组织无法保护敏感数据，除非他们知道这些数据在哪里，以及它们在整个企业中是如何关联的。

2）保护敏感数据，包括结构化数据和非结构化数据。必须保护数据库中包括的结构化数据，防止未经授权的访问。文档和表单中的非结构化数据需要隐私策略来编辑（删除）敏感信息，同时仍然允许共享所需的业务数据。

3）保护非生产环境。非生产、开发、培训和质量保证（QA）环境中的数据必须得到保护，同时在应用程序开发、测试和培训过程中保持可用。

4）保护和持续监视对数据的访问。企业数据库、数据仓库和文件共享需要实时洞察，以确保数据访问受到保护和审计。需要基于策略的控制快速检测未经授权的或可疑的活动，并向关键人员发出警报。此外，必须保护数据库和文件共享免受新威胁或其他恶意活动的攻击，并持续监视弱点。

5）监督合规性通过审核。仅制定一套全面的数据安全和隐私保护方法是不够的，组织还必须证明遵从性，并向第三方审计人员证明这一点。

10.3 安全和隐私在大数据的应用

大数据的使用和采纳分为 3 个阶段，每个阶段对应治理过程中的一个阶段，也符合隐私生命周期。

10.3.1 探索阶段

该阶段确定要一起呈现的原始数据或用于进一步的下游加工的有用数据。安全性和隐私方法必须适合开发生命周期的业务使用和阶段。在最初的大数据探索阶段，主要目标是识别有用的数据，并使所有重要和高价值的数据可用。通过将原始数据保存在发现区域，可以为关键用户提供初步的探索和分析，并满足治理原则：以尽可能快的速度移动信息，同时保持质量尽可能好、安全性尽可能高。

在探索阶段，大数据挖掘的关键是在进一步处理之前确定价值和使用的目标，如标准化、匹配、细化、移动、下游摄入或降落。这类初步工作必须在隔离的着陆区进行，只有少数经过授权的个人可以访问数据，因为还没有评估这些原始数据的有用性，所以还没有对信息进行分类，以确定消费阶段的适当安全和隐私控制。

由于允许在初始评估中使用所有原始数据，因此，初始勘探阶段的风险最大。在某些情况下，原始数据可能会产生最深刻的见解，如欺诈检测和实体分析，它们基于一个共同的数据元素将看似不相关的个体联系在一起。原始数据也可以从其他来源获取，并放置在信息摄入和操作信息区域。

在这个不受管理的区域，安全和隐私风险是显而易见的：

1）暴露敏感数据的风险。因为还没有确定敏感数据在哪里，所以可能会使用客户或 PII 人力资源数据，其中可能包含姓名和地址等。大数据通常意味着更大的信息量，潜在的罚款和惩罚可能会大大增加。当进行数据元素组合或链接数据源时，如将电话号码和地址组合可能会出现额外的暴露。

2）普通的旧"坏"数据。使用未经审查的外部数据源（如产品评论）存在风险。对于新的数据源，验证源和沿袭非常重要。验证可能包括使用"嗅探测试"进行分类，如值范围和事务大小。分配"信任"或验证排名在衡量源的准确性方面也可能很有用。还可以将它与另一个数据源进行比较。"糟糕"的数据会带来隐私风险，因为它可能会导致影响个人的不准确决策，如信誉。

10.3.2 准备和管理阶段

这个阶段发生在集成和信息治理方面，包括概要分析、识别风险、确定所需的集成和处理，并生成元数据。在此阶段，将完成数据源并准备使用它们。首先，必须了解数据源、它的"信任因素"、数据上下文和含义，以及它如何映射到其他企业数据源。其次，必须确定是否要操作（并保留）特定的数据源，以及存放数据的区域，即 Hadoop、数据仓库等。作为这一过程的一部分，同时进行 PIA 和安全风险评估也是至关重要的。在确定主题区域包含私有或具有特定安全需求的信息之后，必须完成以下步骤：

1）库存和分类敏感数据。主要是对敏感数据进行编目和分类。

2）在安全、隐私和遵从性组织的协助下，识别并匹配法律、契约和组织的数据保护需求。

3）为每个分类确定保护标准。同样，组织应定义所需的保护级别，如所有的信用卡号码必须按照 PCIDSS 进行加密。

4）找出差距并制订补救计划。

对敏感数据进行盘点和分类，识别所有数据元素，并定义与安全和隐私相关的敏感信息相关的元数据。有效的数据隐私始于一份概述数据隐私策略的目的、责任和参与者的协议。并非所有资料都必须以相同方式进行保护；有些数据可能被认为风险较低，无须花费时间和精力保护它。第一步是定义敏感数据，但定义它并不仅仅是一个 IT 函数。跨职能团队，包括市场营销、销售、业务线（LOB）、运营和 IT，应该一起创建定义。高价值的数据，如设计规范或公司机密，可能不需要法律授权的保护，但组织肯定希望通过严格的控制保护它。团队应该根据业务优先级决定保护哪些数据。我们的目标是明确界定监管授权必须保护的内容。下面的问题提供了一个示例，能够说明在定义阶段应该注意的事项。

通过回答以下问题来定义敏感数据：

- 敏感数据有哪些
- 敏感的内容是什么
- 高风险级别的是什么数据
- 哪些数据是受法律约束的
- 敏感数据是否与第三方共享
- 哪些业务部门需要访问敏感数据

数据隐私术语应适用于整个企业。业务术语表旨在实现跨企业访问，它定义了用于构建企业数据隐私策略的术语。所有员工都可以使用一致的术语对敏感数据进行标准定义，这有助于消除不一致的理解。

一个好的做法是，任何客户、人力资源、财务数据都需要数据清单。

考虑数据源识别的这些因素及加载到大数据环境的影响：

1) 理解数据的生成和性质的业务价值和风险。如果数据源是文档化，那么必须考虑信息价值和风险。

2) 个人数据源或者性质不确定对组织的业务价值和风险。必须对这种情况进行调查，以便对信息和风险进行综合考虑。

3) 多个数据源与链接的组合，以关联不同的数据源，为组织提供业务价值和规避风险。

为了说明这种情况，这里虚构一家金融公司，它最近从一个大数据沙箱开展试点，并意识到需要调查和验证是否有任何敏感信息分散在数据/数据库节点上。如果发现敏感信息，必须对数据进行识别和分类，并对结果进行分析和审查。在企业环境中，此过程中的协作至关重要，因为有许多应用程序数据所有者，并且数据源可以跨越这些应用程序边界。

10.3.3 维护阶段

一个应用程序是否能为决策提供一个统一的数据视图、一个360度视图的客户或者流分析，取决于治理方法和适当的衡量标准是否到位。深度防御是保护数据的关键原则，无论是大数据还是传统数据。安全实现的强度取决于它最薄弱的环节。

在最后一个阶段，大数据应用程序集成到业务中，期望提供业务价值。从这个意义上说，可以将其看作"生产模式"。所有控制都已就绪，包括监视以确保满足安全性、遵从性和隐私需求。在此阶段，将根据目标度量实现进度。需要考虑哪些指标对于度量成功最有用，对于一个安全项目，它可能是被监视的关键系统的数量、敏感数据元素的数量等。

第3篇
数据治理数字转型篇

数字化转型以建成数字化、智能化企业为目标,确保数字化转型融入企业经营管理活动,保障资源和支持条件到位。通过制定数字化转型工作的责任分工、工作流程、协调和决策机制,形成跨部门、跨层级的协同推进模式。随着数字基础设施、基础平台布局的不断完善,企业核心业务创新取得较大进展,数据资源化成效显著,数据价值得到挖掘,运营管控能力增强,产业链协同优势更加巩固,企业价值显著增长。

本篇从数字化转型认知、数字化转型之路及数字化转型评估等方面剖析在数字化转型中需要具备的能力和遇到的困难。

第 11 章 数字化转型认识

11.1 数字化转型及其影响

很难确定"数字化转型"一词首次使用的时间,但它至少从 2012 年就已经存在了。当然,数字化过程或向计算机化技术迁移的过程自 20 世纪 60 年代以来一直在进行。事实上,近 10 年以来,行业专家一直在呼吁企业接受数字化转型,云计算、数据分析和人工智能等技术也在推动数字化转型的发展。如今,"数字化转型"这个词几乎无处不在,很难找到一家没有开展过数字化转型项目的企业。在 Gartner 2021 年的调查中,只有 3% 的受访数据和分析领导者表示他们没有参与过数字化转型项目。多项研究发现,数字化转型与更好的业务成果相关。例如,Deloitte Insights 的一项研究发现,"数字化成熟度越高,财务业绩越好。样本中成熟度较高的企业报告年度净收入增长和净利润率显著高于行业平均水平的可能性是低成熟度企业的 3 倍左右——这一模式在所有行业都适用。"但究竟什么是数字化转型?如果组织想要从数字化转型中获得好的收益,应该怎么做?

11.1.1 什么是数字化和数字化转型

《百度汉语》关于数字化的定义是:"是指将任何连续变化的输入如图画的线条转化为一串分离的单元,在计算机中用 0 和 1 表示。通常用模数转换器执行这个转换。"

《维基百科》关于数字化的定义是:"将一个物体、图像、声音、文本或者信号转换为一系列由数字表达的点,或者样本的离散集合表现形式。其结果被称作是数字文件,或者更具体一点,数字图像、数字声音等。数字化的数据通常是二进制的,这样更便于计算机处理,但严格来说,任何把模拟源转换为任何类型的数字格式的过程都可以叫作数字化。"

对于"数字化转型",百度百科给出如下定义:"数字化转型(Digital transformation)是建立在数字转换(Digitization)基础上,进一步触及公司核心业务,以新建一种商业模式为目标的高层次转型。"

从业务维度,我们认为数字化转型是指通过对数字化技术、流程和能力的集成,以分阶段的方式对组织、行业或生态系统进行文化、组织和运营方面的变革。数字化转型(也称为 DX 或 DT)利用技术为各种利益相关者(最广泛意义上的客户)创造价值,创新并获得快速适应变化环境的能力。

从数据维度,我们认为数字化转型是在业务数字化的基础上,将旧的业务处理方式转变为以"数据"处理为核心的业务处理方式。

从这里可以看出,数字化与模拟化是相对应的。截至目前,模拟信号的数字转换是应用最广泛的数字化;信号处理方法从模拟信号处理转变为数字信号处理,是信号处理领域的"数字化转型",也是最成功的"数字化转型"之一。

1. 模拟信号的数字转换和数字化转型

模拟信号的数字转换步骤包括抽样、量化和编码三步,如图 11-1 所示。

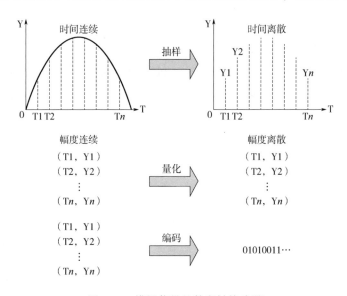

图 11-1 模拟信号的数字转换步骤

1）抽样。将时间上连续的信号处理成时间上离散的信号。模拟信号不仅在幅度取值上是连续的，在时间上也是连续的。要使信号数字化首先要在时间上对信号进行离散化处理，这一过程叫作抽样。对于抽样，基本的规则是奈奎斯特抽样定理，通过数学理论给出连续信号不失真情况下转换为离散信号的基本公式。

2）量化。将时间上离散的信号进行处理，使其在幅度上也离散，量化是将抽样后的模拟信号用数字表示出来。抽样把模拟信号变成时间上离散的脉冲信号，但脉冲的幅度仍然是模拟的，必须进行离散化处理，才能最终用有限的数字来表示。这就要求对幅值进行舍零取整的处理，这个过程称为量化。

3）编码。量化后的信号还不是数字信号，需要把它转换成数字编码脉冲，这一过程称为编码。最简单的编码方式是二进制编码。

完成抽样、量化、编码三步后，就实现了从模拟信号到数字信号的转换。后续就是基于数字信号的编解码和应用，最基本的理论有快速傅里叶变换、小波变换等。其应用包括数据的精准和及时提供、标准化的信号处理流程、方法和工具，大数据分析、人工智能处理、数字孪生等。上述应用可以看作信号处理领域的"数字化转型"。

2. 业务数字化和数字化转型

业务数字化与数字信号处理类似，将时间上和进度上连续的业务活动转化为时间和进度指标上离散的多个环节步骤，通过步骤化、要素化和规格化三步实现，如图 11-2 所示。

1）步骤化。将时间上连续的业务活动分解成为时间上离散的步骤集合，也就是流程。

2）要素化。将业务活动分解出的步骤，通过分析其核心价值，将其中的业务要素、参与角色、规则及约束进行量化和离散化。

3）规格化。将流程中涉及的流程和数据归属、数据质量、知悉范围、管理角色、表单、应用系统、管理要素和价值标准化、结构化、规格化，最终形成二进制数据。

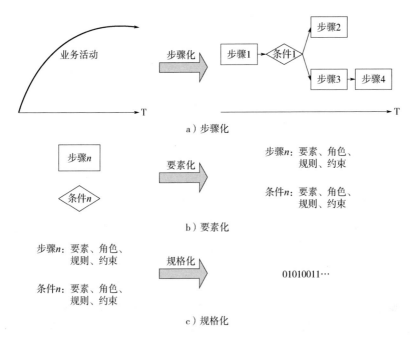

图 11-2 业务数字化示意图

完成步骤化、要素化、规格化三步后,就实现了从基于经验管理的"模拟化业务"到"数字化业务"的转变。后续就是对规格化业务数据的应用,最基本的是在业务办理中所需数据的精准和及时提供,基于现有运行数据对业务开展预测分析,基于实际业务运行结果对流程步骤、价值要素和数据规格的设计进行优化,以及对 IT 服务交付流程进行标准化;基于相应模型和数据运用人工智能算法、开展数字孪生仿真等,实现企业运行"降本增效",以实现业务数字化转型的最终目标。

数字化转型不仅仅是颠覆或技术,还是关于价值、人员、优化及在需要时通过智能技术和信息快速适应的能力。

虽然数字化转型主要用于商业环境,但它也影响其他组织,如政府、公共部门机构和组织,这些组织通过利用一项或多项现有的和新兴的技术,参与解决诸如污染和人口老龄化等社会挑战。在一些国家,数字化转型甚至旨在影响社会生活的各个方面。

新能力的发展围绕着更敏捷、以人为本、创新、以客户为中心、精简、高效的能力,以及引导/利用机会改变现状、挖掘新的数据源和服务驱动的收入的能力。数字化转型的努力和策略往往在高度商品化的市场中更为迫切和突出。

在实践中，端到端的客户体验优化、运营敏捷性和创新是数字化转型的关键驱动因素和目标，同时还包括开发新的收入来源和信息驱动的价值生态系统，从而导致商业模式转型和数字化流程的新形式。然而，在实现此目标之前，还必须解决内部挑战，其中包括遗留系统级别的挑战和流程中的断开，所以内部目标对于接下来的步骤是不可避免的。

数字化转型是一个包含多个相互关联的中间目标的过程，最终努力在流程、部门和超互联时代的商业生态系统中实现持续优化。在这个过程中，构建正确的桥梁（在前端和后台办公室之间，来自"事物"和决策的数据、人员、团队、技术、生态系统中的各种角色等之间）是成功的关键。

无论是在转型的各个阶段（协作、生态系统、技能、文化、授权等），还是在数字化转型的目标中，人都是关键因素。由于人们不希望所有的事情都是"数字化"的，而是重视人与人之间的交流和面对面的交流，所以总会有"离线"的元素，这取决于环境。然而，同样是在非数字交互和交易中，数字化转型在赋予任何面对客户的代理人权利方面发挥了作用。

数字化转型战略旨在创造能力，在未来以更快速、更优质和更创新的方式充分利用新技术及其影响的概率和机会。数字化转型的过程需要一个分阶段的方法，有一个清晰的路线图，包括各种利益相关者，超越竖井和内部/外部限制。该路线图考虑到最终目标将继续前进，因为数字化转型实际上是一个持续的过程，变化和数字创新也是如此。

下面探讨数字化转型的本质，包括远景、演变，以及它是如何在各种业务流程和行业中呈现的。

11.1.2 数字化转型"降本增效"的底层逻辑

关于数字化转型的价值，各类专家、机构讲得最多的就是"降本增效"。这句话没错，但对于具体是怎样实现的则往往含含糊糊，要么用"中台""大数据""人工智能"这些新名词或新技术概念来回答业务疑问，要么只摆结果、摆案例，如某互联网公司引进某平台某系统后实现了业务和盈利增长，而不讲底层逻辑。基于此，本节将重点探讨"数字化转型"实现"降本增效"的底层逻辑。

1. 业务数字化转型的 4 个阶段

按照上一节的观点，我们把业务从数字化到数字化转型合并为步骤化、要素化、规格化、以数据为中心的业务变革 4 个阶段。

（1）步骤化——科学管理

步骤化的特征是将时间上连续的业务活动，根据管理需求，抽样成为离散的多个步骤，将其固化，并在不同步骤之间建立明确的业务接口。固化的步骤及业务接口支撑了最早的"标准化生产"，以管理大师温斯勒·泰勒在 20 世纪初提出的"科学管理"（Scientific Management）为代表，如图 11-3 所示。

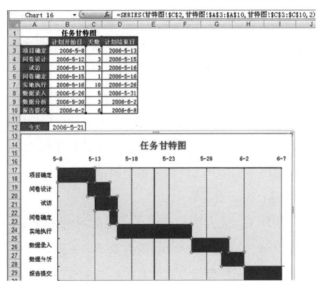

图 11-3 科学管理（截图）

如图 11-2a 所示，业务活动的步骤化推动了标准化生产和流水线。其中，标准化生产减少了人工干预，降低了过程和质量管理成本；流水线提高了设备资产和人力资源的利用率。

（2）要素化——精益生产

1985 年，美国麻省理工学院基于对丰田公司生产管理方式的研究，开启了"国际汽车计划"（International Motor Vehicle Program，IMVP）研究项目，经过约 10 年的发展，提出并完善了精益生产的理论基础。20 世纪末，许多大企业将精益生产方式与自身情况相结合，建立了适合本企业需要的精益管理体系。

精益管理就是用精益求精的思想对企业实施管理，以求实现效益最大化。相对于之前的管理模式，精益管理从价值和效益目标出发，将企业管理中各个具体业务环节的标准要求量化、要素化，明确每个环节的价值指标、参与角色、执行规则和外部约束等要素，对企业人力、物力和财力资源进行最大化利用。

精益管理要素化的核心在于精，精简不必要的生产环节、销售环节、管理环节，最大限度减少各类资源消耗，是真正的"流程管理"。

（3）规格化——管理自动化

20 世纪末，随着 IT 技术的发展，将计算机及网络通信等技术运用于企业管理的需求催生了管理自动化，其特征是 ERP 系统在企业管理中的应用和计算机控制下的自动化生产线。

为便于计算机对业务数据进行自动化处理，企业在要素化的基础上对要素数据进行规格化、结构化改造，以适应二进制编码和计算机处理的需求。

管理自动化带来的效率提升主要体现在：一是计算机相比人工处理带来的运算效率提升；二是网络通信相比传统通信手段带来的通信效率提升。

（4）以数据为中心的业务变革

在管理自动化条件下，企业运行产生了大量的规格化数据和结构化数据。随着数据库、数据挖掘、大数据和数据智能等技术的发展，在精益管理和管理自动化的基础上更进一步对数据进行高效利用以追求效益的需求催生了"以数据为中心的业务变革"，目前主要体现在以下 3 个层面：

1）通过数据库技术实现了数据的集中高效管理和按需取用，各角色可在企业各业务流程环节获取任何对于本环节有价值的数据。例如，采购计划管理部门可以实时获取生产消耗情况、库存和市场价格情况，以辅助决策。

2）以数字模型和仿真技术为基础，实现数字模型和物理实体的数字孪生，以缩短物理实体论证、设计、生产、测试周期的方式降低全生命周期成本。例如，制造业的"数字工程"是通过建立装备的数字模型，利用数字线索实现数字模型和物理实体之间的数据和控制指令交互，运用模型的仿真推演以替代物理实体的测试,以物理实体的运行实现数字模型和物理实体之间的双向验证,并促进数字模型的进一步迭代完善。

3)在业务的部分数据密集环节,使用大数据和数据智能技术,获取超越业务规则的信息,以提供智能决策建议。

2. 数字化转型和降本增效

如图11-4所示,数字化和数字化转型的"降本增效"体现在"科学管理"+"精益管理"+"管理自动化"+"以数据为中心的业务变革"4个方面。这4个方面在数字化程度上是由浅到深,其降本增效的效果也是逐步递进,对应了业务数字化的业务活动步骤化、步骤环节要素化、数据规格化和后续的数字化转型,其发展是连续递进、无法跨越的。

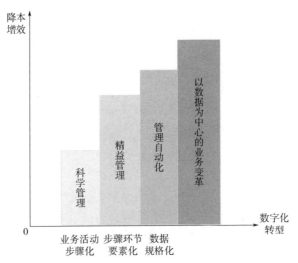

图 11-4　数字化转型与降本增效

看清数字化转型"降本增效"的底层逻辑后,首席信息官在建议开展数字化建设前,就需要先理解本企业数字化的现状和所处的发展阶段,判断本企业"降本增效"的关键所在,然后向首席执行官提出合理的数字化转型路线和投资建议。

11.1.3　数字化转型的挑战

随着数字化转型的不断加速,企业必须考虑实施过程中可能面临的挑战。

以下是企业在实施数字化转型时面临的一些常见挑战：

1）文化。数字化转型并不像为业务的各个方面采用技术那么简单，企业必须为员工提供正确的工具、入职帮助和企业文化，以鼓励转型。这一挑战的一个主要因素是在组织中拥有有效的高级领导者，尤其是首席数据官。

2）预算。数字化转型是一项投资。如果企业没有明确的转型战略，则预算将变得更具挑战性。了解应该采用哪些类型的技术及为什么采用的基础知识是预算开始发挥作用之前的关键第一步。

3）缺乏战略。正如之前提到的，没有合适的专家来进行数字化转型最终可能是有害的。同样，在缺乏战略的情况下进行数字化转型可能会导致时间和金钱的浪费。如果希望在做出任何决定之前了解战略，数字化转型框架可以为经过验证的战略提供清晰的洞察力。

4）不优先考虑网络安全。尽管随着企业越来越重视网络安全，这变得越来越不重要，但企业必须始终将安全置于数字化转型的最前沿。优先考虑云迁移是确保新采用的技术安全的实际开始。

11.1.4 典型的数字化转型框架

根据波士顿咨询的数据，只有不到 1/3 的企业成功完成了数字化转型。为了帮助企业提高成功率，许多顾问、供应商和其他专家发布了数字化转型框架。数字化转型框架是成功实施数字化转型战略的分步计划。一些著名的数字化转型框架包括：

1）MIT Sloan 的数字化转型路径。MIT Sloan Digital Management Review 提供了大量与数字化转型相关的资源，包括可归类为数字化转型框架的几个不同的分步指南。

2）波士顿咨询成功数字化转型的六大要素包括：综合战略、领导承诺、高素质人才、敏捷治理、有效监控和模块化平台。它表示，80% 具备这些因素的组织在数字化转型工作中取得了成功。

3）普华永道的数字化转型框架包括 5 个步骤：发展业务、创造新价值、保护未来、通过技术加速发展和了解客户。Cognizant 的《如何通过数字化策略取胜》声称，只有 30% 的数字化转型项目能够成功。它说，为了取得成功，需要采用以人为本的设计方法应对新兴技术,并将业务战略数字化。

4) Gartner 的数字化业务转型 IT 路线图将数字化转型的关键步骤描述为:愿景、设计、扩展、交付、改进。它还指出,数字化转型仍然是企业领导者的首要任务。无论你的组织选择采用哪种数字化转型战略和/或框架,都值得注意,规划和战略制定只是前进的一部分。为了成功,不仅需要一个好的计划,还需要很好地执行它。随着越来越多的企业拥抱数字化转型,在行业中脱颖而出的将是那些能够很好地执行数字化转型的企业。

数字化转型是商业模式或业务流程重塑,并考虑到数字化技术的可用性和可负担性的过程。它需要协调整个组织,因为它使用新的技术从根本上改变了业务模式。对于现今的很多企业来说,数字化转型的动力是通过改善客户体验获得更多的竞争优势。

1. 技术进步创建"消费者的时代"

根据 Forrester 的报告,在过去的 5 年里,技术的进步创建了"消费者的时代",客户可以选择何时及如何与企业进行互动。现在企业不能完全控制他们想要呈现给客户的体验,相反,客户期望得到持续性、易于操作和个性化的体验。这取决于企业能否使用新的技术功能和组织更改来创建适应这些需求的体验。越来越多的出色的客户体验是数字化企业转型的关键,并且数字化转型的过程应遵循以客户为中心的数字化战略。

2. 数字化转型的关键因素

数字化转型需要使用新的技术,但成功的转型需要重新定位,而不仅仅是在业务的每个部分采用新的技术。《麻省理工学院斯隆管理评论》指出,企业转型过程的三大重点是客户体验、运营流程和商业模式。企业还需投资和开发数字化的功能,这将有助于实现数字化转型的三大重点领域。

(1) 客户体验

营销软件和数据收集功能的进步,为客户提供更加个性化的数字体验。企业正在通过以下方式转型:

1) 跨渠道管理个性化体验,为客户提供简单无缝的客户体验。
2) 开发数字化产品和服务的新设备,如智能手表。
3) 在每个接触点绘制数据,并使用其提供更有效的个性化设置。

(2)运营流程

这容易让人想起客户体验数字化转型的重点,因为这是最引人注目的部分。然而,使用技术重新设计操作系统也会对企业成功提供出色体验产生深远影响。例如,一名客户越快获得软件安装包越容易对企业留下积极的印象,通过客户在网上发送的诊断信息、简短的电话沟通了解客户正在遇到的具体问题,以便更快地提出解决方案。现在,企业正在通过以下3种方式进行数字化转型:

1)打破部门和数据之间的壁垒,在数字化项目中可以更好地进行协作,如团队里的技术部门和营销部门可以在完全知晓对方进度的情况下进行设计、战略规划和开发。

2)使用更好的软件功能或创建新的工具以实现流程自动化,如通过执行自动购买订单系统减少文书工作和被拒绝的订单。

3)基于不断提高的数据详细程度做出战略决定,而无须重用或更改之前的分配过程,如领导能够基于真实数据而不是假设数据进行决策。

(3)商业模式

通常情况下,新兴产业往往能够给传统企业带来威胁,因为他们勇于使用创新的商业模式和新的技术,而不会被老旧的系统拖累。不采用新技术就无法通过提供服务和模型建立品牌。新商业模式的案例种类很多,包括:通过数字化服务使业务范围不断扩大,如玩具公司进行客户在线设计;客户行为随着新技术的发展而变化,如当客户在商店看见一个商品,他们会进行在线搜索查看评价,最终可能在售价最低的地方购买;在某些企业创建的应用程序上,客户可以扫描产品并阅读评价,确保客户在该企业平台内而不是在别处购买。以数字化优先重建服务,如银行为支票兑现、付账单、申请贷款或其他服务创建移动设备应用程序。

3. 从哪里入手

一个常见的误区是数字化转型通过技术开始也通过技术结束。企业不应该用通过技术投资的增加来简单定义数字化转型。如果企业可以从客户洞察和参与中显著受益,那么客户体验就一定会推动数字化战略转型。

为了在数字化商业中保持竞争力,企业应该着眼于现在的定位,并把重点放在数字化改造的核心元素上。企业可以从上文提到的三大重点之一开始,从自己认为最重要的一点着手。虽然数字化转型没有全面蓝图,但可以在过去5年内的最佳实例中总结出以下结论:

1)战略+投资。企业能走多远取决于组织战略和做出的投资。

2)数字化策略。着眼于数字化整体,而不是执行单一的技术。

3)领导层统筹。因为数字化转型需要进行深入性的组织变化和协调,由领导层进行统筹更加有效。

4)统一业务和技术。打破业务和技术之间的壁垒,齐头并进。随着数字化业务软件需求的增加,业务和技术部门应整合工作并对所采用的技术达成一致。

5)第三方解决方案。寻找在组织薄弱环节具有优势的合作伙伴。建立知识共享和频繁交流的合作伙伴关系,可以降低跨多个供应商产生孤立的信息和依赖供应商或时间表所带来的风险。

4. 如何规避风险

从糟糕的领导到滞后的参与,有很多方面阻碍了数字化转型,最大的罪魁祸首是痴迷于变革并认为变革一定会削减成本。

1)沟通协同不畅。沟通是至关重要的。在进入数字化转型之前,确保与组织目标保持一致是至关重要的。如果你的团队被太多的项目压得喘不过气,沟通就会崩溃,项目也会崩溃。通过数字化转型的许多阶段进行的持续沟通和变革管理是至关重要的,因为这个过程总是在演变。

2)在竖井中工作。如果组织正在执行多个数字化转型项目,除了考虑客户影响,还要考虑它将如何影响整个组织,这是很重要的。虽然分解和重建组织结构并不总是容易实现,但调整战略和目标,加强沟通和流程整合可能会促进合作,有助于消除"竖井文化"。

3)忽略数据应用。在进行数字化转型时,组织很可能会收集大量数据,但组织往往会犯忽视这些数据的错误。无论高层管理人员是否准备好做出有数据支持的决定,还是团队领导不同意数据所表达的意思,在这些证据的基础上不能更好地应用数据都可能会阻碍数字化转型工作。

4)忽视顶层设计。数字化转型不是简单地安装一个新软件。这是一个持续的过程，永远不会停止。采取一种常态化的方法转变流程、优先事项和位置，可以对组织如何继续适应数字环境产生真正的影响。

数字化转型正在席卷整个商业领域，领导层正全心全意地拥抱它，因为他们认识到了它的力量。但是，当企业从试点项目发展到大规模采用的时候，他们经常会遇到一个意想不到的障碍：文化冲突。

成为一个数字化组织不仅意味着拥有数字化产品、服务和客户体验，还意味着用技术为核心运营提供动力。因此，作为领导者，需要对员工的活动、个人行为及他们与组织内外部其他人的互动方式进行结构性的改变。传统的工作方式与新的工作方式差异很大。

领导者需要承认数字化转型是根本性的、战略性的范式转变。与任何重大转型一样，数字化转型需要灌输一种支持变革的文化，同时实现企业的总体战略。

要在组织中建立数字文化，需要明确的方法和持续的努力。在我们讨论企业建立持久的数字文化必须采取的关键措施之前，让我们先探讨一下为什么数字文化如此重要。

5. 为什么数字文化很重要

文化包括价值观和行为特征，定义了如何在组织中开展工作。良好的企业文化提供了指导个人采取适当行动、做出有助于实现组织目标和战略的选择的一种默契的行为准则。在数字化转型过程中，有3个重要的理由来灌输数字化文化。

1) 忽视文化，组织就会面临转型失败的风险。根据对40多家数字化转型企业的评估，发现专注于数字文化的企业取得突破或财务表现强劲的比例是忽视数字文化的企业的5倍，"近80%注重文化的企业保持了强劲的业绩"。如果看看持续的业绩，培育数字文化的理由就更加有力：近80%专注于文化的企业都保持了强劲或突破性的业绩，没有一家忽视数字文化的企业取得这样的成绩。

2) 数字文化能够使组织更快地决策。数字组织比传统组织发展得更快，更扁平的层级有助于加快决策过程。数字文化是一种行为准则，让员工有自由做出判断和现场决策。对于许多数字化组织来说，这一行为准则意味着对客户的单一关注。例如，一家软件供应商，领导者意识到新的软件即服务产品需要比现有产品更快地响应客户的需求，便传达了期望员工能够做出 3 种基本的新行为：自己做决定，挑战现状，做出对客户有利的决定。

3）数字文化吸引人才。拥有数字行业领袖的声誉是吸引人才的磁铁。千禧一代通常被数字公司所吸引，因为他们承诺提供协作、创新的环境和更大的自主权。拥有数字文化对于吸引数字人才尤其重要，因为对数字人才的需求正迅速超过供应。大型、成熟的公司必须经常采用新的方法来吸引、发展和留住支持其数字化转型所需的人才。

6. 数字文化的 5 个核心要素

良好的数字文化是一种高效的文化。要理解数字文化的基本要素，需要了解高效文化的 3 个关键属性。首先，员工和团队致力于实现结果。他们致力于他们的工作及组织的战略和目标，他们愿意付出额外的努力。其次，个人和团队的工作方式将促进组织的战略实现。最后，组织环境。为了促进参与和鼓励促进组织战略的行为而建立的组织，包括领导、组织设计、绩效管理、人员发展、资源和工具、愿景和价值观。

就像没有通用的战略一样，也没有标准的数字文化。不过，数字文化通常有 5 个核心要素：

1）它促进一种外在的而不是内在的取向。数字文化鼓励员工放眼外部，与客户和合作伙伴接触，以创造新的解决方案。外部导向的一个主要例子是关注客户，员工通过设身处地为客户着想来塑造产品开发和改善客户体验。

2）它重视授权而不是控制。数字文化使决策深入组织内部。员工不会接受关于如何完成工作的明确指示，而是遵循指导原则，这样他们的判断就可以得到信任。

3）它鼓励大胆而非谨慎。在数字文化中，人们被鼓励冒险、快速失败和学习，他们不鼓励出于习惯或谨慎保持现状。

4）它强调更多的行动和更少的计划。在快速变化的数字世界里，计划和决策必须从着眼于长期转向着眼于短期。数字文化支持对速度的需求，促进持续迭代，而不是在发布产品或想法之前完善它。

5）它重视合作甚于个人努力。在数字文化中，成功来自跨部门、单位和职能部门的集体工作和信息共享。与传统组织相比，数字工作的迭代和快速节奏需要更高水平的透明度和交互性。

这些定义要素因行业和企业的不同而有所不同。例如，适合科技企业的风险承担程度与适合工业产品企业的风险承担程度并不相同。即使在一个组织内部，期望的风险承担水平也会有所不同。例如，战略团队应该比财务团队更大程度地接受风险。鼓励冒险是为了鼓励人们跳出固有思维模式，而不是鲁莽行事、违反规定或企业政策。

7. 数字文化的回报

波士顿咨询公司的研究显示，企业文化的实力与其财务业绩之间存在明显的联系，无论是在短期内还是在长期内。

通过分析 75 家上市公司的文化诊断数据，确定了每家公司在不同的文化维度上所处的位置——包括结构化的还是灵活的，控制的还是授权的，谨慎的还是允许风险的。例如，对于每家公司，首先确定其文化是高度结构化的、高度灵活的，还是介于两者之间的，然后汇总每家公司的业绩，并将其文化分为弱文化、混合文化和强文化 3 类。

通过分析这些公司的股东总回报（TSR）可以发现，拥有强大企业文化的公司 5 年 TSR 是标准普尔 1200 指数成分股公司 5 年 TSR 的 2 倍，是文化不强公司 5 年 TSR 的 2 倍多。

从长期来看，业绩回报也很明显：拥有强大文化的公司的 10 年 TSR 大约是标准普尔 1200 指数的 2 倍。

8. 建立数字文化的 3 个步骤

首先，领导者必须在公司战略、目标和目的的基础上识别目标数字文化的特征。他们选择的语言应该是明确的，特别是因为员工与客户和同事之间的交流越来越不再是面对面的。然后，领导者需要将每种文化特征转化为具体的行为例子。在这一步之后，应该对当前的文化进行评估，无论是通过调查、访谈、焦点小组，还是它们的某种组合。最后，领导者必须识别当前和目标行为之间的差距，并将所需的改变整合到与文化改变相关的沟通中。

"领导者应该关注科技行业，以弄清数字文化的特征。"要明确数字文化的特征，领导者应该关注科技行业。例如，敏捷软件开发是敏捷价值观和敏捷行为，正是这些价值观和行为发起了敏捷运动，一些企业用它来培育数字文化。也可以咨询数字化领先企业。一家欧洲金融机构的高管们对领先的科技公司进行了实地考察。在亲眼目睹的实践的启发下，高管们能够更好地识别他们在企业需要的行为。他们的清单包括一些应做的和不应做的事情，以及对当前和目标行为的评估，帮助他们创建了新的"文化准则"。研讨会和行动计划有助于向员工灌输这种新行为。

"企业必须激励正确的行为，成功地嵌入一种新的文化。"激活领导数字特征并吸引员工。所有高效的企业文化尤其是数字化企业都需要强有力的领导和敬业的员工。在数字文化中，团队需要自主行动，如人们必须进行判断，但只靠言语还不足以刺激这种行为。领导者，无论他们是在最高管理层还是在前线，都必须接受并表现出这些行为。

企业可以通过每天为领导者创造机会，让他们成为数字文化行为的榜样来激活领导特征。例如，他们可以在日常工作中引入新的惯例和节奏，以反映期望的行为。一家正在经历数字化转型的金融机构将会议领导人轮换制作为一种惯例，从而在会议中赋予更广泛的人以权力。企业应该鼓励领导者每天指导他们的团队成员实时练习新的行为。

用体现数字文化的特征性行为发出变化信号，是快速激活领导特征的好方法。例如，企业可以指定无会议日，以强调更多地关注行动而非计划，或者他们可以给工程师发放现金补贴，让他们购买自己的桌面设备，以显示对他们的信任。有时，即使是大胆的举动，如解雇行为与新文化相悖的员工，也是有理由的。

激活领导特征对于激励员工敬业度至关重要，在数字化文化中，这一点尤为明显，因为数字化文化强调自主性、判断力、以客户为中心和创业思维。领导者应该通过非传统的方式吸引员工。例如，诺华公司就利用游戏化技术向员工传授产品知识，同时强调公司的价值观。

调整组织环境以嵌入新的文化。由于数字化转型代表对传统业务运作方式的背离，企业通常会使用由最优秀的领导者运营的试点项目来进行测试。为了激发这些高管的新行为，企业修改了高管的绩效评估标准及他们的责任领域。企业也改变了这些高管的决策权，以加快决策。一旦试点成功，这些高层领导人就准备好推行改革。问题是，帮助和激励高管让试点取得成功的变革在更广泛的组织中并不存在，管理者和员工也没有准备或动机采用新的工作方式。

扩展数字文化是一个挑战。基于权力等级和团队或单位争夺资源的传统文化，在许多方面与强调授权、协作和速度的数字文化背道而驰。但是，除非企业改变组织环境，底层的系统、过程和实践——否则在整个组织中扩展和嵌入新的行为几乎是不可能的。嵌入不仅是最具挑战性的部分，也是最耗时的部分。许多转型戛然而止，就是因为无法真正建立数字文化。

为了成功地嵌入一种新的文化，企业需要预测需要做什么，而不仅仅是运行试点。企业需要重新审视自己的运营模式，也需要刺激新的实践，审查每一个组织环境领域领导、组织设计、绩效管理、员工发展路径、资源和工具，愿景和价值观，鼓励正确的行为和阻止不受欢迎的行为。企业的筛选和雇佣政策及实践也应该改变，以寻找那些表现出新行为的潜在客户。

企业可以通过多种方式嵌入数字文化。例如，L'Oréal 聘请了一名首席数字官，带领团队为企业各业务部门提供数字专业知识，同时推进全企业范围内的数字优先事项。Adobe 系统废除了它的年度绩效管理评审，取而代之的是实时的"前馈"会议，专注于即将到来的目标。英国天然气采用 Yammer 作为企业社会协作平台，它允许人们分享赞扬和优秀实践，并跨职能协同工作。一家生命科学企业的领导者审查了他们企业的"声明"——对激情、质量、诚信、参与和创新的承诺，以确保这些原则和企业的系统支持新的数字文化；为了增强员工的激情，还创建了一个轮岗计划，允许员工选择从事一个数字项目；通过数字专家网络和企业的入职培训项目中的数字模块提高质量和诚信；为了加强参与，举行年度数字峰会，并为大胆想出新点子的团队设立协作奖；通过升级设备和重新装饰工作环境促进创新，使其更具未来感和灵感。

与任何变革一样，引导数字化转型的领导者往往专注于结构和流程的变化，而忽视了人的方面。众所周知，文化变革是成功转型的关键决定因素。对于数字化转型，这个真理适用于第 N 次转型。体现数字文化的行为代表了对长期规范的重大转变，特别是对传统权力结构、决策权力及员工之间竞争与合作的基本观点的挑战。

企业之间的机会之窗正在缩小。成为一个完全数字化的组织将成为新数字时代的必答题。现在，通过塑造和嵌入数字文化，企业可以确保竞争优势，同时对其长期、可持续的发展起到关键引擎的作用。

11.2 数字化转型成功的关键

11.2.1 数字化转型需要制定成功的战略

最成功的数字化转型是那些具有良好计划和实施良好战略的转型。如何制定成功的策略？以下是一些提示：

1) 确定业务目标。因为看到其他人都在进行数字化转型项目而决定启动数字化转型项目是灾难的必经之路。在开始之前，请确保团队中的每个人了解为什么要进行这项工作。需要就目前的情况达成一致，并对想去的地方有一个清晰的愿景。通常，最有效的数字化转型目标附带关键绩效指标（KPI），这些指标可跟踪实现目标的进度。

2) 聘请专家。很有可能当前的团队中没有人领导过成功的数字化转型。如果是这样的情况，可以聘用具有数字化转型经验的全职员工，也可以聘用外部咨询公司。一些企业还聘请了IT、市场营销或其他领域的其他关键人员，他们在进行转型方面具有经验或专业知识。

3) 发挥优势。放弃目前正在做的所有事情并从头开始是很诱人的，但这通常是一个错误。想想已经做好的事情，有忠实的客户吗？品牌代表什么？当进行数字化转型时，需要确保没有做任何事情来破坏已经取得的成功。实现其目标的数字化转型项目通常看起来像企业先前在数字领域所做努力的自然延伸。

4) 设身处地为客户着想。数字化转型框架中的一个共同主题（更多内容见下文）是强调客户体验。数字化转型将改变客户与组织互动的方式。需要确保这种新体验是积极的，并强化想要拥有的品牌形象。

5) 制定新的流程和政策。如果没有人使用新技术，它是完全没有帮助的。在推出新工具或应用程序之前，请仔细考虑希望员工如何使用它。如果没有明确定义流程并建立一些执行机制以确保人们遵循它，员工可能会恢复到旧的做事方式。在某些情况下，数字化转型需要彻底的文化转型，这是一个漫长而艰难的过程。

6）通过一系列步骤发展的数字化转型项目比尝试一次实施的大规模变革更有可能成功。如果策略保持一定的敏捷性，可以在此过程中进行细微的修改，并及时对不断变化的条件做出反应。

7）考虑遵循数字化转型框架。一些分析师和咨询公司已经制定了数字化转型框架，可以帮助组织制定战略。实际策略应该是组织所独有的，但遵循经过验证的策略可以帮助组织避免错过关键步骤或重复其他组织以前犯过的错误。框架不是必需的，但它会有所帮助，尤其是在组织没有数字化转型经验的情况下。

11.2.2 数字化转型需要整体方法

数字技术及人们在个人生活、工作和社会中使用它们的方式，已经并将继续改变商业的面貌。这种情况从未改变，但是它发生的速度正在加快，比组织变革的速度还要快。退一步，全面地审视和质疑扩展组织中各个部门的不同层次上的许多"数字化"变化和主动性是数字化转型成功的关键。

数字化转型可能不是对它所涵盖内容的最佳描述，有些人更喜欢使用数字化商业转型这个术语，这更符合商业环境。然而，作为一个概括性术语，数字化转型也被用来表示一些意义上的变化，这些变化并非严格意义上的商业变化，而是指在所谓的破坏性和新环境带来的挑战之外政府、社会、法规和经济条件等方面的演变和变化。很明显，社会的变化/转变会对组织产生影响，并且当从整体的角度来看转变时会非常具有破坏性，没有哪一家企业、行业、经济参与者/利益相关者和社会领域是独立的。

在任何时候，都必须认识到数字化转型的总体维度是关键的。虽然数字转换成熟度模型可以帮助定义远景，但它们在实践中过于简单或笼统。

数字化转型涵盖大量的过程、互动、交易、技术演进、变化、内外部因素、行业和利益相关者等，所以在阅读有关数字化转型的建议或报告和预测时务必记住这一点。尽管全球各地的组织有共同的挑战、目标和特点，但每个行业、地区和组织有巨大的差异，在一个地区行得通的，在另一个地区未必行得通，即使我们只看监管环境这一个方面。

主要探讨数字化商业转型，换句话说就是数字化商业环境下的转型，在这种环境下，焦点将分散到企业生态系统的边缘。最广义上的客户（外部和内部的界限都模糊了）是这个范式中的关键维度，客户体验、员工满意度、利益相关者的价值/成果、合作关系和清晰的以客户为中心的方法是这个范式的组成部分。

技术的整合和融合及技术本身的成功取决于在多样性方面的协作及全体人员的赋权和参与。

从云、大数据、高级分析、人工智能、机器学习和移动物联网，再到最近的新兴技术现实，网络进化和技术都是：

1）数字化转型的推动者。

2）数字化转型需求的成因（如影响消费者行为或重塑整个行业，制造业的数字化转型）。

3）促进创新和转型。技术只是这个范式的一部分，因为数字化转型的定义是整体的。

企业、客户和利益相关者的最终目标确实推动了进程。组织的核心角色是联接点和克服所有领域的内部竖井，以实现这些不同的目标，因为相互联接是规范。换句话说，尽管焦点向边缘转移，但核心能力的实现是为了更快更好地为边缘工作。例如，这种情况发生在组织（集成、生态系统）、技术（"作为服务的方法"、云计算和敏捷性使能者）和文化层面。向边缘移动还反映在技术和计算范例中，如边缘计算和工作和业务模型的分散化。想想关于数据管理和分析能力是如何在核心云计算增长的同时提高实时需求、信息管理的分散化、向端点转移的安全性等方面的问题。

然而，这并不意味着战略决策会走向边缘，或者数字化转型只可能出现在拥有"新"组织模式的组织中。企业范围的数字化转型需要领导能力，无论它是如何组织的，只要实现目标的整体方法能够战胜内部竖井和现实与感知之间的实际差距。在实践中可以看到，在通往更全面和企业范围方法的道路上进行的实践项目经常是自底向上的、特别的或在特定部门中进行的。这在早期阶段很正常、很典型，但如果不在更广泛的层面上坚持下去，就会对长期的成功产生潜在的影响。

11.2.3 数字化转型的主要领域

数字化转型要求的是一体化和互联意义上的数字化转型，将触及以下 8 个方面的转型：

1）商务活动/职能。市场营销、公司运营、人力资源、行政管理和客户服务等。

2）业务流程。一个或多个互联的操作、活动和集合，以实现特定的业务目标，包括业务流程管理、业务流程优化和业务流程自动化（使用自动化等新技术）。在数字化转型战略中，业务流程优化是必不可少的，在大多数行业和案例中，业务流程优化是同时面向客户目标和内部目标的。

3）商业模式。即企业如何运作。从进入市场的方法和价值主张，到它寻求利润的方式和有效转变其核心业务，利用新的收入来源和方法，有时甚至在一段时间后放弃传统的核心业务。

4）业务生态系统。合作伙伴和利益相关者的网络，以及影响业务的环境因素，如监管或经济优先级和演进。在数字化转型、信息结构的基础上，不同背景的企业之间建立起新的生态系统，数据和可操作的数据成为创新资产。

5）商业资产管理。从将重点放在传统资产上，转向越来越多地放在信息和客户等"无形"资产上（增强客户体验是许多数字化转型"项目"的首要目标，而信息是商业、技术变革和所有人际关系的命脉）。从各个角度来看，客户和信息都需要被视为真正的资产。

6）组织文化。其中必须有一个明确的以客户为中心的、敏捷的、高度敏感的目标，可以通过在各个领域获得核心竞争力来实现，如数字成熟度、领导力、知识型员工等，从而使其更能适应未来。文化还与流程、业务活动、协作和数字转型的 IT 方面重叠。为了将应用程序更快地推向市场，需要进行一些改变。这就是 DevOps 的本质：开发和运营。为了使 IT 和 OT 在业务/流程/活动中协同工作，也需要改变（不仅包括信息和操作技术，还包括流程、文化和协作）。

7）生态系统和伙伴关系模式。合作、协作、共同创造的兴起，全新的商业生态系统方法，带来了新的商业模式和收入来源。生态系统将是服务经济和实现数字化转型成功的关键。

8）客户、员工和合作伙伴协同。数字转型将人与战略置于技术之前。任何利益相关者的行为、期望和需求的改变都是至关重要的。这表现在许多变化子项目中，其中以客户为中心，还包括用户体验、员工授权、新的工作场景模型、改变渠道合作伙伴动态等。需要注意的是，数字技术从来都不是解决这些问题的唯一答案，包括员工满意度和客户体验的提升。人们参与、尊重和授权他人，也是选择和基本需求的一部分，技术是一个额外的推动者。

以上并不能涵盖数字化转型的全部内容，事实上，这几个方面是相互联系和重叠的。可以看一些与业务相关的数字化转型的现象和所谓的颠覆，重点是，它通过定义规定整体数字化转型场景、用户体验等方面，技术演进和创新有一个明确的目的，这是至关重要的因素。

因此，数字化转型当然不仅仅是颠覆或技术本身，这甚至不仅仅是为了数字时代的变革。如果是后者，必须意识到这个数字时代虽然已经存在了很长一段时间，但一直相对模糊。

11.2.4 数字化带来的颠覆性影响

过去几年里最让人兴奋的就是数字化转型，数字化的颠覆性影响主要表现在行业业务创新上：商业交易的方式或生态系统（如社会）明显挑战现有的（主要是科技）企业，新来者或者在职者掌握了数字业务技能组合并提出了解决方案、业务模型和方法，引发客户重大行为转变和市场变化，需要现有的参与者（包括"数字业务"）改变他们的战略。

当然，颠覆性不仅仅是那些新来者或采用颠覆性方法的现任者的主动行动，最终还是关乎人、关乎客户。如 Charlene Li 所言，颠覆最终是关系中权力的转移。颠覆，作为一种人类现象，是由人们使用技术的方式的转变及他们的行为和期望的转变引起的。这些转变可能由新技术及具有颠覆性的新来者如何采用或利用这些新技术而引起。然而，这种变化也可以有一个与技术无关的更广泛的背景。那么，这还算是"数字颠覆"吗？不，即便在某些情况下数字技术可以用来解决行为或期望/需求等方面的变化。

Sameer Patel 说,谁拥有观众,谁就拥有"最后一公里"。也就是说,谁最接近客户,谁就最接近颠覆。正如 Sameer Patel 所指出的,颠覆经常发生在客户体验的"最后一公里"。一般来说,颠覆常常发生在业务的各个边缘,如我们刚刚提到的"最后一公里"、客户、更广泛的生态系统等。在更广泛的生态系统范围内,有必要看看不断变化的经济现实和新法律法规可能带来的颠覆性影响,这再次强调了正确看待数字化转型建议的必要性。

当你看到颠覆和边缘不断增长的期望(客户的期望、业务流程末端的知识工作者等)时,数字转型往往关注于边缘的事实似乎是显而易见的,正是这些人推动了数字化转型。

虽然总是说技术从来不是颠覆性的,但是技术对人类的颠覆的确是一个挑战。人们更愿意采纳的一种表达是,技术被采用和采用的方式可能具有颠覆性影响,就像前面提到的那样。事实上,第三平台技术及其加速应用,对信息和人工智能起到了关键作用。

近年来,服务互联网和转型互联网的发展(物联网或物联网最终将是什么)开始在数字转型中发挥关键作用。物联网,即迈向下一个阶段的互联网,当前仍处于早期阶段。因此,物联网的本质是另一个总称,即具有嵌入式或附加联接的设备的联接,以及使用互联网技术进行数据传感、发送、分析和/或接收的可能性。然而,与此同时,它将成为大多数变革演变的黏合剂。在消费者应用领域,物联网迄今为止几乎没有提供什么有形价值或真正的创新,它的主要价值体现在工业物联网上,制造业和物流等工业市场正成为转型的领头羊。后者也是由于一些技术开始显示出其颠覆性潜力的尖端,包括增材制造和高级机器人技术。

之后还有舞台吗?肯定有。将在各种意义上进行完全融合,也包括在人类自身的数字技术的整合中。第四平台会是什么?这对很多人来说很可怕,虽然它在接下来的几年里可能不会到来,但终将到来。

数字化转型包括管理现有业务,同时为未来进行建设,就像在飞行中更换飞机引擎一样。

下一个最大的颠覆性技术是什么?是物联网、认知/人工智能、大数据和智能系统。与此同时,融合阶段已经到来,如在工业环境中,网络-物理系统及

（工业）物联网是工业4.0和工业互联网的关键组成部分。然而，在任何时候，人的价值和要素都是关键。

11.2.5 数字化转型的重要驱动因素

数字化转型可以由许多因素引起。

1. 技术发展创新

现在，技术发展创新的影响比以往任何时候都要大。然而，并不是技术驱动了颠覆或转变，它是被客户、合作伙伴、竞争对手和各种利益相关者使用和采用的。具有明显颠覆潜力的技术包括物联网、人工智能、边缘计算、虚拟和增强现实及区块链。然而，最具颠覆性的潜力是当它们结合在一起形成新的应用时，正如人们在人工智能、物联网和大数据分析的融合中看到的那样。在产业转型中，IT和OT的融合也会改变游戏规则。

2. 客户行为需求

由客户引起的转变和颠覆并不一定与技术有关。技术往往使之成为可能，尤其是当被采纳并转变为业务挑战时。举一个推动数字转型的例子，它不是由技术引起的，而仅仅是通过与其他因素相结合而加强的：客户对使用方便和处理业务简单的需求比今天要早得多，这要追溯到互联网还不存在的时代。从这个意义上说，数字化转型也可能只是迎头赶上，因为企业不再有其他选择了（这并不是说他们在几十年前不知道为客户提供轻松、顺畅的互动和支持的重要性）。此外，客户的行为和需求也会受到社会层面上的破坏的影响。

3. 创新发明因素

创造全新的方法应对商业的挑战，以及通过创新模式实现创新和发明，无论是在科学、商业还是技术领域都是具有颠覆性的。以前是改变医疗保健和社会的药物发明、印刷机、火车，下一个会是什么？最好的选择可能是生命科学和技术在人体和大脑中的应用。

4. 生态系统诱导

组织是更广泛的生态系统的一部分。经济变化、合作伙伴希望你适应的需求、转型商业生态系统中合作的演变、监管变化（如考虑一般数据保护法规或GDPR的转型影响）、地缘政治变化、社会变化和意外事件，它们都可以影响和推动数字化转型的需求。

这个生态系统的变化又把人们带到了数字化转型的关键方面：所有事物的相互依赖和相互联系，并且需要像前面提到的那样：从整体上考虑，跨行业，考虑当前和未来的变化。

所有的东西都是重叠的、相互联系的，从颠覆、业务流程和模型到业务活动、组织的每一个单一活动和更广泛的生态系统，这就是蝴蝶效应。想想实际上所有的业务流程是如何联系在一起的（从客户的角度来看，业务活动是相互联系的），信息在所有数字化转型中运行的方式，事件对经济的影响等。场景规划在这里很重要。

11.2.6　数字化转型全局考虑很重要

虽然只是对数字化（商业）转型的某些方面进行了划分，但获得整体的场景是至关重要的。商业总是在变化和创新，技术总是伴随着挑战和机遇，法规和生态系统总是在进化，这不是什么新鲜事物。

数字化（商业）转型不仅仅是一个流行词，更是一种挑战、力量，更重要的是一种机遇，它将使企业在瞬息万变的环境中获得成功所需的核心业务能力。在瞬息万变的环境中，变化涉及无数现象：从加速技术创新和颠覆挑战常见商业模式的现状，到快速应对不断变化的客户和合作伙伴需求或意外事件。

为了确保所有人说的数字化转型是同一件事情，重要的是要强调数字化转型不仅仅是：

1）数字营销。即使它是商业活动的重要组成部分，即使它经常使用数字化转型的环境。

2）数字客户行为。尽管它发挥了作用，并且客户越来越"数字化"和"移动化"。

3）技术颠覆。即使数字化转型与技术进化有关，新兴技术也确实可以产生"颠覆性"影响。

4）将纸张转化为数字信息。既不是指信息（流程）和业务流程的数字化，也不是必要条件。

5）加快业务的数字化转型。它只是一个时间问题，没有人区分数字和物理或离线和在线。例如，客户根本不考虑这些方面，也不考虑渠道。

11.3 数字化转型的常见误区和演化路径

11.3.1 数字化转型的常见误区

企业领导在关注数字化转型时，往往已经注意到了企业发展中遇到的问题和瓶颈，也从多种渠道了解了数字化转型这个概念，多多少少被其"降本增效"的作用所吸引。在很多企业领导和IT部门心中，怎样开展数字化转型是一个大大的问号。

目前开展数字化转型的企业越来越多，相当多的企业资金投入巨大而转型效果寥寥，而相关的IT产品供应商也深陷失败项目中砸了牌子、赔了成本。数字化转型建设难度大、投入高、见效慢、易失败的特征逐渐被识别。为此，笔者结合自身认识和经历，梳理企业开展数字化转型的常见误区，供数字化转型企业和IT产品供应商参考。

1. 不重视数字化转型战略制定

11.1.2节中提到，企业的业务数字化水平体现在业务活动步骤化、步骤环节要素化、要素规格数据化和以数据为中心的业务变革4个依次递进的不同层面，对应不同的数字化转型发展阶段，是逐步深化、无法跨越的。

有些企业领导，在对本企业当前的数字化水平和所处的数字化转型发展阶段没有清晰认识、缺乏数字化转型战略的情况下，就开始找IT厂商开展技术调研，要解决方案、听产品介绍。而IT厂商往往是打着技术交流、为企业做免费解决方案的幌子行兜售产品之实，把自家成熟的、不成熟的产品都打包到方案"模板"中推荐给企业。

1）给数字化转型企业的建议。企业领导要正确认识本企业当前的数字化水平，对于是否需要开展数字化建设、建设覆盖哪些方面、包括哪些内容、希望达成什么样的效果、成立什么样的组织机构等关键问题提前筹划、心中有数，做到"谋定而后动"，也就是先制定切合实际的数字化转型战略，带着清晰的战略目标，再去开展技术和产品调研。

2）给IT厂商的建议。每个IT厂商都想卖产品，也都想打造行业优秀实践案例，但对于缺乏数字化转型战略的客户企业来说，开展不负责任的产品营销将会在项目实施阶段把自己带进大坑。项目经理在前期调研、交流中要主动引导、梳理客户诉求，分析其当前的数字化水平和所处的数字化转型阶段，充分预判项目推动的难度，站在客户角度提出双赢的解决方案。

2. 把技术看作数字化转型的核心

有些媒体、专家在做数字化转型宣传时，会有意无意地突出技术的作用，这往往会让企业领导产生一个观念："数字化转型就是运用新技术，通过技术手段解决管理问题"。在这里，可以明确地说，这个观念是错误的。纵观"科学管理""精益管理""管理自动化"这3次管理变革，每次变革都是在可用于企业生产的新技术大量出现并累积到一定程度后，企业主动开展的管理创新活动。例如，科学管理中的标准化和流水线生产，精益管理中的看板方法、价值流分析和准时化生产，管理自动化中的业务数据结构化、通信协议化和全流程自动化处理等。这其中，技术发挥了重要的作用，但决定性因素仍然是管理思路的创新。

1）给数字化转型企业的建议。"单纯的技术手段无法解决管理问题，管理问题只能通过管理手段解决。"在数字化转型中，技术只是工具，制度、流程、管理要素、责任体系和运行机制才是核心。而这些具体工作无法依赖任何IT公司或外部咨询公司完成，只能依靠企业自身，因为所有企业都无法将核心业务的运行细节交给外人掌握。

2）给IT厂商的建议。在和客户交流的过程中，不要过度宣传产品的技术先进性和在其他行业的应用案例，因为任何有清晰的数字化转型战略的企业，他们关注的重点不是IT厂商产品的先进性甚至不是技术，而是与企业数字化转型需求的适配性。数字化转型对于每个企业都是不同的，成熟产品在一个行业和企业的成功应用无法说明在另一个行业和企业是否能够成功应用，过度宣传会引导客户企业过于关注技术和产品本身而忽视转型战略，并给企业传递"我们的技术和产品能够保证企业数字化转型成功"的错误信号，为后续建设埋下隐患。

3. 把信息系统建设看作数字化转型成败的关键

信息系统是企业在数字化转型建设中的重要抓手和显性成果，是企业业务和数据的承载平台，也是IT厂商向客户交付的主要标的。

很多企业在开展数字化转型建设前制定了详细的数字化转型战略和规划，一旦开始建设，最常见的场景就是，企业领导天天盯着IT部门催进度；业务部门该干啥干啥，顺便看热闹，IT部门通知开会就参会；IT厂商一门心思对信息系统进行上线、测试、定制开发，通知业务部门审查业务流程；IT部门天天跟着厂商搭环境、学系统。所有人的注意力几乎全放在了信息系统上，把建系统看作数字化转型成败的关键。而这一通建设下来，最常见的结果就是：业务部门发现，上线的系统只是把现有业务从线下原封不动地搬到了线上，或者从某个旧系统搬到了新系统，业务模式通通没变，原有的业务痛点、堵点一个没少，反而因为系统的固化和流程的僵化，在面对痛点、堵点时缺乏原来线下处理的灵活度，更有甚者业务流程与实际不符；IT部门发现，新系统比起旧系统更加不稳定，三天两头出状况且难以排查；企业领导发现，每天会接收到一大批莫名其妙的流程审批提醒，还不知道到底要审什么。

1) 给数字化转型企业的建议。"信息系统好不好用可以侧面反映转型效果，但数字化转型建设的关键不在信息系统。"信息系统好不好用，表现在系统本身，根源在系统背后。只有把主要精力放在建设流程体系、梳理价值要素、理顺管理和运营机制、策划开展数据及信息治理，以及数据安全需求上，并以此为基础审查信息系统业务架构、技术架构、数据架构和安全架构，建成的信息系统才会好用。

2) 给IT厂商的建议。不要认为需求是客户的事，一味埋头定制开发和测试系统本身。积极主动参与客户企业的流程体系建设、价值要素梳理、数据及信息治理等工作，尤其是主动牵引客户企业IT和数字化转型管理部门，引导客户企业自觉开展需求管理。磨刀不误砍柴工。信息系统不好用，项目的售后服务会成为IT厂商的噩梦，客户企业也会给厂商打上技术差、服务响应差、产品质量差的标签，把数字化转型失败的所有责任都推给厂商。

4. 把数据看板作为数字化转型的主要成果

11.1.2节中提到，开展精益管理是数字化转型的重要一步。这其中，看板方法是精益管理的重要实践，其核心是在数据的集中治理和质量保证的基础上，让数据按照业务价值开展有效流动并供业务部门高效取用，这需要在制度体系、流程架构、价值要素和信息系统建设等方面共同发力，是企业数字化转型的基本成果。其他诸如数字孪生应用、在局部数据密集业务环节开展大数据和数据智能应用等，都属于数字化转型可选的扩展成果。在企业实践中，看板方法经常被错误理解为单纯的数据可视化看板，甚至退化为各种形式的数据统计图，极大地影响了其实施效果。

很多企业尤其是国有企业的领导，经常把数据可视化尤其是"数据看板"作为数字化转型的主要成果，或者说便于向上级汇报展示的平台。在这些企业中，领导为了突出"成绩"，IT 部门为了创造"业绩"，IT 供应商为了打造行业应用"标杆"，大家一拍即合，往往会把重点放在各种华而不实的数据展示、态势图和动画效果上，看起来风光无限，且不说数据的真实性和质量难以保证，这样的数据可视化效果除了给业务部门和 IT 部门额外增加负担，并未对企业业务起到促进作用。就像业内人士半开玩笑说的那样："按照领导的具体要求建成了数据态势图，业务部门和 IT 部门都没看懂，只有领导说看懂了。"

1）给数字化转型企业的建议。"学会精益管理看板方法的价值所在和精神实质，而不是徒学其表"，更不要为了表面的"成绩"，把投资巨大的数字化转型建设做成汇报工程、面子工程。

2）给 IT 厂商的建议。从发挥数字化转型建设实际作用的角度，主动为客户谋划适合客户业务特点和数字化发展水平的数据运用场景。不要主动迎合客户企业，在建设数据展板、数据态势图上花费太多精力。即使是在客户压力下这样做了，也不要大肆宣传，因为这些不是数字化转型的主要成果。开展这样的宣传，只会让真正懂数字化、懂精益管理的客户企业和投资者小看。

5. 认为数字化转型主要是 IT 部门的事

《从信号处理到数字化和数字化转型》一书中提到，所谓的"数字化"，就是区别于传统的"模拟化"业务，通过类似数字信号处理过程中的"抽样""量化"过程，把时间上连续的业务活动流程化步骤化，把具体步骤的目标和约束要素化，把具体要素数据结构化、规格化，把业务规则通过制度落实在具体的流程、要素、业务表单中，将规则模糊、随意性强的"模拟"业务转化为包含流程、要素、结构化数据和业务表单的"数字化"业务模型。

只有完成了上面的工作，才可以说是完成了"数字化"中的"抽样""量化"这两步。而这两步工作，是数据或者数字化转型管理部门组织建立标准体系，搭台子，业务部门轮番唱主角。到了"编码"阶段，才是考虑上系统的时候，也正是这个阶段，IT部门才开始唱主角。

然而在相当一部分企业领导的意识中，认为数字化转型主要是IT部门的事，这种认识在一定程度上具有普遍性，甚至在基层员工中被广泛认可。企业领导有这种认识，要么是对数字化的认识不足，简单认为搞数字化转型就是建信息系统；要么是对数字化"抽样""量化"对应的"科学管理"和"精益管理"变革在企业内部推行心存犹豫。在业务还处于"模拟化"的情况下，避而不谈建立"数字化"模型，而寄希望于跳过"抽样""量化"，直接进入"编码"环节，以追求业务华丽转身，实现数字化转型，其结果可想而知。

给数字化转型企业的建议："数字化转型是由数据或者数字化转型管理部门组织搭台或编剧，业务部门亮相出演，IT部门录制节目出剧集"的过程。这其中，IT部门发挥着重要的作用。但是如果认为数字化转型主要是IT部门的事，在缺乏好的剧本或演员表现的基础上要求录制出好的剧集，甚至要求在节目演砸的时候让录制承担全部责任，是非常不合理的。

以上5点认识误区在大多数企业数字化转型过程中不同程度存在，会严重影响数字化转型效果甚至造成转型失败。

11.3.2 数字化转型无处不在

数字化转型冲击着每一个行业，影响组织的所有活动、部门、功能和流程，因为它可以影响业务模式本身。

数字化转型可以发挥作用的几个方面有：

1）客户体验，许多数字化转换的关键因素是客户体验优化、流程改进和成本节约的融合。

2）产品和服务创新，如可以使用共同创造模式。

3）分销、营销和销售，在实践中客户服务参与通常是最早经历数字化转型的领域之一。

4）数字化实现、风险优化、强化企业管控等。

5）智能信息管理，信息、数据及其提供过程是关键，并关注激活客户服务、客户体验管理和客服中心、客户关系管理。

6）工作、人力资源、协作的新方式、劳动力参与和实现，如敏捷工作、社会协作、企业协作、统一通信等。

7）学习和教育。

8）采购、供应链管理、数字化供应链和供应商关系等。

需要注意的是，在数字化转型及数字业务环境中，所有这些方面、功能、流程等都是相互关联的，这不是从技术角度看，而是从流程和人员的角度看。

11.3.3 数字化转型面临的现实情况

许多组织在关注数字化转型。为了获得期望的效益，重要的是关注真实的业务和客户挑战，有一个清晰的通常是阶段性的方法，优先考虑并让所有利益相关者参与数字化转型过程。

这里要强调数字化转型的4种现实情况：

1）业务/IT的关系是关键，缩小两者之间的差距，专注于相同的目标，而不是忽视IT的作用。

2）数字化转型领导者有着共同的DNA，数字化转型的路径显示出共同的特征，即使环境很重要。

3）每个行业都会受到影响，包括你所在的行业。无论行业如何，客户、员工、合作伙伴、竞争对手或新的颠覆性参与者都将等待企业迎头赶上。

4）数字化转型是由高层领导的，或者至少需要企业高层和所有利益相关者的支持，如果它想在企业范围内取得成功，实际上也会从下至上，从特定项目内部进行。通常是首席执行官、首席数字官或首席信息官，首席营销官也会不时被提及。

11.3.4 数字化转型走向数字经济的演化路径

数字化转型强大的根源在于加速采用第三平台技术及其带来的变革性影响，无论是组织、工人、消费者还是人，数字转型的角色都在演变。

通过对（数字）客户体验和利益相关者整体体验的明确关注，同时优化成本、创新和创造竞争性差异化，数字转型将成为数字化转型或数字时代经济的基石。更重要的是，在第三平台中应用更多的技术，见证了核心技术和创新转型的创新加速，未来优化、转型和创新都将在这一层面加速。数字化经济时代，我们应认识到：尽管有这么多技术，但仍然是关于（数字）客户体验、利益相关者体验或人的维度，首先是由流程、信息和第三平台演进所赋予的力量。再次强调一下，数字化商业转型不仅仅是一项技术或 IT 问题。

企业的数字化转型分为以下 5 个阶段。

1. 第三平台和数字化业务

2007 年，IDC 谈到了第三平台，它是由四大技术/业务支柱组成的：云计算、大数据/分析、社交（商业）和移动应用。Gartner 将其称为"力量的连接"（Nexus of Forces），并谈到了 SMAC（社交、移动、分析和云计算）。不管名字是什么，重要的是这些技术，它们被消费者、工人和企业采用，它们改变行为的影响、它们被用来实现各种目标的方式正在戏剧性地改变商业现实——一个数字化的商业现实。

2. 第三平台的创新加速器

在第三平台之前分别是大型机和客户机、服务器模型或平台时代，第三平台是加入了 IDC 称之为创新加速的各种其他技术。这些领域包括机器人技术、自然界面接口、3D 打印、物联网、认知系统和下一代安全。因此，我们仍然处于技术领先的水平，但对业务和客户创新，在优化传统目标之上有了更清晰的关注。在这里，第三平台可以理解为新一代信息技术的融合应用平台。

3. 从转型到创新阶段

现在所看到的是，至少对于那些在各个领域都有明确成熟度和长期愿景的企业来说，随着基础、目标、战略、文化和愿景的到位，关于新的商业模式、吸引客户的方式、建立新的收入生态系统等创新成为关键的创新点。

随着数字化客户体验、创新、竞争、差异化、自动化、成本降低、优化、速度和利益相关者的经验成为业务驱动因素，上述技术及其应用方式将导致著名的下一波浪潮或新的层次的创新和数字化转型，而数据是实现创新的关键。数字化转型需要在端到端的方式中实现 IT 和数据的卓越。

4. 加快创新转型阶段

在未来几年,加快创新转型阶段的创新和颠覆性商业模式带来的挑战将进一步加速。换句话说,人们将看到,创新和转型的步伐发生变化,并导致每个行业感受到数字转型的颠覆性影响。正如 IDC 的 Frank Gens 所言,为了确保在"数字工业革命"中占据领导地位,企业纷纷开始行动,大规模扩大其数字化转型举措。

5. 新经济核心的数字化转型

正是这场"数字工业革命"——IDC 称之为数字化转型经济或数字经济时代,将把数字化转型置于增长和创新战略的中心。数字化转型将迅速影响所有行业,甚至会比以前看到的更大、更快。物联网、认知(人工智能)等创新加速器,以及第三平台(云计算、大数据/分析、移动应用等)的"传统"支柱,都将是这场变革的关键。

11.4 制定数字化转型战略是转型的第一步

数字和一般的技术总是对商业和社会产生深刻的影响。近年来我们看到的变化之一就是它发生的速度,它们带给人们的技术进化和变化正在快速加速,呈现出指数级的增长和结果。

这种速度与环境相关,不同的行业感觉也不一样。它与"新技术"在特定行业、市场条件、客户和利益相关者的类型及进入市场的方法等方面所扮演的角色密切相关。尽管如此,速度在很多方面都是至关重要的。在任何行业中,总有一个组织能够看到并抓住竞争对手所没有的机会。而在某些业务部门和职能部门,无论行业如何,缺乏速度都是不可取的。并且,任何领域包括客户行为、监管框架、技术等的指数增长或变化速度都可能在最意想不到的时刻发生。

为快速发展做好准备,理想的情况是创新和引领,改变现状是业务转型的一部分。

11.4.1 加快创新转型

虽然一系列技术加速了颠覆、商业创新和人类行为的变化,但这种指数级增长和变化速度只是未来变化的一小部分。

尽管数字商业转型本身与数字技术无关，但很明显，社会商业、云计算、移动应用、大数据分析、认知计算和物联网等信息技术的采用和发展，将永远加速整个社会的变化。

然而，真正的加速发生在创新和转型以指数级增长的时候。这就是分析师在谈到数字化转型经济时所要表达的意思：不仅包括颠覆和变革的加速，还包括领先组织将经历的实际数字化转型和加速创新，这将拉大与落后者的差距。

11.4.2 积极主动关注未来和结果

在快速发展的环境中，变化不是线性的，而是指数级的，要更快地响应并适应经常比组织变化更快的客户和生态系统，实际上需要更高程度的敏捷性和连通性，还有一个"主动的"元素。

要成为颠覆者而不是被颠覆者，要有前瞻性的思维改变、期待、创新，突破常规、以往和现在的各种条条框框。这种"主动"方式的结果是最重要的，这就引出了下一个问题。

然而，为了实现这些目标，许多条件通常需要以一种分阶段的方法来实现，并且总是涉及人员、过程和技术。

11.4.3 数字化转型的基本要素

在历史上，数字化也被用于另一种意义：将纸张数字化为数字格式，再数字化为流程。

从广义上讲，将纸张转化为数字信息，以一种更特殊的方式转化为过程的数字化维度，在数字化转型中显然是必要的。

数字化转型项目需要几个要素才能成功，数字化是其中的一部分。在众多元素中，经常提到4个与技术、人员、流程相关的要素，具体如下。

1. 变更管理

事实上，在影响多个利益相关者、部门、流程和技术的所有有效变革中都是如此（包括实施企业范围内的营销ROI方法、内容营销策略或任何与CRM、营销自动化等相关的整合营销方法），不仅有机会进行变革，并考虑哪些方面可以做得更好、哪些方面应该重新关联，还需要进行变革管理。

对人们来说，事情变化太快，如果没有考虑到那些被触动的人，以及他们所关心的事情，这可能会导致失败甚至带来更大范围的阻力。

除了数据和分析在数字化转型中的作用，还有更多的变革机会和变革管理的需求，这并不新鲜。例如，当网络分析变得流行时，它们的实现及客户/营销空间中不同数据和分析"筒仓"之间的连接，常常在许多面向客户的操作中显示出对数字转换的明确需求，而数字转换这个术语在很久以前就为人所知。

变更管理中最重要的维度是人：内部客户，利益相关者，组织所处的更广泛的生态系统。任何组织、企业、政府或非政府组织，如果不把人放在第一位，不让人参与进来，就无法实现深刻的数字化转型。如果事情对人们来说变化太快，或者我们没有考虑到被接触的个体和他们的担忧，这可能会导致失败甚至在更大范围内产生阻力。

2. 意图和优先级

数字化转型项目的路线图比比皆是。无论如何，路线图就是它们的本质，在更大的现实范围内，个体企业及其生态系统中的人员的意图、优先级、痛点和实际需求更为重要。

在生态系统中不断变化的环境下，没有一个万能的解决方案和意图、结果和优先事项来引导数字化转型的努力。优先级也意味着优先排序的确定，通常包括着眼于眼前的目标，但要时刻记住下一步和最终目标，知道这些目标及设定这些目标的环境，因为变化一直存在。

3. 数字化

之前提到数字化很重要。如果认为企业真的准备好了迎接广泛意义上的数字变革，那就大错特错了。

现有流程的数字化（和自动化）与纸质载体数据的数字化方面仍有很多不足。更糟糕的是，被称为数字化转型的东西有时"只是"数字化（把纸变成电子信息）。企业需要数字化，但是数字化不等于数字化转换，重要的是组合、战略和优先级的互联，以及通过数字化和组合数据实现业务目标的行动。

此外，后台处理和前端之间的差距甚至更大。尤其是在金融行业中，后台和前端脱节严重。

4. 组织、责任和技能

数字化转型就像社会业务、数字化业务及任何形式的以客户为中心的营销和业务流程一样，都需要跨组织工作的能力。在许多情况下，数字化转型甚至是对组织结构的彻底改造，它可以是关于协作方法、卓越中心的，也可以是关于消除特定组织的。

就真正的转型而言，关于数字化转型作为一个整体及具体职能和过程中的责任的辩论已经过时了，即使它需要由首席数字官、首席信息官和其他 CXO 发挥作用。同样，对于责任问题也没有理想的解决方案：环境确实很重要。

营销应该学习 IT，IT 也应该学习营销。客户服务的销售，销售的呼叫中心等。精通数字的文化不是数字转型的目标，但今天的 CXO 不仅需要精通数字，还需要了解其他人在做什么，他们的经验、方法和技能。至于责任的争论，这里也有多种选择，因为没有"一刀切"的办法。

11.4.4　制定数字化转型战略是迈向商业核心转型的第一步

1. 真正意义上的全面数字化转型需要战略手段

了解了所需的许多组件、技术、流程、人员、目标和集成之后，设计数字转型战略似乎是不可能的。然而，事实并非如此。

得到正确的答案需要正确的问题，这可能是为什么有这么多数字化转型成熟度模型和通用框架的原因之一。不过，由于每项业务不一样，该如何从一个适合未来、目标、潜在挑战、员工、市场和客户的数字化转型战略开始呢？

复杂的挑战和复杂的问题很难用简单的答案和框架来回答。然而，在实践中会发现，简单的答案也是缺乏的，因为简单的问题不是一开始就提出的。

在商业和技术的许多领域，这是一个反复出现的主题。在数字化转型、物联网项目、营销项目中，当涉及技术时，都可能想得到，但似乎忘记了基本的东西。

2. 数字成熟度基准和数字转型战略

数字成熟度框架和基准确实有价值。数字化转型是获取一系列能力，改变一系列流程、功能、模型等的过程，目的是能够以一种战略性和优先性的方式利用数字技术面对变化和机遇，以及它们对整个社会的影响，正如之前定义的数字化转型。

下面是关于数字化转型的几个观点：

1）数字化转型不是一个具体的项目、过程或优化，而是一个整体的考虑，不会在一夜之间发生，有许多组成部分和阶段目标是循序渐进的，正是因为这样才有了"数字化成熟度"的观点。

2）在数字化转型的背景下，不同的阶段、步骤、项目都有一个或多个目标，但同时也符合刚刚通过定义确立的更广泛的目的。也就是说，有一个路线图和最终目标。

3）数字化转型是一个过程，最终目标是可能变化的。新技术将带来新的机遇和挑战，不断变化的市场条件、竞争环境等也将带来新的机遇和挑战。虽然数字化转型的目标是让人们为这些做好准备，但这个目标本身也会发生变化。

4）变化是永恒的。把数字化转型策略分解成每个增量的步骤和更广泛的目标意味着不确定性、风险和变化，也意味着数字化转型策略要有敏捷性，以应对可能改变的方向，由于数字化转型中间过程的制衡和外部企业能力的持续改进或改变。

3. 制定数字化转型战略是转型的第一步

有些人认为它是数字化（不是数字化）和数字化（可以是数字化）背景下的一个或多个项目。根据项目的性质和范围的不同，这些项目的内容、原因和方式可以有很大的不同。

任何一个人，包括笔者，认为数字化转型是人们所定义的包罗万象的转型。在这种情况下，目标是数字化转型能力是业务的核心，因此，数字化转型成为条件和能力，以充分利用（数字）技术的变化和机会及其影响。

然而，正如前面提到的，这不是一夜之间就能实现的，需要一系列渐进的步骤。这里的目标或"是什么，为什么，如何做"变成了核心目标，并与更广泛的目标融合在一起，它们变得更有意义。

11.4.5 企业如何制定数字化转型战略

企业数字化转型战略应当包括：指导思想和数字化转型目标、组织领导和工作机构、数字化转型工作机制，以及数字化转型覆盖业务、建设内容、工作计划、投资计划、预期效益等。

企业制定数字化转型战略，应当在客观分析当前数字化发展水平和所处的数字化转型发展阶段基础上，统一指导思想和转型目标，明确数字化转型组织领导和工作机制，以自顶向下和自底向上相结合的方式，持续同步迭代深化企业发展总体规划和数字化转型规划，并以此动态指导后续的数字化转型建设。

1. 评估企业当前数字化水平和数字化转型发展阶段

对于数字化转型的评估，当前研究研究数字化转型评估模型的组织和成果不少，如中国信通院的 IOMM 模型、中信联的数字化转型新型能力体系建设总体框架、普华永道的企业数字化成熟度评估架构等。这些模型和框架更适合在数字化转型后评估其效果，并不适合用于制定数字化转型战略。

下面以制定数字化转型战略为目标，提出基于业务活动步骤化、步骤环节要素化、要素数据规格化和以数据为中心的业务变革的数字化转型 4 个阶段，区分企业不同业务板块分别开展分析评估的数字化水平和转型发展阶段评估方法。

第一步，根据企业当前业务分布，划分业务板块，并逐层细分，直至最底层的单项业务活动。

第二步，根据业务责任划分，将业务板块下的各层直至单项业务活动划分到企业内责任团队或部门主体。

第三步，由数字化转型办公室组织 IT 部门和相关业务责任部门共同对各单项业务活动逐一进行评估。

对标科学管理，按照以下标准项开展业务活动步骤化评估打分：

1）业务活动是否明确划分为固定的步骤，且在实际业务开展过程中得到完全执行。

2）每个步骤需要完成的工作内容、达到的目标状态、使用的资源，需要的审批人是否明确可定义。

3）每个步骤完成情况向下一步骤传递的信息是否明确可定义。

4）上述业务活动步骤化是否有动态审查调整机制并有效落实。

对标精益管理，按照以下标准项开展步骤环节要素化评估打分：

1）每个步骤对于整个业务活动的价值体现是否明确可量化。

2）每个步骤完成的工作内容、达到的目标状态、使用的资源是否可用量化要素展现。

3）每个步骤是否有明确的工作表单，其表单要素是否与体现了步骤的全部量化要素，以及相关的外部约束。

4）上述步骤环节要素化是否有动态审查调整机制并有效落实。

对标管理自动化，按照以下标准项开展要素数据规格化评估打分：

1）步骤、要素所在的业务活动是否已通过信息系统承载。

2）在信息系统中的表单要素是否为结构化数据。

3）在信息系统中的表单要素是否有真实可靠的数据源。

4）信息系统是否完整记录了表单要素数据和时间戳。

5）上述步骤环节要素化是否有动态审查调整机制并有效落实。

对标"以数据为中心的业务变革"，按照以下标准项评估打分：

1）业务活动的数据是否集中收集、整合、存储和管理，是否跨不同业务活动重用和共享。

2）业务活动的数据是否有明确的数据质量和数据安全机制。

3）上述数据治理工作是否有动态审查调整机制并有效落实。

第四步，将每个单项业务活动的评估形成一张表，将所有业务活动评估表汇总形成企业整体业务的数字化水平和数字化转型发展阶段评估（以下简称"数字化评估"）报告。

2. 明确数字化转型组织领导体系和工作机制

企业应成立数字化转型工作领导小组（以下简称"领导小组"）并下设转型办公室，作为企业数字化转型的总指挥部，并在企业内部成立数字化转型工作专家团队（以下简称"专家团队"）。

由于数字化转型开展的是"以数据为中心的业务变革"，触动的是企业核心业务模式，应当由企业主要领导挂帅，也被称为"一把手工程"。企业主要领导除了作为总指挥负责重大事项决策，还应接受转型办的直接汇报并指导转型办工作，以及指导数据治理和数据应用工作。企业各业务板块分管领导作为成员参加领导小组，其职责是组织协调分管业务部门落实领导小组决策和相关工作指示，并对分管业务部门在数字化转型中的工作进行指导。这里需要注意的是，要避免把主要领导挂帅变成了"挂名"，需要主要领导直接指导转型办工作，主抓数据治理和数据应用，亲自参加工作例会并听取工作汇报。

转型办负责落实领导小组工作指示，具体组织开展数字化转型各项工作任务。转型办主任一般由综合部门领导担任，负责整体的组织协调。企业各业务部门领导作为组员参加，负责本部门业务范围内数字化转型具体工作落实。其中，IT 部门和数据管理部门领导还应承担数字化转型过程中的 IT 支撑、数据治理和数据应用工作责任。

数字化转型工作专家团队成员应由企业内部或外聘的数据治理、IT 建设和维护及各业务模块的业务或技术专家组成，专家团队直接向企业主要领导负责，主要职责是参与企业数字化转型规划咨询。

对于领导小组、转型办及专家团队，应当明确例会、工作简报等例行和定期工作机制，常规业务和技术的决策机制，以及重大问题的研究决策机制等。

3. 开展企业发展总体规划与数字化转型规划双向迭代

开展企业数字化转型规划，主要是依据企业数字化评估情况，依托组织领导体系和工作机制，明确指导思想和数字化转型目标、覆盖业务、建设内容、工作计划、投资计划和预期效益等。

以自顶向下与自底向上相结合，企业发展总体规划与企业数字化转型规划双向迭代相结合的方法开展企业数字化转型规划，如图 11-5 所示。

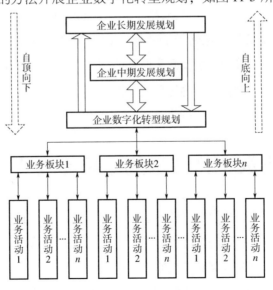

图 11-5 "两个相结合"的数字化转型规划方法

具体步骤为：

1) 制订不同业务板块的数字化转型计划，形成数字化转型规划初稿。采用自底向上的方式，根据企业数字化评估情况，对每个业务板块的数字化转型开展规划。例如，业务板块 A 绝大部分业务活动步骤化尚未完成，其数字化的重点应当是制定标准化的业务步骤，明确每个步骤完成的工作内容、达到的目标状态、使用的资源、需要的审批人等；业务板块 B 有明确的业务步骤和工作要求，但缺少量化的指标和要素，其数字化的重点应当是以业务价值为导向，明确价值要素，优化流程和业务表单。

2) 开展企业发展中期计划和数字化转型规划及阶段性投资需求的双向迭代完善。从数字化转型规划初稿开始，对照企业发展中期规划，开展双向的迭代深化，直至两者相互协调、相互支撑。在数字化转型规划迭代完善的同时，对阶段性投资需求和业务板块划分和业务规划同步开展调整。

3) 开展企业发展长期规划与数字化转型规划及长期投资计划的双向迭代完善。从企业发展长期规划开始，自顶向下审查企业数字化转型规划，必要时返回上一步，将数字化转型规划与企业发展中期规划重新对标迭代完善。如果在多次迭代后仍然与企业发展长期规划存在出入，必要情况下可以按照相关权限和工作流程，提请对企业发展长期规划进行修订。

值得注意的是，数字化转型战略不是一次性工作。制定数字化转型战略后，企业将陆续开展数字化转型的实质工作，如建设流程体系、梳理价值要素、理顺管理机制、策划开展信息系统调研等后续工作。数字化转型战略作为企业数字化转型的总纲，将作为后续工作的总指导，也将在企业数字化转型建设过程中不断动态修订和迭代深化。

11.5 搭建数字化转型战略核心要素的桥梁

数字化转型需要一个数字化转型战略，像任何战略一样，着眼于目标、当前形势及如何以一种合理的方式推进转型的过程，并将这些点连接起来，分析面临的关键问题，审视数字转型战略。

全球的企业都在进行数字化转型，因为他们面临着改进业务流程、创新产品和业务模式的挑战。在整个行业都在变化的经济现实中，可指导行动的情报就像新的货币。在数字经济时代，数据和信息已经成为核心业务资产、收入来源和关键推动者。

为了获得新技术带来的好处，在信息时代和数字转型经济的下一个阶段，组织需要准备好加速变革，提高业务敏捷性，以及所有形式的数据和信息发挥越来越大的作用。

最重要的是，他们需要能够制定数字化转型战略，并在几个领域建立桥梁，这些领域涉及信息、数据、流程、技术和人员等方面。

数字化转型战略首先要回答"是什么""为什么""如何做"和"谁来做"等基本问题，将数字化转型战略在当前状态和预期的长期计划之间架起一座桥梁。从定义上说，数字转换是整体的，需要集成和协作。因此，数字转换战略着眼于构建核心要素和连接它们的桥梁，并消除它们的障碍。

11.5.1 搭建桥梁

1. 在 IT 和业务之间搭建桥梁

在商业现实中，在市场营销和首席营销官的领导下，企业越来越多地对技术预算做出决策。对于在数字转型中至关重要的 IT 和信息管理专业人士来说，对业务了解的困乏，导致要理解首席市场官或其他业务高管的语言通常是很困难的。

有的 IT 公司正在建立或收购营销业务甚至代理的"数字转型咨询公司"，这有助于他们正确理解和解决这些典型受众的需求。这也是一些以咨询为导向的公司遭遇增长挑战的原因，这些公司在数字化转型领域一直很有发言权，现在却无法应对公司日益增长的端到端数字化转型战略需求，因为他们错过了深刻的 IT 和信息管理技能。换句话说，对他们中的许多人来说，要在涵盖许多现实和技能的整体场景中架起桥梁是很困难的，这种现象被称为数字化转型。

2. 在业务和信息、流程之间建立桥梁

不只是 IT 和信息管理人员在努力理解首席市场官的语言。换句话说，许多营销主管不会使用 IT 语言，或者不习惯从业务流程管理、基本的技术演进、业务流程重组或业务流程优化的概念或方法来思考和工作。

除了"IT和信息管理方面"和"业务方面"之间的桥梁，还有更多的桥梁需要建立。之前已经从信息时代下一阶段作为桥梁构建者的角度讨论了这种必要性，即信息桥梁需要存在于后台和前台、内容和流程、人和机器，以及机器对机器、原始数据和可操作的智能等之间。如上所述，将信息、内容和流程集成到业务和知识工作者的头脑中也是同样重要的。

有效的变革管理对于实现从数字化到数字化的转变至关重要。迈克尔·韦德教授说："成功地驾驭数字化转型，防止数字颠覆，所有组织都需要具备3种核心能力：高度警觉、明智的决策和快速执行。"可能不难想象，需要多少流程、人员、信息和现有组织和差距的连接。

3. 为实现数据智能建立桥梁

信息无处不在，信息是数字转型的中心要素。大数据的数量、格式和来源呈指数级增长。对于领先企业来说，问题已经变成了：如何将所有这些数据转化为有意义的、有优先级的、能带来利益的可操作的信息，从而带来新的机遇。

同时，信息管理需要一种全面和综合的方法。从数字化和获取基于纸张的信息，到增强流程、赋予知识工作者权力、更好地为客户服务，以及在需要的时间、地点和方式获取正确的信息和情报，需要几个步骤进行整合。

针对组织、客户、生态系统及优化、创新和日益增长的数字化转型的目标，实现卓越的端到端的信息管理，即使不是任何数字化转型战略成功的主要支柱，也是至关重要的支柱。在实践中，它需要建造许多桥梁来消除仍然普遍存在的缝隙和裂缝。同样重要的是，它需要数据和内容分析，以及从信息转向可操作的知识和智能。

4. 在数字化转型战略中搭建人与人的桥梁

以客户为中心、面向客户的流程和端到端客户体验是数字化转型战略的关键，需要以比以往任何时候都更有深度和广度及个性化的方式与客户建立更多更牢固的桥梁。

数字化转型战略还需要搭建领导者和利益相关者之间的桥梁，其中包括那些与客户关系最密切、经常感到被遗忘和忽视的人，各种职能部门之间的桥梁，以及越来越多的企业高管和其他企业领导者之间的桥梁。在一个新的商业模式和收入来源越来越大程度决定商业和技术议程的经济体中，这些人正在构建价值生态系统。从最广泛的意义来说，外部的和内部的客户，如员工，不要忘记变革管理，是许多桥梁背后的驱动者，并在有效地构建桥梁中发挥作用。

5. 构建新生态系统的桥梁

生态系统和创新、协作及合作伙伴关系的力量定义了企业的力量，它们是合作竞争和共创价值的一部分。

通过连接价值体系和搭建桥梁寻找新的收入来源也是关键所在，而技术现实正日益围绕数据、可操作的情报、软件和连接进行。随着万物互联互通，以及更多可操作的智能化机会的出现，这一维度将进一步增加，物联网的真正意义就在于此。

很明显，在数字化转型经济和数字化转型战略的背景下，协作和共同创造在其已有的不同含义之上（如考虑内部协作），超越了企业和现有生态系统，而转向构建新的网络和生态系统。在这些网络和生态系统中，数据和可操作的智能将被用于未来的增长和全新的商业模式。

合作竞争可能不太为人所知，但实际上它是一个已经存在了几十年的想法和实践。建议阅读十大经典商业书籍之一《合作竞争》，这是 Adam M. Brandenburger 和 Barry J. Nalebuff 在 1996 年写的。这本书对于理解商业是什么、数字化转型是什么、需要怎么做才能成功，具有很好的参考和借鉴价值。

之所以提到它，是因为合作竞争实际上也是人们在一些市场上看到的现象，在这些市场中，所谓的现任者和所谓的颠覆性企业都明白，为了争夺特定市场，最好是通过合作，而不是通过纯粹的竞争方式进入市场。金融科技行业就是一个典型的例子。

谈到颠覆性的企业，还需要注意的是，除了描述重新定义竞争和合作的博弈论策略，合作竞争建立在整体行业吸引力评估模型的一个特定方面。该模型被广泛称为"六力模型"，其中"新进入者"是主要力量之一。

6. 建立技术与技术之间的桥梁

另一个领域是在现有技术和"新兴"技术的能力之间建立桥梁，以及它们为最具创新能力的人提供的潜力。

许多企业已经在为前面提到的几个桥梁而挣扎，这就是在企业范围和更长期的数字化转型战略中可以创造真正价值的地方，并且数字化转型需要更长期的建设和策略。在过去的几十年里，新技术不断涌现，有些是最近出现的，并逐渐成为商业模式和生活方式的核心组成部分。它们日益成熟，以及被越来越多地采用，导致了 Gartner 所说的力量联结。人们经常将核心技术称为第三平台（IDC 提出的术语）或 SMAC，有时也称为 SMACIT，主要包括云计算、网络社交、移动应用和大数据分析，还包括物联网。这些技术都不是真正的新技术，它们的根源往往是我们很少提到或已经忘记的其他技术。在这些所谓的支柱之上，新技术被加入，从 3D 打印到 IBM 所谓的认知，最终是关于分析和人工智能的。

第三平台技术和加速器是没有意义的。问题是，人们往往倾向于从某种孤立的角度来研究所有这些技术，看看传统的第三平台的描绘就足够了。众所周知，它们是相互联系并相互加强的，不是为了技术本身，而是因为在这种力量的联结中，它们内在地相互依赖。如果深入研究就会认识到，它们只是技术的相互叠加。

7. 建立技术与创新的桥梁

当看这些不同的技术名词，无论是从它们的个性特征和演变，还是它们覆盖了许多现实的术语，都很容易忘记它们是整体技术视角的一部分，这是由为什么"发明"它们和为什么使用它们的最终目标所定义的。

然而，为了获得好处和潜力，仅仅了解这些技术可以带来什么是不够的。至少同样重要的是，它们最终在数字化转型战略、可操作的信息和机遇中是如何起作用的。大多数人已意识到，这种端到端的观点对于提出创新的业务方法或解决任何自然挑战的新方法很重要。

与此同时，人们也被迫去理解它们各自的特点，需要知道物联网是什么、它能做什么，而不是认为它是什么、它将有多重要。这就是要达到的目标。在理解和想要实现的目标之间建立桥梁，以及在适合业务环境的所有技术之间建立桥梁，是非常重要的。这就需要知道它们在数字转型的大图景中扮演着什么样的角色，同时找到连接它们的黏合剂，最终使策略产生实质性的变化。在这些领域中，可操作的智能（数据应该变成什么样子）、速度和灵活性（云提供了什么）、超链接性，随之而来的更多数据（物联网、移动性等提供了什么），以及人、目的、创新、优化、信息、流程、价值和商业模式的交叉发挥作用。

11.5.2 数字化转型战略的核心是搭建与未来的桥梁

所有提到的桥梁都需要建造。因为这是一个现实：一些有远见的企业已经用工业物联网和数据分析做了惊人的事情，他们与能够创造新的价值生态系统的人建立联系。其他人正在或将要在其他领域做同样令人惊奇的事情。

只有个人和组织才能想出创新和创造价值的全新方式，真正理解他们如何利用那些先行者在看似不相关的领域创造的智慧，可能还会增加额外的能力，以及谁能够在资源和资源之间建立桥梁，而人们今天才刚刚开始理解这种方式。要做到这一点，就需要有一种整体的思维方式及对如何在一个独特的目的范围内将一切联系起来的深刻理解。

问题是从哪里开始？答案是：通过理解上文中提到的所有组件、技术和其他东西，在尚未构建但应该构建的基本层面上构建桥梁，从而获得敏捷、全面的创新和优化能力，这种能力远远超出当前的宣传，并在设计时考虑了长期战略。

如何实现这个战略？通过建立桥梁。把现在需要做的事情和接下来需要做的事情与它的意义、背景和目的高度关联在一起——当然还有更长期的目标。从此时此刻开始，从最基本的操作、过程和模型开始，用一个即时的业务方案、一个中期方案和一个更长远的路线图进行迭代和优化。

11.5.3 数字化战略的方向就是目标和成就

数字化转型不是一件事，它是一个过程的部分，是一个目标的部分，但最重要的是，它需要一个清晰的路线图和战略，以适应的方式且有足够的调整空间。

对许多高管来说，挑战在于他们要知道自己的目标是什么、需要做什么，以及如何确保在必要的控制到位的情况下成功实现目标。

数字化转型战略——规划未来的路径和优先级排序。可以从两个角度来看：

1）数字化转型通常被视为一组项目、行动和实践，或者一个更广泛的企业目标。从这个角度看，有些人不可避免地要问，为什么要改变，改变什么东西，如何改变，以及怎样才能达到这个目标。具体的项目管理问题和预测方法是必需的，即使往往会忘记它们，迷失在技术或组织问题中，而没有考虑到最终的结果。

2）数字化转型通常被看作一个持续的过程，更多的是一个在技术和社会变化的范围内持续的商业转型战略。这显然是一段永远不会结束的旅程。它是一种行动能力的发展，一种反应能力，一种在社会变化和技术进化不断发生、加速和进化的情况下理想地采取行动的能力。

并不是因为现在已经数字化了，所以新技术不会带来新的机遇、挑战和机会。物联网只是其中的一个例子，事实上当前仍处于起步阶段，并且还会有更多的变化和演变，远不止这些。

后一种观点解释了为什么拥有敏捷性、信息快速获取和高度"感知变化"的能力如此重要。数字化转型还意味着实现这种需要或需求时采取行动的全方位能力。

不管怎么看，总会有一个关键的挑战会来，就像刚才提到的。人们一次又一次地体会到，只要与某一特定领域的专家交谈，如物联网、首席信息官、首席市场官、信息经理，都能想到对于同样适用于数字化转型、任何技术或其他项目或过程的基本问题。人们往往对以下问题缺乏关注：想要实现什么，为什么想实现，如何实现，需要谁来实现，是否有一个明确的经过规划的方案，如何衡量是否实现了。

11.5.4 建立风险和确定的桥梁

虽然这些问题看起来很明显，但有很多原因导致它们经常被忽视，不能在"是什么""为什么""如何做""意图是什么"和"效果怎么样"之间架起桥梁。

从某种意义上来说，主要原因是经常是数字化转型工作需要跨领域协同，而可用资源又不确定。所以，与不同的人一起进行开放性演练和召开战略会议是很重要的。这也是为什么重要的是要继续学习，有进化的意识和优先级。但同样重要的是，这就是为什么需要一个路线图，尽可能地提供信息，正如前面提到的那样，为失败和平衡风险提供必要的空间。

用市场投资回报率削减后者。好的市场营销人员总是会在具有更多确定的结果和经过验证的结果的活动与具有较少确定或不确定的结果的活动之间取得平衡，这些结果可能是出乎意料的高收益；或者，如果效果不是很好，损失不会对总体 ROI 造成太大影响。同样，根据数字化转型战略的范围和广度/深度，将未知的部分绘制出来。在实践中经常看到，所提到的挑战并不总是关于"结果"的不确定性的问题，而是关于"如何"的不确定性的问题；关于结果将是什么样子的不确定性，正如所谈论的改变和新事物，随后被不确定性所加强，不管所有正确的构建模块是否被预见或到位以达到目标。

缺少构建模块或错误构建模块的不确定性常常使组织不确定，因为他们害怕在正确映射所需构建模块方面（子项目、人员、流程、信息源、变更管理计划和内置检查等）失败。采用适应性案例管理方法的精益转换，对 3p 的关注及连续 Beta 模型中失败和迭代的空间，提供了解决这些挑战的方法。

11.5.5 数字化转型战略的启示

许多领先的"现任者"正在越来越忙于建立环境，为创新、实验和面向未来的会议提供空间，以形成他们的数字化转型战略。

他们邀请初创企业、新来者、掌握新兴技术和现有 IT 合作伙伴的年轻一代技术专家展示、协作思考、寻找人才和潜在的未来场景等。为了为更长期的发展做准备，他们开始设立黑客马拉松、组织头脑风暴会议，并启动实验，因为他们越来越不依赖那些第一批移动的"数字转型专家"，这些专家重复相同的故事时间太长、次数太频繁。

可以将这种趋势与几个纯数字转型咨询企业的挑战进行比较，这些咨询企业往往是专业知识有限的孤岛，他们开始认识到需要拓宽自己的领域。在互联网泡沫出现之前，大型"电子商务"专家相继破产，只有一小部分幸存下来。许多人已经忘记了早期互联网和所谓的"电子商务"的各种大型参与者的名字。

当前，许多数字化转型咨询企业面临规模和能力方面的挑战，在一些新兴技术领域，特别是物联网领域，人们对数字的描述主要是关于从连接到硬件和软件的技术，而数字对高管们来说最终将毫无意义。这种情况会随着市场的成熟而改变，就像在网络泡沫之前一样，当时数字、预测和技术讨论也经常主导辩论，导致了过高的预期和炒作。会出现新的泡沫吗？总会有一个，只是不知道它会有多大，也不知道哪些地区会受到最大的影响。

11.5.6　为数字化转型战略提出正确的问题

主要的问题是：是否构建了所有这些桥梁、定义了目标、制定了战略和路径、绘制了所需的构建模块和障碍，并以一种明智的方式审视数字转型战略和路线图，不去理会所有这些框架，而是创造前进的正确条件。

不幸的是，这种情况仍然很少发生，并且很多人还没有明确的目标，也没有对构建模块、障碍和桥梁的概述。这里有两件现在就可以开始做的事情：

1) 把任何"数字"专业知识和文化从它的孤立状态中解放出来，让它渗透到组织的其他部分。

2) 看看业务中的漏洞在哪里，以及在哪些方面需要清除或弥补遗留问题和必要性，这些技术对于战略到位后更快更好地扩展和发展至关重要。

需要考虑的数字转型战略步骤，可以放在前面提到的 3 种核心能力的背景下：

- 识别市场、演进、痛点
- 评估所处的位置
- 分析/优先考虑重要的演进
- 目前的状况与主要的演变和机会
- 评估技能、文化和准备情况
- 关注核心无形资产：客户、数据
- 根据所处的位置制定策略
- 包括外部和内部的力量
- 制定一个路线图以到达需要的位置
- 为创新、优化、敏捷和规模而设计
- 优化信息和数据成熟度
- 连接技术和数据（来源）在战略上的功能

- 明确领导层的支持
- 与客户和利益相关者建立联系
- 设定目标、KPI 和控制
- 构建生态系统和平台
- 着眼于长期和中期目标
- 在有意义的地方
- 学习、衡量、重新评估、衡量和创新

第 12 章 数字化转型之路

12.1 正确认识数字化转型

当前,数字化转型已进入关键时期,所有企业按下数字化转型快进键。正确认识数字化转型是数字化转型成功的关键,无论如何,我们都必须有一个明确的共识,那就是数字化转型不仅与技术有关,实际上更是一种新的经营方式、一种新的企业模式。正如乔治·威斯特曼所说:"谈到数字化转型,数字化并不是答案,转型才是。"

12.1.1 数字化转型金字塔

本节根据战略、组织、IT规划、数据治理等领域的经验,以及在过去几年间的数字化转型案例,对数字化转型金字塔进行讨论,希望有助于企业理解数字化转型和数字技术对企业业务的影响。

企业内部需要从3个层级进行数字化转型:
- 战略
- 执行
- 技术

一个有效的数字化转型计划必须包含以上3个层级中的至少2个——并且从长远来看它必须涵盖这3个层级中的每一个。

例如,一个新的"数字"业务模型的定义,如果没有通过一种新的市场化方法来执行,将是纯理论的纸上谈兵,可能仅仅停留在董事会级别的演示上,并不会改变业务的执行方式。新的IT系统(如ERP或CRM)的实施或独立电子商务的建立,如果不是支持整体运营模式转型或新的进入市场方法的一部分，就不是数字化转型举措。

重要的是要认识到，数字化转型金字塔的 3 个层级里的每个层级对框架的其他元素都有强大的影响。事实上，成功的数字转型计划需要通过一种"系统"的方法实现真正的转型，仅靠执行或技术并不能改变企业，只有对至少两个要素进行综合审查才能实现企业转型。

12.1.2 数字化转型金字塔的架构

有 5 个构建模块定义了数字化转型金字塔的架构：
- 商业模式/业务战略
- 运营模式
- 企业运营
- 进入市场
- 技术

各个要素之间都是相关的，在数字化转型举措中必须考虑这些要素之间的关系。事实上，"经营"的一种新方式（包括企业内部和与市场相关的方式）是数字化转型计划的正确运作方式。

技术影响运营模式和企业的运营，以及支持进入市场的发展（如通过新的渠道方法或通过对产品组合或产品特性的审查）。类似地，业务模式的实现需要特定运营模型、运营活动和市场方法的定义和发展。

1. 第一层：商业模式/业务战略

从战略顾问的角度，无论怎样强调战略在数字化转型过程中的重要性都不为过。没有所谓的数字战略，只有在数字技术丰富的环境下的业务战略。

在定义数字化环境中的业务战略时，企业必须评估数字化业务模式的机会和影响及潜在威胁，包括但不限于：
- 平台业务和市场
- 所有权模式演变（通过按使用付费模式，从所有权转向使用权）
- 通过数字技术提供增值服务
- 基于数据的产品和服务

2. 第二层：执行层

Winston Churchill 是否真的说过"无论战略多么漂亮，都应该偶尔看看结果"并不清楚，但这里的要点很显然：执行是企业转型的关键，数字化转型计划的效果也不例外。执行实际上有两个方向：企业内部和企业外部，面向市场的或企业愿意服务的市场。

这里有 3 个构建模块的执行：

- 企业运营模式
- 运营模式的操作
- 进入市场的方法

需要深度挖掘每一个模块，因为这些模块都是由进一步的元素组成的，在制订数字化转型计划时，需要予以特别关注。

然而，重要的是要记住，在这个层次上，所界定的战略是通过企业的基本要素实现的：

1）产品和客户。定义了业务的提供，需要考虑关键元素，如销售价格、分销渠道、促销和沟通方式、数字化产品价值主张等。

2）组织、程序和工具。通过运作模式勾勒出企业的结构和运作方式。

3）经营。构成了企业实现产品和服务推向市场的方式。

当然，这些元素是战略执行的标准组成部分，它们不仅与数字化转型环境相关，更重要的是要强调，在这种情况下，通过评估数字和技术影响决定需要采取哪种具体的办法。例如，在汽车共享平台这样的数字环境下，什么是"产品"，能提供哪些服务，到达最终目的地需要多久，上车需要多少时间。考虑到"产品"的定义会对价格、提供的价值、核心产品提供等的定义产生影响。

3. 第三层：技术层

正如一开始所提到的，技术不是数字化转型的核心，而是数字化转型的促成者。技术通过"执行"支持业务目标和价值的实现。技术是运营模式、运营（工业 4.0 方法）演变和进入市场的方法实现的推动者。

技术是数字化转型金字塔每一层变化的驱动力，能够识别技术对数字化转型金字塔每一层的影响是一个关键的战略性企业能力。重要的是识别由技术驱动的市场业务变化，并定义战略响应或行动预测。

12.1.3 数字化转型是关于人的

"数字化转型是一段旅程,而不是终点",与企业其他业务领域的战略活动一样,数字化转型举措需要不断得到审查和评估。企业对新技术、新程序和新组织形式的接受是一个需要不断监测和调整的关键过程。当然,在企业数字化转型计划变更管理对于主动性的实现是必不可少的。数字化转型是关于人的,而不是关于技术的。因此,对数字技术和创新真正的需要是在组织内部得到应用,特别是在企业高层管理中,这对于转型的成功是至关重要的。技术部门拥有技术知识和专业知识,但充分理解技术对企业业务的影响和好处是确保数字化转型计划成功的关键。

12.2 企业数字化转型五大核心能力

如今,大量的企业和职场人都开启了远程办公模式,线上打卡、远程开会、线上拜访客户、营销直播,刹那间工作和生活场景都被搬到了线上。而大量的强线下企业都在苦苦地"扛",也在积极地求"变"。各类产品和企业的线上营销活动层出不穷,"直播带货"如火如荼,仿佛一夜之间所有企业都开始了数字化转型。然而,仅仅是线上线下融合就是数字化转型了吗?当然不是,这或许只能称其为1.0版。企业数字化转型必须构建企业赢得未来的核心竞争力,需要通过科技赋能进入数字化转型的2.0时代。企业数字化转型必须具备五大核心能力。

12.2.1 数字化转型五大核心能力

1. 以数据为支撑的洞察决策能力

数字化时代,是一个由数据和算力主导的世界。从国家应对公共卫生事件的案例中,可以无比清楚地感受到数据及各种分析技术所带来的价值:从流动人员轨迹分析,到确诊、疑似、密切接触者的动态检测,从危机暴发可能产生的结果分析,到医疗救援、物资调配的决策支持,真实有效的数据为疫情防控和应对决策提供了坚实的基础。从危机暴发之初各方对有关数据将信将疑,到依赖数据进行应急风险管理,"信任"成为这次数据价值回报的"底色"。

只有拥有足够的真实信息,才能做出理性的判断并采取正确的行动。过去,信任总是与品牌挂钩,现在信任则取决于数据,数据将成为新的信任载体。当前,大多数企业认为数据是企业的战略资产,领先的企业在共享数据的同时更加关注在共享生态系统中交换数据的风险,企业在考虑共享哪些数据实现双赢的同时,也在考虑保留哪些数据作为差异化的竞争优势。

2. 以人机协同为支撑的智能应变能力

当前,智能技术已经应用在很多领域,如利用机器人可以进行远距离视频通信、监控病情、递送医疗物资,使物资供应对接更透明、更及时……未来,无形机器人的数量会远高于有形机器人,而无形机器人就是智能化、自动化的工作流程。将人工智能融入基础的自动化流程能够有效提升工作效率,智能自动化系统的数据分析速度比人脑快 25 倍,且 24 小时不间断运转。到 2025 年,各行业的数字化转型将为整个社会创造超过 100 万亿美元的综合价值。

3. 以共享平台驱动的持续创新能力

在数字经济时代,平台已经成为业务增长和创新的主要来源。在线购物、在线商务、在线娱乐和在线教育催生了"宅经济"。平台在短时间内跨越各种边界,高效有序地组织、调动、整合社会各类相关资源,并帮助有效地分工协作。平台经济从诞生之日起就从未停止对社会资源的整合与赋能,平台经济不是互联网企业的专属产物,而是每一个企业必须重视的战略性议题。从本质上说,平台战略旨在"打破边界"。平台分为内部平台和外部平台,内部平台打破企业内部的孤岛结构,创新规模经济;外部平台包括产业级平台和生态级平台。

4. 专注核心 + 应对动态的持续运营能力

真正基业长青的企业可谓凤毛麟角,特别是当突发风险降临时,众多行业,尤其是中小制造企业、零售企业,以及线下依靠人流量、高周转率和高运营成本的企业,都面临巨大挑战。对于企业而言,持续运营能力需要在更高的层面上进行整体规划,包括:从经营主业的定义到资产的安排,以及从供应链的优化路径到所需要的数字化能力、运维管理等诸多方面。因此,在不确定的时代,首要的是在其"专注核心"与"应对动态"的能力上下功夫。企业想要建立动态的竞争优势，首先，必须清楚自身的核心竞争能力，并专注于不断建立和提升核心专业能力；其次，需要尽可能考虑以轻资产运营的模式剥离非核心业务，通过"服务"而非"资产"的模式建立自身必需但非核心的能力。

5. 快速响应，共创共赢的敏捷执行能力

数字化时代瞬息万变，"敏捷"已经不单单局限于"多快好省"，而更多地体现在快速响应，以及对不确定性的应对能力上。在互联网加持的信息时代，以企业为中心的经济，逐步演变成为以个人为中心的经济。个体对市场需求的影响在快速改变市场结构。例如，"网红经济"所带来的产业跨度，要求企业必须对市场瞬息万变的需求和无处不在的竞争做出快速反应，从消费端倒逼企业增强敏捷性，而成为敏捷型的企业无疑是很多企业家和企业高层的共识。IBM提出的车库方法就以共同创造、共同执行及共同运营作为载体，汇聚企业内外的各种人才（业务、产品、IT和服务等），通过敏捷、跨部门、跨领域和现场解决问题的方式进行产品和服务创新，再通过持续、敏捷的迭代实现新业务从0到1的突破。

12.2.2 数字化转型的认知方向

在这个多变的世界，企业要活下来、要过得好，必须正确认识自身，了解真正的特点，明确正确的方向。

1. 建设开创性的业务平台

利用企业已有的数据作为"新式武器"，重塑竞争定位，发掘全新的市场商机，打破企业和行业边界。

1）瞄准目标下"重注"。

2）绘制新的业务蓝图。

3）围绕引人瞩目的变革。

建立"控制塔台"，监控早期预警指标，实时协调变革，推行迭代和主动的变革管理。

2. 打造智能工作流程

将呈指数级发展的技术，与端到端流程和前端到后端流程融合，实现卓越绩效，建立差异化竞争优势。

1）嵌入呈指数级发展的技术，转变工作方式。

2）运用数据创造更高价值，利用智能工作流中经过梳理的数据挖掘最重要的价值池。建立强大的治理机制，增进用户对数据和 AI 模型的信任，面向专业部门推广决策。

3）通过多云技术的实施，以灵活、开放、低风险的方式访问数据、发掘新的用途、运行智能工作流及实现应用现代化。

3. 企业体验与人性化

企业要认识到，任何新式业务平台，只有彻底融入富有吸引力的客户体验、员工体验及合作伙伴体验，同时不断进化并不断激发人的潜能，才能真正取得成功。

1）加强人与技术合作。随时随地融入企业体验，包括客户、员工和生态系统合作伙伴体验，确保形成"体验统一体"，建立以人为本的设计，这是创新的基础。

2）培养睿智领导力、技能和文化。培养具有商业和技术敏锐观察力，并能超越传统行业的网络、注重开放合作的领导，他们负责营造持续学习、提升技能的文化氛围，并主动管理技能在智能化中的重新部署。

3）有的放矢，践行敏捷。有目的地增强敏捷性，优化价值流，加快产品面市速度，建立适当的组织架构，在企业下放权责时避免因敏捷性而陷入混乱，同时在企业重塑核心价值时推动快速前进。

对于企业来说，实现数字化从来不是终点，而是需要应用新技术不断重构竞争能力的过程。无论是何种规模的企业，都要坚定信心，拥抱数字化机会；要坚持以客户为中心，规划先行；要持续创新，坚持变革。

12.3　数字化转型过程中可能遇到的关键问题

数字化转型是一个大趋势，推动全球企业投入数十亿美元以彻底改变他们的经营方式。麻省理工学院的 George Westerman 说道："如果数字化转型做得好，就像毛毛虫变成蝴蝶，但如果做得不好，你得到的只是一只速度非常快的毛毛虫。"

12.3.1 数字业务能力

人们一直在使用"数字能力"这个术语表示一系列不同的东西——能力、流程和系统。当然，只要其他人或团队明白你在说什么，那就没问题。然而，在业务体系结构术语中，数字业务能力具有截然不同的含义。

数字业务能力是企业在数字或物理领域中使用潜在的价值流和流程所做的和能够做的事情，并由系统/应用程序实现。因此，数字业务能力是数字世界中的基本实体。一家企业可能需要一系列这样的数字能力完成它的数字目标和实现它的数字命运。

下面以客户体验为例进一步分析数字业务能力的概念。当一位企业高管说"让我们改善客户体验"时，这是一个目标或期望的结果。当一位商业领袖说"通过无缝的售后服务交付来获得最高的客户体验分数"时，他们正在阐明一个战略。"我们将需要一个以客户为中心的文化"，它确实指的是文化、变革管理、培训和发展。"面向客户的前景"和"面向推广者的购买"是价值流（价值流是业务架构的一个组件，是导致结果的端到端客户流的更高层次描述）。"开拓管理""产品研究""入职""订单管理""订单履行""账户管理"是一些数字业务能力，这些功能可能是改善客户体验不可或缺的一部分；"门户""移动访问""安全和认证""产品搜索"可以通过一些底层技术增强这些功能。这意味着一家企业需要一个全面的数字业务能力模型，该模型包含对数字能力进行细化和基本级别的详细挖掘。其中，数字能力必须是全面的。

将数字能力详细分解至第 3 级或第 4 级，有助于企业确定执行细节。这说明，仅仅说一个词——"数字营销"或"社交媒体"是不够的，要实现 IT 功能，需要进行更深入的层次分解。

12.3.2 业务数字转型

大企业正在利用数字化作为一个机会赋能业务领域，并将它们带入数字时代。

（1）营销转型

从社交媒体和数字浪潮出现以来，营销技术的进步是惊人的。随着网络营销的发展，许多大型企业开始进行营销转型。

（2）CRM 转型

销售力量自动化和客户关系管理可能是企业 SAAS 数字革命的起点，现在大多数企业已经完成或正处于 CRM 转型的阵痛之中。

（3）财务与金融转型

金融的角色近年来发生了巨大变化。今天，金融已成为一种战略功能和业务促进器。财务与金融的数字化转型是许多企业数字化努力的核心。

（4）人力资源转型

在数字时代，人员和数据可能是所有企业最重要的资产。因此，对于那些想让员工体验和客户体验一样出色的企业来说，人力资源转型是最重要的。

（5）商业智能和数据分析转型

大数据和分析帮助企业在数据驱动的决策、客户分析、人员分析、运营分析和风险管理方面进行转型。数据分析和商业智能转型有助于增加许多业务领域的战略价值，并为数据驱动的数字时代定位企业。

（6）供应链转型

虽然许多人关注需求链，特别是电子商务和客户体验，但在供应链领域，数字技术和数字概念已经彻底改变了企业与供应商和合作伙伴的采购、合作及创新方式。企业正在用下一代数字化的供应链转型重新构想他们的供应链。

12.3.3 流程数字转型

数字化流程改造或数字化流程再造不同于过去以降低成本为核心的传统流程再造努力。如今，数字化流程转型通常涉及以下几种情况之一：

1）数字化和智能自动化。例如，如果银行出于保险目的需要手动输入财务报表信息，那么使用机器学习或 RPA（机器人过程自动化）捕获和提取属性，并以自动化的方式进行填写，是提高效率和有效性的一种极好的方式。

2）简化"体验"。数字时代的许多流程转型努力旨在简化和优化客户的全渠道体验。

3）做旧事的新方式。例如，优步并没有创建一个叫当地黄色出租车的应用程序，而另一个叫车软件颠覆了叫车方式，它利用了最新的技术——移动性、信标和定位服务，以及新兴的自由职业者经济。

因此，当企业考虑将流程重组或重新设计作为数字化的一部分时，请重新考虑其价值，可能的话可以重新创建流程。它不是关于增加效率或消除单一步骤，如果某件事可以以不同的方式完成或根本不做，它就会改变范式。

12.3.4 数字思维和文化

"数字思维""数字行动"和"数字存在"是数字思维和数字文化的不同阶段。对于大型传统企业来说，数字化是他们需要融入基因的东西，而这对于数字原生代来说早已经习以为常。

数字原生代不需要提醒自己"先点击然后点击下一步"，这是他们的基因。数字原生代不会想"为什么是云？"及相关的理由。事情就是这样。那么，传统企业如何跨越这种数字文化鸿沟，达到这样一种状态：数字不再是表演，而是企业运作中不可或缺的一部分。

数字文化建设注意事项如下：

1）数字文化并不是由行政命令产生的，它必须先从上层开始，然后渗透到基层。领导团队必须拥抱数字化的概念并将其付诸实践。

2）构建一个创新团队或一个数字团队，而不是编制一个解决方案。如果一家企业需要数字化，它就不能让一个孤立的团队负责数字化。

3）数字文化不是大型咨询业务。虽然咨询师有自己的角色和位置，但企业数字化的最佳方式是自己做。

将设计和体验作为建设能力的组成部分。使用设计思维这样的技术帮助开发那些将能帮助企业跨越现状的想法。收购初创企业以获取人才，将有助于催生数字文化，并在短期内推动数字化工作和数字化。

12.3.5 数字化转型的十大好处

数字化转型的好处是什么？阐明数字化业务转型的好处，当然也要实现这些好处，这一点至关重要。以下是数字化转型对于企业的十大好处：

1）更好的客户体验。作为数字化转型的核心焦点领域之一，其结果往往是超越现有的客户体验。当然，可能的改进程度取决于企业的状态和能力结合的方式。

2）降低运营成本。考虑到利润压力和缺乏定价权，降低服务成本和减少摩擦是积极贡献。

3）更好的遵从性。如果操作得当，数字化就有助于使风险管理和遵从性管理成为运营的一个组成部分，而不是一个叠加的结构。

4）有效的风险管理。在不同层次上管理企业风险并控制风险的载体，往往是一个实施良好的数字化计划的目标和结果。

5）更深刻的客户洞察。客户分析是产生巨大回报的数字化转型的另一个方面。无论是针对正确用户的客户细分，还是针对流失预测的客户分析，抑或是针对购买倾向的计算，客户分析都以多种方式改变了用户获取率、转化率、留存率和钱包扩展游戏。

6）数据驱动决策。仪表盘是实时的企业脉搏，预测分析有助于更好地制定战略和做出最佳决策。数据驱动决策是数字企业的另一个里程碑式的好处。

7）消除竖井。传统上，大公司是"封地"的集合。今天，由于数字化转型，新的全公司流程编排和能力开发即将成为现实。

8）新商业模式、新产品和更好的机会。从货币化数据到跨越全球前沿，从大规模定制产品到实现精确的个性化，数字化使许多事情变得可能和可行。

9）员工授权。以客户为中心、以员工为中心的数字文化和精神气质有助于员工感到被授权，并超越传统定义的角色界限。虚拟化允许在任何地方工作。自带设备可以让员工在没有太多工具的情况下轻松完成工作，新一代的团队协作应用程序则提高了士气和生产力。

10）协作。数字技术和数字思维促进内部合作，以及与生态系统合作伙伴的外部合作。

12.3.6　数字化转型失败的九大原因

普华永道预测，全球数字化工厂转型投资每年将超过1.1万亿美元。尽管这些投资数字令人瞠目结舌，但许多数字项目失败或表现不佳。数字项目的失败是影响所有项目的更广泛综合征的象征——项目越大，覆盖面和范围越广，它们失败或表现不佳的概率就越大。

数字化转型失败的九大原因如下：
- 不理解"数字化转型"是什么
- 来自最高领导层的冷淡支持
- 在没有正确的数字战略和转型路线图的情况下介入
- 低估变革的规模
- 预算不足
- 人才资源匮乏
- 专注于闪亮的应用程序，而不是基本的东西
- 低估了变革管理
- 没有解决文化问题

12.4 数字化转型需要考虑的关键问题

数字化转型是整个社会的大趋势，影响和挑战从制造业到金融、电信、政府等所有部门。因此，随着越来越多的组织面临利用新技术与他们竞争的敏捷破坏者，企业领导对数字化转型的兴趣迅速增加。我们将数字化转型定义为：利用数字技术和数据创造新的价值主张和运营模式。通过数字创新和创造力，解决新的数字使用、行为和需求，而不是加强和支持传统方法，从而实现这些目的。

然而，非数字原生企业在数字化方面变得足够成熟足以与数字原生企业竞争的成功案例寥寥无几。这就迫切需要调整战略、业务模式、组织结构和能力，以保持短期内的竞争力和长期的相关性。为了建立持久的差异化竞争优势，需要在进行这种适应的同时，保留、加强和扩大核心业务。

数字化转型研究结果表明，目前大多数企业还没有走出起步阶段。近80%的受访企业表示，他们仍停留在"数字适应性"阶段，他们的数字化努力仅限于产品和服务，没有全面的数字化转型方法。尽管许多组织已经制定了数字化战略，成功实施这些战略的组织却少得多。由于缺乏对企业面临的机遇和威胁的认识，创造一种"紧迫感"被视为数字化转型的首要挑战。大约50%的受访组织认为，缺乏技能和能力是他们在数字化过程中面临的主要挑战。

12.4.1 典型案例启示

耐克公司的数字部门是一个信息管理部门,为整个企业的跨职能数字化项目提供资源、制定预算和进行协调。这确保了公司拥有的大量数据(如来自 Nike + 社区的数据)被用作营销和产品开发的战略资产。

耐克公司与苹果公司有长期的合作关系,苹果公司开发并提供耐克 + 应用套件。通过这种方式,耐克公司创建了一个生态系统,让运动员每次与公司联系时都能了解他们的训练历史、训练计划和最喜欢的装备。随着耐克公司在全球推出直接面向消费者的电子商务网站,这将转化为潜在的销售。

Nike + 社区收集的偏好也会反馈到数字设计过程中。通过在 3D 打印领域的工作,耐克公司现在可以在数小时内(而不是数月)制作和调整原型。这种方法的好处包括通过基于大数据的供应链同步实现统一的消费者体验和资源配置的优化。例如,由于客户融入商业价值链,耐克公司在美国的电视和平面广告支出下降了 40%。

12.4.2 数字化转型的 4 个问题

非数字原生企业必须克服两个问题。首先,他们需要跟上数字原生企业的速度和规模;其次,他们必须转变传统的商业模式和运营,最大限度地数字化他们的价值链。为了克服这些挑战,非数字原生企业必须从数字原生企业的设计原则中寻找灵感,包括:

- 内外协作
- 客户中心
- 商业敏捷
- 数据中心
- 一种不断尝试、拥抱改变的文化

已经达到高数字成熟度级别的非数字原生企业有一个共同特征:支持型组织。否则,企业将面临根深蒂固的"孤岛思维"和缺乏合作的风险,导致投资浪费,最终导致数字化努力的失败。

从与许多非数字原生企业在数字化转型方面的合作经验来看,发现要确保成功，需要解决 4 个关键问题。

1. 如何调整组织结构以加速转型，使其数字化更加成熟

为了与数字原生企业的敏捷性和以客户为中心相匹配，非数字原生企业需要打破遗留的功能竖井。他们必须创建跨职能协作的组织，利用流程（如产品开发）无缝地跨部门流动，以端到端方式实现产品、流程和接触点的数字化。协作需要延伸到组织之外的生态系统合作伙伴和客户，以及实现组织的内外部协作。

采用"网络化"的组织架构，通过集成客户视角和合作伙伴能力，促进产品和服务的快速创新，同时填补组织内部的任何技能空白。这有助于转型，案例包括：

Elekta 是一家领先的医疗科技公司，致力于将其医院整合到产品开发中，帮助成功构建一个完整的生态系统。

通用电气向客户开放了其专有的分析平台 Predix，使应用程序开发成为可能，从而建立数字客户参与。

企业风险平台是将"企业边界和资源"扩展到有经验的企业家的一种常见方法。例如，可口可乐推出了一个企业风险投资平台，用于创建种子阶段的初创企业。利用其丰富的资源，可口可乐利用独特的工作模式与企业家合作，如创意推介、快速概念原型研讨会，以测试新想法。

（1）推动变革的组织模式

选择何种组织模式促进数字化取决于多种因素，包括目前的数字化成熟度、预期目标、变革的紧迫性和风险规避。

具有数字意识的组织在进行数字化转型时可能会从集中模式开始。这带来了清晰的问责制和透明度，代价是与更广泛的组织之间可能存在的"我们和他们"关系。

协调模式克服了这个问题，为变革提供了更大的动力。然而，由于不明确的责任和难以遵循共同的愿景，它有可能产生一致性问题。

混合模式结合了集中模式和协调模式的优点，但更为复杂，也更难实现。

最成熟的数字化结构，也就是许多数字原生公司的最终状态，是集中促进和完全集成的模式。在这里，数字化完全嵌入公司的商业模式、产品和服务、流程和思维。

很少有非数字原生企业创建专门的组织结构促进数字化。在大约 45% 的案例中，企业最高管理层仍然共同负责制定数字化战略和指导实施。研究表明，只有大约 15% 的人有专门的组织推动数字化。相反，约 25% 的公司有多个部门合作，其余 15% 的公司说他们没有具体的主管部门。

（2）案例：斯德哥尔摩市

斯德哥尔摩市有一个雄心勃勃的数字化转型目标：在 2040 年成为"世界上最聪明的城市"。这一愿景涵盖了为公民和企业提供的所有服务，从学校的数字教学工具，到联接垃圾桶和适合自动驾驶汽车的停车场。

为了有效推动数字化转型，该市将其传统的 IT 部门改革为数字发展部，直接向城市主管汇报，其中一个成功的创新例子是与开放数据平台的合作。在这个平台上，城市举办了"黑客松"，以促进基于城市公开共享数据的数字服务的发展。此外，它还与学术界和产业界在"斯德哥尔摩数字路演"——一个数字创新的实验台。

根据斯德哥尔摩市首席信息官的说法，数字发展部就像一个管弦乐队指挥：指出可能性，推动执行并确保跨职能协作，而不是像警察那样确保遵守规章制度。它采用了双向工作模式，使其能够同时推动主要的长期数字项目和较小的短期数字项目。

2. 如何确保企业的数字化治理和投资

数字原生企业在整个组织中利用每个部件（如流程、产品和平台）的投资和能力。要在非数字原生企业中成功地复制这一点，需要进行强有力的治理，以确保进行正确的数字投资，在整个组织中共享以避免成本高昂的重复性错误，并尽可能以最好的方式进行管理。治理功能的另一个关键职责是持续监视组织的转型进程，以引导业务走向更高的成熟度。例如，通过智能 KPI，既保持业务的现状，又逐步推动业务走向数字成熟度。

对于非数字原生用户来说，要创建真正的数字操作模型，IT 重点需要从业务流程管理转移到数字化转型。一种情况下，各个业务单元请求 IT 开发和中央 IT 部门的支持；另一种情况下，数字化层能够推动数字创新在所有组织单元通过跨职能团队的业务和 IT 专家。这个"数字化工厂"工作在中心 IT 现有基础设施资产之上，集成和实现数字技术以实现转型。

作为数字化的核心引擎，IT需要能够以多种速度运行，以在前端需要时实现敏捷性，同时确保后端稳定。为了缩短上市时间，增加创新和最终用户满意度，应将精益和敏捷原则应用到软件部署过程中。

为了确保该引擎的执行，健壮的治理必须确保数字功能以协作的方式与相关的业务单元和中心IT一起工作。后端活动仍然关注可靠性、稳定性和效率。这是通过传统的项目管理方法交付的，使用模块化系统和专门的部署团队以更快地部署。

3. 数字商业模式所需的技能、能力和角色是什么

数字原生组织依赖新的数字能力、流程和工作方法，以及组织中独特的领导角色，以交付其企业的核心能力，如客户中心、敏捷性、数据中心和持续实验的文化。

非数字原生企业通常吸引的是具有特定行业和专业技能的人才，他们在数字技能和能力方面存在差距。因此，数字化工作能否成功取决于他们是否有能力获得或开发围绕数字化技能、技术和流程（或运营模式）的特定能力。它还依赖于帮助创建数字化组织所必需的文化基石的行为能力。

非数字原生企业应致力于发展新的领导角色，以促进数字化转型，并相应地改变其业务模式和运营模式。其中一个被普遍认可的角色是负责业务主导、市场驱动和具有应用意识的首席数据官，以补充现有的首席信息官角色。首席数据官创造了新的收入来源，并通过高速流程和利用整个组织的能力推动数字化转型。首席信息官角色是支持业务的合作伙伴，通过业务理解、技术专长和标准实施确保高效的IT操作和整体高效的IT环境。

非数字化原生企业应该构建首席数据官的范围和责任领域，以避免与首席信息官产生重叠和冲突。在更关注数字业务模型的数字业务的情况下，作为一个转型的数字化公司，首席数据官角色必须被授权使用特定的资源，以与首席信息官角色保持一致。在一个与核心业务整合更紧密、内部数字化任务更大的数字化部门中，应该给首席数据官一个特定的"沙盒"，让其创造性地行动，同时尊重实施集成规则。同时拥有这两个角色并不是一种自然需要，首席信息官也可以接管首席数据官的角色，只要IT组织足够成熟，并且在组织中拥有代表数字角色的地位。对于非数字化原生企业来说,首席数据官可以会被视为帮助组织数字化的转型角色。

4. 要建立相对于数字竞争对手的根本竞争优势,需要怎样的文化转变

为了让一个组织成功实现跨层次的数字化,需要彻底改革其企业文化。非数字原生企业通常通过创建系统和结构控制复杂的任务而获得成功,他们的文化通常会阻碍而不是帮助数字化转型,只有识别出阻碍数字化转型的特征,才能向前发展。虽然实现数字化转变的技术通常已经到位,但为了让运营文化也发生变化,需要改变组织内的工作和思维方式。

对于非数字原生企业,这种转变通常围绕协作方式、员工流动、知识创造和存储等领域。在数字原生组织中,协作通常是去中心化的(如通过社交媒体),视频会议被频繁使用,层级结构被跨职能团队取代。员工流动是通过云解决方案实现的,重点是实现目标,而不是过程,知识通过社区和网络在线构建。

创造文化变革是复杂和耗时的,如果非数字原生企业要建立比数字竞争对手的竞争优势是必需的,有几家公司已经成功地完成了这一过程,并在内部和外部发出了关于其组织文化的明确信息:

德国电信(Deutsche Telekom)展示了将数字化的核心原则——协作、以客户为中心、简单和所有权——嵌入整个公司的价值观中的重要性。

Telefonica O2 德国分公司拥有"我们能做到"的成功文化,这是推动该公司实现数字化抱负和市场成功的共同主线和情感。

阿迪达斯有一种"建设性挑战"的文化,在这种文化中,员工被期望并鼓励挑战现状以推动改进。

3M 拥有一种"创新激情"的文化,这使其几十年来一直是世界上最具创新力的公司之一。

12.4.3 数字化转型团队架构

企业要想保持竞争力,就不能自满。在当今不断变化的商业环境中,它要么颠覆,要么被颠覆。这就是为什么如此多的企业开始进行数字化转型。

作为数字化转型的一部分,企业现在利用 CRM 平台、营销自动化工具和人工智能等技术，在各自的市场中发展和壮大。这些技术对大小企业都是可访问的，如果正确实施，可以帮助他们为客户提供更好的价值，增加收入，改善客户满意度结果，并提高员工生产力。通过从终端用户角度设想可用性，企业可以创建个性化的解决方案，促进设计、敏捷性和拥抱数字化转型的文化建设。

我们可能已经意识到，数字化转型更多的是关于人而不是机器，这意味着它不能在部门竖井中完成，而是需要整个组织的共同努力。随着技术继续塑造企业的运作方式，将信任放在首位是企业成功的最佳策略之一。为了任命合适的人领导转型，你的领导团队将需要评估员工的能力和改进的机会。

真正的数字化转型几乎涉及一个组织的方方面面，如果没有企业各级部门的支持和贡献，数字化转型就不可能成功实施。从 C 级管理到普通员工，数字化转型是一种上下一致的努力。尽管各角色可能会根据具体企业或项目规模而有所不同，但以下 6 种角色是在组建核心数字化转型团队时必须要考虑的主要角色。

1. 执行发起人

作为团队中最重要的部分，执行发起人是一个战略联盟，它可以帮助确保数字化转型计划得到资金支持、利用并顺利运行。这些高级财务、IT、风险和安全主管在帮助组织充分发挥其潜力方面拥有既得利益。通过对组织文化及其客户的深刻理解，执行发起人应该充分了解每个变革性项目是如何帮助实现组织目标的。如果没有一个重要的领导者来提供战略方向、权威、信誉和支持，数字化转型项目往往会失败。

2. 首席执行官

首席执行官的职责是做出有价值的决策，引导企业实现其商业目标。他最重要的职责之一是传达企业的业务战略，以及业务战略与企业数字化转型的关系。在制定总体战略之后，执行发起人的职责是确保团队在整个组织中理解并实现该战略。

3. 首席信息官

首席信息官的目标是咨询、指导并与首席执行官合作，研究如何利用技术使整个企业受益。在推动技术改进的同时，他们面临着将敏捷性引入业务流程的持续挑战。这位技术领导者激励领导团队中的其他高管加入这场运动。首席信息官还必须确保每个转型项目与企业的目标保持一致。拥有一个首席信息官是数字化转型成功的重要组成部分。

4. IT总监

在数字化转型期间，IT总监与多个业务部门协作，以确保IT系统不仅对用户可用，而且符合业务需求。在数字化转型期间，IT总监要确保应用程序、网络、开发、系统和灾难恢复流程顺利运行。此人也是建立可靠数据保护战略的倡导者。IT总监的职责是让领导团队了解数据保护的最佳策略。IT总监负责管理项目经理、解决方案架构师、程序员和管理员。

5. 运营主管

运营主管是为每个阶段实施适当策略的专家，并负责在转型期间不断提高数字化流程的效率和有效性。他是营销、销售、IT和设计团队在各种自动化和集成的推出和持续管理期间的联络点。该职位直接与项目团队的终端用户合作，计划并实施营销推广活动，提高转化率和销售额。营销运营负责人负责创造性地整合正确的技术和数据，以帮助企业实现数字化转型目标。要想在21世纪的市场营销竞争中保持领先地位，敏捷是关键。

6. 销售主管

销售主管的任务是优化销售过程的所有移动部分，以增加胜率和推动收入。该职位利用云和移动应用等新技术提高效率，消除销售团队效率低下的现象。销售主管在销售团队各种系统的集成、实现和自动化中扮演着关键角色。他们决定在各种与销售相关的数字化转型项目中哪个平台或应用程序最有效。

创建一个具体的团队，让他们沉浸在数字变革的世界中，是成为顶级行业颠覆者的一种实践方式。无论组织是处于数字化转型的初始阶段，还是在数字化转型的道路上，请记住，数字化转型从来不是一个单一的努力。在制定数字化转型战略时，请记住，建立一个成功的团队是实现业务目标的关键组成部分。

12.4.4 对高层管理者的建议

非数字原生企业在其数字化之旅中面临严峻挑战——他们往往没有意识

到，有时是无知的，并且往往在为生存而进行的一场最重要的战斗中毫无准备。

在培育核心业务的同时，非数字原生企业需要借鉴数字原生企业的做法，从 4 个方面对其组织模式进行结构性改革：

1）结构和架构。构建一种结构和架构，促进跨功能协作，引入客户视角和生态系统合作伙伴能力，以创建一个扩展的和网络化的组织。

2）运营模式和治理。创建一个多速度的数字运营模式，敏捷地交付创新的数字服务，同时提供可靠的传统 IT 业务支持，同时利用整个组织的数字投资和治理系统性的数字化转型过程。

3）角色和能力。适应新颖的工作方式，创建具有更广泛、跨职能职责的新数字角色，发掘和发展数字时代的技能和能力。

4）注入数字思维。推动文化转变，成为真正成功的数字化组织。

12.5 工业企业的数字化转型之路

尽管应用数字技术推进卓越运营的概念并不新鲜，但 2019 年，流程和制造业的数字化转型投资已达到 3450 亿美元。根据国际数据公司（IDC）的数据，这些投资被认为是全球所有行业中最大的此类投资。那么问题来了：是什么在推动近年来大规模的数字化转型投资？答案就是不断变化的市场和客户的个性化需求。

最近，大宗商品价格的波动对流程工业的收益产生了巨大影响，而与此同时，减少资本支出的压力正压在传统的重资产企业上。日益激烈的竞争和企业的不断整合意味着，市场响应速度而不是规模已成为成功的决定性因素。此外，精通技术但缺乏经验的新一代员工正在取代老员工，导致了经验差距。与此同时，由于技术的发展和定制化的消费体验，客户的期望不断提高，推动了对更多定制化解决方案的需求。

数字化转型为生产和制造业企业的挑战提供了重要的解决途径和机遇：

1）对市场变化进行敏捷响应。清晰地了解整个价值链中的财务、资产和生产数据，可以加快决策制定和延长受益时间。

2）远程和自治操作，使设备能够在未来的环境中运行、学习、适应并迅速发展。

3）提高客户忠诚度。360度无缝的客户体验和商务过程有助于提高客户转化率和忠诚度。

4）创新文化。数字化转型产生热情并激发产品和服务的发展，员工可以通过教育获得授权。

5）增强内部协作。协作可改善业务职能之间的关系，以释放更大的业务价值和效率。

6）可持续的经济发展。在优胜劣汰中，适应并引领数字化转型的企业将更有持久的竞争优势。

许多先进的数字技术，如人工智能（AI）、自主机器人、云计算、智能传感器技术和增强现实（AR），已变得具有成本效益，可为企业提供清晰的财务、资产和生产数据视图价值链，使他们能够更迅速地响应市场变化。远程和自主运营弥补了流程行业的经验差距，大数据被用于发展更深入的客户洞察力。在整个企业范围内实现数字化转型还可以加强协作和创新。

12.5.1 数字化转型与工业企业

数字化转型作为数字技术的创新运用来加速企业业务战略实现。它与数字技术的应用有关，以赋予人们权利、优化流程和使组织的系统自动化以从根本上调整业务绩效。通过数字化转型，可以根据增强业务战略、人力资本、流程、数据和资产的能力评估技术的价值。

数字化在整个企业中都有应用要点。例如，在销售和市场营销中，借助大数据分析来创建客户过程以促进客户获取，而在中层办公室中，人工智能可以使人力资源部门分析成千上万的最佳人选。一旦数字化转型用于制造，通常可以将其归类为"智能制造"。集成了辅助流程技术的使用，以适应性强、数据驱动并与企业价值链中的相关领域集成的方式创建和交付产品和服务。智能制造的主要好处是能从制造过程中获取实时数据，以进行整个组织的决策和问题解决。这需要使用智能设备和制定解决方案（如智能传感器、计算机控制和生产管理）来获取和集成数据。这种集成使企业能够收集和利用实时数据，如原材料可用性和在制品库存，以改善运营。

智能制造在流程工业从自动化到自主的转变中也具有独特的推动力。工业自治通过添加智能传感和 AI 层来预测和适应已知和不可预见的情况，从而超越了工业自动化。在完全自主的操作中，工业系统负责从启动到关闭的所有操作。

尽管无人值守的远程操作是自动化控制的第一步（许多企业在生产力、灵活性和安全性方面实现了收益），虽然工厂人员不断与自动控制系统融合工作，但人工干预和决策仍然很重要。自动化/人为系统的集成是整个行业的近期目标，但是组织需要将自动化视为一项不断发展的挑战。

12.5.2 数字化转型与向智能工厂的转变

数字化转型的关键在于企业在整个运营过程中运营技术（OT）和人信息技术（IT）结合及整合的能力。鉴于 OT 在制造业中的广度，现代工厂的机器、设备和控制机制通常相对隔离地运行，并使用各种利己协议进行通信。这会产生孤岛、沟通困难和程序盲点。可以将本地（工业物联网）IIoT 设备连接到基于云的混合系统和混合架构，创建理想的数字解决方案平台，从而实现历史系统的链接和更好的数据质量管理。

增强的 IT/OT 融合还导致使用数字孪生的智能工厂的兴起。数字孪生是实施智能制造和工业自主性计划，以实现运营优化、资产故障预测及减少流程开发提前期的关键要素。数字孪生通常驻留在内部部署的 IT 系统中或云中，并且可以模拟全部或部分制造操作。AI 和仿真技术可以单独使用，也可以串联使用，以分析数字孪生，并通过预测设备故障等创造附加值。基于这些预测和利用 AI 技术对历史数据的分析，AI 系统可以提出多种推荐对策。

IT/OT 融合正在改变企业的工作方式及工人所需的技能。越来越多的工程师开始承担传统上由软件开发人员和网络专家完成的工作。因此，智能制造不仅需要过程和技术的组织链接，还需要集成人员技能以实现稳定、可持续和可盈利的运营。

12.5.3 工业企业数字化转型之路

福布斯调查结果表明，近 70% 的数字化转型归于失败。根据研究，失败的最常见原因是文化和变更管理问题，其次是 OT/IT 协作带来的挑战。尽管每个组织不同，但有一些行业范围内的优秀实践已被证明对许多企业具有借鉴作用，并且可以被从事制造业数字化转型的企业采用。

1. 使数字战略与企业战略保持一致

许多组织将数字化转型视为一项一次性的策略制定活动。这通常导致整个组织对数字元素的愿景不清晰，随后是有限的 C 级支持和 IT 参与。实际上，麦肯锡进行的一项调查指出，只有 8% 的被调查企业认为，如果他们的行业能够在当前的经济增长下保持数字化，他们目前的商业模式在经济上仍然可行。

为了满足行业的需求，需要一种更具战略性的方法将数字化转型目标与组织的业务目标和战略联系起来。这有助于现有企业在调整投资以创造卓越运营时探索新的数字业务模型。换句话说，数字化转型应该是企业战略的驱动力，高级管理层必须以与他们的核心业务计划相同的严格程度来支持它们。

2. 匹配当前功能和需求

在工厂环境中部署新技术，每一次数字化转型都是独一无二的，并得到了技术和服务的支持。连同成熟度和运营评估，重点领域和预期成果将用于指导理想的创造价值的方法。组织战略、运营挑战、风险偏好和自动化期望应成为决定数字目标状态路线图的驱动力。

3. 打破组织孤岛并进行协作

柯达发明了数码相机，但其管理层拒绝改变，并搁置了整个项目。为什么？因为它威胁公司的传统电影业务。数字化转型本质上要求人们改变工作方式，摆脱组织孤岛，进入关键项目的协作。尽管公司重组可以消除现有的一些组织孤岛，但这通常是一个漫长而复杂的过程。一种更实用的方法是授权员工领导数字化转型工作。通过在整个组织的关键点确定最有影响力的人员，并邀请他们参加数字化转型工作组，公司可以在员工之间建立支持和信任。

4. 围绕客户组织流程

数字化转型需要一种将市场、客户价值和客户体验放在首位的思维方式和文化。在评估风险和投资回报率时，企业必须采用一种观点，即将市场需求置于其部门、业务条线或领导者的需求之上。调整 IT/OT 生态系统以解决客户未得到满足的需求，可确保执行数字化转型策略时获得最佳结果。

5. 识别快速获胜并估算收益

总是有机会通过赢得突发运营绩效的紧迫问题（如计划外的停机时间或有问题的设备）快速获胜。举个例子：预计组织将遭受计划外维护成本每小时超过 260 000 美元的打击。预先解决这些问题，可以立即产生可衡量的收益，从而为实施更具战略意义的计划腾出宝贵的时间。

6. 建立稳定的技术基础并利用好数据

领先的企业确保在跨职能集成和加速发展之前已经建立了稳定的技术基础。在数字化转型的早期阶段，多达 80% 的数字化工作放在了清洁和数据整理环节。Experian 的一份报告发现，有 68% 的受访公司会遇到糟糕的数据质量问题，虽然乏味，但很干净，稳定的数据基础对于支持有效的分析、决策和自动化至关重要。在流程行业中，这通常意味着通过设备保护正确的数据，分析数据以获得新的见解，并使用数据创造业务价值。只有以数据为中心的技术方法才能确保应用分析、应用逻辑和互操作性的可靠基础。

综上所述，数字化转型是一项艰巨的挑战，它包括许多相互依赖的因素，并且尚未形成一种万能的解决方案。企业进行数字化转型实现的创新不仅是一次性的活动或项目，更是观念、组织文化和业务敏捷性的改变；需要将数据、系统和组织与价值链及业务和领域知识联系在一起，共同创造价值；制订周密的方案，考虑人员、流程、技术、资产和数据的数字化路线图是重新调整业务绩效的关键方向。

12.6 企业数字化转型方法论

12.6.1 坚持业务和技术协同推动企业数字化转型

当企业通过制定数字化转型战略，评估了当前的数字化水平和转型发展阶段，明确了组织领导和工作机制，以自顶向下和自底向上相结合的方式，持续开展深化企业发展总体规划和数字化转型规划同步迭代后，下一步是根据数字化转型战略中提出的业务覆盖范围、建设内容、工作计划和投资计划开展相关工作。在企业数字化转型的过程中，要重点关注业务和技术两条主线协同发展，主要体现在：开展包括业务、数据、应用和技术架构在内的企业架构设计，推动业务"数字化"和信息系统设计选型，协调推进业务上线、数据治理和信息系统建设，一体化融合业务数字化运行和信息系统运维。

1. 同时开展业务、数据、应用、技术架构设计

依托数字化转型战略，企业要做的第一步工作就是建立包括业务、数据、应用和技术架构在内的企业架构。

企业架构（Enterprise Architecture）是指对企业业务的信息管理系统中的体系性、普遍性问题提供的通用解决方案。更确切地说，是基于业务导向和驱动的架构理解、分析、设计、构建、集成、扩展、运行和管理信息系统。企业架构作为业务和技术的建模方法论，解决的是企业发展中怎样协调业务和技术线、更好地利用信息技术和信息系统以实现企业战略目标的问题。

如图12-1所示，企业架构包含以下4个部分：

1）业务架构，是企业架构的核心组成部分之一。它描述了企业的业务目标、战略和业务流程，帮助企业识别和理解关键业务流程、职能和组织结构，以及它们之前的相互关系。包括：业务目标和战略、业务流程、业务职能和组织结构、业务规则。

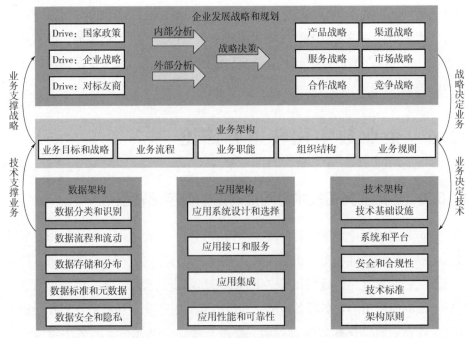

图12-1 企业架构示意图

2）数据架构，是企业架构的另一个关键组成部分。它涉及数据的管理、存储、流动和使用方式，有助于确保数据在企业中的一致性、准确性和可靠性。包括：数据分类和识别、数据流程和流动、数据存储和分布、数据标准和元数据、数据安全和隐私。

3）应用架构，是指企业中各种应用系统的组织和关系。它涉及企业所使用的软件应用、平台和工具。包括：应用系统设计和选择、应用接口和服务、应用集成、应用性能和可靠性。

4）技术架构，涉及硬件、软件和基础设施等技术要素。包括：技术基础设施、系统和平台、安全和合规性、技术标准和架构原则。

设计企业架构要用到企业架构框架方法。常见的框架包括 Zachman 框架、TOGAF、企业架构参考模型（ARM）、Gartner 架构实践框架、ArchiMate、DoDAF 和 FEAF 等。其主要目的是通过这种框架方法，将企业战略包括数字化转型战略通过业务、数据、应用、技术 4 个维度逐步细化、模型化并保持相互间的协调。例如，企业因规模和资金实力受限，业务目标单一，业务流程相对简单，数据流动不充分，共享需求也不强烈，不需要选择数据中台那样的企业级数据治理平台，直接在单一业务板块内开展数据治理即可；也未必要自行建设信息系统，可以选择租用云平台和云服务。企业业务的稳定性和可靠性要求较高且需要严格管理相关变更，不一定适合互联网企业常用的中台和微服务架构。

2. 同步推动业务数字化和信息系统设计选型

企业架构设计完成后，下一步就是，一方面要在业务架构下推动业务的数字化；另一方面要在数据架构、应用架构和技术架构下推动开展信息系统的调研和设计选型。

对于业务数字化，按照《从信号处理到数字化和数字化转型》及《数字化转型"降本增效"的底层逻辑是什么》中的观点，就是依次开展业务活动步骤化、步骤环节要素化、业务数据规格化的过程，由数字化转型办组织相关业务部门，将规则模糊、随意性强、业务活动连续的"模拟"业务转化为以离散化业务步骤、要素化步骤控制、结构化要素数据为特征的数字化业务，并将"业务数据规格化"的结果提供给 IT 部门，作为信息系统设计选型的重要依据。

业务数字化的过程某种程度上与我们在《企业怎样制定数字化转型战略》中提到的数字化评估相似：

1）根据企业当前业务分布，划分业务板块，并将管理责任明确到业务部门。
2）将业务板块逐层细分，直至最底层的单项业务活动。
3）以单项业务活动为单位，以业务价值目标为导向，结合业务活动的相关外部约束条件和不同业务活动之间的协同关系，依次开展业务活动步骤化、步骤环节要素化、业务数据规格化。

对于信息系统设计选型，主要是由 IT 部门根据数据架构、应用架构和技术架构，结合业务数字化情况确定需求，开展相关的技术和产品调研，确定相关的定制开发要求，开展产品和服务采购的过程。

完成业务数字化和信息系统设计选型后，下一步需要协调推进业务上线、数据治理和信息系统建设。这项工作紧接着业务数字化继续开展，可以用数字化转型业务、数据和信息系统协同"V"字模型描述，如图 12-2 所示。

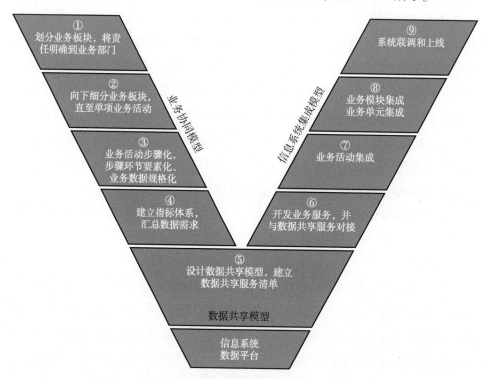

图 12-2　数字化转型业务、数据和信息系统协同"V"字模型

4）对单项业务活动建立要素指标和数据规格清单；将所有业务活动及其要素指标和数据规格清单合并，在业务架构下形成要素指标体系和数据规格体

系，即业务模型。

5）设计数据共享模型，建立数据共享服务清单，通过数据架构图确定位置关系，通过数据流向图确定数据调用关系，依托信息系统开发数据共享服务。

6）依托信息系统开发业务服务，并与数据共享服务对接，开展联调测试和集成，实现业务指标协同。

7）集成相关联的不同业务活动，完成对"数据串"的组装，实现对业务活动的支撑，实现业务服务的最小单元系统化。

8）从系统角度集成业务活动形成业务单元，对业务单元集成形成业务模块。

9）打包所有功能模块形成业务系统，开展系统联调和上线。

3. 一体化融合业务数字化运营和信息系统运维

数字化转型不是一蹴而就的，而是一个持续治理、逐步优化迭代的过程。完成业务上线、数据共享和信息系统建设后，企业需要依托业务运行数据，以定期评估和触发评估相结合的方式评估业务架构对于企业发展战略和规划的适应性，并适时调整业务架构。

根据业务架构的调整情况，企业一方面需要对业务数字化过程进行审查和更新；另一方面需要针对性地调整数据架构、应用架构和技术架构，并通过信息系统运维予以落实。如图12-3所示，通过上述过程的闭环运行，可以实现业务数字化运营和信息系统运维的一体化融合，并持续推动企业数字化转型逐步优化迭代和深化。

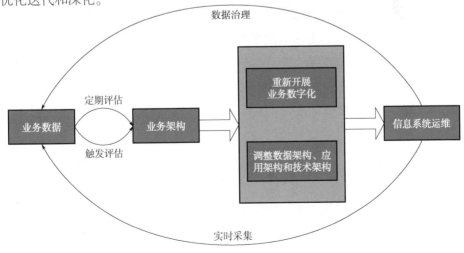

图12-3 一体化融合业务数字化运营和信息系统运维

12.6.2　坚持从计分板算法到数字看板

11.1.2 节中提到，开展精益管理是数字化转型的重要一步。精益管理源于精益制造，是从 1950 年起由丰田公司实践演化出的。1990 年经由麻省理工学院提炼总结，精益制造的概念开始为世人广泛认识和效仿，直至今日它仍是最先进的制造方式，是制造业共同追求的目标。丰田"生产方式之父"大野耐一说："丰田生产方式的两大支柱是'准时化'和'自动化'，看板是运营这一系统的工具。"看板方法是精益管理的核心工具，2006 年由 David J. Anderson 在软件开发中借鉴和应用，并被总结成为完整的方法体系。

看板方法的核心是在数据集中治理和质量保证的基础上，让数据按照业务价值开展有效流动并供业务部门高效取用。在数字化转型过程中，建设数字看板，需要深入业务实践，在制度体系、业务流程架构、价值要素、信息系统建设等方面共同发力，是企业数字化转型的基本成果。

看板的概念源自日本，在日文中它既可写作汉字——"看板"，也可以写作日文假名——"かんばん"。但在我国，很多企业把看板理解为"可视化的板"，而忽略其更本质的意义，看板方法经常被错误理解为单纯的数据可视化工具，甚至退化为各种形式的数据统计图，极大地影响了其实施效果。

为了让实施数字看板建设的企业 IT 部门和 IT 供应商对看板方法有更准确的认识，有必要介绍计算机体系结构领域的"计分板"算法（Scoreboarding）。该算法虽然与精益管理领域没有直接相关性，但从观点来看，其指导思想和展现形式与看板方法相似，非常有助于大家理解看板方法的实质。

1. "计分板"算法简介

"计分板"算法是计算机体系结构的一个经典的动态指令调度算法，最早在 CDC 6600 大型计算机（1964—1969 年世界上运算速度最快的计算机）的处理器设计中使用，用于计算机处理器的指令级动态并行。

简单地说，计算机处理器的运算过程是对由许多条指令组成的程序的执行过程。为提高运算效率，需要将尽可能多的指令并行执行。而指令级动态并行，就是在指令的执行过程中，由硬件重新安排指令的执行顺序，以达到最大限度利用运算资源并行执行指令的目的。

在计算机程序中，指令是顺序出现的，影响其并行执行的因素主要有：

1）结构风险（Structure hazard）。指的是处理器中的寄存器、运算单元等硬件资源数量限制了可并行的指令数量，当一条指令使用某个硬件资源时，其他指令共享该硬件有可能导致数据冲突或计算结果错误。

2）数据风险（Data hazard）。指的是指令间存在名称相关或数据相关，并且它们非常接近，足以使执行期间的重叠改变对相关操作数的访问顺序，从而可能导致数据冲突或计算结果错误。具体包括以下3种：

①RAW（写后读）——指令j试图在指令i写入一个源位置之前读取它，所以j会错误地获取旧值。为了确保j会受到来自i的值，必须保持指令顺序。

②WAW（写后写）——指令j试图在指令i写一个操作数之前写该操作数，这些写操作最终将以错误顺序执行，最后留在目标位置的是由i写入的值，而不是由j写入的值，产生这种数据风险的原因称为"输出相关"。

③WAR（读后写）——指令j尝试在指令i读取一个目标位置之前写入该位置，所以i会获取错误的数据。产生这种数据风险的原因称为"反相关"或"名称相关"。

在上述3种数据风险中，只有RAW存在真正的数据相关，WAW和WAR实际是由存储数据地址相关造成的。

计分板算法允许在有足够计算资源和没有数据相关时乱序执行指令，从而实现指令动态调度和并行执行，提高处理器的运算效率。

2. "计分板"算法过程详解

下面以一段简短的仿汇编指令序列在处理器的执行过程，对"计分板"算法进行一次体验。为方便非计算机专业人士理解，过程描述尽量简化：

L.D F6 34（R2）：从寄存器R2+34的内存地址取数到寄存器F6

L.D F2 45（R3）：从寄存器R3+45的内存地址取数到寄存器F2

MUL.D F0 F2 F4：将寄存器F2和F4的数据相乘后结果存入寄存器F0

SUB.D F8 F2 F6：将寄存器F6和F2数据相见后结果存入寄存器F8

DIV.D F10 F0 F6：将寄存器F0和F6数据相除后结果存入寄存器F10

ADD.D F6 F8 F2：将寄存器F8和F6数据相加后结果存入寄存器F6

上述指令序列存在以下数据风险，如图12-4、图12-5所示。

```
L.D     F6, 34(R2)
L.D     F2, 45(R3)
MUL.D   F0, F2, F4
SUB.D   F8, F2, F6
DIV.D   F10, F0, F6
ADD.D   F6, F8, F2
```

图12-4　RAW（写后读）数据风险

```
L.D     F6, 34(R2)
L.D     F2, 45(R3)
MUL.D   F0, F2, F4
SUB.D   F8, F2, F6
DIV.D   F10, F0, F6
ADD.D   F6, F8, F2
```

图12-5　WAR（读后写）数据风险

对执行该指令序列的计分板（图12-6）算法详解如下：

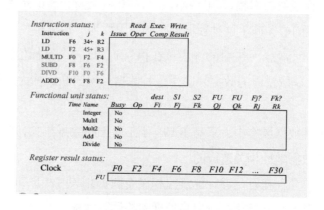

图12-6　执行示例指令序列的计分板

1）指令状态板（Instruction status）。用于标记指令序列中每条指令当前的执行状态。每条运行中的指令处于发射（Issue）、读取操作数（Read Oper）、执行运算（Exec Comp）、写回运算结果（Write Result）4种状态之一。

2）功能单元状态板（Functional unit status）。用于标记计算机处理器中每个运算功能单元的当前状态。在本例中有1个取数（Integer）功能单元、2个乘法功能单元（Mult1、Mult2）、1个加法功能单元（Add）和1个除法功能单元（Divide）。功能单元状态板对于每个功能单元，有9个状态参数：

①忙闲标志（Busy）：当有指令在使用该功能单元时，记"Yes"，否则记"No"。

②运算类型（Op）：标记该功能单元目前执行的操作，如对于加法功能单

元，处于加法运算时记"Add"，处于减法运算时记"Sub"。

③目的寄存器（Fi）：用于指示使用该功能单元的指令，其运算结果将存入哪个寄存器。

④~⑤源操作数寄存器（Fj、Fk）：共 2 个状态参数，用于指示使用该功能单元的指令运算所需源操作数需要从哪两个寄存器读取，对于源操作数只有 1 个来自寄存器的指令，2 个状态参数中 1 个为空。

⑥~⑦产生源操作数的功能单元（Qj、Qk）：共 2 个状态参数，分别对应 Fj、Fk 指示的 2 个寄存器，用于指示提供给 Fj、Fk 的源操作数，当前由哪个功能单元运算产生。

⑧~⑨源操作数就绪标志（Rj、Rk）：共 2 个状态参数，对应 Fj、Fk 指示的 2 个寄存器，用于指示 2 个寄存器存储的源操作数是否就绪。

3）寄存器结果状态板（Register result status）。本例中共有 16 个寄存器（F0，F2，…，F30）用于标记哪个功能单元将向该寄存器写入数据。

算法描述：每条指令的运行都要通过计分板机制调度，该机制监控所有上述硬件资源的状态。计分板算法对于每条指令的执行流程如下：

①指令发射（Issue）。如图 12-7 ~ 图 12-21 所示，所有指令按顺序发射，发射时先对指令进行解码，然后检测所需的运算功能单元是否空闲。本指令与已发射的其他指令不存在输出相关。若以上条件均满足，则占用该功能单元，否则等待直至下一时钟。通过该检测，规避结构风险（Structure hazard）和 WAW 数据风险。

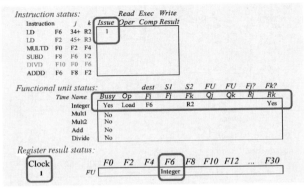

图 12-7　在第 1 个时钟末，第 1 条指令完成指令发射（Issue）

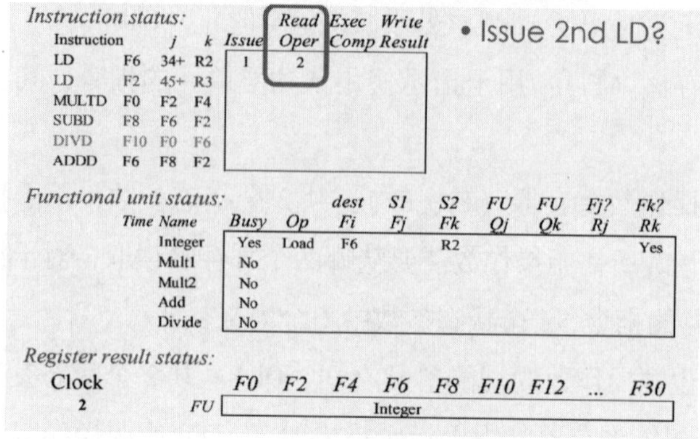

图12-8 在第2个时钟末，第1条指令完成读取操作数（Read Oper），
因结构风险（Integer功能单元被占用），第2条指令等待发射

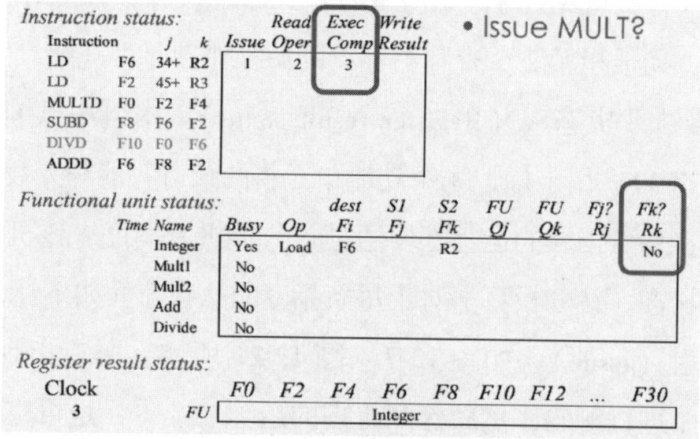

图12-9 在第3个时钟末，第1条指令完成执行运算（Exec Comp），
因结构风险（Integer功能单元被占用），第2条指令等待发射；
因第2条指令尚未发射，第3条指令等待发射

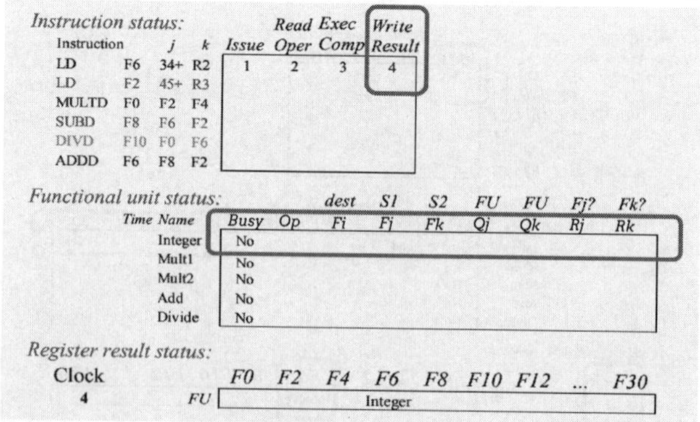

图12-10 在第4个时钟开始，第1条指令完成执行运算（Exec Comp），将占用的Integer
功能单元清空。第4个时钟周期末完成写回运算结果（Write Result）

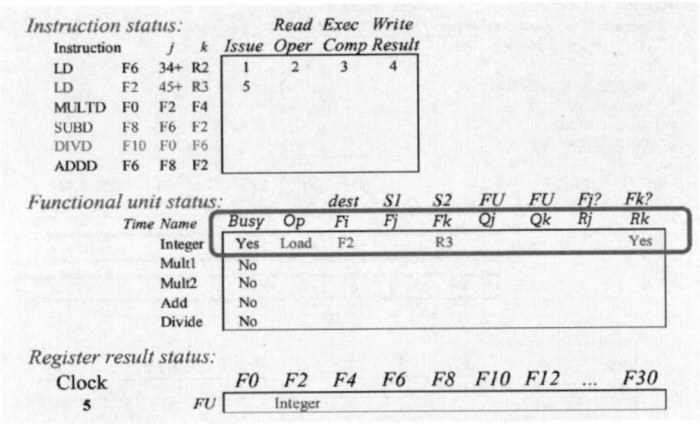

图 12-11　在第 5 个时钟，第 2 条指令完成指令发射（Issue）

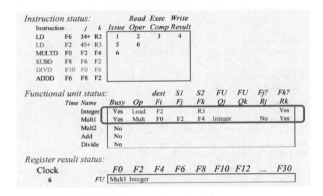

图 12-12　在第 6 个时钟，第 2 条指令完成读取操作数（Read Oper），
第 3 条指令完成执行发射（Issue）

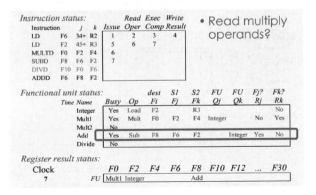

图 12-13　在第 7 个时钟，第 2 条指令完成执行运算（Exec Comp），
第 3 条指令因存在 RAW 数据风险（Qj = Integer），等待读取操作数（Read Oper），
第 4 条指令完成指令发射（Issue）

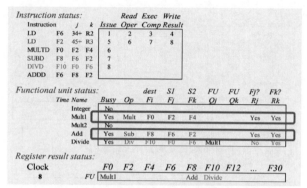

图 12-14　在第 8 个时钟，第 2 条指令完成写回运算结果（Write Result），占用的 Integer 功能单元状态清空；第 3 条、第 4 条指令源操作数就绪（Rj = Rk = Yes）；第 5 条指令完成指令发射（Issue）

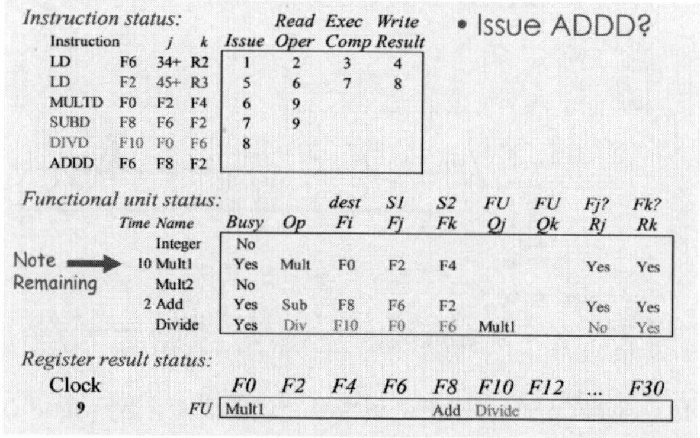

图 12-15　在第 9 个时钟，第 3 条、第 4 条指令完成读取操作数（Read Oper），第 5 条指令因存在 RAW 数据风险（Qj = Mult1），等待取操作数

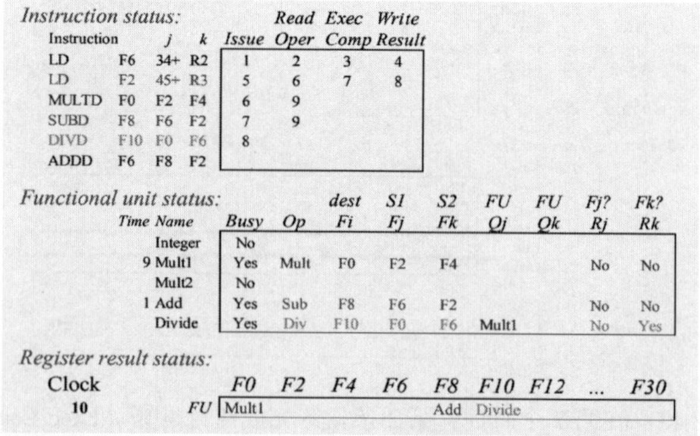

图 12-16　在第 10 个时钟，第 3 条、第 4 条指令开展执行运算（Exec Comp），第 5 条指令因存在 RAW 数据风险（Qj = Mult1），继续等待取操作数

Instruction status:			Read	Exec	Write
Instruction	j	k	Issue	Oper Comp	Result
LD F6	34+	R2	1	2 3	4
LD F2	45+	R3	5	6 7	8
MULTD F0	F2	F4	6	9	
SUBD F8	F6	F2	7	9 11	
DIVD F10	F0	F6	8		
ADDD F6	F8	F2			

Functional unit status:			dest	S1	S2	FU	FU	Fj?	Fk?
Time	Name	Busy	Op	Fi	Fj	Fk	Qj	Qk	Rj	Rk
	Integer	No								
8	Mult1	Yes	Mult	F0	F2	F4			No	No
	Mult2	No								
0	Add	Yes	Sub	F8	F6	F2			No	No
	Divide	Yes	Div	F10	F0	F6	Mult1		No	Yes

Register result status:								
Clock		F0	F2	F4	F6	F8	F10	F12	... F30
11	FU	Mult1			Add		Divide		

图 12-17 在第 11 个时钟,第 3 条指令继续开展执行运算(Exec Comp),第 4 条指令完成执行运算(Exec Comp),第 5 条指令因存在 RAW 数据风险(Qj = Mult1),继续等待取操作数

Instruction status:			Read	Exec	Write
Instruction	j	k	Issue	Oper Comp	Result
LD F6	34+	R2	1	2 3	4
LD F2	45+	R3	5	6 7	8
MULTD F0	F2	F4	6	9	
SUBD F8	F6	F2	7	9 11	12
DIVD F10	F0	F6	8		
ADDD F6	F8	F2			

Functional unit status:			dest	S1	S2	FU	FU	Fj?	Fk?
Time	Name	Busy	Op	Fi	Fj	Fk	Qj	Qk	Rj	Rk
	Integer	No								
7	Mult1	Yes	Mult	F0	F2	F4			No	No
	Mult2	No								
	Add	No								
	Divide	Yes	Div	F10	F0	F6	Mult1		No	Yes

Register result status:								
Clock		F0	F2	F4	F6	F8	F10	F12	... F30
12	FU	Mult1					Divide		

图 12-18 在第 12 个时钟,第 3 条指令继续开展执行运算(Exec Comp),第 4 条指令完成写回运算结果(Write Result),第 5 条指令因存在 RAW 数据风险(Qj = Mult1),继续等待取操作数

Instruction status:			Read	Exec	Write
Instruction	j	k	Issue	Oper Comp	Result
LD F6	34+	R2	1	2 3	4
LD F2	45+	R3	5	6 7	8
MULTD F0	F2	F4	6	9	
SUBD F8	F6	F2	7	9 11	12
DIVD F10	F0	F6	8		
ADDD F6	F8	F2	13	14 16	

• Why not write result of ADDD?

WAR Hazard!

Functional unit status:			dest	S1	S2	FU	FU	Fj?	Fk?
Time	Name	Busy	Op	Fi	Fj	Fk	Qj	Qk	Rj	Rk
	Integer	No								
2	Mult1	Yes	Mult	F0	F2	F4			No	No
	Mult2	No								
	Add	Yes	Add	F6	F8	F2			No	No
	Divide	Yes	Div	F10	F0	F6	Mult1		No	Yes

Register result status:								
Clock		F0	F2	F4	F6	F8	F10	F12	... F30
17	FU	Mult1			Add		Divide		

图 12-19 在第 17 个时钟,因监测到存在 WAR 数据风险[(Add→Fi = Divede→Fk) && (Divide→Rj | Divide→Rk = No)],第 6 条指令需等待第 5 条指令读取操作数完毕后才可执行写回运算结果(Write Result)

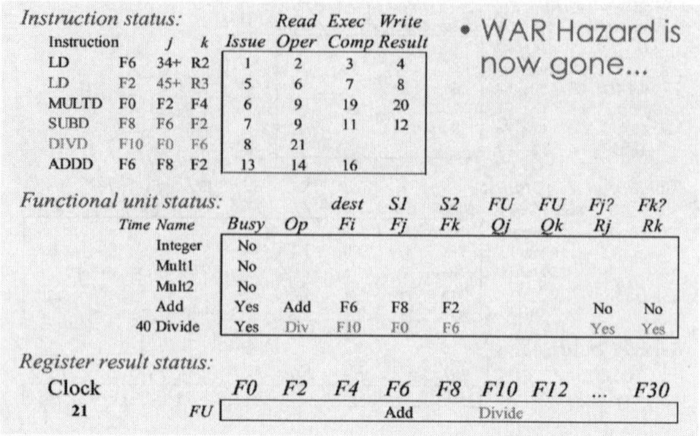

图 12-20 在第 21 个时钟，监测到 WAR 数据风险解除
（Divide→Rj = Divide→Rk = Yes）

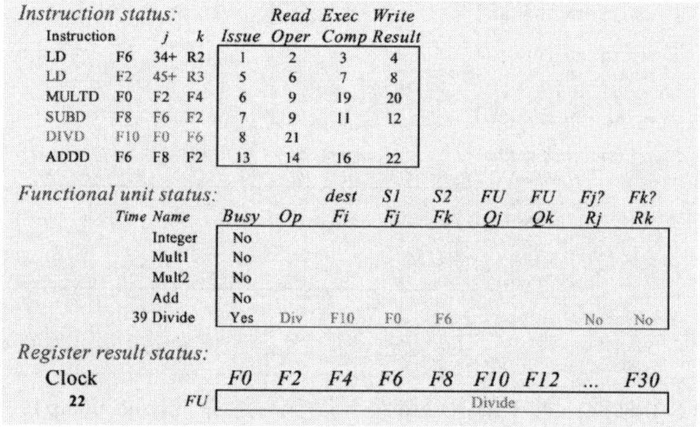

图 12-21 在第 22 个时钟，因监测到 WAR 数据风险解除，
第 6 条指令写回运算结果（Write Result）

②读取操作数（Read Oper）：监测功能单元状态板（Functional unit status），直至没有 RAW 数据风险时再读取操作数。

③执行运算（Exec Comp）：读取操作数（Read Oper）后即开始执行运算，一般需要若干个时钟周期。在执行运算结束的时钟周期将本指令占用的功能单元状态板（Functional unit status）清空。

④写回运算结果（Write Result）：执行运算（Exec Comp）结束后，监测功能单元状态板（Functional unit status）所有其他功能单元的 Fi 或者 Fj 状态参数，如存在 WAR 数据风险，则需要等待使用该功能单元的指令读取操作数（Read Oper）完毕［该功能单元源操作数就绪标志（Rj、Rk）均为 Yes］后，

执行数据写回，将寄存器结果状态板（Register result status）相应状态清空。

3. 从"计分板"算法到精益看板方法

"计分板"算法和精益看板方法分别属于计算机体系结构领域和精益管理领域，但其指导思想一致，都是以客户价值为导向，通过将价值流动可视化，在流程规则的基础上最大限度利用现有资源，减少浪费，提高生产效率。

下面从"计分板"算法的成功运用入手，分析怎样使用精益看板方法在业务和生产管理领域实现"降本增效"。

（1）以客户价值为导向，分析影响价值传递和实现的因素

"计分板"算法解决的是利用有限的处理器硬件资源进行调度，实现指令动态并行运算的问题，这是客户价值。而影响指令并行计算的因素，主要来自结构风险和数据风险。而算法的设计就是要有效规避或解决这些风险。

对于精益看板方法，也是要明确业务场景和客户价值目标，深入业务活动的全生命周期各实际操作环节体验和考察，分析影响价值目标传递和实现的因素。例如，要想提高软件研发效率和质量，就要深入一线，分析企业在执行用户需求收集与转化、系统架构设计、功能模块开发与重用、分系统测试、全系统测试等各环节的实际操作过程中，影响项目或产品并行研发及质量的因素。

（2）通过算法设计将连续的业务活动步骤化，优化资源配置，依靠流程规则，解决影响价值传递和实现的因素

"计分板"算法将指令在处理器的执行过程划分为指令发射（Issue）、读取操作数（Read Oper）、执行运算（Exec Comp）、写回运算结果（Write Result）4个步骤。通过在指令发射（Issue）前监测功能单元是否已被占用，解决结构风险和WAW数据风险；在读取操作数（Read Oper）前通过监测功能单元状态板（Functional unit status）的状态参数，直到没有RAW数据风险时再读取操作数；在写回运算结果（Write Result）前通过监测功能单元状态板（Functional unit status）的状态参数，直到没有WAR数据风险时再将运算结果写回。通过上述规则，达到了对处理器功能单元的高效利用，实现了指令动态调度并行执行。

精益看板方法也是通过算法优化，对业务活动进行步骤划分、明确步骤之间的转换条件和要素指标，更新流程规则并开展资源配置。实时监测资源和运行条件，确保资源条件一旦具备即刻开展相关业务活动，解决影响价值传递和

实现的因素。

（3）设计高效的数据可视化工具，实现价值流动可视化、流程规则显式化，有效暴露资源瓶颈

"计分板"算法设计了指令状态板（Instruction status）、功能单元状态板（Functional unit status）、寄存器结果状态板（Register result status）3个状态看板。其中：

1）指令状态板（Instruction status）通过将指令执行过程划分为4个步骤，实时记录了不同指令在处理器中所处的执行阶段。

2）功能单元状态板（Functional unit status）记录了每条指令当前执行状态下功能单元和寄存器硬件占用情况、指令运行所需数据来源情况、数据等待情况和就绪情况。

3）寄存器结果状态板（Register result status）记录了寄存器的数据来源情况。

通过以上3个状态看板，实现了指令执行全过程、全状态的可视化，也即实现了价值流动的可视化。通过参数化、算式化的流程规则，实现了对影响指令并行因素监测和规避的显式化，以及步骤之间跳转的自动化。通过为硬件资源建立状态参数，可以动态监测资源占用情况，有效暴露资源瓶颈。

对于精益看板方法，也是要利用数据可视化，以步骤定时记录的方式，反映业务活动全过程、全状态信息，实现业务价值流动可视化；通过显式化流程规则，在业务运行过程中发挥看板对业务的拉动作用，加速用户价值流动，并有效驱动数据更新和状态跳转；通过为各类资源建立状态参数，动态监测资源占用情况，有效暴露资源瓶颈。

这里的数据可视化，不是指给人看的"可视化"，而是给信息系统看的"可视化"。其目的是便于系统利用算法和流程规则，发现企业生产实践中业务流程运行暴露出的设备瓶颈、人力资源瓶颈及需要优化的流程环节等。

12.6.3　在数字化转型中，企业需要什么样的IT部门

11.3.1节中提到，企业开展数字化转型的常见误区之一就是"认为数字化转型主要是IT部门的事"。在数字化转型中，应当"由数据或者数字化转型管

理部门组织搭台或编剧，业务部门亮相出演，IT 部门录制节目出剧集"。从中可以看出，IT 部门在企业数字化转型过程中是幕后英雄的角色。那么在数字化转型中，企业到底需要什么样的 IT 部门，IT 部门自身的发展又该何去何从呢？

1. IT 部门职能定位和价值体现的变化

在数字化转型前，企业各业务部门分别负责企业相应业务领域的发展（如××事业部等），职能部门分别负责履行相关管理职能（如质量、财务、人事等）。业务部门和职能部门根据需要，自行建设或由企业信息化管理部门统筹建设相应的网络系统和应用系统，以服务业务或职能管理需要。企业 IT 部门一般是从企业内部信息系统的运维团队发展而来，其主要工作是以信息系统为中心，为企业各部门提供信息系统的开发、建设和运维服务，这也是 IT 部门的价值所在。

在这种情况下，企业 IT 部门与其他部门是供应商和客户的关系，与外部 IT 供应商是业务竞争关系。而信息系统的开发和建设，是由企业业务部门和职能部门主导立项、提出需求，IT 部门响应，随后进行设计、开发、测试、业务上线等工作。在这个过程中，企业 IT 部门或外部 IT 供应商接触不到企业核心业务的管理制度、业务流程、管控要素、责任体系和运行机制等运行细节。数字化转型前企业 IT 部门业务关系图如图 12-22 所示。

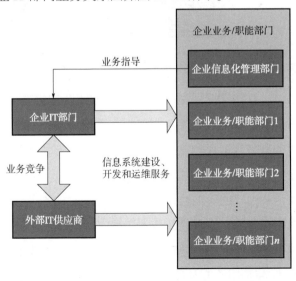

图 12-22　企业 IT 部门业务关系图（数字化转型前）

进入数字化时代，数字化转型的目标是"以数据为中心的业务变革"。12.7.1 节中提到，制定数字化转型战略后，企业要做的第一步工作就是建立包括业务、数据、应用、技术架构在内，对企业业务信息系统中的体系性、普遍性问题提供通用解决方案的企业架构。更确切地说，是基于业务导向和驱动的架构理解、分析、设计、构建、集成、扩展、运行和管理信息系统。在企业架构制定后的信息系统设计选型，以及协调推进业务上线、数据治理和信息系统建设，连同企业架构本身，主体责任是企业的规划部门和各业务部门。数字化转型后企业 IT 部门业务关系图如图 12-23 所示。

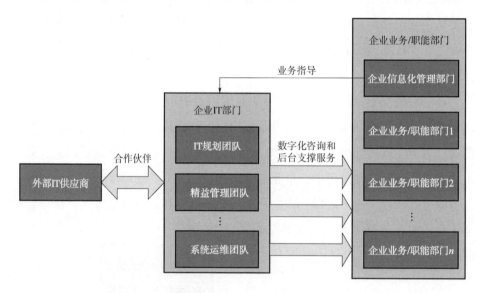

图 12-23　企业 IT 部门业务关系图（数字化转型后）

面对上述工作，这些部门无法在没有 IT 技术团队支撑的情况下独立完成。而上述工作包括企业的战略规划、企业架构、数据治理、信息系统建设，以及一体化融合的业务数字化运营和信息系统运维，外部 IT 厂商难以全链条覆盖；涉及企业核心业务的细节，更无法完全交给外部 IT 供应商。而 IT 部门作为企业内设机构，在企业内部的管理协调和业务理解方面具备先天优势，应当作为企业数字化转型的智囊团，发挥总体技术和智力支撑作用。

在这种情况下，企业 IT 部门和其他部门是业务后台与前台、支撑与决策的关系，和外部 IT 厂商是甲乙方及技术、业务合作伙伴的关系。

2. 当前 IT 部门建设存在的问题

（1）职能和价值定位不清，对错"标杆"找错"赛道"

很多企业 IT 部门未能适应在数字化转型中部门职能定位和价值体现发生的变化。部分 IT 部门领导认为，IT 部门需要保持和提高技术竞争力，就要对标优秀的 IT 供应商，在产品研发上与他们看齐和竞争，认为依靠 IT 供应商就是失去了自己的"核心竞争力"。在部分企业尤其是大型企业中，这种想法在 IT 人员中具有较大市场，原因在于企业 IT 部门员工习惯于和技术同行作比较，内心推崇行业内优秀外部供应商的技术能力和产品研发实力，这种自下而上的氛围影响 IT 部门领导甚至企业领导。部分企业领导也认为，企业数字化转型所需的 IT 产品由"自己人"来做更加安全可靠。

部分企业领导在这种认识下，什么都想自己做，在 IT 部门内部建立了 IPD 机制，轰轰烈烈搞起了产品研发。结果，一方面由于研发和产品管理能力的差距，系统开发效率低下，质量不高，导致 IT 部门疲于应付、服务跟不上，使用部门苦不堪言；另一方面由于 IT 部门将主要精力投入到产品研发中，对于在企业数字化转型发挥从战略规划、企业架构、数据治理到数字化运营等更大范围内的智囊和后台支撑作用，既没有兴趣，也没有精力，进一步加剧了企业数字化转型的困难。

实际上，这种想法属于以旧的思维去看待 IT 部门的定位，未能洞察到在数字化时代 IT 部门职能定位和价值体现的变化，找错了"赛道"。IT 供应商的核心业务就是向市场提供 IT 产品和服务，而企业 IT 部门则要为企业的数字化转型提供总体技术和智力支撑，二者间是互补的伙伴关系而非竞争关系。

对于企业领导关注的 IT 产品"安全可靠"问题，实际上是一个 IT 产品供应链自主可控的问题。这一问题从某种程度上讲是国家层面在全国范围内统筹考虑的事项，不代表单个企业需要建设"大而全"的内部 IT 供应体系。寄希望于在企业内部建这样的体系，本身也偏离了企业主营业务，违背了数字化转型"降本增效"的初衷。

（2）囿于思维认识和格局站位，不愿自我转型

IT 部门职能定位和价值体现的变化，需要从企业分管信息化领导、IT 部门领导到 IT 部门基层员工自上而下开展一场意识更新和自我转型。而部分企业

IT 部门领导，甚至企业分管信息化的领导，囿于思维认识和格局站位，不愿开展这样的自我转型。

出现这种情况，一方面是 IT 部门领导自身认识的问题；另一方面也有企业内部的深层次体制矛盾。长期以来，企业 IT 部门在企业内部作为服务部门，没有职能权力，地位偏低，人员成长通道不畅。而业务部门居于强势地位，在信息系统建设过程中随意变更需求，要求 IT 部门及时响应；系统使用中出现问题不去反思业务体系，习惯性甩锅给 IT 部门；有了成绩是自己的，出了问题是 IT 部门的。在《企业开展数字化转型的常见误区》中提过，信息系统好不好用，表现在系统本身，根源在系统背后。IT 部门背锅背怕了，就把企业内部兄弟部门间的协作关系处成甲乙方打擂台的关系了。

在这种情况下，IT 部门更习惯于与业务部门划清工作界面。在系统开发过程中认为需求梳理是业务部门的事，IT 部门的责任是对业务部门提供的需求说明进行对接和分析。其实，使用"需求对接"或"需求分析"这两个词，就代表 IT 部门潜意识里已经把自己放在 IT 供应商的位置上，站在供应商的角度与客户打擂台了。

到了企业制定数字化转型战略、制定企业架构、开展数据治理和数字化运营等工作的时候，业务部门苦于无从下手，需要 IT 部门提供技术和智力支撑和帮助的时候，IT 部门偏向于退避三舍、划清工作界面，不愿主动参与，增加了相关工作的协调难度。

（3）沉迷象牙塔内难以自拔，自我赋能陷入内卷

部分企业 IT 部门沉迷技术象牙塔，所属人员缺乏管理思维和价值逻辑，喜欢吹技术泡泡，片面追求新技术甚至是不成熟的新概念。给企业领导一汇报，PPT 满屏都是不严谨不准确、由厂商炒作起来的模糊技术概念，既缺少了工程技术人员应有的理性思考和科学严谨，又缺少了管理思维中的效益追求、价值逻辑和成本管理意识。

部分企业 IT 部门醉心在 IT 体系内搞自我优化，搞自我封闭循环。例如，搞网络安全的，缺乏对企业核心业务价值的认识，片面加码安全措施，细化安全规则，追求不计管理成本的高安全可靠，给企业业务运行增加了不必要的负担。再如搞信息系统运维的，专心研究细化运维分工和派单机制，把常规的 IT

服务体系对用户的服务界面搞得很复杂，用户办理一项业务，需要在 A 系统提 a 申请、b 申请，在 B 系统提 c 申请、d 申请，每个申请还要详细写出××要素，以专业人士的标准要求普通用户，给用户带来了更多的不便。这种行为在企业领导和业务部门眼中就是内卷。

（4）专业偏科，存在能力和人才短板

长期以来，企业 IT 部门作为信息系统开发、建设和服务部门，在团队能力和人才队伍建设方面偏向于软件开发、测试、和 IT 运维等领域。

而对于企业数字化转型中，转型办公室组织制定数字化转型战略需要 IT 规划团队的支持，组织制定企业架构需要 IT 架构团队的支持；业务部门制定业务架构、推进业务数字化、开展业务数字化运营需要精益管理团队的支持；信息化管理部门制定应用架构和技术架构、开展信息系统设计选型、建设和上线需要系统开发建设团队、网络安全团队和运维团队的支持；数据管理部门制定数据架构、开展数据治理、建立数据共享模型、开发数据共享服务和数据智能应用需要数据架构与治理团队、数据安全团队、数据智能团队和系统开发建设团队的支持。

对于上述需求，企业 IT 部门不可避免存在专业偏科的现象和能力、人才短板，尤其是缺少既懂管理、又懂技术的复合型人才和能够协调数字化转型全链条推进的 IT 部门领导。

3. IT 部门怎样转型以适应企业数字化转型建设需要

（1）找准部门核心竞争力

在数字化时代，企业 IT 部门作为企业数字化转型的智囊团，发挥着总体技术和智力支撑作用。在这一定位下，IT 部门要从以下两方面找准部门的核心竞争力：

1）企业数字化转型后台智囊的技术抓总能力。这个技术抓总能力，就是从企业数字化转型确定数字化转型战略，制定企业架构，同步推动业务"数字化"和信息系统设计选型，协调推进业务上线、数据共享和信息系统建设，一体化融合业务数字化运营和信息系统运维的全链条全过程出发，考虑业务部门和职能部门在组织开展相关工作过程中的咨询和技术支持需要，所应具备的总体预见能力、论证能力、规划能力、架构能力和技术协调能力，以及对企业业务的深刻认识和理解。

2）和IT供应商的技术交流与项目技术管理能力。在数字化转型中，企业所需要的IT产品主要从外部供应商获取。在项目调研、交流、招标采购和后续实施过程中，IT供应商的目标是卖产品，而企业的诉求是采购适合自身数字化转型需要的IT产品和服务以支撑转型。

企业IT部门作为甲方技术代表，在产品和技术调研过程中，应当具备与IT供应商开展平等技术交流的能力，能够透过供应商售前团队吹的技术泡泡、布的效果迷雾中看清其本质，为企业领导和相关业务部门决策提供专业化建议；在项目采购过程中，能够结合项目需求制定准确合理的技术指标，以确保合同体现企业实际需要；在后续项目实施过程中的定制开发、业务上线测试等工作中，实施专业化技术管理，吃透IT供应商产品技术，具备自行开展后续功能扩展和运维的能力。

(2) 赋能业务、赋能用户，而不是自我赋能

在数字化转型中，企业IT部门作为"节目录制"，其作用是赋能业务、赋能用户，而不是自我赋能。IT部门领导应当从企业整体利益和IT部门长远发展角度，扩大格局、提高站位，积极主动参与业务部门主导的企业数字化转型各阶段活动，为其出谋划策，解决转型工作中的难题。

对于IT部门的业务，应以用户价值为导向，而不是以IT部门自我价值或技术价值为导向，企业IT业务的核心价值就是服务用户、服务主体业务，IT部门基于这一认知，就能够自觉优化服务体系，减轻用户负担，提高服务质量，从另一个角度赋能业务和用户。

作为IT部门，成就业务和用户就是成就自己。当企业数字化转型中各业务部门都把IT部门作为智囊和依托时，IT部门作为技术抓总部门，自然会有其相应的贡献和地位。

(3) 建设全链条专业团队，促进专业型和复合型人才共同成长

根据企业数字化转型全链条全过程活动，转型办、各业务部门、信息化管理部门、数据管理部门都需要IT部门做后台提供技术和智力支持，IT部门需要建设包括IT规划、IT架构、精益管理、系统开发建设、网络安全、数据架构与治理团队、数据安全、数据智能、系统运维等专业团队和技术人才。

此外，为开展企业数字化转型的总体预见、论证、规划、架构和技术协调工作，还应着重培养懂技术、会管理、精业务的复合型人才。能够做到用管理思维理解业务部门和职能部门需求，用管理语言同管理人员沟通；用技术思维理解技术人员观点和诉求，用技术语言同技术人员沟通，具备数字化转型全链条技术支撑工作的统一协调控制能力。

作为企业领导，应当认识到IT部门对于企业数字化转型的重要性和其职能价值定位的变化，为IT部门的专业型和复合型人才开辟和拓宽职业发展路径，为留住人才、培养人才提供保障。

12.6.4 "以数据为中心的业务变革"之三种范式

11.1.2节中提到，数字化和数字化转型的"降本增效"体现在"科学管理""精益管理""管理自动化""以数据为中心的业务变革"4个阶段。

其中，"科学管理"和"精益管理"两个阶段分别以"业务活动步骤化"和"步骤环节要素化"为主要标志，与信息系统无关。从"管理自动化"对应的"要素数据规格化"开始，涉及信息系统和数据。尤其是到了"以数据为中心的业务变革"阶段，数据开始登上中心舞台。根据业务使用的数字模型规则及数据驱动业务方式不同，提出"以数据为中心的业务变革"之三种范式。

为便于读者理解，首先提出数字模型这一概念：数字模型是对系统结构信息和行为的数字化表达，是依据实际需求来建立反映实际系统特征及运行规则的抽象化定量描述。通过定义一定的数学或者逻辑关系，解释和预测数据的行为和变化。

结合在《从信号处理到数字化和数字化转型》中的类比，物理信号在经过"抽样""量化""编码"后形成的数字信号及其处理规律，就是物理信号的数字模型。而对于数字信号的处理，有其完全不同于模拟信号的处理规则，如奈奎斯特抽样定理、快速傅里叶变换、小波分析等。

而企业的业务活动在"数字化"后，也即经过"业务活动步骤化""步骤环节要素化""要素数据规格化"三阶段后，形成了业务活动的数字模型。

下面介绍"以数据为中心的业务变革"的三种范式。

1. 系统数字化、规则模拟化，模型驱动业务

以企业管理精益看板方法的数字化表达——数字看板为代表。数字看板是企业业务活动的数字化模型，通过明确业务场景和客户价值目标，深入业务活动的全生命周期各实际操作环节体验和考察，分析影响价值目标传递和实现的因素；对业务活动进行步骤划分完成"业务活动步骤化"；明确步骤之间的转换条件和要素指标，更新流程规则并开展资源配置。实时监测资源和运行条件，确保资源条件一旦具备即刻开展相关业务活动，解决影响价值传递和实现的因素，实现"步骤环节要素化"；以步骤定时记录的方式，将步骤执行过程中反映业务活动全过程、全状态信息的数据记录下来，实现业务价值流动可视化；通过显式化业务流程规则并将其数据化、规格化，在业务运行过程中发挥看板对业务的拉动机制，加速用户价值流动，并有效驱动数据更新和状态跳转；通过为各类资源建立状态参数，动态监测资源占用情况，有效暴露资源瓶颈，过程体现"要素数据规格化"。数字看板业务关系示意图如图12-24所示。

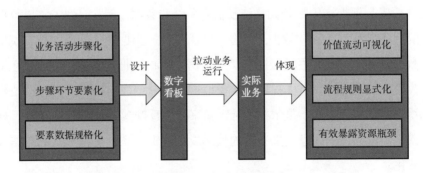

图 12-24　数字看板业务关系示意图

数字看板作为"以数据为中心的业务变革"的第一种范式代表，其特点为：

1）数字模型的系统结构和行为数字化、规则"模拟化"。业务本身及其运行过程采用数字化表达，但其业务流程规则并不是业务数字化后新产生的规则，而是业务本身固有的"模拟化"规则。

2）模型规则清晰简单。业务流程规则是企业的生产和管理活动规则，相对简单明了，业务流程规则直接作为数字模型规则使用。

3）数字模型与业务的关系为模型驱动业务。整个运行过程以"价值流动可视化""流程规则显式化""有效暴露资源瓶颈"的方式，实现数字看板对业务的拉动。虽然业务的执行结果也会影响数字看板的改进，但这种影响是非实时的。总体上讲，数字模型与业务的关系为模型驱动业务。

2. 系统数字化、规则模拟化，模型和业务相互驱动

以装备制造业领域的数字工程为代表。数字工程由美国国防部 2018 年在其"国防部数字工程战略"中提出。数字工程战略旨在推进数字工程转型，将国防部线性、以文档为中心的采办流程转变为动态、以数字模型为中心的数字工程生态系统，完成以模型和数据为核心谋事做事的范式转移。

对于装备制造企业，其数字工程包含数字样机（装备的数字模型）、数字线索（Digital Thread）、数字孪生（Digital Twins）三部分。数字工程通过在装备的论证立项、研制、生产、测试定型、使用维护等全周期建立数字模型，并在装备全生命周期中连续传递形成数字样机，以实现对装备的全面、端到端数字化表达。通过数字线索（可以简单理解为数据模型和数据的共享、传递机制），在装备的全生命周期内将设计、研制、生产、测试、运行中的各类数据在数字样机和物理实体装备之间传递，以实现数字样机在仿真运行过程中与物理实体装备开展迭代和同步更新完善，也称为数字孪生。

通过数字孪生方式迭代优化后的数字样机，可以帮助设计师在数字环境中快速迭代和优化设计方案，缩短产品研发周期，提高产品竞争力；在数字环境中模拟和测试各种方案，避免现实世界中的高昂成本和潜在风险，并降低维护成本和延长设备寿命。数字样机与物理实体装备数字孪生示意图如图 12-25 所示。

数字工程作为"以数据为中心的业务变革"的第二种范式代表，其特点为：

1）数字模型的系统结构和行为数字化、规则"模拟化"。装备的组成结构、几何外形、学科特性、功能效能在其全生命周期进行了数字化表达，成为数字样机，但数字样机仿真运行的原理和规则并不是其新产生的规则，而是装备本身固有的"模拟化"规则，如装备的功能、效能、组成结构、相互作用的科学、技术和工程原理等。

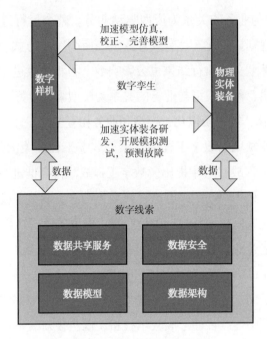

图 12-25　数字样机与物理实体装备数字孪生示意图

2）模型规则复杂，具备一定程度的不确定性和不可预见性。装备的运行规则以相关科学、技术和工程原理为主，这些规则运用在实体装备上，由于装备设计、生产和维护过程中的操作误差及运行环境因素，具有复杂性和一定程度的不确定性、不可预见性；而数字样机作为实体物理装备的数字化表达，相对于"模拟化"实体物理装备丢失了很多细节，装备的"模拟化"运行规则运用在数字样机上，会进一步降低数字样机的仿真可信度。因此，需要采取数字孪生技术，通过数字样机与实体装备迭代优化的方式提高数字样机其可信度。

3）数字模型与业务的关系为模型与业务相互驱动。数字工程的运行过程是在装备的全生命周期规范数字样机的开发、集成和使用，通过数字线索在数字样机和物理实体装备之间实时传递运行数据，以实现二者的共同迭代和同步完善，即数字孪生。这种业务模式，即为模型与业务相互驱动、迭代优化的模式。

3. 系统数字化、规则数字化、模型和业务相互驱动

以大数据和数据智能技术在公共管理和消费行业的应用，尤其是在新媒体、金融、零售、餐饮等行业的成功应用为标志，如互联网营销推荐、网上娱乐和阅读推荐、金融风控、公共安全、基于经营数据的决策辅助等。这些场景下的数字模型，就是以部分机器学习模型为基础，如以支持向量机为代表的几何模型、以贝叶斯分类器为代表的概率模型和以人工神经网络为代表的仿生模型等。人工智能和大数据模型与实际业务交互示意图如图 12-26 所示。

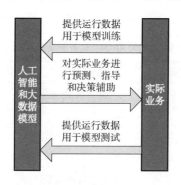

图 12-26　人工智能和大数据模型与实际业务交互示意图

大数据和数据智能技术的运用作为"以数据为中心的业务变革"的第三种范式代表，其特点为：

1) 数字模型的系统结构和行为数字化、规则数字化。对于大数据和数据智能技术在公共管理和消费行业的应用，其业务活动通过用户在互联网上的登录、驻留、操作访问、消费和个人定位进行记录，且多以 APP 的形式收集用户个人数据，其通过互联网数据刻画的系统结构和行为天然具备数字化特征。而其业务规则也大多依靠模型算法，根据业务运行中采集到的现有数据去自主学习、关联和生成。

2) 模型规则具有模糊性、非确定性且缺乏理论解释。在大数据和机器学习的应用场景下，较少依赖甚至完全不依赖现有场景"模拟化"规则，在大多数场景下也几乎没有现成规则可以遵循。这种模型通常需要较大的数据量用于模型的训练，生成的规则在很大程度上依赖不完备的训练数据，具有相当大的模糊性、非确定性且缺乏理论解释，适合无明确的现有规则或仅依靠现有规则不足以支撑业务运行、主观性强、容错性高的应用场景，由于其技术特点，暂无法满足业务规则专业型强、复杂度高的场景。

3) 数字模型与业务的关系为模型与业务相互驱动。大数据和数据智能技术的应用，是以现有业务采集数据为依托，通过数据分析、挖掘和训练模型生成新的知识和规则，再通过这些知识和规则应用于新的数据，通过业务结果实时反馈给数字模型进行测试和新的训练，以进一步改进模型。整个过程是模型与业务相互驱动、迭代优化的模式。

4. 三种范式总结

对"以数据为中心的业务变革"的三种范式进行总结，见表12-1。

表12-1 "以数据为中心的业务变革"的三种范式总结

范式名称	模型特征	规则特征	模型与业务的关系	典型业务场景
系统数字化、规则模拟化、模型驱动业务	系统结构和行为数字化、规则"模拟化"	1. 业务规则清晰简单 2. 模型规则直接采用	模型驱动业务	精益管理数字看板
系统数字化、规则模拟化、模型和业务相互驱动	系统结构和行为数字化、规则"模拟化"	1. 业务规则复杂，具备一定程度的不确定性和不可预见性 2. 模型规则通过业务规则结合业务结果实时反馈迭代优化	模型与业务相互驱动	数字工程
系统数字化、规则数字化、模型和业务相互驱动	系统结构和行为数字化、规则数字化	1. 业务无明确规则或仅依赖现有规则无法支撑业务运行，主观性强 2. 规则具有模糊性、非确定性，且缺乏理论解释	模型与业务相互驱动	大数据和数据智能技术在新媒体、金融、零售、餐饮等行业的成功运用

以上三种范式可为企业在数字化转型中开展数字场景构建提供参考。对于具体企业，可根据自身各业务线的特点灵活开展相关建设：

1）如业务线的部分步骤环节缺乏明确规则，决策主观性强，容错度高，但属于数据密集型环节，就可以考虑采用第三种范式，构建数据智能模型，用于决策辅助。

2）如业务线大部分步骤环节属于常规业务工作，业务规则清晰、明确，就适合采用第一种范式，建设数字看板，通过精益看板方法拉动业务。

3）如业务线部分步骤环节学科性、专业性强，相关原理、规则复杂，容错度低，使用第一种范式会因模型仿真置信度不足造成不良后果，使用第三种范式因技术受限，无法满足专业性强、复杂度高的场景需求，就适合搭建数字孪生场景，以第二种范式建设。

5. 展望未来——第四种范式

除此以外有没有更好的范式？要回答这个问题，需回到本节开始提到的数字信号处理。从数字化转型的角度，数字信号作为模拟信号的数字模型，完全抛弃了模拟信号处理的物理方法。

1）奈奎斯特采样定理说明了采样频率与信号频谱之间的关系，明确当采样频率大于信号中最高频率的 2 倍时，采样后的数字信号能够完整保留原始信号中的所有信息，是连续信号离散化的基本依据。

2）快速傅里叶变换作为一种将时域信号转换为频域信号的数学工具，方便数字信号处理的数字滤波、数字调制等操作，推动了数字信号处理成为现代通信技术的重要基础；方便图像处理的图像增强、滤波、特征提取等操作，成为图像处理技术的重要基础。快速傅里叶变换算法提供了计算机计算离散傅里叶变换的高效、快速计算方法。

3）小波变换继承和发展了傅里叶变换局部化的思想，能够提供一个随频率改变的"时间—频率"窗口，能对时间（空间）频率的局部化进行分析，达到高频处时间细分、低频处频率细分，能自动适应时频信号分析的要求，从而聚焦到信号的任意细节，解决傅里叶变换的困难问题，成为继傅里叶变换之后科学方法上的重大突破，在信号处理领域甚至数学、量子力学、计算机分类与识别、军事电子对抗、语音与音乐的人工合成、故障诊断等更多领域发挥了重要的作用。

综上所述，数字信号处理作为信号处理领域数字化转型的成果，建立了以新理论为基础的整套数字化处理规则，成为数字化领域的典范。在当前人工智能的热潮下，大数据和人工智能的泡沫吹得很大，部分学者甚至提出了数据智能是在理论、实验、仿真之外，"只需知其然，不需知其所以然"的知识生成第四种范式，这其实是在掩盖基于数据分析的人工智能目前缺乏理论基础这一苍白事实。笔者认为，目前基于数据分析的人工智能还没有突破纯实验科学的范畴，在企业的数字化转型中，其技术局限于本节提出的第三种范式。

追求"知其然，更知其所以然"是人类探索未知世界、追求科学规律的基本精神。时代呼唤更多的奈奎斯特采样定理、快速傅里叶变换和小波变换，也许这是"以数据为中心的业务变革"第四种范式的未来所在吧。

12.6.5 从数据业务化到业务数据化

上文提到"业务活动步骤化"和"步骤环节要素化"作为业务数字化的前两个阶段，与信息系统无关。从业务数字化第三阶段的"要素数据规格化"开始，涉及信息系统和数据。尤其是到了"以数据为中心的业务变革"阶段，也就是真正的"数字化转型"阶段，数据开始登上中心舞台。

那么在数字化转型中，企业怎样做好数据治理，又怎样以数据为中心优化业务呢？

1. 像管理业务一样治理数据

（1）指定数据管理的职能部门，明确组织管理体系

企业做好数据治理需要建立数据治理的管理决策体系，指定 CDO 和归口职能管理部门，并建立相应机制。例如，成立数据治理领导小组，由企业分管领导作为 CDO 任组长，由数据管理部门领导牵头，各业务部门及 IT 部门专人参加，明确议事范围、决策机制、工作机制等。

部分企业将数据治理工作视为 IT 技术工作的一部分交给 IT 部门，往往会出现两方面问题：一是 IT 部门作为技术部门，在实际中往往突出数据治理的技术属性而忽视其管理属性，将数据战略、数据架构作为制定 IT 战略和 IT 架构工作的一部分来开展。但数据治理的价值不是 IT 价值或技术价值，而是业务"降本增效"价值，业务部门的缺位和管理属性的缺失将导致后续数据治理工作偏离其价值目标。二是 IT 部门作为实施部门不具有职能管理权限，在开展数据治理工作时缺少职能管理部门的权力和资源，影响数据治理工作的权威性和强制性。

（2）将数据治理作为一项单独的业务，而不是业务的附属

将数据治理作为一项单独的业务，其内涵是将数据治理作为企业业务集合中的重要一项，单独配备人、财、物等资源，以企业独立业务工作的相关标准

要求去组织、策划和实施，而不是作为业务工作的附属，做到有战略、有规划、有计划、有制度、有流程、有激励、有监督、有检查、有总结的考核。

部分企业按照所属业务板块的不同，将数据治理工作直接交给各业务部门独立负责，缺乏顶层数据战略、规划、计划及制度、流程，会出现三方面问题：一是数据共享难。在"业务活动步骤化""步骤环节要素化"和"要素数据规格化"的业务数字化过程中，根据业务价值需要，业务活动中需要使用的数据很大一部分为由其他业务活动产生。而在数据治理工作中业务部门各自为战会导致数据孤岛出现。二是主数据管理缺失，数据不一致。主数据包含企业人、财、物等基础数据，主数据建设和管理的缺失将导致企业在大量业务活动中出现由基础数据不一致导致的业务混乱现象。三是存在数据安全隐患。信息系统由 IT 部门统建统管后，业务部门缺乏建设数据安全所需的资源和能力。

2023 年 3 月，中共中央、国务院印发的《党和国家机构改革方案》中明确提出成立国家数据局，负责协调推进数据基础制度建设，统筹数据资源整合共享和开发利用，统筹推进数字中国、数字经济、数字社会规划和建设等，这是从国家层面将数据管理作为一项单独业务指定专门机构负责的新举措。企业在实践中，不是说一定要成立新的内设部门专职从事数据治理，而是要把数据治理作为一项单独的业务，按照企业业务管理的标准要求，授权某一职能部门实施独立管理。

2. 像开展业务活动一样开展数据治理

（1）实现数据治理活动的计划、组织、协调、控制闭环

数据治理活动从开展数据治理评估、建设数据架构开始，对于数据标准建设、主数据管理、元数据管理、业务管理数据和时序数据管理、数据指标管理、数据质量管理、数据安全管理、数据共享与利用管理等业务，都应当按照业务管理的一般要求，建立制度、明确流程、开展运行评估和监督检查、实施奖惩、考核和总结，实现计划、组织、协调、控制全链路闭环。

（2）将数据治理融入业务管理制度、业务活动流程和业务控制要素

虽然数据治理是一项单独的业务，但数据治理的对象——数据来源于业务活动，服务于业务活动。因此，在开展数据治理时，需要由数据管理部门经数据治理领导小组授权，组织各业务部门将数据治理融入各业务板块。具体包括

3个层面：

1) 将数据治理各总体制度的要求融入具体业务制度。

2) 在业务活动的流程步骤上落实制度要求。

3) 在业务步骤的各环节将数据治理的控制措施要素化。

3. 与业务数字化同步实施数据治理

12.6.1节中提到，企业需要同步推动业务数字化和信息系统设计选型。与此同时，结合将数据治理融入业务管理制度、业务活动流程和业务控制要素的要求，在业务数字化以单项业务活动为单位，以业务价值目标为导向，结合业务活动的相关外部约束条件和不同业务活动之间的协同关系，依次开展"业务活动步骤化""步骤环节要素化""要素数据规格化"的过程中，将数据治理的要求落实在业务数字化全过程中，如图12-27所示。

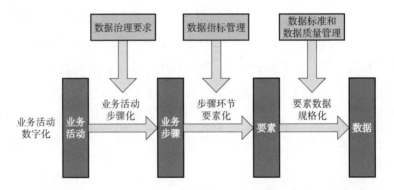

图12-27 数据治理融入业务数字化过程

同时，数据治理作为一项单独的业务，也在此过程中纳入企业业务体系，一并开展数据治理业务的数字化。

4. 像分析数据一样优化业务

12.6.4节中提出了以"数字看板""数字工程""大数据和数据智能技术应用"为代表的"以数据为中心的业务变革"三种范式。

以"数字看板"为代表的第一种范式，以步骤定时记录的方式，将业务步骤执行过程中反映业务活动全过程、全状态信息的数据记录下来，实现业务价值流动可视化；通过显式化业务流程规则并将其数据化、规格化，在业务运行过程中发挥看板对业务的拉动机制，加速用户价值流动，并有效驱动数据更新和状态跳转；通过为各类资源建立状态参数，动态监测资源占用情况，有效暴露资源瓶颈。以价值流动数据化、数据可视化的方式，通过直接观测数据可观察业务瓶颈，有效推动业务优化。

以"数字工程"为代表的第二种范式，在装备的全生命周期内将设计、研制、生产、测试、运行中的各类数据在数字样机和物理实体装备之间传递，以实现数字样机在仿真运行过程中与物理实体装备开展迭代和同步更新完善。以实体装备数字孪生体——数字样机依托数据和规则开展仿真运算，帮助设计师在数字环境中以仿真测试的手段快速迭代和优化设计方案，降低成本和潜在风险，缩短产品研发周期。

以"大数据和数据智能应用技术"为代表的第三种范式，通过在业务的数据密集环节建立机器学习模型，将业务数据同时作为模型的训练样本和测试样本；或建立大数据模型，通过数据科学相关处理方法，创新知识生成方式。在互联网营销推荐、网上娱乐和阅读推荐、金融风控、公共安全、基于经营数据的决策辅助等业务领域有广泛应用。以数据作为模型的训练手段，将缺乏现有规则的业务问题转化为数据问题来解决。

数据治理是手段，运用数据解决业务需求、优化业务模式才是数据治理的根本目的。

第 13 章　数字化转型评估

13.1　数字化转型需全面考虑所有因素

13.1.1　数字化转型和客户体验

在大多数数字化转型项目中，客户体验和用户体验（记住两者并不相同）占据中心位置。客户体验是许多数字化转型努力的催化剂和驱动力。客户体验并不专属于某一个部门，也不仅仅是一种变革的方法，根据定义，它还包括多种利益相关者和客户。

虽然技术影响了客户的行为和期望，同时支持变革，但重点是人员和流程。要真正在企业范围内全面地增强客户体验，需要考虑部门、流程和技术等因素。然而，"人"的维度很可能是客户和客户体验中最重要的维度，客户体验也可能是业务在转型视角中遇到的 IT 的关键领域之一。

1. 数字化转型与营销

正如客户体验是许多数字化转型项目的催化剂一样，它在营销、服务和面向客户的过程中也变得至关重要。营销是数字化转型发生的众多领域之一（甚至会导致混淆，即数字营销转型与数字化转型互换使用）。

数字客户转型、数据和数据驱动的营销、社会化 CRM、呼叫中心及再一次客户体验都是这方面的重要元素。数字化营销转型势在必行，首先要改变顾客的行为和期望。随着销售漏斗的终结，以及客户日益数字化的现实所带来的持续碎片化，市场营销别无选择，只能转型，并与 IT 和客户服务等其他部门更紧密地合作。这也对营销功能和 CMO 角色的变化产生了影响。

最后但并非最不重要的是，数字化营销转型需要与相关的优化目标密切相关。

2. 数字化转型和高度优化

数字化转型的一个核心原因是迫切需要一种非常全面和连接的方法来实现（以客户为中心的）优化。

长期以来的优化工作，无论是在业务流程方面，还是在市场营销方面，都是在客户服务水平提升方面的优化，都是以互不相关、竖井的方式进行的。对于联系日益紧密和复杂的顾客、员工、合作伙伴和其他利益相关者的环境，这是不可能的。

整体优化着眼于更广阔的改善前景，不仅要看到优化"链"中的所有东西事实上是如何连接在一起的，而且要实际启动必要的转变和创新，以比以往更广泛和更相互关联的方式进行优化。

这种通过数字化转型进行优化的关注与（客户）体验增强和利益相关者参与的目标直接相关。它与流程优化密切相关，通常是自动化和成本效率。

13.1.2 数字化转型的关键是数据和信息

如果信息处于数字化转型的核心，那么信息管理与数字化转型之间的联系往往不够紧密。如果我们看看其他处于数字化转型中心的元素，这是一个遗憾。总之，无论何种形式的优化、沟通、协作、交互、经验、创新等，信息或内容或数据都是实现这一目标的关键成功因素，除了人的因素，如领导力、流程、组织等。

1. 信息和信息管理是转型的推动因素

根据信息管理专业人员协会（AIIM）John Mancini 的说法，有 4 个所谓的信息管理挑战：

1）如何优化业务流程？

2）如何从收集的所有信息中获得业务洞察力？

3）如何利用信息更好地吸引客户、员工和合作伙伴，考虑他们全方位的体验？

4）如何管理内容增长的数量和复杂性带来的风险？

将这些"信息管理"问题转化为解决方案，在很大程度上取决于数字化转型和信息管理之间的联系。数字化转型的驱动因素还有很多，信息管理扮演着数字转型推动者的角色，在实现数字转型目标的每一步中，如以数据驱动为核心，从业务数据化向数据业务化转变，以实现价值型数据治理为战略目标和发展方向，推动数据治理能力向数据资源资产化管理、数据应用服务化管理、数据服务商品化管理3个方向升级发展。

2. 数字化转型和智能化信息

在数字化转型的背景下，"管理信息"和数据是至关重要的，但这还不够。在现在和未来的信息和数据驱动的业务中，洞察力、智慧和行动最重要，这就是上下文、语义、人工智能和激活的作用。随着物联网和 Web 3.0 的出现，智能维度对于理解非结构化信息、自动化和互联设备，以及将信息放到工作中变得更加重要。这就是为什么我们说"智能信息激活"。

随着转向基于信息的组织发展，信息已经成为企业资本和业务资产的一部分，一种智能信息管理方法开始进入董事会。与此同时，围绕数据的活动和价值可以从参与、结果和"最后一公里"的角度来看待。

让数据变得可操作，在日益复杂和增长的数据环境中引入设备（IoT），非结构化数据急剧增长，从信息中获得意义和洞察力，并在正确的时间和正确的时机以正确的理由和行动利用它，这些都是至关重要的。

3. 从信息管理到智能信息激活

这不是传统意义上的信息管理。它不仅连接系统和数据，甚至也不仅通过信息连接。随着物联网的出现，确保数据质量的需要及更快地使用和解锁数据的日益增长的需求（尽管数量庞大），为信息和转型范式增加了几个元素，其中有：

1）智能化。在人工智能中，它是从越来越多的数据中添加和提取意义的唯一方式，也是在物联网和设备间上下文中使用信息和数据的唯一方式。

2）快速化。速度是一种客户体验，甚至是竞争优势。

3）安全化。整体安全方法，以信息及数据为资产的安全。

4）数字化和捕获基于纸张的数据（数字化转换需要数字化，需要扫描）的需求更接近来源、所有者和流程，从而实现无纸化（纸张减缓数字化转换）。

5）对准确性、质量和结果日益关注。

这一切意味着什么？它将如何演变？在现有的记录系统和参与系统（两者都是必需的）的基础上，正在转向智能系统、智能自动化和优化系统、再生态系统、算法、认知计算（理解和超越）和快速/智能数据，这些都是成功实现数字化转型的方式。反之，基于信息的挑战则是转型的驱动因素。

13.1.3 各行各业的数字化转型

虽然每个行业不同，但许多经验表明，数字化转型在各个行业中显示出了非常相似的方面。当然，审视企业的业务和行业也是很重要的。

1. 零售业的数字化转型

零售业是世界上变化最迅速的垂直行业之一，经常处于技术进步的前沿，以满足全天候客户不断变化的需求。

这是来自 OVUM 关于不断变化的零售客户的清晰的数字化转型信息。我们不得不说，数字化变革在零售业的各个方面是无所不在的。从数据和信息优化、供应链数字化、交付和后台处理到前端，对无缝渠道不可预知的客户期望和要求的体验进行转型和增强。

毫无疑问，实体店在零售业中仍然非常重要，但消费者也开始期待创新体验，这将架起实体店和数字化之间的桥梁，而在消费者眼中这根本不存在。

在云计算和大数据等传统第三平台技术中，有无数的附加技术正在彻底改变零售业的面貌。分析人士认为，物联网在零售领域的作用越来越大，主要是在数字标牌和跨渠道应用领域。显然，这些用例与所提到的技术密切相关。人们还可以期待不断增长的信息驱动的店内变化，这些变化结合了几种技术，但主要着眼于零售客户需要的基本的东西，如拥有工具的员工能够提供快速和正确的产品信息。成功的零售商专注于这些基本的顾客期望及如何改变他们提供的方式，结合一些更"未来主义"的外观创新，可以看到它们出现在概念店，但其中一些将被证明没有足够的价值。

2. 制造业的数字化转型

工业 4.0（一个典型的欧洲术语）或工业互联网（工业互联网联盟眼中的第三次工业革命）等综合性术语环境下，制造业的数字化转型正以不同的速度进行，IT 和 OT 的融合是提高效率和速度的关键。

制造业的领导者们通过数字化转型优化运营、增强以客户为中心的服务、应对风险、创新、增加收入，最重要的是，利用新的商业模式开发全新的收入流，围绕着信息和服务谋求发展，而落后者仅专注于优化方面。

如果没有更全面的数字化转型视角，领先的制造商将成为落后者，因为他们犯了一个根本的错误。

尽管如此，事情仍在发生变化，向工业4.0或工业互联网方向发展的主要挑战正变得越来越清晰，工业4.0中的第四次工业革命和工业互联网中的第三次工业革命这两种观点之间的区别实际上只是一个细节问题。

除了技能差距、供应链连接、实时经济需求及宏观经济和地缘政治变化带来的不确定性等方面的挑战和机遇之外，还有大量的挑战和机遇可以超越单纯的优化维度，以客户和数据为中心实现真正的核心变革。

工业4.0网络物理、数据密集型、创新服务系统和技术堆栈的一个关键变革方面——工业物联网，弥补了制造业企业范围内缓慢的数字化转型。在制造业的数字化转型中有两个重要的概念：数字双胞胎和网络物理系统方法。

到目前为止，制造业在物联网领域处于领先地位，越来越多的企业抓住了这一巨大的机遇，除了那些落后者或对此缺乏清晰理解/策略的人。要在工业4.0中取得成功，需要克服数字转型的机遇、挑战和演变、战略和人力方面的障碍。

3. 政府和公共部门的数字化转型

政府和公共部门的作用和结构因国和地区而异。然而，无论政府参与的典型领域（如公共医疗、交通、公共基础设施、治安和国防、公民服务或监管）的组织方式如何，这些挑战和优先事项都有许多共同点，至少从数字化转型的角度来看是如此。

从人们体验的角度看，数字化转换在电子政府和数字身份计划等领域的作用变得日益清晰，在许多其他领域，透明度、效率和协调是过程数字化和项目管理的关键。

研究表明，大多数公共部门的专业人士都已认识到数字技术对政府的颠覆性影响。

政府和公共部门数字化转型的第一个驱动力是节约成本，因为当今世界人口正在老龄化，地方、国家和地缘政治的变化需要他们做出选择和改变，而提高成本透明度和降低成本是关键。

政府和公共部门数字化转型的第二个驱动力是满足"数字"公民的需求，并增强公民体验。对于日益数字化和移动至上的公民来说，改善他们的体验是首要任务，因为他们的数字化生活方式与纸质生活不匹配，而纸质生活在现实中仍然占主导地位，并会导致挫折感。

4. 公用事业行业的数字化转型

公用事业行业面临着巨大的挑战，与此同时，他们也活跃在一个数字化转型可以带来巨大的成本节约、新产品、替代定价模式、客户体验优化，甚至是全新的商业模式中。

从技术角度看，物联网、大数据及一切与"智能"有关的东西都发挥了关键作用。此外，创新使客户意识到他们的投资价值，使他们以数据思维模式在该领域应用数据供应链成为可能。

5. 保险行业的数字化转型

保险业有许多机会以数字化转型的方式利用技术。人们经常提到的典型领域包括远程信息技术、物联网、预测分析、风险分析的使用，新的商业模式，以及现收现付保险方法。

例如，大多数消费者愿意在他们的汽车里或家里安装一个传感器，如果这样做能降低保险费的话。然而，尽管技术提供了巨大的机会，而这些机会也正在越来越多地被保险公司所接受，但也存在挑战。保单持有人和年轻消费者预期的改变在这里发挥了重要作用。此外，在保险理赔管理、客户服务和满足不断变化的法规等基本业务流程中，还有大量的工作要做。除此之外，还有保险技术的兴起，以及消费者从包括零售商在内的非传统保险供应商那里购买保险。

6. 医疗保健行业的数字化转型

推动医疗保健行业数字化转型的因素包括老龄化/人口增长挑战、慢性病增多、成本上升及人们的期望和行为发生变化，其中数字健康发挥着越来越重要的作用。

这些改变的预期和行为模式也显著地影响了作为患者的行为，这也是许多人越来越关注患者中心的原因之一。当然，也不要忘记，医护人员也表现出不断变化的行为，他们也使用数字和移动平台，这导致了更多信息驱动的医疗保健。

移动（移动能力）已经完全改变了医疗保健的面貌，提高生产力和员工满意度是其中的一个挑战。在预算削减的情况下，医生、专家和护士经常不得不在越来越困难的环境下工作。这让人们意识到，为了所有显而易见的好处，需要高效和快速地获取医疗信息。另一个挑战是医疗资金的问题。数字技术不仅可以节省成本，还可以增加收入。例如，一些国家在向以服务业为主的经济发展的过程中，保健旅游甚至是国家优先事项。

正在迈向一个更加互联的医疗保健时代，物联网成为解决上述许多挑战和医疗保健模式再造的关键游戏改变者。

对于医疗保健行业的数字化转型，肯定会有更多的挑战和机遇。在医疗保健行业数字化转型的方面深入探讨了几个挑战，可以看到在医院负责简单照顾任务的机器人在增加、远程健康监测的作用越来越大，与人们的生活方式数据相关的新的医疗保健模型也越来越多。当然，在医疗记录数字化（EHR/EMR）领域，信息扮演着关键角色，也承担着相当多的工作。

7. 供应链的数字化转型：物流和运输

没有几个行业像物流和运输那样，拥有如此多的相互关联的组织、生态系统、流程、信息流、设备（从单个商品、箱子和托盘到卡车和船舶），以及物流配送和处理操作。

在全球化的背景下，不断变化的客户期望、巨大的利润压力、巨大的数据量的高风险，导致物流和运输行业总是不断变化。确切地说，我们当然需要区分人、动物和货物的运输。随着智能产业和制造业的智能供应链管理从混合模式向全数字化供应链网络模式转变，人们的物流和运输必然随之发生变化，大部分数字化转型预算用于供应链转型项目。

随着传感器和RFID的长期使用，以及对数据处理的需要，使得新的商业模式和更好的流程得以实现，物流和运输行业在物联网项目、物联网支出和工业物联网市场的部署方面处于领先地位。

此外，数据分析在这个行业中也很重要。在大数据这个词出现之前，数据分析就已经被用来处理大数据了。然而，在众多转型挑战中，数据成熟度水平需要提高，数字化战略需要部署到整个端到端供应链。这是一个高度复杂和相互关联的产业，有许多不同的活动。

13.1.4 数字化转型和业务流程外包

数字转换和业务流程管理之间只有一线之隔，更具体地说，是针对数字时代和客户的业务流程优化和再工程。

数字化转型也对业务流程外包（BPO）及 BPOs 行业产生了深远的影响，从传统的主要成本节约和（外包）过程优化的目标向"成本＋优化＋创新＋价值"主张转变。组织对他们的 BPO 合作伙伴有不断变化的期望，他们需要改变自己，以满足客户不断变化的需求。业务流程外包商需要更多地获得新的技能，转换和优化自己的操作。当组织转型时，承接特定业务流程外包的合作伙伴也会转型。

13.1.5 超越技术的数字化转型：人的差异

理解数字变革，关键是要把人和过程置于技术之上，即使技术是一种变化的媒介或者至少是我们利用它进化、创新、适应和"发展"的方式。

数字化转型是指利用数字化技术改进（连接并经常彻底改变）流程，增强客户体验，关注业务和客户价值交汇的领域，并看到新的更好的可能性，同时使用不同的数字化密集方式实现它们。数字化转型甚至超越了使用数字技术来支持或改进流程和现有方法。这是一种利用数字技术改变甚至建立新的商业模式的方法。从这个意义上讲，它也超越了数字化（尽管它通常是实现数字化的条件），当然也超越了在一个越来越不依赖渠道和数字客户的时代必须具备的数字技能和能力。

然而，这种所谓的数字文化并不是数字转型的开始或本质。数字转型还包括应对数字技术在我们的日常生活、个体企业和组织、行业和社会各阶层中已经造成的和将继续造成的变化。这些变化显然不是技术本身带给我们的。人的维度不仅是数字化转型的一个重要焦点，还是一种催化剂，让人们使用和看待数字技术的方式能够产生非常意想不到的后果，无论它涉及的是消费者/顾客行为还是颠覆性企业的创新能力（几乎总是混合在一起），最终也会涉及人。

最后，需要的是持续的优化、整体的改进，以及关注人们需要的东西，而不仅仅是数字环境。

13.2 企业数字化转型工作的评估

今天的企业几乎处于转型期。如果你年纪还小，还没有经历这种生活，你只需要看几集 20 世纪 90 年代的情景喜剧就会意识到，自那以后，所有行业都发生了翻天覆地的变化，这种变化一直延续到今天。在数字化转型的征途上，各家企业处在不同的阶段，一些企业正处于前沿，大多数企业则采取谨慎或跟进的方式，另一些企业则仍然抱着幸免于难的态度，但这种情况不太可能持续太久。

13.2.1 如何理解数字化转型

数字化转型听起来很棒，它也是必不可少的。不过，这并不十分准确，重要的是把它做对。一个执行不佳的数字化转型可能就像鸵鸟把头埋在沙子里一样有害。

1. 数字化转型是一段旅程，而不是终点

首先应了解数字化转型的本质，它并不是一次性的。人们是怎么知道的？首先，不再使用 Windows XP（或者是让人毛骨悚然的 Windows ME）。技术将继续发展，数字化转型也将继续，最好把数字化转型看作一段旅程。你现在在哪里？你的竞争对手在哪里？你需要做什么、获得什么或者实现什么才能赶上或者超过竞争对手？一旦实现了这些步骤，就开始看下一步是什么。

2. 数字化转型是关键任务

今天的企业必须明白，数字化转型是关键任务。它不是在生意兴隆时花钱买来的东西，也不是在资金紧张时从预算中挤出来的东西。一旦停止创新，就给了竞争对手一扇将你挤出市场的大门。因此，必须跟上数字化转型的步伐，保持竞争力。

3. 数字化转型是受监控的举措

许多企业确实制订了数字化转型计划，但在某种程度上未能实现。定期评估企业数字化转型计划（季度或月度计划）的进展是很重要的。如果说数字化转型是一段旅程，而不是一个目的地，那么遵循3年前的数字路线图的企业就做错了。

13.2.2 评估数字化转型工作

评估数字化转型工作是一个复杂的过程。如果企业没有制订一个合适的评估计划，你可能不知道从哪里开始评估。以下是如何开始评估企业的数字化转型。

1. 问问题

人们很容易认为数字化转型是一个不会产生太多问题的过程或计划，但这种想法是错误的。在任何过程或计划中，都应该定期问大量的问题，如什么是有效的，什么是无效的？什么样的新实现导致了员工之间的摩擦？这种摩擦是由于缺乏培训还是因为技术解决方案无法交付？计划是否符合预算？正在开发的新技术或平台应该加入企业的数字化转型之旅吗？什么时候是添加这些技术的合适时机？某项技术是否未能交付或成本超出了你的预算？向正确的人提出好的问题可以极大地改善数字化转型工作，不要担心你的问题涉及不同部门和不同级别的人员。

2. 审查业务需求

正如可用技术随着时间的推移而变化一样，业务需求也是如此。10年前会计领域的关键软件，今天可能是次要的甚至是过时的。同样，数据和分析部门今天的业务需求可能与20年前大不相同，这还得假设在20年前就已经有了一个数据和分析小组。因此，审查数字化转型工作的一个重要部分是审查每个部门的业务需求和过程。为长期解决的问题提供新的解决方案并不是花钱的最佳选择，确保了解每个业务单元的问题和流程，以便将数字化转型工作集中在最重要的领域。

3. 选择正确的人在房间里

一个没有人真正了解的数字化转型计划不会取得多大成就，一个没人知道的计划也不会被发现。数字化转型评估工作应该得到高级管理层领导的支持。首席财务官和首席信息官（或他们的代表）是关键的利益相关者，不同业务单位的领导也是如此。首席执行官必须被告知并参与进来，这样才能有效。当然，组织的规模不同，首席执行官的实际参与程度也会不同。

4. 支持是关键

不但需要正确的人在房间里，还需要得到这些人的支持。如果数字化转型评估是一个新概念，可能需要首先进行培训教育。把关键的利益相关者召集到一个房间里，并使用这些要点帮助他们理解这个过程中关键任务的重要性。

5. 数据就是一切

不要希望评审会议仅仅是基于感觉。如果你的会议听起来像是"嗯，会计部的王在使用这个新软件时很沮丧"或者"我相信实现这个新平台真的会有帮助"，你就需要大量数据的帮助。例如，你的分析小组需要研究一套新软件的效果，这样你就有了真实的数据和感觉。

13.2.3 衡量数字化转型的 5 个指标

即使对于最有经验的首席信息官来说，执行数字化转型计划也是一项重大任务，但工作并没有就此结束。创建有意义的 KPI 来衡量数字化转型可能是一种更具挑战性的工作。衡量数字化转型的进展是一项巨大的挑战，许多企业都刻意避免对数字化转型进行全面监控。根据 Gartner 的数据，几乎一半的组织没有衡量数字化转型的标准。许多企业都沉浸在启动突破性数字化转型计划的兴奋中，而 KPI 等较为枯燥的问题则被推到了幕后。

1. 如果没有衡量数字化转型的框架，成功就会离你而去

不幸的是，这一疏忽在许多公司开始数字化转型之前就削弱了他们。IBM 的研究发现，84% 的企业未能实现数字化转型。但是，如果有完善的系统监控进展和识别薄弱环节，就有可能在取得更大成功和实现组织转型的过程中对错误行为进行纠正。确定衡量数字化转型的指标是一项挑战。当数字化转型对所有组织来说都不一样时，就没有适用于所有企业的通用标准。有些企业是首次引入数字系统，有些企业则是从传统系统迁移到更复杂的基于云的平台。不过，也有一些企业正在以零碎的方式添加新的应用程序和工具，以补充现有的数字活动。此外，数字化转型可以在企业范围内或在特定的部门内进行。数字化转型计划缺乏一致性，这使得创建KPI难度加大。

2. 衡量数字化转型进展的最佳KPI

有许多方法可以评估数字化转型工作的进展和有效性。在这里，介绍5个重要的指标。

1）用户的数量相对于购买许可证的数量。衡量数字化转型有效性的一种方法是，将购买的许可证数量与实际使用该软件的员工数量进行比较。这个度量提供了软件投资采用率的基本概念。例如，如果90%的许可证被使用了，就可以假设该工具已经被采用了。如果你的授权只有30%被使用，那么缺乏数字化应用就是一个明显的障碍。但是，如果你想真正了解你的投资是如何被用来推广你的数字战略的，就需要更仔细地了解数字工具的采用情况。

2）分析可用性的广度和局限性。准确地衡量数字工具是如何被使用的，可以让你更清楚地了解你的员工是如何使用这些工具的，并真正实现有意义的利益。要做到这一点，需要一个解决方案，能够查看用户旅程，并分析瓶颈和摩擦在哪里发生。通过分析，可以获得数字工具采用的全貌，这是整体数字化转型成功的最有力的指标之一，可以看到每个用户在流程中遇到了哪些困难，哪些特性没有得到充分利用，以及如何提高可用性。

3）计算在新软件上执行的流程数。除了需要了解采用和可用性的总体水平，还需要知道在新软件上执行了多少流程。这将有助于组织了解软件投资带来了多少价值，意识到正在使用的流程很少可以表明一些不同的事情。一种可能是工具本身并不像最初认为的那样与员工的需求相关，另一种可能是缺乏数字化应用。如果是这样，通过分析就可以指出原因。如果糟糕的可用性成为阻碍，深入了解用户旅程可以向客户展示如何简化流程、提供更多培训、引入自动化或其他有针对性的干预措施。

4）生产率指标。数字化转型不是一项独立的行动，所做的每一笔数字投资都应该支持商业战略更广泛的目标。有很多方法可以衡量数字化转型对整体战略的影响。其中之一是生产率，它通常被理解为相对于投入的时间和资源产出的数量或价值。例如，如果投资了一个数字工具用于获取客户支持，那么可以衡量自上线新系统以来团队能够得到多少额外的支持。

5）数字投资带来的新收入。与衡量生产率类似，可以衡量数字投资对收入的影响程度。例如，如果将自动化引入客户旅程，可以跟踪有多少潜在客户与这些工具进行了交互，并比较其中有多少客户成为付费客户。在内部，可以看到各种数字工具如何支持引入更多业务或提高运营效率的工作。数字化转型可能因组织而异，但是有一些通用的度量标准可以用来衡量数字化转型的成效，需要持续进行监控并基于所发现的问题及时纠正航向。一个可靠的分析系统能够清晰地洞察平台的可用性，这是理解可用性和采用关键指标的基础。无论哪种指标最重要，实现所设定的 ROI 的第一步都是确定如何度量数字化转型。

3. 哪些因素影响 KPI 的选择

上述指标是数字化转型工作的基本指标，但它们不是关键绩效指标的最终定义，其他因素也会影响所选择的参数，包括：

1）数字化转型计划的目标。在开发量度时，转型工作的既定目标是要关注的主要领域。这些目标应该是可量化的、可测量的，并且应该直接与改进具体的业务成果相联系。

2）外部环境。当今的商业环境在不断变化，而这些变化往往决定了数字化转型努力的方向。由于现代商业世界的节奏很快，企业转型程序应该尽可能地保持适应性和敏捷性。这也意味着，如果需要，测量本身应该准备好适应外部环境。

3）哪种技术正在被采用。在大多数情况下，数字化转型涉及数字采用，这就是为什么应该优先考虑数字采用指标的原因。采用测量数字化可以帮助组织提高员工的生产力、软件利用率和技术成果的 ROI。把正确的度量标准整合在一起，就能让一切变得不同！

归根结底，数字化转型的目的是帮助企业适应数字经济并在数字经济中茁壮成长，所以只有数字化转型项目本身坚持支持这一目标的优秀实践才有意义。当涉及他们自己的计划时，包括他们衡量和评估项目的方式，数字化转型领导者的适应性和响应能力越强，他们的项目就越成功。当然，成功不仅仅取决于数字化转型的执行，还取决于其范围和方向。

4. 如何制定正确的数字化转型进程

由于度量将集中于理解和改进转型计划的目标,所以在设计转型进程时,拥有一组清晰的"战略范围"是很重要的。也就是说,业务领导应该为转型工作创建一组定义良好的目标,而不是简单地购买和部署新技术以保持现代化。当然,IT 现代化是数字化转型难题的重要组成部分,但它只是数字化转型总体目标的一部分。以下是组织在转型项目中追求的一些共同目标,这些目标反过来又构成了度量和度量的基础。

(1) 数字成熟度

数字成熟度是定义组织整体数字能力的一个尺度。它指的是一个组织的数字工具和 IT 基础设施,以及影响这些能力的其他重要因素,如员工技能水平、数字工作场所的集成、有多少软件正在被使用。

有许多不同的数字成熟度模型,但它们通常建立在一个简单的规模上。模型的底部是数字上最不成熟的组织,其数字能力很差或根本没有。组织缺乏正确的工具,并且他们所拥有的工具集成和实现都很差,员工也不具备操作这些工具所需的技能。数字上最成熟的组织位于规模的顶端。这些组织更具有数字化能力,拥有精通数字化的劳动力、集成的技术堆栈,他们利用所有这些能力推进实现组织的战略目标。数字技术是不断发展的,可以说没有 100% 的数字成熟——只有持续的数字发展。无论如何,在数字化方面变得更加成熟会带来巨大的好处,从改善客户体验到提高业务效率,再到提高组织的灵活性。

(2) 组织敏捷性

组织敏捷性是指组织对变化的环境做出反应和适应的速度。与敏捷软件开发人员一样,敏捷业务对静态流程不太感兴趣,而对实时地对真实世界的条件做出反应更感兴趣。在当今快节奏的经济发展中,许多组织都已认识到速度的价值:速度可以帮助企业超越竞争对手,更快地响应客户需求,并获得更大的成功。由于这些原因,数字化转型程序通常旨在提高组织的敏捷性,同时实现敏捷的组织变化。对组织敏捷性的提升通常会服务于其他战略目标,如提高组织绩效、增加产品创新、增强客户体验等。

(3) 客户体验改进

在数字时代,客户体验已经成为一种竞争优势。当企业可以以相同的成本开发相同类型的产品时，客户体验往往是区分这些产品或服务的关键。有大量的统计数据支持这一观点。例如，根据调研，2/3 的顾客在决定品牌时更关心体验而不是价格。Adobe 和 Econsultancy 在 2020 年的一份报告中指出，优先考虑并有效管理客户体验的公司超越业务目标的概率是其他公司的 3 倍。诸如此类的原因迫使许多组织进行旨在改进和现代化客户体验的数字化转型工作，具体的策略可以有所不同，一些组织专注于改进的个性化和创建客户统一视图的后端工具，另一些组织则专注于改进产品设计或改进营销方案。无论具体细节如何，数字化转型议程通常都将重点放在客户体验上——这反过来意味着数字化转型指标应该密切跟踪这一目标。

（4）业务连续性

在这个颠覆性的数字时代，确保持续、不间断的业务流动也是一个焦点。在疫情期间，许多企业的运营受到威胁，业务连续性成为企业更加关注的问题。虽然在家办公有它的好处，但是从办公室文化到在家办公文化一夜之间的转变让很多企业措手不及。在技术、文化和业务流程方面，数字化最成熟和最灵活的组织可以最大限度地减少此类破坏的负面影响。保持业务连续性的数字化转型项目的目标通常是提高员工的数字技能，提高他们在家办公的效率，并调整业务运营以适应不断变化的业务环境。

以上数字化转型目标列表当然不是详尽的，但是它应该提供一些关于如何分配和跟踪指标的见解。然而，真正想要有效衡量数字化转型的企业应该了解指标在推动转型中所扮演的角色，以及执行成功的数字化转型需要什么。

5. 如何选择正确的评估工具

每个测量其数字化转型进程的组织肯定会采用一些测量工具。由于这些工具的选择将影响度量工作的效率，正确的工具可以在整个数字化转型流程中产生很大的作用。以下是选择评估工具时需要考虑的 4 个问题。

（1）需要衡量哪些领域

在选择软件之前，转型经理应该已经选择了一些关键领域来跟踪，如果不是一组具体的度量标准的话。要跟踪的领域包括数字化转型工作的明确目标、数字采用度量、软件实现和利用等。确定了这些域后，选择最合适和最有效的测量工具就会容易得多。

（2）软件测量的是什么

在检查工具时，首先要考虑的是工具实际测量的是什么。例如，数字采用平台可以提供关于用户是如何与软件交互的深入信息。当实施新的数字软件时，这种类型的信息被证明是无价的，因为它可以用来提高员工的熟练程度和生产力，以及软件的 ROI。

（3）工具的可用性

并不是所有的软件工具都是同样可用的。其中有些软件工具可以提供见解，但必须经过冗长和广泛的微调。如果数字化转型计划涉及多个阶段，这些调整可能会非常费力和昂贵。因此，在评估分析产品和供应商时，易用性应该是另一个首要关注的问题。

（4）该软件如何与现有技术堆栈集成

大多数现代软件平台已认识到在其技术生态系统中集成的必要性。例如，Salesforce 集成了数千种其他产品，使其更容易融入现有的工作流程。每个软件平台都有优点和缺点，有些更容易使用，有些更便宜，有些能提供更深刻的见解。由于这些原因，为工作选择合适的工具是很重要的。但同样重要的是，不仅要关注单个工具，还要关注它们如何作为一个整体组合在一起。正确的分析工具箱或堆栈可以帮助简化度量工作，同时为规划经理提供更有用和相关的信息。

在规划任何数字变革计划时，具有衡量数字化转型的能力都是最关键的能力之一。然而，通常情况下，组织急于采用新的数字技术或计划，却没有一个系统的方法来测量、分析和改进。虽然正确的数字化转型工作确实可以从根本上改善企业的许多领域，就像任何其他组织变革一样，但如何实现这些变革直接影响它们的成功。构建结构化的数字化转型方法意味着开发一个面向目标的策略，在个人层面管理变更，同样重要的是度量转型工作。

13.3 如何提高数字化转型的成功率

13.3.1 数字化转型失败的十大原因

文化冲击、竞争重点、抵制变革和人才匮乏——遇到以上任何一个问题，都可能需要重新评估数字化转型。当前，数字化转型就像奔腾的浪潮，正在各行各业流行。首席信息官正在将云、API 和微服务整合为平台以优化业务流程。他们认为，敏捷架构有助于简化运营并更好地为客户服务。根据咨询公司 TEKsystems 的研究，在 510 名企业和技术领导人中，有 47% 的人表示他们的组织正在推进整个企业的数字化转型。一个残酷的现实是，数字化转型通常感觉像海市蜃楼：远方引人入胜，现实却很残酷。通常最大的失误是无法实现企业范围内转型所需的文化变革。将阻碍数字化转型成功的十大原因总结如下。

1. 组织文化变革的问题

对于许多组织而言，转型所需的文化变革可能是无法克服的。根据 TEKsystems 的调查，有 39% 的组织表示其组织结构不符合支持转型的要求。"技术触手可及，但要意识到如何优化其潜力却很复杂。"狭隘的思维方式、缺乏共同的愿景、没有考虑整个生态系统正是数字化转型失败的原因之一。

2. 缺乏首席执行官支持

转型至少从理论上讲是从高层开始的。根据 Wipro Digital 的一项调查，35% 的高管认为缺乏明确的转型策略是实现其全部数字潜力的主要障碍，首席执行官常常是罪魁祸首。"数字化转型的努力未能达到预期的投资回报率，部分原因是数字化转型既是一项领导问题，又是一项战略、技术、文化和人才问题。"

3. 组织间壁垒的问题

调查显示，有 32% 的人将太多相互竞争的优先事项视为他们努力清除的转型障碍。确保高层领导和利益相关者之间就业务目标达成共识至关重要，一致性问题通常源于业务部门之间的孤岛。如果产品部门由于没有权限无法在供应链内部看到相关数据，则会发现很难为客户提供服务。数字化转型的成功是超越或跨越组织孤岛并进行构造以转换所有业务流程以获得所需结果的成功。

4. "内容和方式"有问题

一旦克服变革阻力，大多数企业就会退出观望模式，直到财务状况不佳及董事会和竞争对手承受的压力越来越大为止。尽管如此，大多数领导人仍在努力弄清他们需要改变什么及如何去做。这种犹豫不决会造成惯性甚至是错误的决策。转型的主要绊脚石是无法理解所需的技术和操作该技术所需的人才。企业是否需要新的数字运营模式？需要多少敏捷专家或 DevOps 工程师？业务部门负责人必须与他们的首席信息官保持沟通，以填补这些知识空白。

5. 观望陷阱

对"什么和如何"的犹豫不决使企业束手无策，因为它们延迟了转型。成功转型的唯一最大预测因素是其开始的迅速性。数字化转型终结得很快，大多数财务指标落后于预期指标。具有讽刺意味的是，尽管 COVID-19 使许多企业陷入停顿，但它在数周而不是数月的时间内加快了变革性的技术操作，推动我们越过观望的障碍。

6. 技术陷阱

改变的意愿及技术人员的完美配合都无法挽救首席信息官避免陷入以技术为中心的陷阱，也就是新技术综合征。虽然技术是转型的关键驱动力，但无法帮助满足客户需求或启用新的数字业务模式的技术价值很小。另一个问题是如何选择新技术，如云、预测分析、区块链、人工智能或物联网（IoT）。有时首席信息官可能会迷上新技术中的一种，而使基本的竞争和客户考虑因素变得弱化。我们看到数字化转型表现良好的客户，他们不是将注意力集中在新的技术组件上，而更多的是寻找合适的位置使用它。

7. 大爆炸理论

在战略上找到共同点并表示愿意改变的组织倾向于使用大爆炸理论处理转型，而不是将其视为一系列改变业务流程的迭代式转变。通常，这导致"太多期望的结果"。如果理念不正确，战略就会失败。"这是关于如何在重复的基础上创造胜利，而不是那一个巨大的里程碑——永远不会实现。"

8. 缺乏速度

在 Wipro Digital 的一项调查中，只有 4% 的受访者表示他们在不到一年的时间内实现了 50% 的数字化投资，大多数受访者表示他们的公司花了两三年的时间才能看到 50% 的投资。数字化加速的规模和步伐使问题更加复杂，很难缩小老牌公司和竞争对手之间的差距。例如，开始使用数字服务版本 2 的公司发现自己正在与版本 7 的竞争者竞争，"规模或网络效应会使失败的影响看起来更大"。

9. 人才短缺

数字化转型需要新的人才，包括接受最新编程语言培训的软件工程师和知道客户在虚拟助手中需要什么的产品经理。当雇用用户体验设计师、DevOps 工程师、数据科学家和人工智能专家时，企业将付出高昂的代价。要使数字化转型成功，90%的组织认为他们至少需要一些新型人才，37%的组织则认为他们需要进行广泛的人才结构调整。但是需求远远超过了供应，大多数企业发现很难吸引经验丰富的软件开发人员、产品经理和其他技术专业人员。

10. 缺乏连续性

经常看到的场景是：一名首席信息官（CIO）从"X 的全球 CIO"变为"Y 的全球 CIO"。这种变化的影响很难量化，但他们往往使前期的努力效果削弱或倒退。"高层领导不想继承变革""他们想从头开始，留下自己的印记"，普通员工和管理人员的流动是造成这一问题的最大原因。随着首席信息官及员工跳槽，企业几乎没有机会连续执行他们的数字化战略。

13.3.2 数字化转型成功的五大因素

数字化转型甚至比传统的变革更难实现，但可以从最有效的转型结果中总结出数字化转型成功的五大因素。

随着数字技术极大地重塑一个又一个行业，许多企业正在进行大规模变革，以获得这些趋势的好处，或者仅仅是为了赶上竞争对手。在麦肯锡全球公司一项关于数字转型的新调查中，超过 80%的受访者表示，他们的组织在过去 5 年里进行了此类努力。然而，转型的成功被证明是难以实现的。虽然早期的研究发现，只有不到 1/3 的组织转型能够成功改善企业绩效并维持这些收益，但最新的研究结果表明，数字化转型的成功率甚至更低。

从成功的受访者的结果总结出了 21 个标杆实践，所有这些都使数字化转型更有可能成功。这些特征可分为 5 类：领导力、能力建设、赋予员工权利、升级工具和加强沟通。这些类别表明，企业可以从何处和如何开始提高成功地对其业务进行数字化转型的机会。

1. 转型是困难的，数字化转型更加困难

研究表明，数字化转型的成功率一直很低：不到 30%。最近几年的结果表明，数字转型甚至更加困难。只有16%的受访者表示，他们组织的数字化转型成功地提高了绩效，也使他能够长期维持变革。另有7%的人表示，虽然业绩有所改善，但这些改善并没有持续下去。

即使是精通数字技术的行业，如高科技、媒体和电信，也在苦苦挣扎。在这些行业中，成功率也不超过26%。在石油和天然气、汽车、基础设施和制药等更传统的行业，数字化转型更具挑战性：成功率在4%至11%之间。成功率也因企业规模而异。员工人数少于100人的企业，与员工人数超过5万人的企业相比，受访者认为数字化转型成功的概率要高出2.7倍。

(1) 对数字转型的剖析

无论变革努力是否成功，结果都指向了当今数字变革的一些共同特征。首先，组织在进行数字化转型时倾向于审视内部。最常被引用的数字化转型目标是将组织的运营模式数字化。68%的受访者引用了这一目标。不到50%的人表示，他们的目标要么是推出新产品或服务，要么是通过数字渠道与外部合作伙伴进行协作。数字化转型涉及的范围往往很广。80%的受访者表示，他们最近的变革要么涉及多个职能部门，要么涉及多个业务部门，要么涉及整个企业。此外，技术的采用在数字化转型中扮演着重要的角色。平均而言，受访者表示他们的组织在使用所询问的11种技术中的4种，其中传统的网络工具被应用得最多。

同时，成功转型的组织的结果表明，这些组织部署技术比其他组织更先进。这似乎违反直觉，考虑到一套更广泛的技术可能导致更复杂的转型活动的执行，因此，失败的概率更大。但成功转型的组织比其他组织更有可能使用更复杂的技术，如人工智能、物联网和先进的神经机器学习技术。

(2) 成功的关键因素

拥有这些技术只是数字化转型的一部分。调查结果表明，企业应该准确地进行技术变革，从而将成功的数字化转型与其他数字化转型区分开来。

在测试的83种实践中，以下是最能解释组织数字化转型成功的因素：

1）实施数字工具，使信息在整个组织中更容易访问。

2）与数字化转型领导者（数字化或非数字化转型的领导者，他们是转型的一部分）沟通，以获得转型支持。

3）修改标准操作程序以纳入新的数字技术。

4）为数字转型建立一个清晰的变化场景（对正在发生的变化的描述和案例）。

5）在领导层团队中增加一名或多名熟悉或非常熟悉数字技术的人员。

6）从事特定转型角色的领导者鼓励员工挑战旧的工作方式（流程和程序）。

7）高级经理鼓励员工挑战旧的工作方式（流程和程序）。

8）重新定义个人的角色和责任，使他们与转型目标一致。

9）为员工提供机会，让他们对数字化可以在哪些方面支持业务产生想法。

10）建立一种或多种与新工作模式相关的实践（如持续学习、开放物理和虚拟工作环境、角色流动）。

11）让员工扮演集成者的角色（将新的数字方法和流程转换并集成到现有工作方式中，以帮助连接业务的传统部分和数字部分），以支持转型。

12）实施数字自助服务技术，供员工和业务合作伙伴使用。

13）聘请项目管理办公室或转型办公室的负责人（全职团队负责人或致力于转型相关活动的办公室负责人）支持转型。

14）与过去的变革工作相比，担任特定转型角色的领导者将更多地参与数字化转型的计划。

15）扮演特定转型角色的领导者鼓励他们的员工尝试新想法（如快速创建原型，并允许员工从失败中学习）。

16）与过去的变革相比，高级管理人员更多地参与数字化转型。

17）在转型特定角色中的领导者确保当员工在转型活动中工作时，他们的单位和组织内的其他人之间的协作。

18）高级经理确保他们的部门和整个组织的其他部门之间的协作。

19）让技术创新经理（具有专门技术技能的经理，领导数字创新工作，如开发新的数字产品或服务）支持转型。

20）高级管理人员鼓励他们的员工尝试新想法。

21）高级管理人员在他们的单位内培养一种紧迫感以进行数字化转型的变化。

可以把以上这些数字化转型成功的因素分为 5 类：
- 拥有权力的、精通数字化的领导
- 为未来的劳动力建设能力
- 赋予员工新的模式工作
- 对工具进行数字化升级
- 通过传统方式和数字方式频繁沟通

2. 拥有权力的精通数字化的领导

在数字化转型过程中，各个层面都会发生变化，尤其是人才和能力方面。近70%的受访者表示，他们组织的领导层在转型过程中发生了变化——最常见的情况是熟悉数字技术的新领导加入管理团队。

增加熟悉数字技术的领导者是转型成功的关键之一。特定于转型的角色的参与也是如此——个人计划的领导者和项目管理或转型办公室的领导者，他们全职致力于数字化转型工作。成功的另一个关键是领导承诺。当关键角色的人（包括组织的高级领导和转型特定角色的人）比他们在过去的变革中更多地参与到数字化转型中，转型的成功就更可能。

研究结果表明，当企业成功实现转型时，他们更有可能拥有精通数字技术的领导者。不到 1/3 的受访者表示，他们的机构聘请了首席数据官（CDO）来支持他们的转型。

3. 为未来的劳动力建设能力

调查结果证实，在整个组织中培养人才和技能是数字化转型取得成功的最重要因素之一。在上面的 21 条成功秘诀中，有 3 条与员工的数字化能力有关。

1）重新定义个人的角色和职责，使他们与转型的目标相一致，这可以明确组织需要的角色和能力。当这种做法到位时，成功实现数字转型的概率要高出 1.5 倍。

2）发挥集成商的关键作用。集成商是将新的数字方法和流程转换并整合到现有工作方式中的员工。因为他们通常有业务方面的经验，也了解数字技术，能够很好地连接业务的传统部分和数字部分。

3）发挥技术创新经理的特定作用。就技术创新管理者而言，他们拥有专业的技术技能，并领导企业的数字创新工作。

集成商和技术创新经理可以缩小传统业务和数字业务之间的潜在差距。这些角色的员工有助于在同事之间培养更强的内部能力。

除了这 3 个成功的关键因素，成功转型的企业比其他企业有更好的资金来源和更稳健的人才培养方法。当受访者表示他们的组织在数字人才上投入了适当的资金时，成功转型的概率要高出 3 倍以上。

在招聘过程中，使用更新颖的方法也有助于成功。传统的招聘策略，如公开招聘和员工推荐对成功没有明显的影响，但更新或更不常见的方法有明显的影响。在那些开展创新招聘活动（如让新员工玩游戏或在招聘过程中找到源代码中的隐藏信息）或举办技术会议或"黑客马拉松"的组织中，成功的概率至少要高出 1 倍。

4. 赋予员工新的工作模式

研究表明，数字化转型需要做出文化和行为上的改变，如评估风险、增加协作和以客户为中心。有关调查显示，成功转型的企业通过两种主要方式授权员工接受这些变革。

1）通过正式机制加强新的行为和工作方式，长期以来被证明是支持组织变革的一种行动。数字化转型成功的一个关键是建立与以新方式工作相关的实践。数字化转型成功的组织认为他们至少建立了一种新的工作方式，如持续学习或开放的工作环境。另一个关键是让员工在哪些地方可以和应该采用数字化技术方面有发言权。当员工对数字化可能在哪些方面支持企业产生了自己的想法时，受访者报告成功的概率要高出 1.4 倍。

2）确保担任关键角色的人在加强变革方面发挥作用。成功既取决于高层领导，也取决于那些参与转型的人。一个相关因素是鼓励员工挑战旧的工作方式。受访者表示，他们的高级领导和关键转型角色的人这样做比其他人更有可能成功（高级领导是 1.5 倍，关键转型角色的人是 1.7 倍）。另一个相关因素与冒险有关。当高层领导和参与变革的领导都鼓励员工尝试新想法时，成功的概率更高。例如，通过快速创建原型，并允许员工从失败中学习。第三个相关因素是担任关键角色的人员确保他们自己的单位在进行转换时与他人协作。当受访者表示，他们的高层领导和那些与转型相关的角色已经这么做了，他们报告成功的概率分别是其他人的 1.6 倍和 1.8 倍。

为了让企业赋予员工新的工作方式，调查结果显示数字化工具和流程如何及在多大程度上能够支持成功。向受访者询问了自变革开始以来他们的组织所做的 7 个结构变革，其中 3 个变革涉及将数字工具作为新的组织规范的使用成为成功的关键。第一个关键是采用数字工具，这将使整个组织中更容易获得信息，使成功转型的概率增加 1 倍以上；第二个关键是实现数字自助服务技术供员工、业务合作伙伴或两者使用，这样做可使转型成功的概率增加 1 倍；第三个关键是关注企业运营中使用的技术，组织优化标准操作程序，以适应新技术。除了以上这些因素，基于数据的决策的增加和交互式工具的频繁使用也可以使转型成功的概率增加 1 倍以上。

5. 通过传统和数字方式频繁沟通

正如在传统变革中所看到的，在数字化转型过程中，清晰的沟通至关重要。更具体地说，成功的第一个关键是传达数字化转型的蓝图，这有助于员工理解组织的发展方向、变革的原因及变革的重要性。在遵循这种做法的组织中，成功转型的概率要高出 3 倍以上。成功的第二个关键是高层领导培养在其单位内进行变革的紧迫感，这是一种以良好沟通为中心的实践。对成功影响最大的因素是组织关键绩效指标的明确目标和转变时间要求的清晰沟通。

研究还发现，使用远程和数字通信传达转型的愿景，在支持成功方面比面对面或传统渠道要好得多。当高级经理和创新领导者使用新的数字渠道远程接触员工并进行沟通时，成功率会高出 3 倍。

许多正在进行数字化转型的组织在提高绩效和帮助企业维持变革方面存在不足，但可以从那些成功的组织那里吸取教训，为企业在转型过程中增加成功机会提供建议：

1）重新定义工作模式。麦肯锡的研究也证实了这一点，成功进行数字化转型需要精通数字的领导者和有能力实现数字转型的员工。数字化、自动化和其他技术趋势对劳动力的影响是重大的，公司将需要投资和雇用具有不同技能和能力的员工。无论一个组织是否已经开始了数字化转型，重要的是要批判性地思考数字化在短期和长期内会如何影响他们的业务，以及他们需要哪些技能支持。对于组织来说，关键的一步是制定明确的人才战略，确定目前拥有的和需要拥有的数字技能和能力，以实现未来的目标。

2）升级组织的"硬件线路"。"数字化要求新的工作方式，以及组织整体文化的变革，因此，必须赋予员工以不同的工作方式，以跟上更快的业务节奏。"数字化工具的实施和流程的升级，以及更灵活的操作模式的发展——也就是组织的硬连接——将支持这些变化。当然，领导者也有重要的作用，并不是所有的领导者都有经验来支持或实施这样的改变，有专门的领导力支持项目可以帮助领导者和员工在心态和行为上做出必要的转变。

3）改变组织的沟通方式。在传统的变革中，良好的沟通一直是一个关键的成功因素，在数字化转型中也同样重要。在数字环境下，企业必须在他们正在使用的渠道上更具创造性，以实现数字转型所需的新的、更快的工作方式，以及更快的思维模式和行为改变。一个改变是，从只支持单向沟通的传统渠道（如全企业范围内的电子邮件），转向更多的交互式平台（如内部社交媒体），使整个企业能够进行开放的对话。另一个改善沟通的关键是为企业内的人开发更简洁的信息，甚至是量身定做的信息，而不是冗长的信息。

13.3.3　数字化转型过程中的五大关注点

在数字化转型中要关注 5 个关键问题。

1. 专注于明确的目标

考虑到数字化的影响，组织面临着许多关键的选择。他们应该改变现有的商业模式还是建立新的商业模式？他们应该降低成本还是关注客户参与？哪些业务领域需要更多的数字项目投资，哪些业务领域需要取消对项目的投资，以释放资源给那些表现良好或反映更高优先级目标的项目？让领导就前进的最佳路径达成一致可能是有挑战性的，但调查结果表明需要达成共识。

在成功的数字化转型中，受访者表示，他们的组织将努力集中在几个数字化主题上——转型的高层次目标，如驱动创新、提高生产率或重塑端到端的客户过程。这些与业务目标紧密相连，而不是追求许多不同的方向。在成功的组织中，对这些目标的责任也跨越了整个组织。成功转型的组织在实现转型目标方面有共同责任感的概率是其他组织的 3.7 倍。他们还表示，组织已经明确了数字化转型计划的财务效果，如他们根据企业当前的业务势头及近期和长期愿景对影响进行评估。

2. 设置范围时要大胆

数字战略在设置规模和范围时应该是大胆的，调查结果表明，这也适用于数字化转型。研究发现，进行数字化转型的企业经常使用大规模的新数字技术获取其技术投资的全部收益。在成功的组织中，在转型过程中创建新的数字企业的概率是其他组织的 1.4 倍。

3. 创建适应性设计

数字驱动变革的快节奏解释了为什么如此多的企业正在进行数字转型，以及转型本身为什么必须是灵活的。提前制定一个业绩目标和多年的转型投资计划，而不是在转型过程中重新审视它们，或许从来都不是一个明智的做法，但数字化转型需要每月（甚至每周）进行调整。我们看到这种适应性在成功转型的设计中根深蒂固：报告成功的受访者表示，他们至少每月调整战略计划的概率几乎是其他人的 3 倍，这是基于商业领袖对转型状态的投入。

随着对适应性强的转型目标的需求，灵活的人才配置是转型成功的关键因素。在成功的组织中，近半数人同意将人才分配给数字项目，更大比例的成功受访者表示，他们的组织已经重新分配了运营支出，以支持转型。指派跨组织的计划的资源可以确保转型得到适当的资金支持，并且计划不是由组织的一个部分提供部分资金。

4. 采用敏捷执行方法和思维模式

正如数字化转型的设计必须具有适应性，其计划的执行也必须具有适应性。成功的数字化转型比其他转型更有可能采用更灵活的工作方式，如在转型过程中鼓励冒险、创新和跨业务部门协作。当关注企业组织文化中的敏捷特征时，就会清楚地看到敏捷对于成功转型的重要性。在成功的企业中，受访者强烈同意员工因承担适当的风险而获得奖励的概率是其他企业的 2 倍以上，认为企业奖励员工产生新想法的概率是其他企业的 2.6 倍。此外，受访者认为员工跨业务部门、职能部门和决策部门有效协作的概率是其他企业的 3 倍。这些发现与之前关于成功的数字文化的研究一致，这说明规避风险和过于封闭的环境往往会阻碍人们意识到数字活动对商业的影响。

当然，只有在拥有合适的数字人才的情况下，组织才能依靠员工的创新精神承担适当的风险和进行协作。在成功企业的受访者中，绝大多数人强烈认同他们的组织专注于吸引和培养有才华的人，说自己的企业在转型过程中聘用具有强大数字和分析能力的新员工的概率是其他公司的 1.8 倍。此外，这些受访者还表示，自数字化转型开始以来，平均有 53% 的员工接受过新的数字和分析能力培训，这一比例是其他组织员工比例的 1.7 倍。

5. 让领导力和责任感变得非常清晰

谁拥有数字化转型权力？通常是一个备受争议的问题，因为组织追求的目标将影响企业资源的优先排序，甚至可能改变整个组织的方向。从描述领导角色的回应中可以看出，成功团队和其他团队在某些角色如何领导转型战略及其执行方面存在显著差异。成功转型的受访者比其他人更有可能表示，他们的领导者——从董事会和首席执行官到负责具体举措的领导者实质性地参与了数字化转型。例如，这些组织的领导者更有可能定期向市场传达他们转型的进展。在成功的组织中，对于谁负责转型的哪个部分也有更清晰的认识，无论是一个特定的计划的所有权还是过程中的一个特定阶段。

清晰的所有权是至关重要的，因为随着数字化转型的进展，责任经常在不同的团队之间转移，并且交接必须明确定义。调查结果显示了成功的企业在数字化和分析转型过程中如何管理所有权。在制定战略和衡量影响方面，来自成功组织的最大比例的受访者表示，责任在于企业战略职能部门，该部门在整个业务和更广泛的生态系统中具有可见度。相比之下，所有其他组织的受访者都比成功组织的受访者更有可能说，这些步骤是由各个业务部门或职能部门负责的。尽管如此，来自成功组织的受访者仍表示，业务单位最经常监督实际的执行情况，也就是建立和完善数字化转型计划。

虽然大多数受访者表示，他们的组织并没有完全维持在转型过程中取得的改善，但可以从成功的组织的方法中吸取教训。企业可以采取以下措施保持转型的成功：

1）提高领导水平和承诺。更大范围的成功转型进一步强调了跨整个组织的参与和协调以保持工作的协调和优先级的重要性。缺乏对目标的领导协调常常导致许多次不一致的计划。鼓励对转型计划做出承诺的一种方式是，向领导者表明该战略将起作用，然后投资于一个单一的跨领域计划。构建这些证明点可以激发领导者对数字化转型的支持。提高领导者的数字流利程度也是如此。

这些步骤有助于让领导者在企业层面上安心地投入运营支出和资本支出，这显示了高管的承诺，并减少了在不完整计划上浪费资源的风险。

2）通过明确定义的交接构建灵活性。成功的转型不但比其他转换更有可能跨越组织，而且每个转型的所有权将随着时间的推移而变化，从构想到执行。研究结果表明，必须为问责制的这些转变如何发生制订一个明确的计划。交接和重叠是臭名昭著的摩擦点，但它们对管理和定义至关重要。领导者应该聚集整个业务领域的相关团队，为每个过渡提供一个清晰的计划，以避免重复、不一致和失误。

3）在数字化转型实施中倡议适者生存。与所有权一样，为计划提供资金也需要清晰：根据绩效，对于资源的重新分配，无论是运营支出还是资本支出，都应该有明确的标准。所有的数字项目都应该能够实现他们的目标，继续获得资金支持。当项目无法做到这一点时，组织应该立即撤资，腾出资金用于新的项目，并迅速转向下一个方法。事实证明，争取并购和合作机会，为新举措迅速打造缺失的能力，是成功的一个重要区别。随着数字化转型的步伐继续加快，这似乎将继续保持下去。

13.3.4 如何提高数字化转型的成功概率

对于传统企业来说，将商业模式和产品数字化的压力已经达到了新的强度。麦肯锡的研究表明，在数字化行业中，表现最好的企业占其行业数字收入的80%。我们知道这绝非易事。一项对1700多名高管进行的新调查显示，通过整合先进的技术，实现现有商业模式的数字化变革，其平均收益低于预期的概率为45%。平均而言，超过利润预期的概率仅为10%。

好的方面是，高管们可以果断地增加以数字化实现为重点的转型将超过业绩预期的概率。最新的研究表明，非常有效的数字化转型主要是由高管们选择遵循的实践来区分的。坚持一组定义良好的转型实践将超出利润预期的概率提高到50%以上——大约是不涉及这些实践的转型的5倍。

为了得出这个结论，用两种方法分析了调查结果。使用多种机器学习分类技术识别与超出预期的目标密切相关的数字转型实践组织，使用回归分析研究那些对改善数字化转型的结果有巨大影响的实践。通过这些互补的方法，分离出在解释和预测异常成功可能性方面具有统计学意义的转变特征。这些实践如下。

1. 明确优先事项

在数字化转型中，关注一些与可衡量的业务结果直接相关的明确主题有助于实现更好的结果。那些表示自己的企业以这种方式定义数字化转型的受访者，报告数字化转型结果超出预期的概率是其他公司受访者的1.7倍。当高管们确定转型的哪些要素涉及对企业发展方向至关重要的"难以逆转"的选择，并就如何处理这些要素达成一致时，数字化转型非常有效的概率也会更高。

2. 投资人才，尤其是顶尖人才

如果一家企业注重吸引和培养高水平的人才，并聘用具有强大的数字和分析能力的员工，数字化实施往往会产生更好的结果。同样明显的是，进行数字化转型需要专门的领导者。首席数据官是领导集体的重要成员：所有成功的企业都有一个首席数据官。最新的分析显示，聘用一位首席数据官与超越预期之间存在明显联系。对于有效的数字化转型而言，首席分析官也已经成为一个更重要的领导角色。

3. 投入时间和金钱

即使有了一组可靠的优先事项和有经验的人员，高管们也很难维持他们对数字化转型的关注。在所研究的数字化转型案例中，当受访者表示数字化转型是企业高层领导的首要任务时，实现超出预期的业绩的概率要高1.5倍。企业还必须为数字化转型储备足够的资金。那些表示他们的企业已为数字化转型拨出运营费用的受访者，认为数字化转型超出预期的概率是前者的1.3倍。

4. 增强敏捷性

在数字经济中，竞争对手和客户以惊人的速度变化，这意味着企业必须比以往更频繁地重新审视和重新安排自己的优先事项。我们看到，经济效益表现好的企业比其他企业更频繁地更新数字化战略。同样，有关调查显示，那些坚持敏捷实践的企业的受访者报告数字转型工作超过效益预期的概率几乎是其他公司受访者的2倍。这种敏捷性经常在整个业务中表现出来。麦肯锡的研究显示，在成功的数字化转型中，员工更有可能因提出新想法、承担适当的风险及在追求机遇时遵循"试着学"的实践而获得奖励。

5. 授权机制

研究表明，加强数字化实施对企业全员极其重要，而不仅仅是对企业高管。当企业赋予员工明确的角色和责任，并让"所有者"负责每个转型计划时，数字化转型将有可能非常有效。当企业要求员工为实现个人目标负责时，获得卓越成果的机会也会增加。而如果一家企业能够平衡对个人的期望及对更大的群体和整个组织的期望，数字化转型就更有可能超越绩效预期。那些认为自己的企业在实现数字化转型目标方面培养了共同责任感的受访者，更有可能获得超出预期的成果。

分析还表明，实现好于预期的转型结果的概率似乎与企业想要实现的结果（如通过数字渠道获得更多销售额、更强大的客户关系、更低的运营成本或更好的产品质量）无关。它表明，无论组织的职能领域（如运营或营销和销售）如何，超过预期利润的概率都是相似的，而数字化工作的重点是实现。

由于在这些领域中缺乏明确的绩效关系，以上所确定的5种实践与数字化转型实现的结果之间的联系更加突出。一家企业可能无法控制它所面临的数字化竞争的强度，或者它所处的行业已经数字化或开始在其边界上经历转变的程度。但它对该组织的数字转型方法采纳这些做法的程度有相当大的影响，这些做法可以减少不确定性，并带来更好的期望结果。

13.4　挖掘数据价值加速数字化转型

数据资产是一类具有特别属性的资产，如使用后不被消耗、窃取后不为所知及加工后价值更大等特点。制造型工业企业的数据资产管理方式、方法、机制不同于电力行业、金融行业和政务行业。我们根据多年工业企业数据治理及数据资产管理的实际经验，阐述工业企业数据资产管理的可行路径、方法和模式。

13.4.1　工业企业数据资产化路径

众所周知，并不是企业里的所有数据都可以称为数据资产，数据资产是能够为企业所拥有且为企业带来经济利益的数据。因此，工业企业的数据资产化路径往往是业务数据化、数据资源化、资源资产化、资产价值化和价值要素化这"五化"。经过"五化"演进，实现数据要素化的转化，进而度量数据要素在生产经营过程中对经济效益的贡献。

1. 业务数据化

经过长期发展和完善，特别是经过党的十六大和十七大，我国的两化融合理论逐渐成熟；在科学发展观的指导下，两化融合不断深入。在这一过程中，工业企业经历了起步建设阶段、单项覆盖阶段、集成提升阶段和创新突破阶段，也就是在从单项覆盖阶段向集成提升的过渡阶段中，有了云计算、大数据、物联网、工业互联网和5G技术等新一代信息技术的加持，业务活动加速数据化，通过将业务、经营、管理活动数据化之后，数据才有了被有效利用的可能。

2. 数据资源化

在工业企业中，数据类别多样，有结构化数据、非结构化数据及半结构化数据，有人工录入的数据、信息系统产生的数据、工业设备运行的数据，还有众多传感器的流数据。数据类型之多、产生速度之快、产生数量之大，从而形成了工业大数据。根据数据的生命周期，有的很长、有的很短、有的瞬间即逝，而这些数据也并非都有价值。因此，我们要识别有意义的数据，将对生产、经营、管理、决策有用的数据按照主题域进行资源化，毕竟管理数据是有巨大成本的，要把钱用到刀刃上、用到有用的数据上。

3. 资源资产化

数据资源并不代表数据资产，有些资源不但不能带来效益，还有巨大的成本和隐患，因此，需要将数据资源向数据资产转化，也就是数据资产化。在这一过程中，需要制定数据资产化办法和流程，必须由业务和技术共同协作，识别和定义数据资产。也就是说只有具备一定条件的数据才能作为数据资产，同时必须把数据资产价值和业务价值相结合，才能保证数据资产的价值可度量。

4. 资产价值化

数据被资产化后，如何更好地体现数据资产价值呢？当前，在工业企业中有两种比较可行的模式：一种是把数据资产的价值与业务价值相关联，也就是说数据资产包必须由业务和战略驱动，业务和战略不用的数据不需要放在数据资产目录，最多放在数据目录或数据资源目录。只要使用就需要度量价值，如最常见的管理效益即降本、增效或者风控，经营效益即拓客率、精准营销、产品优化等。另一种是形成数据化产品，如数据集、报告、趋势和算法等，直接进行数据交易产生价值。总之，必须把数据资产价值和业务价值相关联，也就是说只有将数据资产转变为价值且可以有效度量，数据资产才具有真正的资产意义。

5. 价值要素化

生产要素是经济学中的一个基本范畴，包括人的要素、物的要素及其结合因素。生产要素指进行社会生产经营活动所需要的各种社会资源，是维系国民经济运行及市场主体生产经营过程中所必须具备的基本因素。生产要素包括土地、劳动力、资本、技术和数据5种，随着科技的发展和知识产权制度的建立，这些生产要素进行市场交换，形成各种各样的生产要素价格及其体系。因此，数据资产必须构建可度量的价格体系，才能说清楚数据资产在工业企业生产经营活动中对企业效益及价值的贡献，才能真正实现从数据资产向数据要素的转变。

13.4.2 工业企业数据资产化方法

工业企业数据资产化并不容易，且不同的企业有不同的实践路径，我们只有总结出通用的方法和模式，才能更好地指导企业实践，从而统一思想、稳步前进，以免乱了阵脚、人云亦云。任何事情的发展都有规律可循，数据资产也不例外。通过对成功案例的研究发现，工业企业数据资产化往往都从数据盘点开始，进而形成数据资源，根据战略、业务或者外部客户的需要对数据资产进行认定从而形成数据资产，在资产使用的过程中对资产进行评估和评价，实现资产的优化或者退役，从而完成数据资产的生命周期。

1. 数据盘点

数据盘点是第一步，也就是要理清企业中到底有哪些数据，这些数据在哪里存储、被哪些部门使用，数据表示什么，数据质量怎么样，哪些是内部数据、哪些是外部数据等。现在很多企业在做的数据资产盘点实际上是数据盘点，因为盘点的只是数据而不是资产。在这一过程中往往会以系统的视角、组织的视角或应用的视角进行分类，同时注意元数据的使用及元数据的质量。盘点的结果通常会形成数据目录，有的用系统展示，有的用 Excel 展示。这个阶段一般是形成数据目录，而数据还分散地存储在不同的系统里，无论是业务系统还是采集外部数据的系统。在这里给大家的建议就是要形成动态的数据目录，而不是静态的"死目录"。

2. 数据资源

基于业务、经营、管理及决策的需要，往往需要对零散的数据进行组织、加工，形成面向应用主题或者以维度方式展现。在这一阶段，往往建立了许多层级的数据模型。根据业务的需要组织成特定的数据集，或者以信息技术的视角进行数据的组织。这一阶段开始关注数据质量、数据标准、数据安全等，但是数据价值并不进行特定度量。如果在这一阶段进行盘点，形成的就是数据资源目录，这些数据往往是被加工过的，存储在数据仓库或者数据湖里。

3. 数据资产

数据资产并不是一个新鲜的概念。2009 年，国际数据管理协会在《DAMA 数据管理知识体系指南（第 1 版）》中指出，在信息时代，数据被认为是一项重要的企业资产，企业需要对其进行有效管理。2018 年 4 月，中国信通院云计算与大数据研究所发布了《数据资产管理实践白皮书（2.0 版）》。实际上，目前对于数据资产的认识也是基于以往的理论。那么，工业企业如何进行有效的数据资产管理和实践呢？可制定数据资产化"七步法"，即数据资产认定、数据资产上架、数据资产使用、数据资产估值、数据资产追溯、数据资产维护和数据资产下架，实现数据资产的生命周期，从而完成数据资产的使命。

（1）数据资产认定

数据资源形成数据资产，最好是基于需求或者价值驱动，无论是企业内部数据消费者还是企业外部数据消费者。一个数据集是否能够被认定为数据资产首先看是不是有需求，这是最重要的要素。除此之外，还要看数据的可得性、完整性、可用性、及时性、安全性和一致性等方面，这就需要根据企业的特点进行衡量。数据被认定为资产的重要特征就是质量是有保证的，就像企业中的实物资产。同时，数据资产的认定需要严格的流程，因为数据资产是需要纳管的，必然会消耗大量成本，因此，必须保证其收益。建议由业务部门发起，根据评估维度进行评价，确认必须是数据资产的数据集才能成为数据资产，纳入数据资产目录，并进行严格管理。

（2）数据资产上架

数据资产上架实际上是将数据资产作为数据产品管理的重要思路或者意识转变。数据资产更像是以销定产，但是为什么还要建目录呢？实际上是实现资产的复用，数据资产的特点就是同一资产能供很多消费者使用，所以要让数据消费者能够检索并知道有哪些数据资产，这些数据资产是什么，可以支持哪些应用场景。数据资产的消费者多了、场景多了，数据资产的价值也就大了。当然，数据资产的上架也需要严格控制流程，要把资产放到正确的目录里，尤其是对重要资产还要设置检索权限等。

（3）数据资产应用

数据资产一旦上架，就进入数据资产的应用环节。数据只有应用才能产生价值，应用是数据生命周期中的关键环节。在数据资产的应用过程中，我们需要考虑两件重要的事情，即数据资产的应用流程和数据资产的应用场景。

不同于数据和数据资源，数据资产是经过缜密加工的，蕴含着大量的重要信息或敏感信息，也就是说不是任何人都能应用的，要求建立数据资产的应用流程，就像在企业中领用办公用品一样，同样需要申请和审批。数据资产的申请应该由数据消费者发起，根据不同类别、不同密级、不同内容和不同场景进行审批，这个过程就需要技术和业务协同审批，涉及数据消费者、数据管理专员、数据所有者和数据库管理员等角色，特别重要的资产还要涉及首席执行官、首席数据官、首席财务官和首席信息官等角色。

为了使数据资产产生更大的价值，还需要设定或者标记数据资产的应用场景。相同的数据资产对于不同的应用场景价值也不一样，因此，需要说明各类数据资产的应用场景。例如，有些是基于报表的应用，有些是基于统计分析的应用，有些是基于预测分析的应用，有些是基于机器学习的应用，有些是基于人工智能的应用等。不同的场景对数据资产的要求也不一样，如及时性、可获得性、持续性等。

（4）数据资产估值

数据资产估值是把数据作为资产进行管理的核心特征。如果不能进行数据资产估值，那就与传统的数据应用或者数据资源的使用没有区别。就像大海里的水一样，你喝一口海水并没有人向你要钱，但是超市里用海水晒成的盐你不付钱是拿不走的。

数据资产的估值并不容易，即便有成本法、市场法和收益法作为基础。那么制造类工业企业如何进行数据资产估值更好或者更可行呢？在企业内部的数据资产价值评估可以通过对业务价值的影响和收益、数据资产的使用频率、数据资产的质量评价和数据资产的成本价值等维度开展，可以根据企业不同的关注点采用不同的评价维度。对于提供给外部企业使用的数据资产，直接采用数据产品售卖价格度量即可。然而，这种模式并不容易，因为没有谁能够决定企业的哪些数据可以出售，尤其是国有企业等大型集团企业。

(5) 数据资产追溯

数据资产追溯是很有必要的，但往往会忽略这一环节。对数据资产的追溯就像我们管理固定资产一样，尤其是对重要的设备资产除了需要进行持续监视，还需要进行预防性维护，这与持续的追溯是分不开的。对于数据资产也需要知道使用趋势、价值趋势、成本趋势等，从而判断数据资产是否需要增强、是否需要优化、是否需要维护及是否需要下架等，管理流程的优化也源于数据资产追溯的结果。

(6) 数据资产维护

任何作为资产的东西都需要维护，企业设备的预防性维修就是要减少非计划性停机，否则会给企业造成巨大的损失。数据资产也一样，必须进行维护，包括数据资产的质量持续提高、数据资产的稳定性得到保障、数据资产的内容持续丰富及数据资产的复用性不断强化等。在全域管理中，数据治理尤其要加强数据架构管理、数据模型管理、元数据管理、主数据管理、主数据安全管理、数据质量管理和数据资产目录管理等。只有长期地、持续不断地对数据资产进行维护，数据消费者才会更愿意更好地使用数据，数据资产的价值也才会持续不断地提升。

(7) 数据资产下架

资产都有退役的时候，数据资产也不例外。追溯数据资产、进行数据资产估值、进行数据资产维护就是为了使数据产生更大价值。但是，任何数据资产都有成本，如采购成本、采集成本、传输成本、存储成本、管理成本和维护成本等，如果成本远远大于价值，这样的资产就成为负资产，就需要对其进行退役处理，进行数据资产下架，就像实物资产减值直至处置一样。

13.4.3 工业企业数据资产化模式

人们一直在探索工业企业数据资产的应用模式，未来还需要持续探索。就目前来讲，工业企业数据资产的应用模式主要有以下 3 种。

1. 数据资产的内部应用

数据资产在企业内部的应用方式是大家最熟知的，主要包括日常应用、管理应用、决策应用、预测应用和智能应用。

1）日常应用。数据资产的日常应用主要体系在业务部门的报表方面，如生产日报、销售月报、采购季报等场景。

2）管理应用。数据资产的管理应用主要体现在管理部门的统计分析，如条形图、折线图、雷达图等，主要用于管理优化等场景。

3）决策应用。数据资产的决策应用主要体现在领导层的战略决策方面，最常见的就是管理驾驶舱或者数字化运营等场景。

4）预测应用。数据资产的预测应用主要体现在数据科学领域，如工艺优化、预测性维修、消费行为预测和产品推荐等场景。

5）智能应用。数据资产的智能应用也是数据科学领域的重要方面，如规范分析、智能生产、智能研发和智能采购等场景。

2. 数据资产的外部应用

数据资产的外部应用是数据资产货币化的主要形式，需要将数据资产加工成各种各样的数据产品，如数据报告、数据算法、数据产品或者能够直接出售的数据集。这里不建议直接出售数据集，因为数据只有被适当加工后才能更好地实现增值。

1）数据报告。数据报告是数据资产对外应用的主要方式，如××行业市场报告、××行业产业发展报告等。

2）数据算法。数据算法是数据资产对外应用的补充方式，数据算法的价值化往往要和行业相结合，如××行业销售漏斗算法、××行业工艺优化算法等。

3）数据产品。数据产品主要是指电子化的书籍、视频、声音、图片等非结构化数据产品。

4）数据集。作为数据资产的数据集货币化是最初级的数据价值化方式，主要体现在直接售卖数据。数据交易所往往会采用这种形式，企业采用这种形式的情况较少，因为这种形式受到定价、议价、交易、监管和合规等多方面因素的管理和约束。

3. 数据资产的综合应用

数据资产的综合应用也就是说数据资产既能满足企业内部应用需求，也能满足企业外部数据消费者的应用需求。这是当前数据资产应用的高级模式。这种应用模式需要更加完善的管理机制、体制和模式，毕竟对于企业内外部来说，数据价值产生的方式、估值和计价模式不同，对数据资产各方面的要求也不同。

数据资产化有其自身的规律和路径，每个企业的信息化发展和两化融合进程也处于不同阶段，也就是说每个企业的数据化率也在不同水平。所以，每个企业要根据自身发展阶段实事求是地进行数据资产化建设，不能人云亦云，也不能放任不管。当然，将数据作为资产进行管理首先要实现数据文化、数据思维的转变，其次要构建数据资产管理的组织、制度、流程和工具，最后要采用适合企业自身的数据资产管理方法，只有这样才能更好地管理具有特殊属性的数据资产，才能使数据作为生产要素实现应有价值。

第4篇
案例篇

在当前的企业数字化转型浪潮下,数据治理是每个企业数字化转型的必经之路,也会成为企业的一项常态化工作。企业应充分利用不断发展的新技术,让数据治理这项工作的自动化、智能化程度更高,为企业的数字化转型提供有力支撑。

本篇旨在介绍数据治理实践中有哪些实施方法和成功经验可供借鉴。通过研读案例,结合企业特色形成自身知识库,从而大大缩减企业数据治理中不必要的工作量,避免企业"走弯路"。

第 14 章　中国外运数据资产管理案例

14.1　建设背景

招商局集团在交通物流领域具有天然数据优势，各实业板块在客户服务、生产运营、内部管理和生态模式等方面积累了大量的数据，随着云计算、大数据、区块链等技术的不断成熟，已具备整体打通港口、物流、航运业务板块，发挥板块间协同效应，为客户提供一体化端到端整体服务的能力。

近两年来，招商港口、辽港集团、外运股份和招商轮船等各自基于自身数据展开应用，在端到端全链路、港航物流、多式联运和产业供应链金融等方面取得了新进展。

交通物流行业的供应链一体化融合已成为当前趋势。无论是端到端全链路、港融、多式联运，还是供应链金融，所有创新产品与服务的打造，均需要供应链上多主体全面地进行数据交互与共享。但由于缺乏标准规范及互信机制，各板块之间难以达成一致意见，数据共享情况并不理想，目前仅有部分板块基于自身业务出发自发进行了一些数据交换的尝试（如外运股份和辽港集团，外运华南和招商港口华南运营中心），整体数据共享情况呈现点状分布的状态。

招商局集团交通物流板块现存的问题包括：缺乏跨板块数据保密与合规管理机制、多方的数据交换价值有待均衡、缺乏跨板块数据标准和技术规范、缺乏专业人才与组织保障等。

物流大数据平台的搭建，旨在通过充分利用招商局集团在交通物流领域具有的天然数据优势，汇集内部不同板块物流数据，同时吸纳外部关键数据，以技术平台搭建、数据共享交互模式、数据应用试点为切入，形成汇聚海、陆、空、铁全运输模式的数据交互与共享，以实现：

1）客户体验的提升和客户黏性的增强。从客户体验出发，全面满足客户日益增长的业务需求，解决目前客户实际运作中的问题，实现码头/堆场等物流设施信息查询、船公司/拖车公司等承运人信息查询、运输进程查询、箱动态查询、通关状态查询、码头作业跟踪、船舶轨迹跟踪、泊位追踪、车辆定位、运输轨迹可视化、电子运单跟踪、气象实时数据查询、舱单申报、ETA精准视图等更多的服务。

2）形成集团产业链的生态闭环。招商局集团物流大数据一期项目为招商集团物流板块平台战略奠定了重要基石，支持从内向外的物流生态体系建设，逐步融入产业链内外部的多方参与者。数字化平台给这些参与者赋能，包括货量报告、行业指数、市场拓展咨询、产品规划咨询、贸易市场洞察、企业信用评级和交易撮合等服务。实现数据—生态圈—数据的良性闭环，以支持平台战略，打造交通物流板块的核心竞争能力。

3）以数据为生产力提升的主要抓手，提升招商局集团物流板块的生产力水平，包括运输路径优化、车货匹配、供应链数据可视化、货物流向分析和ETA估算等，同时提升招商局集团物流板块的业务效率，降低业务成本。

中国外运为满足招商局集团物流大数据项目要求，需要从相关业务系统端进行数据抽取，将清洗后的数据基于腾讯云数据湖进行数仓模型搭建，并通过数据接口为招商局集团物流大数据平台提供数据。在此过程中，该项目需要提供对应的数据治理方案，以及相关模型的梳理和设计。

14.2 建设目标

根据招商局集团物流大数据平台建设的重要性及项目周期较紧的实际情况，采用"保重点、应紧急"的实施策略。

结合企业侧实现全产业链深度集成、智能协作及信息系统互联互通、信息共享的应用需要，采用"兼顾全面、保整体"的实施策略，积极构建企业统一数据资产可视化。

如图14-1所示，在梳理元数据的过程中，同步推进两个交付成果：一是提供招商局集团大数据平台所需配套数据宽表，赋能服务产品及物流生态圈；二是形成外运侧数据资产目录，为实现全产业链深度集成、智能协作、安全可靠、信息系统互联互通、资源整合和信息共享提供基础保障。

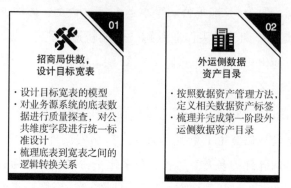

图 14-1　中国外运项目目标

14.3　实施方法

1. 招商局集团物流大数据平台速赢阶段设计思路

该阶段主要包括数据资产设计、数据资产开发、数据资产运营三大环节，各环节实施步骤和方法见表 14-1。

表 14-1　各环节实施步骤和方法

环节	实施步骤和方法
数据资产设计	1. 整理业务系统中表/视图清单和各字段的备注信息
	2. 标识主题域、主数据字段、码表字段，整理对应的主数据表和码表
	3. 以主要的数据实体对象为抓手，整理业务表、主数据表之间的逻辑关系
	4. 设计 ODS 层（命名、同步策略）
	5. 设计 DWD 层［命名、转换（1∶1 关系可形成宽表、引入主数据属性、翻译码表）、更新策略］
	6. 设计 ASD 层（命名、选取需要的字段、各公司同类数据的汇总方式、更新策略）
数据资产开发	1. 大数据平台上的开发入湖，对外接口开发
	2. 上述系统数据库的元数据抽取（可与任务 1 同时工作）
	3. 数据资产目录整理（将有业务价值的数据表打上资产标签，如主题、分类、管理组织等）

(续)

环节	实施步骤和方法
数据资产运营	1. 开发入湖后，日常抽取任务监控
	2. 检查关键字段的数据质量，如有问题，则需进行统一格式、统一标准、空值控制等操作
	3. 更新数据资产内容和对外服务工作

2. 中国外运侧数据资产梳理设计思路

根据项目目标和实施内容的要求，结合业务和数据的实际情况，参照业界成熟的方法和实践经验，展开数据资产盘点和数据治理工作。以"盘、规、治、用"为主线，以应用服务为导向，以平台为支撑，围绕数据产生、汇聚、存储和应用的全生命周期，厘清数据资源现状、完善数据管理制度、建立健全数据标准、促进数据开放共享，实施数据资产的常态化盘点、标准化管理、集中化汇聚、平台化支撑、服务化应用，以数据驱动管理提升和业务创新。

数据资产盘点实施步骤和方法如图 14-2 所示，具体如下。

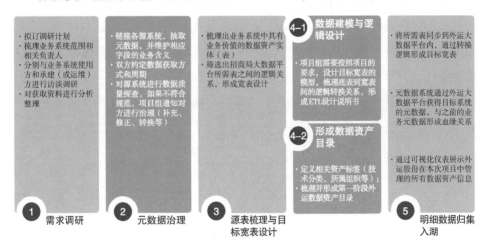

图 14-2　数据资产盘点实施步骤和方法

（1）数据寻源及元数据治理

元数据可以帮助企业理解其自身的数据、系统和流程，同时帮助用户评估数据质量，对数据库与其他应用程序的管理来说是不可或缺的，有助于处理、维护、集成、保护、审计和治理其他数据。

元数据治理需要对企业的系统进行全口径解析和中文语义标识，是构建数据资产目录物理表属性的基础，也是数据资源盘点的重点工作，可改变业务逻辑不清的现状。

在这个步骤中，首先要完成数据寻源工作，确定数据源头的分布和流向。通过业务架构和场景分析，梳理数据产生的源头和流向，从业务层面进行数据寻源，形成数据原始记录格式清单；其次要依据清单对信息系统进行梳理，确定数据在存量新系统中的分布范围，列明数据分布的信息系统清单，作为在数据物理分布层面寻源的依据。

利用对数据结构元数据梳理和数据探查等技术手段，对相关信息系统进行实体表和属性字段的盘点和比对，梳理出详细的数据源明细清单。同时，检查元数据的质量，对存在的问题进行分析，有针对性地进行元数据治理和优化，以满足数据管理的要求。利用元数据统一管理及语义解析，帮助使用人员了解系统的数据分布、数据关系、业务规则、数据口径等。

（2）数据主题域设计

数据主题域是最高层级的、以主题概念及其之间的关系为基本构成单元的数据主题的集合，旨在从数据的本源出发，站在企业全业务的整体视角，形成集团统一的数据视图，以改变业务逻辑、挂接数据。

业务对象是业务领域中某种具有连续性和标识的人、事、物，用来统一企业重要的业务概念，是业务人员之间及业务人员与系统人员之间沟通的桥梁，是识别系统范围和关键信息的依据，也是明确信息定义和关联关系的基础。业务对象对应数据概念模型中的概念实体。

主题域指导并应用于企业各类信息化建设、数据指标体系搭建、数据资产目录构建。

本项目从"航空货运等"业务入手，召集业务专家代表设计主题域，包括一、二、三级业务主题（L1~L3）和业务对象（L4），并开展培训、研讨、合稿、确认和补充业务含义注释等多轮沟通确认工作。数据主题域示例如图14-3所示。

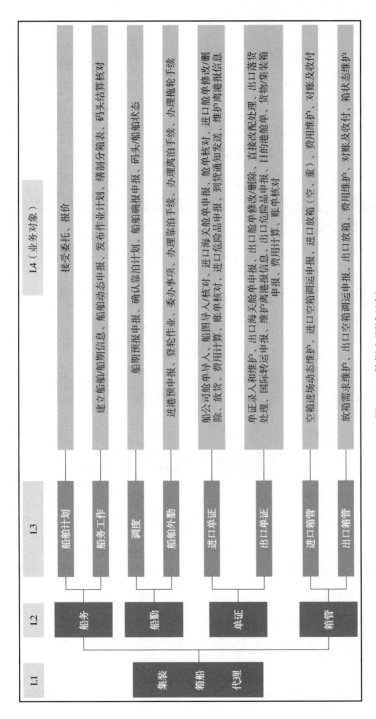

图14-3 数据主题域示例

(3) 业务-系统关系矩阵设计

业务-系统关系矩阵设计是对系统、业务对象、核心数据进行标识的一种方法；项目组通过矩阵指导业务骨干对业务对象在各系统中使用的具体功能操作、数据项进行标识；基于业务反馈指导 IT 骨干在数据库中找到该物理表，并选出该表的活跃属性。

数据矩阵是识别数据资产目录物理表及其筛选活跃属性的一种数据方法，也是建立企业业务、系统、数据之间重要的桥梁。

项目组带领业务专家梳理业务对象及涉及线上系统操作的数据项信息；基于业务反馈，技术专家反查代码完成对应底层数据库表名 + 字段名的梳理。

(4) 数据逻辑实体归集

基于业务数据关系矩阵归集逻辑实体，将同类业务所需表字段进行合并、标准化，具体步骤如图 14-4 所示。

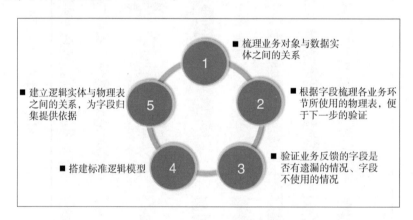

图 14-4　数据逻辑实体归集的步骤

1) 梳理业务对象与数据实体之间的关系。下发数据编目矩阵给各区域负责相应业务模块的业务人员与技术人员，由业务人员填写各业务环节所使用的字段，由技术人员标注业务环节存储业务数据的物理表。

2) 根据字段梳理各业务环节所使用的物理表，便于下一步的验证。对业务反馈的字段进行溯源，从原始物理表中裁剪出反馈的字段，并与技术人员确认溯源结果。

3) 验证业务反馈的字段是否有遗漏的情况、字段不使用的情况。对比不同系统同一业务对象下的字段差异性，对于差异部分的字段探查出其他系统对应字段的存在情况。

4）搭建标准逻辑模型。根据第 3 步和第 4 步的结果，形成标准逻辑模型及中文名属性，更新字段溯源结果和裁剪关系表。

5）建立逻辑实体与物理表之间的关系，为字段归集提供依据。把字段溯源结果中的表在业务对象层级下进行逻辑实体表维度的归集。若一个逻辑实体对应一个系统的多张表，则需要先对多张表进行合并，再与同一业务对象下其他系统相同业务含义的表进行归集。

数据逻辑实体归集示例如图 14-5 所示。

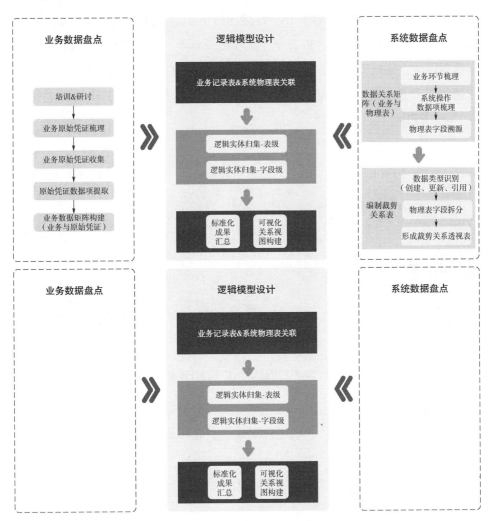

图 14-5　数据逻辑实体归集示例

(5) 构建数据资产目录

一是形成完整的数据资产六级目录，包括 L1~L3 集团数据主题域、L4 业务对象、L5 逻辑实体、L6 物理表。二是数据资产目录可视化展示。通过可视化仪表展示外运股份在本次项目中管理的所有数据资产信息。通过可视化树形菜单操作界面，方便业务、技术相关人员浏览。

14.4　建设成效

通过中国外运侧数据入湖做配套的数据治理，围绕数据资产全生命周期管理，开展包括元数据标准、核心业务指标数据标准、业务系统数据模型标准、主数据标准、数据资产目录等贯穿全流程、全业务的数据治理工作，实现数据流通共享开放，提升管理效率，赋能业务发展。项目核心工作设计逻辑如图 14-6 所示。

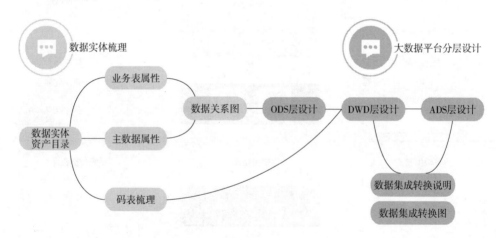

图 14-6　项目核心工作设计逻辑

1. 集团侧

一是完成舱单分层设计、驳运分层设计、仓码分层设计、订舱分层设计；二是完成元数据治理。

1）链接 5 个源系统，抽取元数据，并维护相应字段的业务含义。

2）双方约定数据获取方式和周期。

3）对源系统进行数据质量探查，如果不符合规范，项目组需要进行梳理、标识、确认。

4）舱单主题数据表 44 张，字段 2528 个。

5）驳运主题数据表 50 张，字段 1241 个。

6）仓码主题数据表 35 张，字段 983 个。

7）订舱主题数据表 38 张，字段 1326 个。

2. 中国外运侧

一是完成中国外运侧的 24 个系统的元数据语义解析和中文标识及数据关系图梳理；二是完成船代、货代、场站的主题域设计、业务对象设计、业务-数据关系编目矩阵；三是完成 24 个核心系统的物理表盘点和属性的解析；四是通过系统平台展现六级数据资产目录梳理成果。

如图 14-7～图 14-9 所示，目前录入数据治理平台的数据资产目录包括：L1 一级主题 2 个，L2 二级主题 7 个，L3 三级主题 17 个，L4 业务对象 90 个，L5 逻辑实体 85 个，L6 逻辑实体属性字段 1526 + 个。

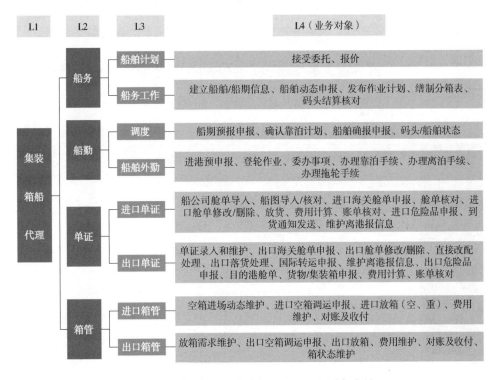

图 14-7 中国外运船代数据主题及业务对象成果

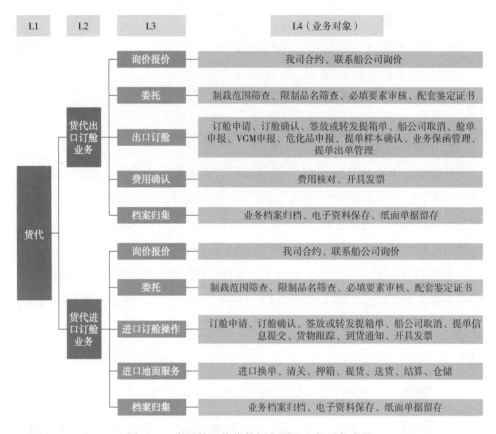

图 14-8　中国外运货代数据主题及业务对象成果

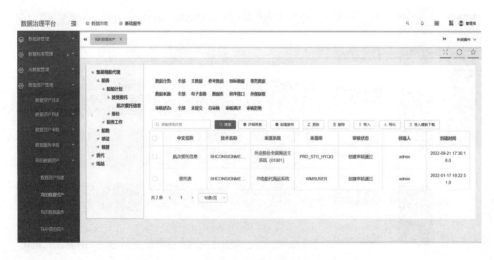

图 14-9　中国外运货系统目录展示（截图）

14.5 总结与展望

让数据资产更好地满足用户体验,实现数据"好找、好用、好看、实时和共享"是项目组实施本项目的"初心"。遵循"盘、规、治、用"的总体思路,建立以数据资产目录、数据标准规范、数据质量治理为核心,以数据成熟度评估为保障,有效服务于数据应用的数据管理体系,提升数据管理、数据标准化、数据融通共享、数据资产管理四大能力,数据深度应用,数据价值发挥显著成效,数据成为业务创新的重要驱动,有力支撑企业战略发展。

一是开展数据资产盘点建立集团统一数据资产目录。建立集团统一数据资产目录是数据开放共享的关键,通过数据资产盘点,全量收集、整理统建系统数据资产信息,实现集团数据资产统一标准化管理与应用。这是开展数据资产管理与服务的基础。

二是开展数据资产在各应用系统中的应用。提供数据资产目录查询界面,通过数据服务方式将向应用系统提供所需数据,以此提升已有数据资产在各个应用系统中的复用率,有效减少数据寻源、数据重复开发的工作量。提升数据资产应用价值,解决企业数据资产查找难、应用难、管理难等问题,实现企业数据价值挖掘及数据资产变现升值,实现数据资产的"应用和管理"的稳步前进。

第15章 河南投资集团数据治理案例

15.1 建设背景

河南投资集团是河南省政府投融资主体。该集团坚持"政府使命、企业属性",立足国有资本运营公司定位,打造河南省国有资本优化布局平台,服务于河南省产业升级战略落地。通过发挥资本撬动和服务战略"两个功能",做好河南省新兴产业的"孵化器"、优势产业的"助推器"、传统产业的"优化器"、不良资产的"处理器"和城市建设的"服务器"。截至2022年9月底,河南投资集团总资产2823.30亿元,净资产1046.24亿元,参控股上市公司67家,作为第一大股东管理资产近20 000亿元,拥有国内AAA和国际A-信用评级。

为深入贯彻落实集团2020年度工作会议精神要求,加强集团组织数字化转型(以下简称"智慧集团")建设工作领导体制和工作机制,全面推进智慧集团建设各项工作,集团成立智慧集团建设工作领导小组,领导小组下设办公室,办公室设在集团数字智能部(以下简称"数智部")。

智慧集团的建设将为集团"十四五"战略实施提供支撑。集团"十四五"规划中提出了成为国内一流的国有资本运营平台的发展愿景,以及"十四五"末总资产规模、收入和利润总额的具体目标。智慧集团的核心内容与支撑体系是对集团"十四五"规划中"一核四驱七业"发展战略在智慧集团建设方面的具体落地,同时也为集团"十四五"战略规划策略的实现提供支撑。具体而言,"智慧资本运营"的建设有助于升级驱动、新兴驱动、资本运营驱动、促进基金投资板块和金控平台产业策略发展,并提升投资决策能力;"产业智慧提升"的落实将带动智慧驱动，以及能源业务板块、环保业务板块、幸福业务板块、信息业务板块和新兴业务板块的发展；"智慧企业运营"的实施将推动能源业务板块、环保业务板块、幸福业务板块、信息业务板块和新兴业务板块的策略发展，并提升党建引领能力、风控能力、协同能力和公共关系能力；"智慧治理体系"的搭建将优化组织架构与人才队伍建设。总体而言，智慧集团的建设是集团"十四五"战略落地实施过程中的必要环节。

未来，集团将构建"数据为核、统分有序、聚焦能力、多层应用"的智慧集团建设战略框架，以建设国内一流智慧化国有资本运营平台为愿景，实现转型发展目标。

根据省定战略和集团"十四五"规划，智慧集团工作围绕三大运营开展。三大运营分别是：资本运营自身从资本运营专业能力出发，构建资本"募投管退"全周期智慧化管理平台，助力集团向国有资本运营平台转型；企业运营要构建标准统一、集约共享的智慧化企业运营管理平台，落实投后管理举措，助力下属企业资产管理能力提升；产业运营要充分应用智慧化技术，推动各产业板块转型升级，改善业务模式，谋求精益化提升，实现降本增效。

对应到数据工作上，资本运营侧，充分挖掘历史数据价值，改善集团资源配置能力，提升集团在国有资产运营平台时代的核心竞争力；通过标准化数据资产管理减少重复劳动，提升人均效能，充分发挥高素质人才潜力，解锁创新活力。企业运营侧，构建态势感知与实时分析模拟能力，提高对市场变化的响应速度，提升资本运作绩效；构建完善的分析应用体系，激活精益化提升，助力旗下资产管理的提质增效。产业运营侧，供应链建设升级，支持各场景下的产业互联网应用建设。

15.2　建设目标

基于智慧集团"以建设国内一流智慧化国有资本运营平台"的蓝图规划，聚焦智慧集团建设目标，数据工作的第一阶段（2021—2023年）目标是"搭建平台，夯实基础"，建设完成即插即用的标准化企业智慧运营平台，同时为实现智慧化目标提供持续的数据源。

数据治理建设项目的目标包括建设完善数据中台核心功能，建立数据治理体系，完成数据资产盘点与接入，同时实现各企业数据入湖、统一接入，初步建成数据分析应用平台。其中，各企业数据统一接入数据湖将使集团可以更灵活、高效、快速地问责，更一致地处理各层级数据，从而使业务部门更容易访问和分析数据。一方面，在以智能交付平台为支撑的网络环境下，集中管理可以提升数据协同性。集团可以以更加便捷的方式实现数据共享与实时应用，总部与分支之间将保持信息高度同步，解决以前基层掌握大量详细数据而总部只掌握汇总统计数据的问题。另一方面，集团实时掌控各企业数据可以及时响应集团总部进一步经营分析的动态需求。通过统一接入数据湖，集团可以更有效、更广泛地使用各企业数据提高运营效率和竞争优势。

15.3 实施方法

坚持战略牵引、统筹推进。持续健全集团数据治理体系，贯通总体规划、专项规划等的衔接与逐级分解。以规划迭代为抓手，紧抓数字化转型发展机遇，明确短期、中长期发展目标，充分发挥战略的牵引作用。逐步扩大数据治理范围，不断挖掘、培育并释放数据资源价值，实现企业降本增效。

坚持应入尽入、数据盘点。围绕数据应入尽入原则，完成集团、子公司及控股企业业务系统数据全量入湖，以投资管理域和合同法务域为试点，探索数据资产盘点工作，覆盖综合能源、幸福产业、科技投资、科技生活、燃气、物流、环保产业、人才集团和创新集团等集团全部业态，完成集团数据资产目录初版编制。

坚持需求导向、场景驱动。围绕"一屏观集团、一键管集团"的理念，面向多业务领域、多功能形态、多层级组织提供数据分析应用成果，以数据价值释放和业务应用需求为牵引，设计典型数据分析与应用场景，积累数据形成数字资产，挖掘数字价值，赋能业务转型。

坚持应用创新、安全可控。要坚持安全可控和开放创新并重，加强云计算、区块链、人工智能等技术在提升数据治理和服务能力的集成应用创新，树立网络安全底线思维，落实安全主体责任，运用安全可靠的技术和产品，提高风险防控能力。

1. 数据战略制定

2021年和2022年集团先后下发《数据中台白皮书》和《智慧集团大数据体系建设指南》，从企业战略、业务理解出发，确立数据战略总体目标、原则，借鉴经验、对标分析，明确数据价值以指导开展数据治理及各项数据管理工作。

（1）制定数据战略

初步制定投资集团"125"数据发展战略：汇聚融合数据、盘活资产运营、变现数据交易、实现数据价值，打造面向省投产业链、生态链、国资国企的"数据管家"。

"1"个发展定位。集团全域数据供应网核心部件，是企业级"数据与分析"智能中枢，将集团各个经营单元的内、外部数据连接并聚合到数据中台，作为"数据资产运营主体"，盘活数据资产，持续沉淀并迭代与业务深度融合的数据技术和数据产品，在业务决策、交易变现、运营优化和业务创新等多个维度实现数据驱动，实现数据要素价值，赋能智慧资本运营、智慧企业运营、产业智慧提升，构建开放共享、价值创造的数据生态。

"2"个阶段目标。一是近期目标：聚焦数据汇聚，挖掘数据价值。包括结合最新数据基础制度要求，深化数据治理体系；完善数据管理体系框架，实现数据资产目录上架；持续梳理全域数据资产，推动内外部数据产品化；开展各业务管理主题领域数据智能化应用试点。二是远期目标：数据智慧赋能，业务模式创新。包括构建"消费便捷、质量可靠、安全稳定"的全域数据资产运营体系；驱动数字化转型，推进省投内部深度使用，打造河南省国资国企数据生态；释放数据及组织红利，构建国资国企发展新模式。

"5"个保障机制。一是加强集团统筹，集团统一平台建设和标准制定；二是企业积极参与，集团各部门、子公司及控股企业提需求及制定规则；三是提升项目投资，加强对IT平台建设的资源投入；四是营造数据文化，形成用数据分析、用数据决策、用数据管理和用数据创新的思维模式和工作方法；五是数据人才培养，打造具有资深大数据能力的人才团队。

（2）智慧集团建设工作要点

2021年初，智慧集团建设领导小组下发《2021年智慧集团建设工作要点》，明确数据驱动，探索典型智能化场景应用建设要求。

建立以数据为中心的管理体系，充分挖掘数据价值，改善集团资源配置能力，提升集团在国有资产运营平台时代的核心竞争力。子公司和控股企业将企业的数据资产及管理现状梳理清楚，对之进行集成、共享、挖掘，构建完善的分析应用体系，通过数据改变传统的管理思路和模式，习惯用数据说话、用数据决策、用数据管理、用数据创新，激活精益化提升，助力旗下资产管理的提质增效。

2. 数据治理建设

（1）初步明确数据治理组织与职责

2022年1月，集团发布《河南投资集团有限公司信息技术工作管理办法》，明确数据是企业的核心资源和重要资产，加强战略规划和顶层设计，建立数据治理体系，统筹推进数据资产管理工作。数智部作为数智化管理工作的职能部门，对集团数据管理工作进行总体组织协调和全过程管理，负责制定数据发展规划和政策措施，组织实施数据采集、归集、治理、共享、开放和安全保护等工作，统筹推进数据资源开发利用。

同时，借助成立智慧集团建设领导小组的契机，把数据治理委员会也作为领导小组的职责。由集团总经理担任组长、集团首席信息官担任副组长、各部门主任及各子公司主要负责人担任治理委员会委员，下设办公室，设于数智部，统筹协调推进集团数据治理各项工作，各子公司及控股企业数智化管理部门作为数据治理工作的职能部门，负责本企业数据治理具体事项，并配合数智部做好工作落实。

（2）建立集团数据治理沟通机制

建立不同等级的数据沟通机制。数智部向各部门、各子公司派驻了"观察员"。根据管理要求，日常部门间沟通数据相关需求，或者工作初次对接意向，由需求方联系观察员，通过观察员组织业务部门间人员沟通协调，基本解决90%以上的协调需求。

对于无法通过业务人员层级协调解决的问题，观察员会组织部门间专题沟通会议处理，数智部人员会参加给出意见。

对于无法通过部门间专题会解决的问题，可以通过集团定期的数据治理沟通会，在会议上向领导小组提出，由领导小组决策并安排督办工作推动解决。

（3）建立集团数据资产管理制度体系

根据集团各项治理工作中的实际经验，陆续完成主数据管理办法、数据标准管理办法、数据质量管理办法、数据归集管理细则、数据开发管理细则、数据共享管理细则和大数据平台管理细则等多项管理制度的编制和试运行。

3. 数据架构建设

（1）基于多租户的集团数据湖底座

集团湖仓一体化平台架构如图15-1所示。集团统筹规划建设支持云化多租的湖仓一体数据湖，为集团、子公司及控股企业提供多租户的云化大数据服务，不同租户之间数据、资源及应用默认隔离，保障租户安全性。根据集团数据全入湖要求，集团各部门、子公司及控股企业所有数据需要全量入到集团数据湖中，敏感数据根据企业情况可以入到集团分配的企业数据租户中，由企业进行自主分析处理，经过加工处理后的汇总数据也可入到数据湖中进行数据共享，集团数据湖中汇聚的数据经过数据治理后也可以共享给各企业数据租户。

（2）构建企业级数据模型

数据中台数据模型设计参考了行业通用模型的标准，并结合集团自身的数据管理实践经验，遵循高内聚和低耦合原则，从数据业务特性和访问特性两个角度来考虑，最终形成数据模型的九大主题，包括：参与人、产品、协议、内部机构、事件、地域、投融资、渠道和财务。整体设计过程主要采用范式建模和维度建模相结合的设计思想，以业务为导向，保证模型的稳定性和灵活可扩展性，将具有共性的对象及其属性进行组织管理，其各主题间是非孤立的、具有紧密关联的，可通过这些关联关系反映集团内部的数据关系和业务规则。企业级数据模型示例如图15-2所示。

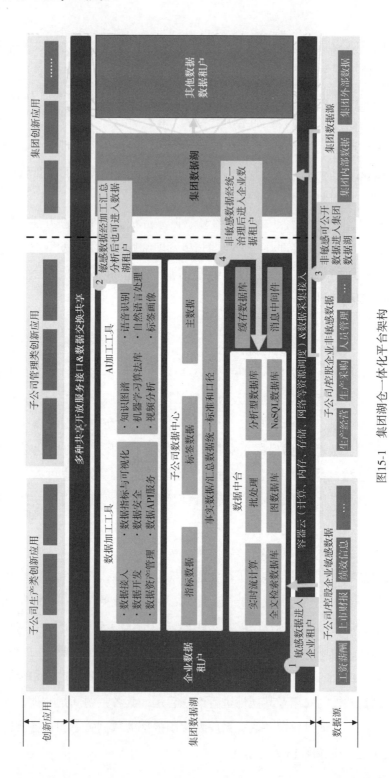

图15-1 集团湖仓一体化平台架构

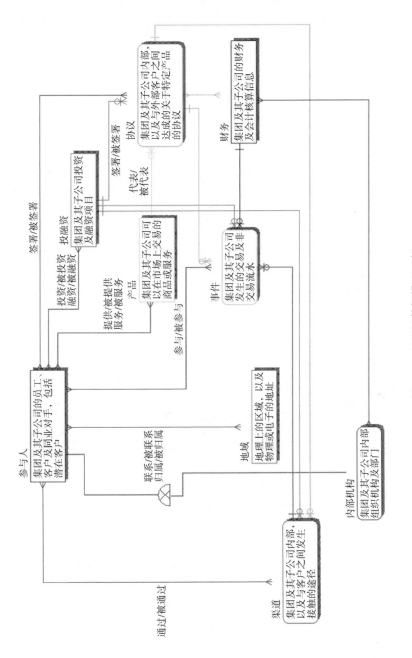

图15-2 企业级数据模型示例

(3) 数据盘点和分布

以投管域和合同法务域为试点，展开数据资产盘点，整合形成数据资产项2459个，数据标准300多项，规划设计投前、投中、投后通用基础指标和板块特色指标450个，针对风险红黄灯指标体系新增细化风险指标279项。规划设计光伏行业投资决策量化模型NPV，基于日照辐射和工程造价两个风险因子，对项目税前、税后、资本金对应的NPV、IRR、PP等指标进行上万次模拟测算，并生成风险分布图及分位点表。

(4) 数据集成和共享

如图15-3所示，数据中台是集团的数据中心，各业务系统是数据中台的源数据，为数据中台提供原始数据。数据中台还是各业务系统数据的提供者，为各业务系统提供数据模型、数据服务和主数据标准等。

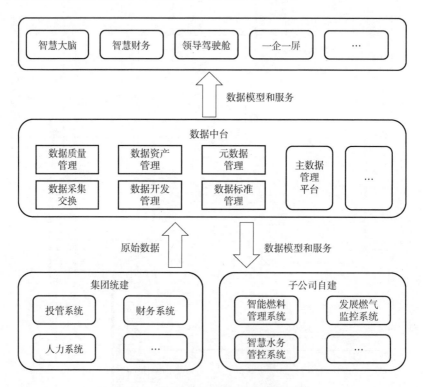

图15-3 集团平台与各业务系统的关系

截至目前，根据集团数据全入湖要求，数据中台已汇聚包含集团统建和子公司36个业务系统、100亿条数据资源，覆盖财务、人力、招采、合同和供应链等各业务领域，开发数据接口约 1000 个，为 20 多个业务系统提供数据共享服务。主数据系统集成了人力共享、财务共享、合同法务、智慧招采、固定资产和审计等 48 个业务系统，形成通用基础、员工、组织、客商、合同、项目、账户和物料 8 类主数据标准，开发 139 个接口为下游 50 多个业务系统提供数据标准服务。

4. 数据应用建设

（1）智慧大脑

围绕"一屏观集团、一键管集团"的理念，面向多业务领域、多功能形态、多层级组织提供数据分析应用成果；涵盖宏观研究、投资管理、资本运营、金融管理、招采管理、人事管理、工程管理、审计管理、纪检监察和财务共享等 100 余项业务分析领域，囊括数据大屏、数据看板、智能报表和智能报告 4 类功能形态，服务集团本部 13 个大部门、3 个子公司、2 个外部企业；有效发挥了数字化赋能效率提升与数据决策作用，助推工作内容和流程实现"从线下到线上，从人工到智能"的跨越升级。

（2）数据共享

建立健全数据共享协调机制，明确管理机构和主要职责，确保数据共享协调有力、职责明确、运转顺畅、管理规范、安全有序。制定数据供需对接管理办法，优化审批流程，及时响应数据共享需求。积极推动集团数据属地返还，按需回流数据，探索利用核查、模型分析、隐私计算等多种手段，有效支撑各部门、子公司及控股企业数据资源深度开发利用。

（3）数据服务

1）数据报送。建设数据报送系统，实现线下手工处理的业务线上化，用户用 Excel 在线上自由设计数据报送表单，自定义设计数据报送流程、审批节点人员及数据填报人员，支持多级派送和数据填报拆分，支持数据分级汇聚和数据分析，支持数据自动填充和历史回填，实现"一处填报，处处使用"。

截至目前，数据报送系统为人力共享中心、产业部、工程部、数智部和总经办等部门提供了人员基础信息、安全环保专项检查数据、工程项目信息收集、企业等保评测信息、企业入湖和信息化现状信息调研、国资委疫情信息、企业简称等场景的数据报送服务。

2）数据服务。依托数据资产平台数据共享及数据查询的能力，整合集成目录管理、资源管理、数据共享、数据开放等功能和基于数据中台沉淀的公共模型及主题域模型，通过对企业内外部数据的统一加工和分析，结合业务部门的需求，以数据分析结果的形式服务于业务，形成数据流转闭环。

5. 数据标准建设

（1）业务标准

业务标准是集团开展数据源端治理工作的两大抓手之一。业务标准是业务部门内部的术语标准，由业务牵头，数智部配合建设。

1）标准编制。开创河南省属企业先河，编制人力资源数据字典。根据集团业务的重要紧急程度，抓住集团企业运营管理的重要支撑平台——人力共享平台建设的契机，开展人力数据的业务标准建设。每条术语标准包含主题场景目录、术语名称、业务定义、维护要求、责任人、权威来源、编制依据、数据格式和标准业务编码等。历时13个月，覆盖集团人力资源管理全部职能，共制定1322条术语标准、31 682个业务编码。整个标准80%以上的内容是集团统一的业务管理要求，其他内容是集团多业态产业间差异管理的内容。在保障集团统一管理要求落实的同时，兼顾企业个性化管理的需求。

2）标准应用与日常维护。通过统一业务定义、明确管理要求，系统建设管理有抓手、业务信息维护有依据。人力共享平台完全按照该标准搭建，所有平台上涉及的业务标准修改，需要先讨论数据标准调整，再在平台上修改处理，并通过定期的系统数据盘点检查系统和标准的一致性。业务方维护人力数据时，也参照数据标准的维护要求填写，有争议时对数据标准提出反馈意见。修改标准和系统后进行维护。

3）标准优化。系统试运行一段时间后，在集团内部对人力标准进行意见征集，共收集反馈建议88条。经分析研究，有75条意见被优化到标准中。

4）标准培训和宣传。组织各企业人力资源部，开展数据标准的宣传和培训会。录制培训内容，放在人力共享科服群文件中供相关人员查看。当集团有新成立或新加入的企业或人力资源部发生人员变更时，都会要求新人先学习培训材料，再组织开展标准培训和宣传。

5）标准推广。一是通过集团主数据工作，将各系统中用到的人力字段按照人力数据标准进行统一和推广，各系统基于人力标准构建系统账户；二是本次标准建设为集团业务标准工作开展树立了标杆，已要求各业务部门参照开展数据标准管理工作；三是筹划设计数据资产管理平台的相关功能，以便在线进行数据标准查看和意见反馈。

（2）主数据标准及管理

主数据标准是集团开展数据源端治理工作的两大抓手之二。主数据标准一方面来自业务部门，另一方面由数智部牵头制定管理。集团级主数据标准的编制如下：

1）主数据编制。

①机构主数据，统一集团多套组织架构。明确了各方对机构中企业、部门维护的职责和范围，实现了以财务存量数据对机构的编码初始化，以及同一模型、多种报文类型的接口方式，以适配集团各类复杂场景下的数据应用。此外，为了照顾账务处理，多级部门中增了一个部门本部的节点，最终实现集团多套组织的标准统一。

②员工主数据，统一集团员工信息源头和标准。确定集团内部员工的唯一信息源头为人力系统，人员信息、岗位信息统一按照人员标准进行改造处理，监理、审计、律所和厂商等外部人员信息由集团统一做账户主数据管理。

③账户主数据，清晰管理集团内外部人员。以集团内网统一身份认证为抓手，对所有进入集团系统的账户进行管理。内部员工账户信息利用员工主数据验证，外部人员账户、系统公共账户需要在账户主数据中完成申请后进行验证。通过以上两类主数据管理，可以选择性地对数据进行分发管控，如不会对财务等较为敏感的系统发送账户主数据的信息。

④财务主数据，统一集团财务数据标准。为了建设集团财务共享平台，集团需要将原有的4套核算数据组合成统一的内容供财务共享平台使用。包括会计科目、辅助核算、银行网点和企业银行账户等信息，其中会计科目、企业银行账户与机构主数据有勾稽关系。

⑤客商主数据，保证集团各系统内客商数据一致。为了保障各个系统间数据交互时都有相同的客商，且不再重复填写相同的信息，主数据对集团客商信息进行了统一管理，并引用外部工商数据辅助填写，只要填写客商全称、统一

社会信用代码之一，就可以获取客商的各项工商信息，进一步便捷操作，提升客商数据质量。

⑥物料主数据，建立集团统一物料主数据标准。为了避免各企业各自进行低水平重复建设，提升集团整体数字化转型的水平，由数智部牵头，制定了集团统一的物料主数据标准。集团能源企业、浆纸物流企业、玻璃制造企业和生物制药企业等11家企业的43名业务专家参与了标准制定。最终，形成了包括51个大类、588个中类、3038个小类的物料分类标准，形成了3151个物料描述模板，截至目前系统中已有10万余条物料数据。

⑦参考数据主数据，主数据内部应用和集团参考数据的初步推广。对性别、币种、行政区划、计量单位和客商类型等进行统一，不但便于主数据系统自身调用，而且可以作为基础信息供其他系统引用。

2）主数据集成。集团主数据集成实现从分散管理到统一管理。

主数据建设的难点在于集团前期由多个系统各做了一部分主数据的工作，并在不同系统内应用。为了做好集团级主数据的统一建设，需要考虑已存在的数据处理，涉及多个部门和系统的沟通协调；不同主数据间存在勾稽关系，需要同时切换。为了减少对业务的影响，经集团人员、各系统厂商人员近60人历时一周不分日夜的努力，完成了所有相关数据的新老平台移植工作和20多个系统的接口集成工作。

随着主数据各个主题的逐渐成熟，以及对主数据统一管控的加强，集团新建系统都要与主数据对接。目前，集团主数据系统已对接47个系统、139个接口。除了财务的前期接口为定制化开发外，其他所有接口都为页面配置，可以根据需要快速调整。

3）主数据管理。通过集团主数据建设优化工作，形成了集团统一的主数据管理，制定了各项主数据标准并发布应用，发布集团主数据管理办法和操作细则。为了强化主数据的应用，在商务合约阶段作为标准合同条款，约定各应用系统要使用集团主数据标准，同时在系统上线前的检查阶段对主数据使用进行检查，如发现未按标准使用则不允许上线。

4）主数据运营。建立集团各类主数据审核组织，建立集团主数据客服群，对数据的日常使用进行答疑讲解，并通知重要主数据变更信息；明确各类主数据的管理归口部门，对于各系统提出的主数据问题，统一由主数据管理团队进行分析、找归口部门跟进，推送问题解决。

5）主数据考核。制定主数据考核管理办法，录制主数据培训课件。新主数据用户需要先学习培训课件才能进行主数据申请工作。对于提交的申请被退回次数达到一定比例的人员，会被取消主数据使用权限，重新学习通过考试后可再次申请主数据使用权限。

(3) 技术标准

按照数据共享、数据流通等不同业务类型，编制数据应用服务管理、技术、运营等实施规范；编制数据资产目录、数据分类分级、主数据和数据质量等数据管理规范；编制集团数据资产管理平台建设指南、技术对接规范、基础库主题库建设指引和安全防护基本要求等技术标准；编制集团数据交换规范、数据使用流程、数据访问权限控制规范等，初步建立了集团数据管理体系，提高了集团的数字化管理能力。

6. 数据质量建设

(1) 建立数据质量监控体系

基于数据湖目前所接入的源数据，了解各系统数据的现状及存在的问题，围绕集团各业务条线制定数据标准、数据质量检核规则、数据质量后续治理办法等，提升集团对数据的管理能力，为数据的价值能够被发现、流通和使用打下坚实的基础。通过建立数据质量监控体系，抓住影响集团数据质量的关键因素，设置质量触发事项，维护数据质量规则库，对源系统的数据质量进行稽核，定期输出各系统的质量报告，从根本上解决数据质量问题。

(2) 制定数据质量管理办法

数据质量管理是数据治理的一个重要组成部分，数据治理的工作都是围绕提升数据质量目标而开展的。只有通过有效的数据质量控制手段进行数据的管理和控制，才能消除数据质量问题进而提升数据价值的能力。为了规范集团数据质量监控、提升和主动预防工作，持续优化数据质量，提升集团数据资产的业务价值，发布《集团数据治理管理办法》。根据《集团数据治理管理办法》指导，日常数据质量问题采用量化管理机制，分等级、分类别进行管理，量化的数据质量通过数据资产管理平台的质量模块对数据质量进行监控。一旦发现异常值或者严重质量问题，便可通过管理办法中的触发流程通知业务人员，业务人员可以根据问题数据找到产生数据的业务环节，从而进行完善及数据质量提升，真正做到有的放矢。

15.4 建设成效

1. 湖仓一体化，夯实数据基础设施

结合投资集团跨行业、多业态的现状，统筹规划建设支持云化多租数据湖，为集团、子公司及控股企业提供多租户的云化大数据服务，不同租户之间数据、资源及应用默认隔离，实现集团大数据平台底座一体化建设的同时，兼顾企业自主管理的需求。截至目前，数据湖以集团湖为主为集团各部门和板块公司提供数据服务，并为3个有业务需求且有能力自主管理数据的部门和企业提供私有租户。

2. 数据应入进入，固牢数据基础资源

经过两个批次数据全入湖工作的开展和推进，覆盖集团各部门、子公司及控股企业等各层级的数据资源目录已初步形成，股权架构、组织人员、财务、项目、合同和物料等基础库初步建成，形成覆盖集团、子公司及控股企业的集团一体化数据共享体系。在项目实施过程中落地全集团安全可行的入湖技术方案和流程规范，打通集团与下属企业的授权路径，在支撑集团投资决策、运营提升、风险管控等方面发挥重要作用。

3. 开创河南省属企业先河，编制人力资源数据标准

覆盖集团人力资源管理全部职能，共制定1322条术语标准、31 682个业务编码。人力资源数据标准作为系统建设、数据维护、质量监控和企业意见通道的抓手，是集团进行源端数据治理的标杆典范。标准覆盖整个标准80%以上的内容是集团统一的业务管理要求，其他内容是集团多业态产业间差异管理的内容。在保障集团统一管理要求落实的同时，兼顾了企业个性化管理的需求。

4. 物料标准化，提升物资管理能力

数据智能部统筹物料标准化工作，各子公司、控股企业深度参与（共16家生产企业参与），项目组采用集中办公的形式，流动到生产企业开展标准制定工作，提高参与人员的工作效率，减少人员差旅成本，且物料专家对企业物料有更直观、细致的理解。物料标准覆盖集团所有行业，为各子公司及控股企业物资管理能力提供基础保障，助力后续的集中采购和平库利库工作的开展，为企业的数字化转型提供助力。

5. 统一集团多套组织架构，投管财核心数据实时同步

完成集团多套机构的统一，使集团投资组织、管理组织和财务组织数据一体化，并与集团内部各统建及子公司自建系统完成对接，实现集团投资、管理、财务三大条线中近 50 个系统的机构人员信息实时同步，为集团各类数据"一处变更，处处变更"打下坚实基础。

6. 内外部人员数据分离，清晰权责，便捷管理

通过识别数据管理权责，区分外部人员和内部人员的归口管理部门和业务使用场景，并在系统中将内外部人员数据混合管理的模式变成独立管理的模式，根据不同类型对数据采用不同的维护流程和分发规则。明晰数据管理应用的权责、降低数据安全风险，使数据管理的精细化水平得到提升。

7. 深挖数据价值，建设数据驱动型场景

面向宏观研究、投资管理、资本运营、金融管理、招采管理、人事管理和财务共享等业务领域搭建可视化数据分析场景，有效发挥数据在决策有效性提升、风控水平加强、运营效率优化中的应用价值。"数据+模型"服务，强化内外部数据融合，利用机器学习算法搭建"金融机构风险识别模型""资产量化评估模型"等数据模型，初步构建"数据驱动业务"发展的新动能。

第 16 章 鞍钢集团数据治理管理案例

16.1 建设背景

党的十九届四中全会首次将"数据"增列为生产要素。数据引发的生产要素变革正在重塑社会组织的运行,已经快速融入生产、分配、流通、消费和社会服务管理等各个环节,深刻改变着生产方式、生活方式和社会治理方式,以数据为关键要素的数字经济进入新时代。数据和从数据产生的信息,目前已经被公认为是企业的资产。企业面临着信息鸿沟,已知的信息和企业做出有效决策所需的信息之间存在巨大的差距,而信息鸿沟是企业做出决策的不利因素。因此,企业需要依赖于数据资产做出更有效的决策,而这离不开高质量的数据。企业的数据资产管理,其实就是不断提高数据和信息的质量。企业需要建立有效的、适应的数据管理制度体系,以便有效提供、控制数据资产。

通过调研发现,鞍钢集团存在现有的数据管理制度体系和组织体系不健全、数据统一汇聚和融合共享力度不够、技术支撑体系不完备、数据安全和数据质量缺乏有效管理等问题,数据资产的价值没有被充分激活和释放。通过数据治理体系,能够规范集团及下属单位的数据管理工作,有利于充分发挥数据资产的战略作用,赋能组织数字化转型,提升集团的综合竞争能力。

鞍钢集团近两年启动了数据治理工作,并取得一定成效。鞍钢集团逐步开展了数据治理、数据标准、数据应用方面的建设,包括数据标准化建设(员工、组织机构、客户、供应商和物料等主数据)、数据湖平台搭建和国资在线监管应用、数据指标体系和指标库等项目的建设。

16.2 建设目标

构建鞍钢集团数据治理综合体系,搭建集团数据标准化平台及标准化管理体系,实现整个集团主数据的统一、集中、规范管理。按照国务院国资委关于构建国资央企大数据体系"三年体系健全、五年共享开放"的演进路线及目标要求,夯实数据治理基础,建设鞍钢"1+N"大数据体系,涵盖1个集团大数据平台和N个子企业大数据平台,以及相关组织体系、制度体系、数据资产、标准规范、主数据、元数据、数据质量、数据安全和数据模型管理等支撑能力。打通信息壁垒,加大信息共享力度,助力鞍钢集团构建"横向一体、纵向一贯"的数据体系,全面实现数据资源全生命周期的有序管理、有机融合、开放共享及综合应用。强化数据资产驾驭能力,充分释放数据价值,支撑生产经营与管理决策,促进业务能力、商业模式升级,为企业管理提升和业务变革注入全新动能。

根据鞍钢集团"十四五"发展战略指引,在充分分析集团数据治理现状的基础上,规划包括今后5年鞍钢集团数据体系的战略目标、愿景蓝图、治理路径等内容,统筹设计重点工作安排。让数据充分流通起来,对内促进数据全面共享互通,对外实现数据资产运营。通过数据治理体系,规范集团及下属单位的数据管理工作,充分发挥数据资产的战略作用,赋能组织数字化转型,提升集团的综合竞争能力。

16.3 实施方法

1. 数据标准化建设

自2016年开始,鞍钢集团一直非常重视数据标准和主数据的建设。集团建立了数据标准化总体架构、标准与规范、管控和运维体系,推动主数据管理规范化、标准化管理。完成主数据管理平台的搭建,实现单位类、人事类、财务类和通用基础类主数据的统一、集中、规范管理,保证企业在各个信息系统具有统一、完整、准确、高质量的编码,提高管理效率。完成集团层面管控、共享信息系统集成，促进整个企业范围内主数据的统一、集中，实现主数据与各个业务系统的协同和分发。

2018年后，鞍钢集团持续完善主数据标准体系建设，实现物料类、设备类、合同类、投资项目类和安全环保类等综合信息主题主数据在平台上统一管理；推广集团主数据与集团及下属企业信息系统的集成与共享。提升鞍钢集团数据治理、数据共享与集成应用水平；扩展业务指标类主题主数据体系建设和系统实现，探索矿产开采、炼铁炼钢、轧钢等专业类主题主数据建设。

2. 数据治理体系建设

随着生产要素对公司经营发展、管理决策的影响日益显现，2021年，鞍钢集团开展数据治理体系的总体规划，规划数据治理需要打造的能力。制定数据治理项目的优先级顺序，开展数据标准建设及数据认责体系建设，对集团的数据标准体系进行规划和对制度进行编制，初步形成各类数据域的认责机制。开展数据分类分级建设，按照数据的敏感程度、重要程度进行数据加密和脱敏，保障数据的安全应用。

3. 大数据体系规划

（1）建立健全数据管理与标准体系

1）建立健全数据管理组织体系。建立数据管理组织体系，从组织设计、角色定义、绩效管理和人才发展等角度出发，围绕"决策层、管理层和执行层"建立架构健全、职责界面清晰的数据治理工作组织。

2）建立健全数据管理制度体系。基于鞍钢集团大数据体系愿景目标、规划蓝图，结合集团管控原则及母子公司授权体系，从企业数据管理需要出发，制定一套内容全面、职责清晰、流程规范的数据管理制度体系，包括数据管理总则、办法、流程及模板等内容。

3）建立健全数据共享协同与运营机制。推进数据资源的开放共享，加强数据供需对接，优化审批流程，提升数据共享需求的响应效率，非法定事由不得拒绝各部门、各单位提出的数据共享需求。推动集团各层级统建信息系统的数据返还工作，按需回流数据，支撑各层级数据资源的综合分析利用。

4）建立健全数据管理标准规范。建立覆盖数据全生命周期的数据管理标准规范，统一数据定义与分类、规范各领域数据的业务与技术等相关属性，丰富完善数字鞍钢标准体系,促进集团各领域内、领域间数据的有效交换和共享。

(2) 夯实大数据体系基础设施与系统平台

1)建设鞍钢大数据中心。按照数据中心集约化、规模化、绿色化发展路线,推动数据中心整合改造,建设鞍钢大数据中心,构建"云+端+边"融合的新型算力设施,为鞍钢集团及外部市场提供云计算与 IDC 服务、灾备服务、大数据服务及智能算力服务,全面支撑集团大数据体系建设。探索将鞍钢大数据中心打造成"国家工业互联网大数据中心辽宁钢铁行业中心"。

2)建设"1+N"大数据平台。按照"1+N"技术架构,建设覆盖数据采集、治理、存储、加工、共享、应用、服务等各环节的大数据平台,涵盖1个集团大数据平台和 N 个子企业大数据平台。子企业大数据平台与集团大数据平台全面对接,支撑数据资源目录统一管理、数据汇集与共享;集团大数据平台按照国资委要求与国资央企大数据平台、行业领域大数据平台实现对接,支撑数据安全开放共享。

(3) 加强数据治理与数据资产管理

1)加强数据治理。提升数据质量、数据安全、元数据、主数据、数据模型和数据资产管理等的支撑能力。按照"谁管理谁负责、谁提供谁负责、谁使用谁负责"的原则,加强数据质量事前、事中和事后监督检查,实现问题数据可反馈、共享过程可追溯、数据质量问题可定责,推动数据源头治理、系统治理。加强数据分类管理,规范数据业务、来源、共享、开放等属性。运用血缘比对、血缘分析、人工智能等技术手段,开展数据质量多源校核和绩效评价,减少无效数据、错误数据,识别重复采集数据,明确权威数据源,提升数据的准确性、完整性和一致性。以清洁、高效、可靠的数据,驱动业务转型升级、创新增值。

2)构建数据资产目录。落实国务院国资委提出的"一数一源""一企一册"等要求,全面摸清企业数据资源底数,及时鉴别数据源,明确数据来源的信息系统,编制覆盖全集团的一体化全量数据目录,建立"目录-数据-系统"关联关系,形成鞍钢集团数据"一本账"和全景视图,支撑跨领域、跨单位、跨部门、跨业务的数据有序流通和共享应用。编制数据资产目录时要严格遵循国务院国资委数据目录代码规则、数据资源编码规则、元数据规范等要求。

3）推进数据有序归集。鞍钢集团"1+N"大数据平台以数据资产目录为基础，通过逻辑接入和物理汇聚两种方式逐步实现国资央企开放数据、公共服务机构数据、供应链企业数据和第三方平台等社会数据资源的"按需归集、应归尽归"。持续建设完善涵盖国资监管、企业监督、经营管理和生产制造等 M 个数据主题库和战略、人力、财务、采购、销售、科技、质量、设备、生产等 N 个应用专题库，实现数据有序归集，支撑数据共享、开放和开发利用。

4）推进数据全生命周期管理。加强数据分类管理，基于集团数据资产目录，统筹管理数据抽取、存储、备份、恢复、存档、存留和销毁的全生命周期活动，规范定义企业内外部数据获取策略、数据服务级别、数据备份与恢复计划、数据保留存储与销毁方案、归档数据的检索与适用策略。准确识别无效数据，有序管理合格优质数据。严格落实数据安全法律法规和相关要求，全面加强数据本身安全、数据防护安全、数据存取与使用安全、数据查询安全，提升数据安全管理成熟度水平。

（4）全面推进数据共享交换

1）优化完善数据共享交换体系。基于国务院国资委国资央企大数据平台数据共享交换系统建设规划，结合鞍钢集团国资监管数据采集交换通道，整合建设集团国资央企数据共享交换系统，与国资央企大数据平台、行业领域数据平台实现对接，高效满足数据共享需要。基于集团"1+N"大数据平台技术架构，结合集团公司及子企业现有数据服务总线等系统资源，分层建设数据共享交换系统，支撑海量数据高速传输，实时按需共享。

2）深入推进数据融合协同共享。按照国务院国资委国资央企数据采集共享需要，结合集团内部数据分级管理规范，加快数据有序开放，全面提升数据共享能力。针对国资央企共享数据及第三方平台数据，按需接入集团大数据平台，支撑战略决策。针对国资监管采集数据，按时传输至国资央企大数据平台和行业领域大数据平台。针对集团内部数据共享需要，各单位、部门要本着"可共享尽共享"原则，推进数据融合协同共享，支撑跨企业、跨领域、跨层级、跨部门数据综合应用需求实现。

(5) 全面提升数据应用服务能力

1) 加强算法与数据模型应用研究。着力发挥"政产学研用"各方资源力量,加强先进算法研究,积极推进新一代数字技术与企业场景深度融合,搭建主题域、概念数据、逻辑数据、物理数据等模型,快速清洗企业纷繁复杂的数据,分类梳理成条理清晰、类别明确的数据,提高数据调用的准确性与效率,让数据使用更方便,促进数据融合、数据高度共享及数据可视化发展。

2) 推进数据价值挖掘与应用服务。充分发挥海量数据和丰富应用场景优势,深入开展数据开发利用,多维度、多视角综合研判,精准分析企业存在的问题与不足,支持驱动企业提质增效降本增收、锻长板、补短板。构建覆盖战略规划、经营管理、生产制造和营销服务等各环节的数据应用服务,快速提取有价值的信息,为企业决策提供重要支撑。

(6) 构筑大数据创新生态

探索建设大数据创新融合生态体系。落实国务院国资委提出的"构筑数据创新融合生态体系"的工作要求,充分发挥优势资源力量,创新数据资源对外赋能服务机制,探索搭建跨行业联合服务平台,通过跨领域技术攻关、产业合作、融资对接,构建多方协作、互利共赢的产业生态。探索开发数据创新产品、技术和服务,融入国资央企大数据应用服务商店,创新数字产业布局,激发新活力,释放新动能。

4. 数据湖平台建设

2021年,鞍钢集团开展数据湖的建设和应用。集团管控监督各子企业数据入湖,结合"鞍钢集团管控监督数据指标库"中各职能部门梳理出的集团管控监督数据指标,按照其数据指标值的来源进行数据抽取入湖,从应用需求出发对入湖数据做数据整合建模,并设计开发查询统计和专题分析等可视化应用。从集团公司国资监管、管控监督和业务运行角度出发开展集团公司层级大数据体系建设规划。

数据治理机制建设,依据鞍钢集团数据治理专项工作规划,结合项目中数据湖深入应用过程中各数据流转环节,梳理数据全生命周期管理、认责和需求、质量与安全、标准执行等各个数据治理能力域的管理流程,并形成相应的模板;数据治理平台建设,在现有数据湖平台上扩充搭建鞍钢集团数据治理平台，实现数据抽取、数据建模、元数据管理、数据质量管理、数据安全管理、数据资产管理和数据共享应用功能。依据鞍钢集团管控监督数据指标库，梳理集团各部门的信息系统，形成集团总部的数据资产目录。

16.4　建设成效

1. 实现了基于数据价值实现的数据治理体系

数据价值的实现主要基于两个方面：一是对企业内部生产、经营、决策等进行有效支撑的价值；二是实现数据对外的交易价值。鞍钢集团主要是基于企业内部数据价值的发挥。

（1）以财务价值为导向的指标体系有效指导了公司的经营管理

数据指标体系建设作为企业数据治理的一个组成部分，实现数据指标标准化，统一数据指标标准，规范企业业务统计分析语言，有助于实现企业经营数据精细化，让数据指标"数出一家、政归一门"，使企业能够"准确""智能""敏捷"地消费数据，从而使数据高效赋能业务，提升业务协同和创新能力。

深入理解业务并搭建一套完整的以财务价值为导向的指标体系，能够全面衡量集团业务发展情况，促进业务有序增长。搭建一套完整的以财务价值为导向的指标体系是利用数据进行分析决策的重要手段，通过综合分析、长期跟踪与定期比对指标能够帮助集团提升整体数据分析应用能力，进而影响运营层面、产品改进方面的决策。

（2）以业务场景驱动构建的数据目录最大限度盘活了数据资产

以应用为向导，对现有数据资源进行盘点，并形成分级分类的数据目录。在获取数据的技术信息的基础上，补充相关的业务信息和管理信息，使用户能看明白数据内容。数据的一致性、完整性、唯一性、准确性和及时性不断改善，数据质量显著提升，数据安全保障机制更加健全，主数据、元数据、数据模型管理更加统一规范。编制覆盖全集团的一体化全量数据目录，建立"目录-数据-系统"关联关系，形成鞍钢集团数据"一本账"和全景视图，支撑跨领域、跨单位、跨部门、跨业务的数据有序流通和共享应用。

（3）在数据产品方面进一步探索数据价值评估和机制

数据价值管理是对数据内在价值的度量，包括数据成本和数据应用价值。鞍钢集团未来应以数据治理目标为牵引，从数据价值和业务价值两方面评价数据治理价值。建立数据治理价值评价指标体系，定期开展数据治理价值评价，从数据健康度、数据活跃度、业务贡献度三个层次量化数据治理工作成效，同时建立PDCA管理闭环，实现数据治理价值的持续提升。

2. 打造集团数据需求、数据治理、数据应用、数据价值的新模式

在数据需求方面，鞍钢集团通过建立数据认责与需求管理机制，明确数据认责，规范数据需求管理，加强数据治理工作。数据需求管理指对不同部门的数据需求，进行业务定义、数据源描述、重复需求归并等统一梳理，分析判断数据需求是否已经实现、是否可以实现，基于数据认责机制，通过项目实施或运维建设等方式落实数据需求，在业务域、部门之间形成一套有序的数据需求管理机制；提供业务数据需求的标准化定义，避免跨部门、跨条线对接业务需求时的歧义和重复劳动。明确的数据权责划分与数据需求管理规范，使数据可信、可用、可管理。鞍钢集团数据指标项目的实施，为后续的信息化系统建设，提供统一的数据指标服务，有效减少系统集成，降低系统实施风险，进而达到节约鞍钢集团整体信息化建设成本的效果。同时提供部门及跨部门业务数据需求，在建设分析型应用时避免重复建设和资源浪费。鞍钢集团通过建立数据认责与需求管理机制，明确数据认责，规范数据需求管理，加强数据治理工作。

在数据治理方面，鞍钢集团数据治理是将数据作为集团的战略性资产，以清洁、高效、可靠的数据驱动业务转型升级、创新增值，为集团全面变革提供强大动能。数据治理策略机制是建立鞍钢集团数据治理策略、组织体系和制度体系，实现对数据的可管、可控、可用。数据治理策略包括数据治理能力成熟度评估、数据治理价值评价、变革管理和文化建设；组织体系建设包括组织设计、角色定义、绩效管理和人才发展；制度体系建设包括对策略机制、治理内容等的管理制度、管理流程、管理规范及其对应模板管理。数据治理的建设内容主要是实现鞍钢集团的数据质量管理、数据标准管理、数据安全管理、元数据管理、主数据管理、数据模型管理、数据共享管理和数据全生命周期管理。

鞍钢集团通过建立数据治理体系让数据充分流通起来，对内促进数据全面共享互通，对外实现数据资产运营。通过数据治理体系，规范集团及下属的单位的数据管理工作，充分发挥数据资产的战略作用，赋能组织数字化转型，提升集团的综合竞争能力。

在数据应用方面，加强数据应用管理，制定数据应用管理制度规范，对数据的应用范围、应用规则、管理要求和考核标准做出明确规定，并以此为依据对主数据应用进行有效管理。针对内部积累多年的数据，研究如何充分利用这些数据，分析业务流程和优化业务流程。对数据的深度加工和分析，包括通过各种报表、工具分析运营层面的问题。通过数据挖掘等工具对数据进行深度加工，从而更好地为管理者服务。建立统一的数据服务平台，满足针对跨部门、跨系统的数据应用。通过统一的数据服务平台统一数据源，变多源为单源，加快数据流转速度，提高数据服务效率。

全面提升数据应用服务能力，加强算法与数据模型应用研究。着力发挥"政产学研用"各方资源力量，加强先进算法研究，积极推进新一代数字技术与企业场景深度融合，搭建主题域、概念数据、逻辑数据、物理数据等模型，快速清洗企业纷繁复杂的数据，分类梳理成条理清晰、类别明确的数据，提高数据调用的准确性与效率，让数据使用更方便，促进数据融合、数据高度共享及数据可视化发展。推进数据价值挖掘与应用服务。充分发挥海量数据和丰富应用场景优势，深入开展数据开发利用，多维度、多视角综合研判，精准分析企业问题与不足，支持驱动企业提质增效降本增收，锻长板、补短板。构建覆盖战略规划、经营管理、生产制造、营销服务等各环节的数据应用服务，快速提取有用价值信息，为企业决策提供重要支撑。

第17章 神东煤炭数据治理管理案例

17.1 建设背景

当前，我国煤矿生产建设已进入大跨步发展时代。随着各种现代化、数字化、智能化采掘设备及电子监控设备的应用，智能化辅助设备在煤矿生产领域的应用不断深入，各种信息系统和资源建设均达到了一定的规模，随之而来的是生产过程中的基础数据积累和存储也达到了相当大的规模。但结果却是这些数据只具有"存储价值"，并且随着时间的推移最终会成为历史"无用资产"，不能为企业的建设发展创造有用价值。

目前，神东煤炭的信息系统已覆盖生产运营的各个环节，近年来先后建设了锦界数字矿山示范工程、"五矿六井"区域自动化项目、设备健康诊断平台等大型的矿井信息化系统和一些零散的系统。系统积累了大量的数据，分散存储于各个业务系统，无法实现所有数据的统一集中管理和利用，难以实现快速处理，不能满足大数据时代下的数据分析、挖掘需求，无法支撑低密度的不同类型数据的关联分析应用，没有体现出数据应有的价值。

1. 数据融合应用难

用户无法提出准确的需求，不敢用数据。业务部门没有清晰的大数据需求，导致决策层犹豫不决，错失良机；数据依然在IT人员手里，无法及时掌握动态的业务变化，错过数据最有价值的黄金期；数据应用尚不深入、应用领域相对较窄、数据与场景融合不够，分析过程不可见，分析结果"不敢用"。

2. 数据质量难提升

数据孤岛，看不见拿不到，有数不能用。数据孤岛，找数据难，拿数据更难；业务条线繁杂、种类多样，数据采集标准不一、统计口径各异，数据一致性难以保障；数据在采集、存储、处理等环节可能不科学、不规范，导致数据错误、异常、缺失等。

3. 平台工具尚不成熟

数据资产工具还不够成熟，企业科研投入不足，工具还不能支撑数据资产管理；各机构数据接口不统一，数据难以互联互通，数据资产相互割裂；无法保护数据安全与隐私，区块链技术还需要一定时间的沉淀才能成熟。

4. 数据治理体系不完善，数据"不善用"

数据管理的责任缺位，职责不清；法律法规尚不健全，过度采集数据、违规使用数据、非法交易数据等问题屡见不鲜；企业员工对数据资产管理基础知识认知不够，没有建立起数据文化。

按照国家能源集团"一个目标，三型五化，七个一流"整体战略部署，智能矿山建设是集团战略规划的重中之重，也是煤炭行业发展的必由之路，更是进一步保障煤矿安全生产、减员提效、最重要、最有竞争力的手段。2019年10月，国家能源集团下发智能矿山建设方案，神东煤炭按照集团智能矿山建设的总体要求，编制了《神东煤炭集团智能矿山建设实施方案》，成立智能矿山建设工作领导小组，设立智能矿山项目部，制订详细的工作计划。2020年，重点打造了3个世界一流智能矿山建设示范工程、10个智能化工作面、5个智能选煤厂正在实施建设，6个矿井的生产数据仓库正在系统完善。移动巡检、辅助运输智能化、辅助作业机械化、智能掘进成套装备技术、矿用机器人研发与试用等智能矿山建设项目正在稳步推进。企业经营管理相关业务系统按照集团的整体部署要求进行建设和完善。目前，神东煤炭在数据管理和数据质量方面还有较大的提升空间，数据标准、数据质量、数据应用水平急待提升。建立数据标准管控系统，实施数据治理，从管理和技术两个层面强力推进标准落地，是当前数据治理工作开展的当务之急。

17.2 建设目标

1. 建立数据标准管控系统

包括主数据模块（数据标准化管理）、元数据管理模块和系统门户管理模块。主要完成面向生产类主数据的应用包括：

1）生产类主数据（井工开采、筛分、洗选、装车发运、生产辅助、煤种、辅助设施、辅助运输、外购煤管理）。

2）基于集团设备类主数据扩展（设备分类、设备故障体系、设备特性）。

3）安全类主数据（安全监测、事故管理、关键装置要害部位）。

4）环保类主数据（污染物排放、环境监测）。

5）职业卫生类主数据（健康管理、职业卫生防护）。

6）应急类主数据（日常应急管理、救护管理）。

2. 建立数据视图及梳理数据接口关系

建立神东煤炭生产类主数据与企业现有生产相关系统的集成及接口关系，包含但不限于ERP、cMES、LCS、设备数据检测与智能分析系统、安全监测监控系统、神东机电设备高端开发信息系统等。

3. 完善数据标准化管控体系

包括对企业整体数据标准化的完善，并建立一套可落地执行的数据管控流程、管理办法等。

通过数据标准体系建设，将为神东煤炭的数据应用与管理奠定基础。一是建立全生产基础数据共享"语言"，打破各系统信息交互壁垒，可以支撑设备、测点、装置、指标等重要基础数据能够在多个系统内充分共享、高度复用；二是制定数据标准化应用"指南"，在系统建设中规范使用数据标准，进而为业务报表编制、数据统计分析以及产运销协同工作提供基础条件。

集团数据标准将在业务、技术、管理多个方面给集团运营提供支撑，并为生产大数据平台、工业互联网平台等系统建设和深入应用提供标准和规范保障。

（1）业务方面，提升业务规范性和数据对业务的支持度

通过标准可以明确很多业务含义，使得不同业务部门之间，以及业务与技术之间沟通更加通畅，避免歧义。通过数据标准可以把数据主题信息明确分类，如基本信息、业务交易信息、财务信息等，为多维度分析和深度挖掘提供依据。由于数据信息统一一致，更容易正确、通畅地在各业务部门之间流转、共享。

(2) 技术方面，提升信息系统应用效能

首先，由于采用相同结构的数据，更容易实现信息共享和交换，促进数据在企业内部流转，行业标准促进数据在企业之间流转；其次，相同的数据标准，减少大量的转换、清洗工作，极大地提升数据处理效率，数据处理过程中也会减少出差错概率，提升数据质量。

(3) 管理方面，提升科学决策效能

数据标准化更多的是能提供完整、及时、准确、高质量的数据，为决策支持、精细化管理提供更有效的支撑。数据标准化可以加速企业数据仓库及商务智能分析、大数据应用等系统的建设，通过数据的深度分析和挖掘，切实提升企业生产经营管理决策水平。

17.3 实施方法

数据标准化项目组自 2017 年成立后，先后进行了数据现状调研及报告编制，编制完成了数据标准 37 项，目前已有 11 项标准得到了落地应用；完成了深冬数据主题与划分以及数据分类体系建设；完成了煤炭生产主题域划分及数据分类体系建设；完成了煤炭生产主题域内的数据实体识别与实体属性完善；完成了生产相关信息系统数据流向关系梳理；建立了公司数据治理体系，包括政策、制度、流程和规范等；完成了《运维部业务梳理调研报告》及《信息管理中心 ITSS 运维体系建设》。2020 年启动数据标准管控平台项目的招标工作，2021 年通过与石化盈科合作进行数据标准管控平台的搭建。

1. 项目实施阶段

如图 17-1 所示，项目实施包含项目准备、现状调研与分析、标准体系构建、数据管理平台搭建、数据清洗、数据服务集成、运营体系建立 7 个阶段，共 28 个实施步骤。

第一步：理需求。数据管理组织、制度、流程现状调研；信息系统应用现状、数据应用现状调研；业务管理现状及数据应用需求调研；数据标准及管理规范现状调研；现状评估及需求总结。

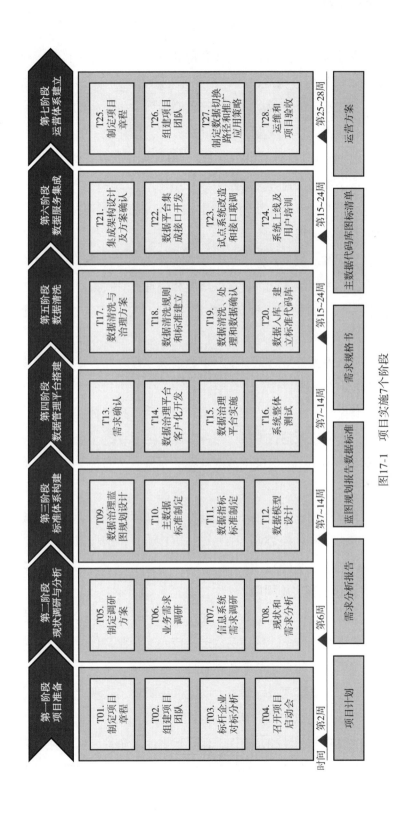

图17-1 项目实施7个阶段

第二步：搭体系。数据标准架构体系规划及数据代码体系设计。对神东煤炭未来的数据体系架构进行规划，包括对基础数据和主数据、数据指标的标准、代码库、管理平台以及数据标准化管控的规划，并制定实施规划。

第三步：分职责。建立数据管理制度、流程，搭建统一的运维管理平台作支撑，以保障数据治理项目的数据质量及价值体现。包括：组织、管理制度、流程、绩效考核、数据管控等，建立"公司-部门"二级维护的组织保障体系，重要数据均有对应的业务牵头部门；制定神东煤炭数据管理办法及维护细则；确定各类数据的维护流程。

第四步：定标准。数据收集与整理，配置数据属性、视图，通用基础类、各域业务类数据相关标准建立，并提供指导和咨询；对收集到的数据进行分析归类，找出相关性。数据编码规范；数据标准编制，组织专家审查通用基础类、业务类数据相关规则和标准；数据标准评审、规范的发布与宣贯，组织专家终审标准，形成专家终审意见、根据审查情况，修改完善标准，形成标准报批、标准批准发布与宣贯。

第五步：建平台。部署神东煤炭数据管理平台，实现数据的在线申请、审批、分发等功能。实现数据管理平台与神东煤炭应用系统（企业服务总线）的对接程序开发等相关工作，保证主数据与相关系统无缝对接，实现主数据的信息共享。

第六步：治数据。统一组织，集中办公，开展数据清理工作；制定信息代码清洗方案；组织专家对数据清洗结果进行审核确认；梳理数据代码，建立代码库，发布相关代码。

2. 项目实施路径和实施周期

落实神东煤炭的数字化转型战略，建立集团统一的数据标准与数据管理体系，健全数据管理组织体系，构建以数据为核心的企业文化，围绕 8 类数据管理域建立健全管理流程体系，覆盖数据管理的全类别、全过程，并通过组件化数据管理工具强化数据管理流程体系，以支撑集团公司实现"数据-信息-知识-智慧"的逐步升级，到 2025 年初步建成数字神东。

提高数据的质量准确性和完整性，保证数据的安全性、保密性、完整性及可用性，实现数据资源在各组织机构部门的共享；加强业务协作，促进业务创新；推进信息资源的整合、对接和共享，提升神东煤炭数字化水平，充分发挥数字化作用，为神东煤炭数据分析应用奠定坚实基础。

分阶段目标如下：

2021—2022年，夯实数据资产基础，初步建立集团数据管理体系，建立自上而下的数据管理组织，并明确各自分工、职责及工作边界，编制相关的工作制度、流程，通过神东煤炭数据标准化项目，建设完成全域数据治理工具（完成数据模型、数据标准管理、数据质量管理、主数据管理、元数据管理、数据指标、数据资产目录和数据安全管理等基本功能）。

2023—2024年，深化数据资产功能。实现神东煤炭数据管理工作规范化与流程化，提升数据质量，实现业务管理流程的数字化全覆盖。

2026年，数据资产运营。全面支撑神东煤炭数字化管理与生产，初步形成数据资产服务的核心能力，并不断提升数据价值，实现数据驱动业务，初步建成数字神东。

17.4　建设成效

如图17-2所示，全域数据治理包括数据标准管理、数据质量管理、元数据管理、数据模型管理（主数据、数据指标）、数据安全管理、数据资产管理、数据服务管理和系统管理等功能。

神东煤炭数据标准化项目实施亮点：以标准化、体系化、全局化为纲，着力基础、注重现实、立足长远；建"架构、模型、标准"为先，兼"治理、技术"同道，立"应用"为本；常态化工作持续开展，持续提升数据资产解决能力。

1. 主数据应用成效

主数据通过统一接入、统一赋码后，统一分发到各业务系统，确保主数据编码准确、唯一，并在各业务系统保持一致。主数据管理已经实现对组织、员工、外部员工、金融机构、会计科目、预算科目、物料分类、物料（含商品煤种）、服务、供应商、客户、党组织、项目、合同、信息系统各类主数据进行管理。主数据管理平台仅管理主数据基本信息。主数据其他信息在各业务系统管理。神东煤炭核心产业主数据见表17-1。

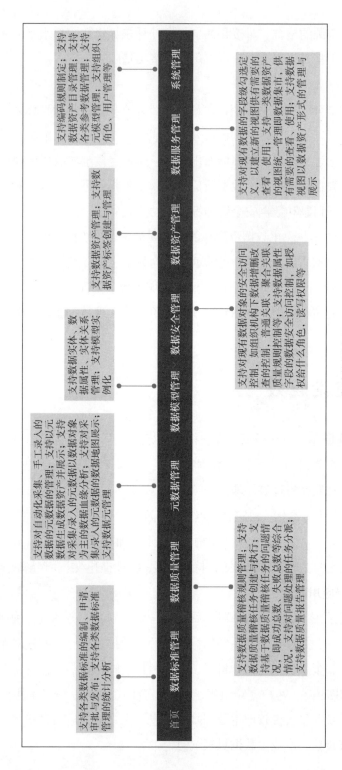

图17-2 全域数据治理

表 17-1 神东煤炭核心产业主数据

序号	核心产业	主数据
1	工业生产	主要包括煤矿、电厂、化工厂、生产工艺、工业调度、设备运行、操作运行等
2	测点	主要包括设备类、安全类、环境类监测点等
3	设备	主要包括设备分类、特性、故障、维修、备品等
4	安全	主要包括安全检查、施工作业、事故管理、危险品管理等
5	环保	主要包括污染区域、环境识别评估、污染物排放、环境监测等
6	职业卫生	主要包括健康管理、健康危害区、职业病危害因素、职业病危害监测等
7	铁路基础	主要包括铁路车辆、车站、铁路线路、公务工程等

2. 数据运营成效

遵循"盘、规、治、用"总体思路，建立以数据资源目录、数据标准规范、数据质量治理为核心，以数据成熟度评估为保障，有效服务于数据应用的数据管理体系，提升数据资产管理能力、数据标准化能力、数据融通共享能力，盘活新资产。

1）数据资产管理能力。数据基础创新能力有效提升，数据在生产、经营、管理等领域的应用范围逐步扩大，有效支撑经营决策和业务发展，数据生产要素作用初步显现。

2）数据标准化能力。初步建成统一管理、分级负责的数据基础治理体系，通过主数据、指标数据建成企业级数据管理标准和流程；数据基础夯实，数据管理能力力争达到第三级"稳健级"，数据成为实现公司经营目标的重要资源。

3）数据融通共享能力。数据共享开放格局基本形成，实现公司核心业务数据的统一汇聚和共享，初步实现数据资产目录，数据有序对集团兄弟单位开放融合。

3. 企业经营管理成效

通过数据标准化系统，提升工作效率，节约企业成本。通过数据资产在企业内的流动，提升企业生产效率、决策效率，增强感知、预测、防范风险的能力，降低生产成本、管理成本，实现数据价值创造。通过构建神东煤炭数据管理能力体系，集中展示企业数据工作过程，为分（子）公司开展自身数据治理工作和数据资产体系建设工作提供指导，使体系使用方在数据能力提升方面少走弯路，从而极大节省成本，提高经济效益。

通过数据标准化项目建设，落实了神东煤炭对数据治理的要求，数据集成、数据标准、数据共享、数据利用均有较大改善；制定了企业核心数据标准；实现了组织机构、员工、客户、供应商和会计科目等核心数据在多系统间的共享；制定了数据集成规范，各系统使用数据均需通过 ESB 系统进行申请；数据管理平台支持数据动态变化的统一分发，有效支持数据统计分析等数据的利用。

4. 数据指标管理成效

指标管控管理聚焦指标标准管理及指标标准应用，形成指标维护、分发、应用、检查的持续更新的管理闭环，实现神东煤炭指标数据标准的集中、统一、规范管理。

在指标数据方面，神东煤炭遵循《国家能源集团指标数据管理办法》统一了指标数据的标准定义规范和管理规范，建立指标数据管理流程管理指标数据的增减、变更等，实现了指标的统一管理，并标准化了指标数据定义的规范等。

数据指标管理用于处理指标数据的增减、变更需求，维护文档变更等，形成了指标数据手册，实现了指标统一管理，形成了组织层面的指标数据字典。

在指标数据方面，设置专门的岗位进行管理，定期发布指标数据管理报告，阶段性汇总指标数据管理工作的进展。

建立神东煤炭指标管控体系，实现指标标准化管理。围绕指标技术属性、业务属性、管理属性，实现基于元数据的指标标准管理，实现指标的分类体系科学、标准管理统一、查询及使用规范。指标标准管理及应用模式如图 17-3 所示。

建立数据质量监控体系，奠定数据价值创造基础。建立完善的数据质量规则库，对数据从生成到消亡的全生命周期进行数据质量问题的识别、度量、监控等一系列活动，提高数据质量，提升数据使用满意度，为创造数据价值奠定良好基础。数据质量监控体系如图 17-4 所示。

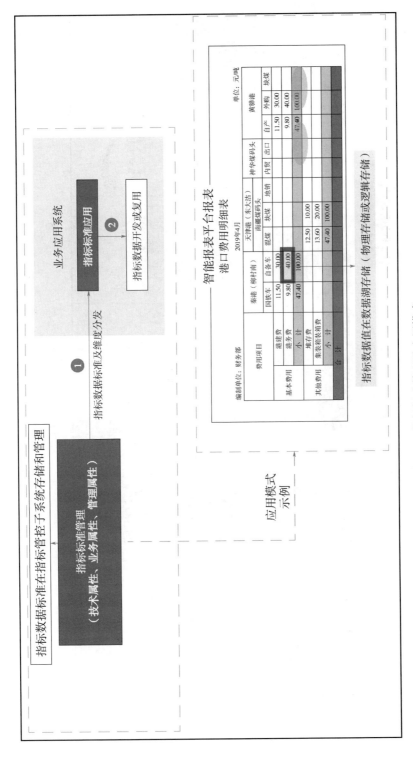

图17-3 指标标准管理及应用模式

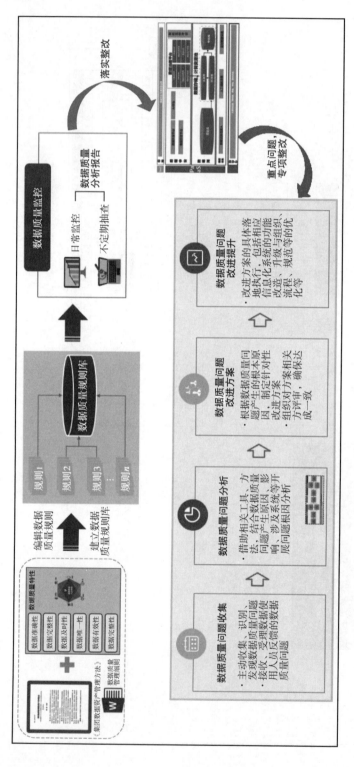

图17-4 数据质量监控体系

17.5　总结与展望

神东煤炭的数据治理工作不仅是信息部门的工作,而且是集团上下的共同使命,需要各部门、各单位协同开展;数据治理工作是一项艰苦的持续性工作,需要在长期的迭代中不断完善,常态化开展。

1)固基础。在既有体系成果的基础上,从数据架构、数据标准、数据质量、数据安全、工具与平台各领域构建子体系并深化建设,牢固形成扎实的数据资产基础。

2)重应用。围绕数据的全生命周期,以数据工具平台为技术支撑,全价值链开展数据的采集、存储、加工计算、分析应用等工作,打造横向贯通的数据应用闭环。

3)创价值。聚焦数据价值贡献,开展数据计算算法与模型及应用服务研究,形成与业务深度融合的数据解决方案,打造数据资产价值贡献闭环。

第 18 章　汽车行业数据治理管理案例

18.1　建设背景

"数据"作为一种新型生产要素，已成为与人才、技术、流程同等重要的第四大核心竞争力，并上升至"国家战略"和"企业战略"高度。只有基于高质量企业数据资产的充分利用，才能让企业获得有价值的"洞见"，构建数据驱动的数字化运营体系，实现业务科学决策和有效行动。对于数据拥有者和管理者而言，通过对数据的合理管理和有效应用能盘活并充分释放数据的巨大价值。

汽车行业是最早开展全业务链信息化的行业之一，虽然经过多年的信息化建设已经积累了大量的业务数据，但历史信息系统遗产也变成了企业沉重的包袱，堆积如山的数据给企业带来了高昂的管理成本，碎片化的数据交织在一起带来了更多的课题。核心业务虽有信息系统支撑，但原有业务系统的设计仅是对既有业务流程操作的线上复制，价值仅限于业务操作效率的提升，数据只是信息系统记录的副产品；信息孤岛大量存在，每个系统内部虽可以有序运行，但一旦涉及跨领域、跨业务、跨系统的集成和整合，系统重复建设，数据多重定义、多头管理，数据不连不通的数据质量问题就会暴发；管理驾驶舱上线后，需要投入大量的数据工程师清洗和核对数据、建立和维护关联映射表、追溯分析数据质量问题，事后的数据处理与维护不能从根本上解决数据质量问题，高层人员对驾驶舱的数据质量产生严重质疑。

2021 年，传统汽车制造行业迅速切入数字化转型的新赛道，预期通过推进全要素、全价值链和全生命周期的业务重构打造"企业数字孪生体"，以最低的代价、最快的效率实现对现实经营管理世界的洞察与优化。数字化转型是企业在数字化时代大潮中需要面对的重大课题，应用系统必须与生产、运营、管理和决策有效融合在一起，才能敏捷应对企业形态和业务内容多变的课题。在这个过程中，因"TOGAF"企业架构能从业务、信息、IT和技术4个维度完整地思考、设计和拉通，真正实现对真实世界企业的完整抽象与实现，成为当下开展数字化转型企业的核心理论指导参考。

伴随着国内外企业架构、数据管理理论体系的逐步成熟，虽然"TOGAF"解决了理论框架问题，但并未提出从框架到落地的具体实现方法，实操性不足；同时由于汽车行业业务自身复杂度与集团型企业组织复杂度的双重叠加，也加大了数据治理执行的难度；基于"数据治理即是业务治理"理念，如何让数据治理工作回归业务，让业务部门非IT人员掌握数据专业技能和工具，让业务侧人员真正成为数据治理的主体；如何让数据治理工作真正渗透到业务源头，从根本上解决数据设计与质量的问题。基于以上思考，急需打造一套符合汽车行业特点且可落地实操的数据治理逻辑与方法，指导企业级信息架构的构建和数据治理工作的实施与落地。

18.2 建设目标

以企业数字化转型的整体建设目标和管理框架为牵引，以TOGAF企业架构理论框架为参考，设计一套契合非数字原生企业的数据治理方法，促进数据与业务、IT深度融合，实现"产—聚—用"全链路数据质量的提升；打造一套完整、高效、敏捷的企业级数据治理体系，确保数据治理职责有效落实、治理工作有序推进，为企业数字化转型提供能力保障；伴随企业数字化转型的整体节奏，同步沉淀高质量的企业级信息架构资产，促进内外部多场景的数据安全共享、消费与流通。

18.3 实施方法

1. 解构TOGAF企业架构组件的核心关联逻辑

企业架构内部的业务架构、信息架构、应用架构和技术架构之间的组件是相互关联、相互制约的。信息架构中主题域和主题域分组是基于 L1～L2 级业务流程设计和抽象形成的，业务对象的抽象与设计是以最细粒度的业务活动为基础，以业务活动的输入和输出或者业务能力为设计前提；信息架构中的逻辑数据模型可直接转换为物理数据模型、规范数据库的设计与开发，数据分布则可指导系统集成架构的设计与实现；技术架构的平台和组件为系统功能和服务的开发提供了软硬件基础。基于上述 TOGAF 架构内在的关联逻辑，可以有效统一业务、数据和技术的架构语义，构建从业务到 IT 数字化的有效通道。

基于以上关联逻辑，信息架构的价值不仅在于支撑 IT 系统落地，还在于更好地管理企业数据资产、提升整个业务交易链条的效率，甚至基于信息架构重新审视业务的设计与整合。信息架构的分类包括业务侧信息架构和分析侧信息架构，其中，业务侧信息架构基于作业级业务流程的业务要素（输入和输出）设计业务数据模型，指导应用系统的开发与入湖；分析侧信息架构基于指标体系的指标字典设计指标数据模型，拉动业务数据模型的治理与入湖，基于统一的企业级数据湖数据进行整合与联接形成指标服务，支撑驾驶舱、数据分析等多种业务场景的应用。

2. 基于业务场景设计和推广应用数据治理方法

依托 TOGAF 企业架构理论框架，有机融合数据管理知识体系，引入 SIPOC 流程管理模型和 GQM 目标驱动度量方法、对标制造行业优秀业务实践，围绕业务对象和指标两个核心业务对象，基于变革项目开发和指标数据治理涉及的两种业务场景设计形成了两套数据治理方法：一套是面向业务侧的信息架构设计方法"六阶十八步信息架构设计方法"，另一套是面向分析侧的信息架构设计方法"五阶十六步信息架构设计方法"。目前这两套方法已在本行业全领域范围内推广应用。

面向业务侧的信息架构设计方法一般以规划和变革为导向，满足企业构建和掌握完整的信息架构资产和基于已完成业务变革设计的变革项目两种场景的需求。此设计一般称为信息架构的正向设计，它的基本设计原理是基于业务架构、业务流程、业务要素进行抽象和设计，实现从物理世界实物到数字世界模型的转化，通过对业务要素的结构化设计定义信息架构，为应用架构的设计提供输入。通过应用系统的数据库设计实现业务要素的在线化和数据采集，再通过数据湖实现对多源异构系统的数据汇聚与数据整合，为数据的应用和消费提供可信可用的数据源。

面向分析侧的信息架构设计一般以需求为导向，满足企业数据应用场景的数据需求。此设计一般称为信息架构的逆向设计，它的基本设计原理是基于指标的定义和分析逻辑完成指标的拆解，基于指标数据完成数据的寻源治理和信息架构设计，基于认证的可信数据源完成数据入湖与数据整合，支撑指标服务的开发，从而满足前端 BI 看板和分析的需求，同时沉淀的可复用数据模型库还可以为自助分析提供数据基础。通过分析侧的信息架构设计可以以需求为导向拉动业务术语的标准化定义，实现数据可理解和可使用。

基于变革项目的设计模式一般周期较长、见效较慢，价值不易呈现，但可以满足企业对信息架构资产全景式构建的需求；基于需求拉动的设计模式可以通过数据分析场景快速呈现数据价值。在业务实践过程中，可以用两种设计模式相结合的方式开展具体数据工作。

基于以上两种数据治理方法，面向企业核心八大业务领域和重点单位的数据工作主体——数据管家及数据管理专员，F 企业开展了一系列的治理方法培训与认证工作。目前，F 企业内已有 100 名业务侧的数据人员完成认证并分布于全业务领域，为各领域数字化转型工作的有序推进提供了专业化的人才保障。

3. 构建完备的企业级数据治理体系

数据治理是数据管理框架的核心职能，是对数据资产管理行使权力和控制的活动集合（规划、监控和执行）。建立了正式的数据治理程序的组织可以以更强的意愿和更高的一致性行使这些权力和控制，从而更好地提供从数据资产中获得的价值。因此，数据治理工作的推进需要一套完备且与企业战略和组织匹配的企业级数据治理体系作为保障和支撑。

企业级数据治理体系核心解决了 3 个问题，分别是 Who、What 和 How。Who 回答了由谁负责信息架构设计的问题，通过建立数据责任人的机制可以确保关键数据资产业务管理责任的落实，数据责任人则是业务流程的责任人。What 回答了要做什么的问题，应围绕企业主价值链核心业务开展信息架构的治理和数据质量管理。How 则回答了如何做的问题，通过流程规范、组织架构、运作机制和技术平台 4 个维度，确保作业人员有规范的流程指导，工作落地有清晰的原则依据，面临问题和争议时有明确的处理机制，数据治理过程有充足的人才、组织和技术保障。

基于上述设计逻辑，目前 F 企业已搭建了一套完备的数据治理体系。该体系的顶层为数据管理政策，在全企业范围内发布《数据基本法》，规定了数据工作的整体方向，明确数据责任，传达最基本的数据管理原则，确保数据治理环境的有效构建；以《数据基本法》为指导，围绕信息架构、数据产生、数据应用、数据质量和数据源等关键领域制定了 4 套政策和 24 个业务流程；搭建了一套数据管理组织框架，涉及公司数据管理专业组织、各领域数据管理专业组织、数据管理专家组 3 个组织，以及公司数据负责人、领域数据负责人、数据管家和数据管理专员 4 个角色，其中领域数据负责人、数据管家和数据管理专员 3 个数据治理核心角色均为业务部门人员。为保证各单位数据治理工作有序推进，促进各单位顺利完成数据治理年度工作任务，面向数据的决策层、管控层和执行层建立并完善 5 套运作机制，将关键数据治理环节作为"数据质量门"融入 IT 项目管理流程和指标数据治理流程，实现 3A 协同及指标直连；以数据业务价值为起点，以数据业务流程为主线，以数据业务指标为牵引，将数据治理业务孪生并形成覆盖数据全领域全过程的数据工作平台。

18.4　建设成效

目前，F 企业已构建了完备的企业级数据治理体系，打造了一支业务侧的 100 名数据管家，这些数据管家已成为企业各领域数据治理的主体，深耕于各自领域的信息架构设计与数据治理工作，确保数据质量满足业务流程打通与经营管理的分析要求；通过数据治理方法的推广与应用，切实发挥了信息架构的桥梁作用，从数据视角助推业务架构的优化和完善，有效指导应用系统的开发与数据入湖，实现从业务到技术的完美转换；沉淀了高质量的企业信息架构资产，基于架构一致性遵从要求，提升源端数据设计与执行质量，实现集团公司内部数据拉通、有效管控数据风险，可以快速响应多场景的数据应用需求。

案例1：从数据视角审视业务流程的合理性和完备性

以模具预验收流程信息架构治理为契机，从数据视角推动单一业务活动至项目全流程延伸，确保业务流程设计完备、合理。基于数据视角审视业务活动的输入/输出（业务要素）的完备性与合理性，识别出原业务活动设计存在数据关系混乱、业务规则隐形化等问题。经过充分思考，将原有的1个业务活动（模具预验收）拓展至4个（预验收申请→动静检→问题管理→预验收确认），达成了业务活动清晰的目标。以业务实践和三范式原则为依据，重新设计模具预验收数据结构，整合动检和静检逻辑实体，同时新增4个逻辑实体（指标、判定标准、预验收申请单、预验收问题和预验收措施），增加预验收申请与项目计划关联数据关系，确保数据设计完备。

案例2：实现数据结构显性化，促进多角色对数据的认知统一

以研发领域数据看板场景为例，预期建立实时的任务看板可实时监控任务的执行进度和交付内容。因建设前期任务管理系统时缺少逻辑数据模型设计的环节，数据分析人员无法快速找到数据、解读数据定义及数据关系，只能依靠开发人员了解实际数据库的结构与关系；因未遵循统一的数据设计规范，所以数据库中同时存在非结构化和结构化两种数据库设计模式，以分析场景所涉及的指标为切入点，识别数据库物理表范围，以数据库物理表为基础，基于三范式设计思想完成逻辑数据模型的设计和数据标准的定义，建立了统一的业务术语，确保业务、IT和消费者对数据定义及内容建立统一认知，有效提高了数据解读与数据寻源的效率；同时完成了从非结构化数据到结构化数据的转换设计，确保从数据产生到传递再到消费的多个环节，数据传递一致和及时，从而提升整条链路的数据整合与数据共享效率和质量，为数据分析模型的构建提供可信、可理解的数据基础。

案例3：提升指标数据质量，助推从"被动式"数据分析到"主动式"数据分析的转型

以数据消费侧的指标数据为基础，以指标定义和设计为前提，通过把指标逐层拆解至最细粒度，通过回溯到业务流程的源头治理和定义数据源，确保入湖数据的源头可信与唯一。基于数据源数据和指标设计逻辑，在数据中台完成数据模型加工和指标服务开发，形成企业级的数据模型库和指标库，消费侧可基于不同场景、采用自助分析工具，基于可复用的数据模型和指标服务，满足各领域复杂场景的数据分析需求，驱动数据分析业务实现从被动到主动的转变。

基于该模式，目前 F 企业所有高层的分析和决策场景都已实现线上化，完全取缔了线下传递和汇报的工作模式。右→左设计基于 BI 指标数据需求拉动工作台数据模型/标准治理，实现业务术语标准化定义，数据可理解、可使用；左→右设计基于业务流程/业务单元的业务要素开展治理，实现业务要素的结构化、在线化。基于指标的源端数据治理如图 18-1 所示。

18.5 总结与展望

面向业务侧和分析侧的信息架构设计方法是一套融合了企业架构、数据管理、流程管理等多领域行业先进理论和方法，基于数字化转型环境、面向汽车制造行业业务变革实践，以及经过近 2 年探索和验证的方法。基于该方法的设计，可成功地将"信息架构设计"的职责与能力从技术侧转移至业务侧，真正实现由业务部门的数据管家组织并完成所辖业务领域的信息架构规划、设计与管理，促进企业数字化转型目标的达成。

数据治理的方法要在企业内持续发挥指导 IT 规范性开发、促进敏捷数据消费和可持续提升数据质量方面的作用，需要一套配套的、高效的数据治理运作平台。未来，AI、知识图谱、大模型等前沿技术将融合于数据治理工具、嵌入数据治理流程，建立可持续的数据竞争力与优势，为后续数据运营、数据的增值与变现提供优质的数据资产。

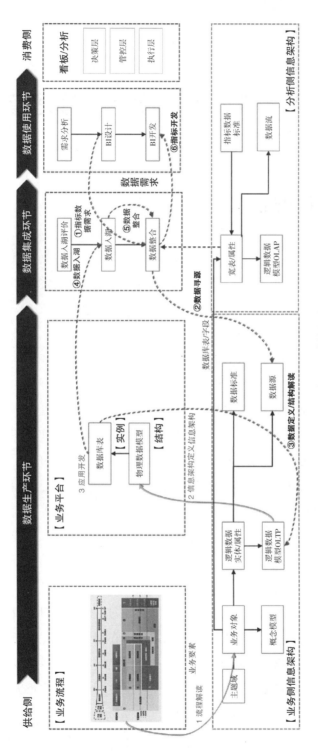

图18-1 基于指标的源端数据治理

第 19 章 常州排水数字化转型案例

19.1 建设背景

常州排水成立于 1993 年,是常州市城乡建设局下属事业单位,全国文明单位。常州排水主要担负着常州市区(除武进区外)生活污水及部分工业废水的处理,雨污水设施规划、建设、运行监管的职能,逐步形成了一体化管理体制,在社会生活中发挥着日益重要的作用。

自 1993 年常州市人民政府颁发《常州市城市排水管理办法》以来,常州排水坚持以科学发展为第一要务,按照"厂网并举,管网先行"的原则,适度超前加快污水设施建设步伐。目前,常州排水下辖城市污水处理厂 4 座,城市污水日处理能力达到 75 万 t;建成雨污水中途提升泵站 171 座,雨污水管道超过 3000km;完善建立了 GIS 地理信息排水管理、源头管理、LIMS 实验室信息管理和城区排水监控一体化等系统。

随着信息化时代的到来,大数据、云计算、物联网和人工智能等"新一代 IT 技术"迅猛发展,在各行各业得到深入应用,对经济发展、社会治理、城市管理和人们的日常生活都产生了重大影响。如今,越来越多的企业将数据视为核心资源、资产和财富,纷纷选择数字化转型以抢占新的制高点。

新时代,中国开启了"数字中国"建设的新征程。面对日新月异的大数据战略竞争态势,党中央、国务院审时度势、精心谋划,不断完善顶层设计和决策体系,加强统筹协调,围绕国家大数据战略做出实施创新驱动发展战略、网络强国战略、"互联网+"行动、《中国制造 2025》等一系列重大决策。党的二十大报告中进一步明确,加快建设"数字中国"。

大数据是一项技术,是一种思维,更是一个时代,凝聚了新一代产业革命浪潮中涌现的新机遇和新挑战，成为时代发展关键新要素。如今，"谁掌握了数据，谁就掌握了主动权"已成为水务企业的共识。在这种背景下，建设常州排水大数据平台，开展数据治理工作，发挥数据要素价值，已成为常州排水发展的目标和增强核心竞争力优势的重要手段，是常州排水数字化转型的重要举措，也是打造"智慧化排水"的重要体现。

19.2 建设目标

本项目建设目标以"1+1+1+N"（1套标准体系，1个应用支撑平台，1个数据治理中心，N个应用）模式为基础。

建设数字水务的关键应用，是通过大数据、云计算、物联网和人工智能等新技术，深度融合排水行业，把"数字化"应用于公司治理与为民服务中，创造新型的管理与服务模式。在数据的价值创造与价值传递过程中，数据将价值链的更多环节转化为战略优势，实现技术、物质、资金、人才和服务等资源的优化配置，进一步提升管理精细化、为民服务精准化和排水治理现代化的目标，数据驱动创新，让数据处理能力成为引领常州排水发展的新动力。具体建设目标如下。

1. 建设智慧排水标准体系，实现标准引领常州市智慧排水建设

数据标准化是企业建设"数字水务"的基石。建设常州排水标准体系，形成常州排水数据模型标准、数据质量标准、数据资源盘点标准、数据应用标准、数据仓库建设标准、数据交换标准、数据资产管理标准、数据属性规范和数据安全管理标准等，满足常州智慧排水建设需求。

2. 汇集常州排水数据，实现各部门信息交换与共享

数据是建设大数据平台的基础，搭建大数据汇聚与共享平台，采集并整合各个部门的相关数据，建立水务综合数据库系统和共享交换数据库，并建立对数据库系统的管理、维护、更新和使用的长效管理机制，实现常州排水各部门之间的互联互通、资源共享，各个部门可以及时、方便地相互获取与当前业务密切相关的其他部门共享的业务信息资源，优化信息共享流程，促进跨部门业务协同，有效避免信息不对称造成的监管漏洞，有利于开展多部门联合监管。

建设常州排水数据中心，实现数据统一共享交换。依托数据中心，形成数据共享和开放的工作机制与管理制度，建成常州排水数据统一共享交换平台和排水数据统一开放平台，实现数据资源的全面汇聚和高效利用。

3. 利用数据挖掘，实现生产运营的精细化管理

根据收集上来的数据，制定创新应用，进行数据挖掘、碰撞分析，发掘隐含问题，破解污水处理、管网、泵站和工程建设等过程中的生产、服务、管网及管理难题，减少经济损失，提高工作效率。

利用大数据技术，对污水处理厂各个关键设备的振动、速度、温度等指标进行监测，对海量数据进行分析，对工艺和设备故障进行诊断，对出水水质进行预测，加强应急处理，保障水质达标排放，实现节能降耗的目的。从而，运用大数据平台，实现生产运营精细化管理，实现降本增效，防范安全风险，进一步提升管理水平。

4. 运用大数据及 AI 技术，辅助领导决策和提升服务质量

基于常州排水各部门业务领域进行信息资源整合，对信息数据进行高效发掘和科学分析研判，并借助大数据技术手段，提供科学、合理、有效的辅助决策方案，为领导者提供切实可靠的辅助决策参考。

构建排水分析指标，实现排水全过程、全要素分析，形成对排水数据和行业数据的深度挖掘与融合分析能力，实现大数据服务支撑体系科学化运作，围绕排水领域开展应用示范，有效提升常州排水运营和公共服务的质量与效益。

19.3 实施方法

如图 19-1 所示，常州排水智慧排水总体架构分为基础设施建设、数据资产体系建设、应用支撑平台和数据智能应用 4 层。

1. 基础设施建设

基础设施建设包括机房硬件和私有云平台等，提供网络、服务器、存储和计算等多种资源，形成全面感知的物联网体系。物联网体系架构如图 19-2 所示。

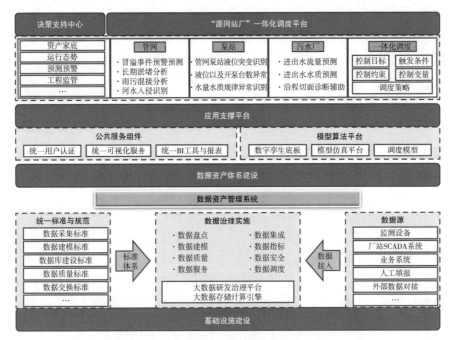

图 19-1 常州排水智慧排水总体架构图

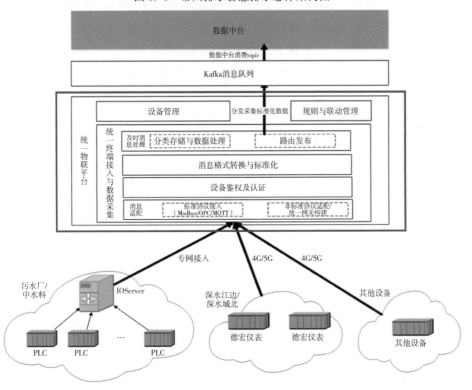

图 19-2 物联网体系架构图

1）污水厂接入。通过 IOServer（3.8）提供标准的 OPC UA 接口与云端统一物联平台对接。

2）仪表接入。通过《污染源在线自动监控（监测）系统数据传输标准2005》与统一物联平台对接。

3）其他设备。通过《污染源在线自动监控（监测）系统数据传输标准2017》与统一物联平台对接。

4）与数据中台对接。数据经过统一物联平台标准化后，发送给 Kafka 中间件。数据中台消费 Kafka 对应的 topic 内的数据，完成统一物联平台采集数据与数据中台的对接。

2. 数据资产体系建设

数据标准方面，共建设 57 项标准，同时配套出台 20 项数据标准管理规范，涉及数据集成、数据交换、数据共享和数据治理等各方面，满足大数据中心建设过程的数据资源标准化需求、规范系统集成开发和对接。

优化完善包括总体标准、业务体系标准、数据资源标准、应用标准和评价标准 5 类共 28 项信息化标准，见表 19-1。

表 19-1　常州排水标准规范列表

标准分类	序号	标准名称
总体标准	1	《常州排水智慧排水标准体系框架指南》
	2	《常州排水智慧排水术语》
	3	《常州排水智慧排水标准管理与实施规程》
业务体系标准	4	《常州排水业务模型规范》
	5	《常州排水核心业务指标体系规范》
	6	《常州排水排水户管理及信用评估规范》
数据资源标准	7	《常州排水数据分类与编码标准》
	8	《常州排水数据编码规则管理规程》
	9	《常州排水元数据定义规范》
	10	《常州排水元数据应用分类规范》
	11	《常州排水组织主数据标准》
	12	《常州排水人员主数据标准》
	13	《常州排水设施设备主数据标准》
	14	《常州排水物料主数据标准》

（续）

标准分类	序号	标准名称
数据资源标准	15	《常州排水工程主数据标准》
	16	《常州排水客户主数据标准》
	17	《常州排水供应商主数据标准》
	18	《常州排水会计科目主数据标准》
	19	《常州排水固定资产主数据标准》
	20	《常州排水地址主数据标准》
	21	《常州排水管网及泵站管理主题数据模型标准》
	22	《常州排水污水厂主题数据模型标准》
	23	《常州排水排水户服务主题数据模型标准》
	24	《常州排水元数据管理规程》
	25	《常州排水数据生命周期管理规范》
应用标准	26	《常州排水智慧污水厂建设指南》
评价标准	27	《常州排水智慧污水厂评价指标体系》
	28	《常州排水智慧排水建设及应用评价标准》
应用体系标准	29	《常州排水应用体系建设规范》
	30	《常州排水应用系统集成指南与接口规范》
	31	《常州排水企业信息门户单点登录规则》
	32	《常州排水企业信息门户 UI 设计指南》
数据分类与编码标准	33	《常州排水水质指标分类与编码》
	34	《常州排水电子收费关键信息编码》
	35	《常州排水预警等级分类与编码》
数据模型与分析标准	36	《常州排水数据架构和模型管理规范》
	37	《常州排水污水厂主题数据分析指南》
	38	《常州排水管网及泵站管理主题数据分析指南》
	39	《常州排水排水调度主题建模与分析指南》
数据质量标准	40	《常州排水数据治理实施指南》
	41	《常州排水数据质量评估与管理规范》
	42	《常州排水数据质量指标规范》
	43	《常州排水数据质量提升规范》
数据交换标准	44	《常州排水数据交换与共享接口标准》
数据开发标准	45	《常州排水数据开发利用作业规程》
数据资产标准	46	《常州排水数据资源盘点规程》
	47	《常州排水数据资产目录规范》
	48	《常州排水数据资产管理工作指南》

(续)

标准分类	序号	标准名称
大数据中心建设标准	49	《常州排水大数据中心建设与应用标准》
	50	《常州排水数据仓库建设与更新规范》
	51	《常州排水应用系统数据库建设规范》
数据安全标准	52	《常州排水数据安全管理与评估规范》
基础设施规范	53	《常州排水云计算架构》
	54	《常州排水通信网络建设规范》
	55	《常州排水 IP 地址分配规范》
	56	《常州物联网采集设备点位编码规范》
	57	《常州排水物联网技术应用指南》

搭建大数据计算系统与大数据治理与分析系统，支撑常州排水数据模型的建立、维护，贴源数据的存储、检核和供给，结构化、半结构化和非结构化数据处理，实时流数据处理等，一站式提供集数据引入与规范定义、数据建模、数据指标、数据质量、数据安全、数据资产管理、数据服务和数据治理任务运维调度等功能于一体的全链路大数据治理与分析及管理服务。

如图 19-3 所示，通过数据中台采集并整合常排各业务系统数据和外部数据，通过数据治理过程，建立水务综合数据体系，促进跨部门的业务协同，优化信息共享流程，实现常州排水各部门之间数据的互联互通、资源共享，以及数据资源的全面汇聚和高效利用。

数据资产管理系统是数据中台建设成果的可视化管理，完成了数据资产从枯燥化、技术化的管理方式转变为美观化、业务化的管理方式。如图 19-4 所示，数据资产管理有 4 点核心的能力：可见、可用、可管和可治。可见，就是以用户使用的视角，通过资产目录编排，资产地图让使用者查得清、看得懂已纳管的资产信息。可用，就是建立数据申请审批的流程，在线化实现数据资产一键申请使用的能力，后续资产运营还可以实现在报表工具上直接使用申请数据做分析。可管，就是建设了数据资产全生命周期的管理流程、线下配套的管理制度来保障落地和执行。可治，就是实现了标准和规范的落地，包括数据编码和分类、数据生命周期管理规范、数据资产管理工作指南和数据资产目录规范。

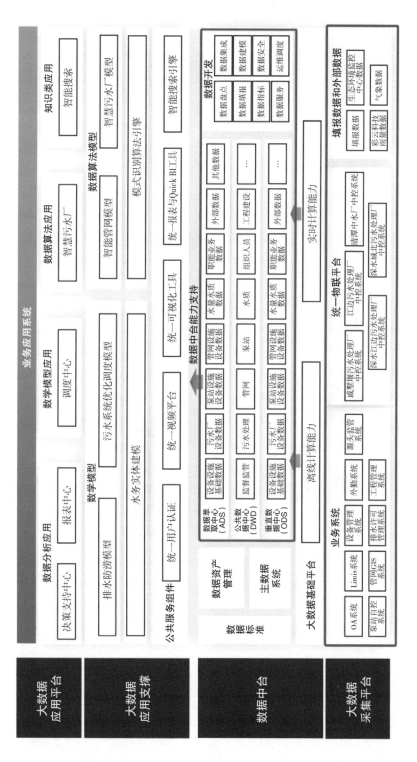

图19-3 大数据平台架构图

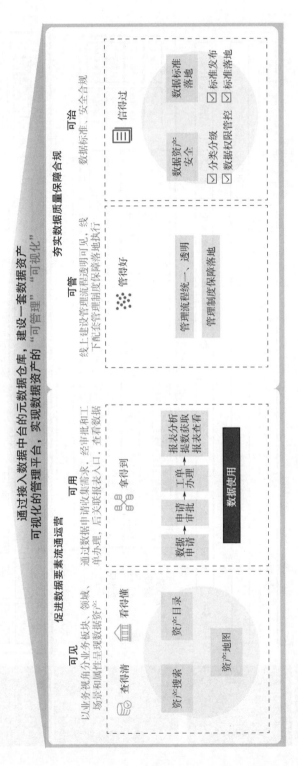

图19-4 数据资产管理架构

通过物联平台统一接入、业务系统数据集成等方式，汇聚10余个业务系统、厂站管网共1000余处监测点位数据，分层分域开展10个域的数据建模、治理500余个数据指标、形成50余条数据质量稽核规则，最终形成完整的数据资产体系，对数据资产目录、元数据、数据质量、数据血缘和数据生命周期等进行管理，为后续源网站厂智能调度场景提供统一的数据服务。

3. 应用支撑平台

含公共组件服务及模型服务。公共服务组件包括统一用户认证、统一视频平台、统一可视化工具、统一BI工具与报表、智慧搜索引擎等，提供数据资源、应用系统跨平台的无缝接入和集成。模型服务包括行业机理模型与数据智能模型，由大数据中心提供标准化的水务孪生数据底板，同时叠加以深度学习技术为核心的数据算法模型，为打造源网站厂一体化调度提供支撑服务。

4. 数据智能应用

1) 决策支持中心。依托大数据中心提供的丰富的数据资产体系，构建决策支持中心、报表中心，用数据指导运营决策，提升管理效率。

2) 源网站厂一体化调度平台。源网站厂一体化调度平台通过数据跨域共享、实时计算与分析、人工智能等技术的应用，提升运营调度的决策能力，实现调度条件动态研判、调度风险清晰识别、调控方案自动生成、调度影响精准推演。智慧排水应用架构如图19-5所示。

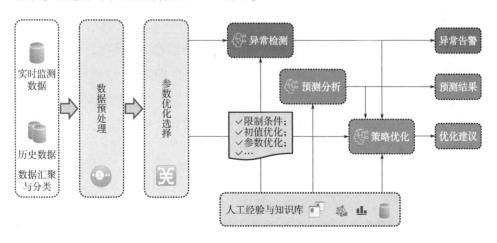

图 19-5 智慧排水应用架构

通过以上技术路线的落地，在常州排水管理处与下属的泵站所、管网所、污水厂等多层级之间搭建起系统、全面的数据流转途径，实现跨层级、跨系统、跨部门、跨业务的高效协同，通过数据运营保障高效的日常管理。

19.4 建设成效

通过该项目建设，构建排水大数据服务体系，用数据指导日常管理运营工作，形成对排水数据和行业数据的深度挖掘与融合分析能力，有效提升常州排水运营和公共服务的质量与效益。

1. 管理效益

通过数据驾驶舱、业务报表等，直观展示日常运营与决策数据，实时反映排水管理处的运行状态，制定生产绩效、能耗成本等不同主题的数据报表，实现数据辅助决策，降低决策难度与成本。

2. 经济效益

1）降本增效。通过智慧管网应用实现每天减少外水入侵约 2 万 m^3，每年节约运行费用近 1000 万元；智慧污水厂精确曝气和精确加药功能，有效节约了能耗和药耗；一体化调度保障了泵站低水位运行，缩短了水泵运行时间，提升了运行效率。

2）应急协同。通过一体化调度模型探究源网站厂在晴天优化、设备检修等工况下的调度预案，当出现突发故障或检修导致的停产减产时，可通过灵活调度系统保障应急事件情况下的平稳运行，减少经济损失。

3）提升管理。通过排水全过程数据规律识别与分析，理清城市排水管理问题的深层次原因，对城市排水业务常态化工作进行定量化指导，降低日常管理与污水运维的人力资源消耗，解放劳动力。

3. 社会效益

1）改善环境。通过数字化运营管理，减少污水冒溢及水环境污染，保持低水位运行以保障排水通畅，提升城市环境品位和整体竞争力。

2）公众服务。通过数据监测与分析功能，第一时间识别污水冒溢外渗、城市内涝等风险并快速处置，为当地群众提供良好的排水服务。

19.5 总结与展望

在项目整体建设过程中，管理方与承建方协同配合、共同推进，总结出以下几点建设经验：

1）领导重视，充分发挥政策保障作用。智慧水务数字化转型是一项长期工程与系统工程，需要管理单位一把手牵头引领，在政策与管理机制上提供充分保障，将管理与技术相结合，形成数字化创新的企业文化与体制机制。

2）强强联合，构建数字排水先进技术路线。甲方的业务经验丰富性需与承建单位的技术先进性相结合，共同开创数据运营模式。本项目中常州排水管理处具有多年实践积累与管理经验，承建方具有优秀的大数据平台能力和深厚的行业沉淀，借助先进的大数据计算与治理工具，构建排水业务统一数据底板，形成丰富完善的数据资产，通过算法识别与诊断分析技术，搭建源网站厂联合调度仿真平台，凝结成一套通过数据赋能智慧排水的标准化技术路线。

3）经验沉淀，通过数字化手段对优秀经验进行固化沉淀。良好的业务管理是基础，通过数字化手段对源头治理、低水位运行、一体化调度等经验进行固化沉淀，注重利用智能化手段对传统管理与运维模式进行提升，改变以往通过人工进行经验传承的模式，形成值得行业推广的价值点。

4）技术引领，紧跟水务行业科技前沿进展。始终树立科技是第一生产力的正确理念，探索前沿科技在智慧水务行业中的应用，关注机理模型、数据智能应用、AI技术和大模型等先进生产力的更新迭代，沉淀固化数据治理的成功经验并向外推广，促进水务行业充分共享科技进步的果实。

第 20 章 国家管网集团主数据治理助力智慧供应链运营案例

20.1 建设背景

国家管网集团成立于 2019 年 12 月 9 日，是国务院国资委监管的国有重要骨干企业，总部设在北京。国家管网集团以习近平新时代中国特色社会主义思想为指导，深入贯彻落实习近平总书记"四个革命、一个合作"能源安全新战略和重要指示批示精神，坚持新发展理念，以"服务国家战略、服务人民需要、服务行业发展"为宗旨，以"建成中国特色世界一流能源基础设施运营商"为愿景，确定了"打造智慧互联大管网、构建公平开放大平台、培育创新成长新生态"的"两大一新"战略目标，明确了"市场化、平台化、科技数字化、管理创新"的"四大战略"。

国家管网集团的供应链建设确立了"打造'全面协同、开放生态、智慧运营、敏捷高效'的现代供应链"的目标，以供应链与互联网、物联网深度融合为路径，以信息化、标准化、信用体系建设和人才培养为支撑，创新发展供应链新理念、新技术、新模式，高效整合各类资源和要素，打造大数据支撑、网络化共享、智能化协作的智慧供应链体系。通过强化招标集中管控、大力推行集约化采购、全力推进国产化进程、加快数字化转型发展、专业化运营和赋能型管理等途径，持续提升供应链管理效率和效益，支撑大业务体系合规高效运行，全面助力国家管网集团高质量发展。

为实现国家管网集团的供应链建设战略目标，集团公司启动了供应链管理系统建设。供应链管理系统项目包括计划管理、采购寻源管理、招标管理、合同执行管理、仓储管理、质控管理、商品管理、供应商管理、承包商管理、专家管理、供应链金融和数据展示等功能，分为 5 个子项目，分别为：供应链架构管控、物资主数据代码库建设、核心采办（含供应链管理咨询）系统建设、仓储物流系统建设、电子招标系统建设。供应链管理系统架构如图 20-1 所示。

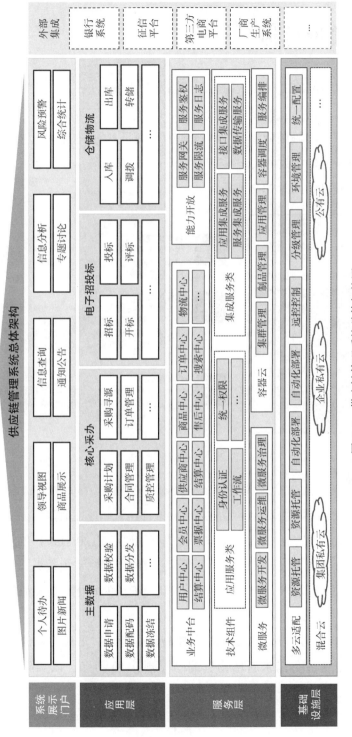

图20-1 供应链管理系统总体架构图

第20章 国家管网集团主数据治理助力智慧供应链运营案例

20.2 建设目标

按照国家管网集团《油气储运工程物资分类编码规定》，完善物料编码属性，制定各分类属性值数据库，清洗转换在用编码，建设国家管网物资主数据代码库并在项目实施期间运营管理代码库，满足各系统的物资主数据应用需求，同时制定物资主数据代码库管理规范，为信息系统建设和深入应用提供保障。项目建设目标如图 20-2 所示。

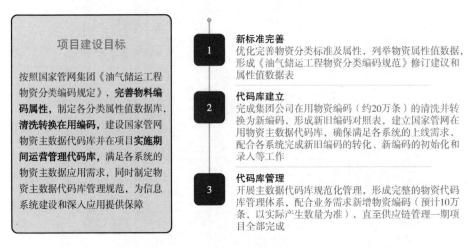

图 20-2　项目建设目标

1) 新标准完善。优化完善物资分类标准及属性，列举物资属性值数据，形成《油气储运工程物资分类编码规定》修订建议和属性值数据表。

2) 代码库建立。完成集团公司在用物资编码（约 20 万条）的清洗并转换为新编码，形成新旧编码对照表，建立国家管网在用物资主数据代码库，确保满足各系统的上线需求，配合各系统完成新旧编码的转化、新编码的初始化和录入等工作。

3) 代码库管理。开展主数据代码库规范化管理，形成完整的物资代码库管理体系，配合业务需求新增物资编码（预计 10 万条，以实际产生数量为准），直至供应链管理一期项目全部完成。

20.3 实施方法

项目实施分为两个阶段。

第一阶段工作内容包括标准落地清洗工具平台，新标准分类完善，属性规则完善，新增取值库，清洗 8 万条库存数据，清洗 12 万条复用率高且无库存数据，配合企业库管人员盘库获取属性值信息、物资图片信息等大量具体的工作。

该阶段实施周期较短，实施内容包含前期项目启动准备工作，需要甲乙双方大量人员参与且进行异地联络，团队内部配合协调性事务较多。因此，该阶段需要实施团队提前做好工作预案，有方法、有步骤地按照进度计划执行项目实施内容。为确保实施进度，需要做好工具平台搭建，充分利用平台工具的数据清洗功能完成物料分类识别、差异信息识别等前期数据清洗任务；通过甲方的统一指挥作用，协调好与仓储物料项目组的工作配合机制，顺利获取图片信息和物资信息；做好物料代码清洗分工，做好代码创建、信息收集、代码审核等工作，将各项工作内容责任落实到具体的人。

第二阶段工作内容包括第一阶段收尾遗留问题处理；组织企业梳理一级和二级框架物资、代储物资、储备定额物资物料清洗；识别交叉分布的数据台账信息，满足供应链系统物料主数据应用需求；建立运维保障体系，包括建立运维组织、工作流程、工作制度等；日常物料代码新增；往来单位信息沟通；代码库数据管理；数据管理平台技术支持；建立数据管理与数据质量监督机制。

该阶段实施周期较长，由实施团队选派大量具有数据运维管理或项目实施经验的人员参与实施。团队内部与国家管网各企业之间配合协调性事务较多，因此，该阶段实施团队按照新建的运维管理机制开展日常数据维护工作，强化协调沟通能力，做好国家管网集团物料主数据运营和保障服务。

为确保数据运维工作顺利执行，需要强化工具平台功能，充分利用平台工具成熟的数据管理功能，完成物料分类识别、差异信息识别，协调企业物资编码申请人提供完善的物资属性信息，建立配合紧密的信息传递机制，顺利获取图片信息和物资信息；建立日常新增物料代码专业分工机制，确保每名专业负责编码人员责任清晰、工作内容到位、数据运维保障机制健全。项目实施工作蓝图如图20-3所示。

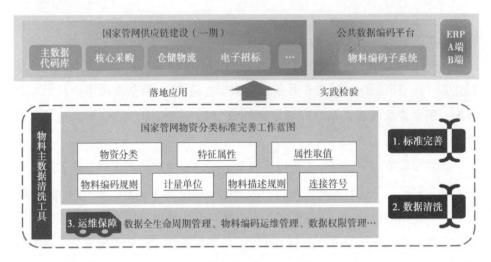

图20-3 项目实施工作蓝图

1）在理解国家管网集团供应链管理系统整体规划的基础上，完善并落实《油气储运工程物资分类编码规定》标准，开展物料代码库建设的相关业务。

2）制定组织架构、实施方案和实施计划，归纳核心管理领域和业务领域的主数据管理需求，确定数据清洗范围和组织范围。

3）根据各类物料主数据的特点并结合国家管网集团所属企业实际情况，与相关业务部门共同讨论完善满足企业应用需求的主数据标准，标准完善内容主要包括分类规范、编码结构、主数据模型、描述模板和属性取值等。

4）通过将物料分类标准、物料描述规则固化至清洗工具平台，落地应用《油气储运工程物资分类编码规定》标准，结合抽取小范围物料类别数据，清洗A端和B端历史物料编码，分析标准差异性，适当调整完善新标准属性字段，填充满足规范要求的属性值信息建立取值库，检验《油气储运工程物资分类编码规定》标准的适用性，提出标准完善及修订方案，确定标准完善成果。

5）组织内外部专家召开标准评审会，听取专家意见修订标准完善结果，确定最终版物料分类标准、物料描述规则，申请标准发布，短期内实现物料分类标准化、物料描述标准化和规范化应用场景。

6）组织全量范围的数据清洗，结合库房盘点提供的物资实物信息、图片信息，完成新旧数据清理对照，生成新编码规则下的物料代码，建立代码库。

7）组织企业收集国家管网集团现有库存物资、一级和二级框架物资、代储物资、储备定额物资等物料代码数据，通过物料清洗各维度物资数据，识别交叉分布的数据台账信息，理清数据分布状态，满足供应链系统物料主数据应用需求。

8）编制物料主数据管理体系文件，建立物料主数据运维管理机制，编制第三方电商平台商品的配码方案。

9）提供物料代码库数据、取值库表、物料图片、物料分类标准完善成果，配合公共数据编码平台工程及物料编码管理子系统物料主数据初始化；提供《新旧编码对照表》配合合并后的 ERP 系统实现数据初始化。

为了保障项目实施成功，在实施过程中制定了实施策略，通过现状调研和需求分析等前期工作，输出主数据代码库建设工作机制和团队分工方案，拟定主数据标准化体系架构、主数据集成架构和运营管理架构（组织、制度、流程、管理规范、质量管理措施）等内容。此外，针对主数据标准和实施策略、实施步骤、实施内容、实施方法和清洗工具操作方法进行宣贯，使国家管网集团所属企业的各级管理人员及员工及时掌握相应的标准、规范、实施方法论，确保整个项目实施里程碑节点及相关工作顺利执行。

(1) 制定物料分类标准完善工作策略

按照物料分类标准完善的工作内容，制定物料分类标准完善工作策略：

1）结合物料代码清洗过程中遇到的问题和难点，分析分类标准是否需要完善。

2）组织物料专家和顾问按照前期项目制定的物料分类标准完善的基本原则，进行类别完善。

3）通过平衡新标准物料分类基本要求，确定分类标准适用效果。

4）参照国家及行业内优秀企业相关标准，重新针对不符合本企业内部业务应用习惯、不适应标准分类基本原则、无法有效执行落地平台应用的物料类别，采用修订、补充、删减、归并、增设等措施手段进行适当改进和完善。

5）完善分类标准需经过质量管理组集体评审后，固化至工具平台加以应用验证，满足物资主数据清洗和物料代码建库业务对物料分类标准适用性的迫切需求。

（2）制定物料描述属性标准完善工作策略

按照物料描述标准完善的工作内容，制定物料描述标准完善工作策略：

1）结合物料代码清洗过程中遇到的问题和难点，确定属性规则是否需要完善。

2）组织项目部物料专家和顾问按照属性设置的专业合理性、业务应用逻辑，以国家标准和行业标准为依据进行完善。

3）通过平衡新标准对物资描述属性的基本要求，确定属性描述规则是否满足应用要求和适用效果。

4）参照行业内优秀企业物料描述规则进行适当完善。重新针对不符合本企业内部业务应用习惯、不适应属性值采集和填充、无法有效执行落地工具平台个别物料属性，采用修订、补充、删减、转换、增设等措施手段进行适当改进和完善。

5）物料描述属性规则的完善内容，需要经过项目质量管理组集体评审后，固化至工具平台加以应用验证，满足物资主数据清洗和物料代码建库业务对物料描述标准规则的迫切需求。

（3）制定物料标准完善工作流程策略

物料标准完善工作需要按照既定的工作流程开展，流程节点主要包括：

1）填写"物料标准修改申请表"。物料代码新增创建申请人提出物料分类标准、物料描述属性、物料描述规则不适应及不合理等相关问题，并将问题描述内容和理由填写在"物料标准修改申请表"中，提交物料专家组审核。

2）物料专家进行问题评审。针对"物料标准修改申请表"组织相关专业物料专家进行集体评审，找出问题根源并提出解决方案和修改完善建议，填写"物料标准完善建议书"，形成书面解决报告提供给项目管理组进行统一反馈。

3）进行二次反馈验证。如果判定分类问题确需完善，物料专家组则提出分类完善建议，将"物料标准完善建议书"进行统一反馈，再次征求申请者及项目工作小组意见，通过申请者再次实践评估验证，在"物料标准完善建议书"回复是否满足解决问题的意见。必要时可以将"物料标准修改申请表"提交至项目工作例会，集体研讨提出解决方案，给出完善建议。

4）解决方案执行。在清洗工具平台，按照专家提出的最终版"物料标准完善建议书"进行问题分类调整，固化分类并进行系统测试，检查应用效果。

5）记录输出结果。保留"物料标准完善建议书""物料标准修改申请表"，记录物料分类标准修订内容，形成项目过程文件提交项目管理组备案。

20.4 建设成效

经过18个月持续不断的努力，国家管网集团物料主数据代码库建设工作取得了良好成效，如图20-4所示。

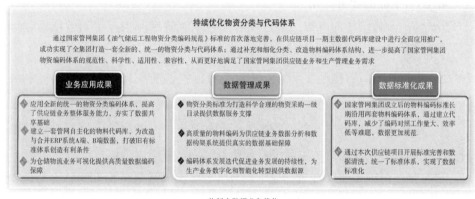

图 20-4 项目实施成效

1. 业务应用成果

1）应用全新的统一的物资分类编码体系，提高了供应链业务整体服务能力，夯实了数据共享基础。

2）建立一套管网自主化的物料代码库，为改造与合并 ERP 系统 A 端、B 端数据，打破旧有标准体系创造有利条件。

3）为仓储物流业务可视化提供高质量数据编码保障。

2. 数据管理成果

1）物资分类标准为打造科学合理的物资采购一级目录提供数据服务支撑。

2）高质量的物料编码为供应链业务数据分析和数据构架系统提供真实的数据基础保障。

3）编码体系发展迭代促进业务发展的持续性，为生产业务数字化和智能化转型提供数据源。

3. 数据标准化成果

1）国家管网集团成立后的物料编码标准长期沿用两套物料编码体系，通过建立代码库，减少了编码对照工作量大、效率低等难题，数据更加规范。

2）通过本次供应链项目开展标准完善和数据清洗，统一了标准体系，实现了数据标准化。

4. 物料主数据业务优化

1）简化主数据管理流程。将总部对主数据的管理要求提炼为数据检查规则，总部用户只需对规则进行审核。

2）数据检查前置到源头系统。随着主数据的不断深化应用，供应链系统将各目标系统的主数据校验规则前置，数据管控与业务实体深度融合。

3）编码体系端到端拉通。以规划设计为源头端，贯穿物资供应、仓储物料、工程施工、生产运营、生产维修等业务端物资编码运维体系。

通过国家管网集团《油气储运工程物资分类编码规范》标准的首次落地完善，在供应链项目一期主数据代码库建设中进行全面应用推广，成功实现了全集团打造一套全新的、统一的物资分类与代码体系；通过补充和细化分类、改造物料编码体系结构，进一步提高了管网集团物资编码体系的规范性、科学性、适用性和兼容性，从而更好地满足了国家管网集团供应链业务和生产管理业务需求。

5. 以物料编码为中心打通数据流，贯穿工程实体全生命周期

以物资编码为中心，打通设计与采购、工程费控的数据流，在设计阶段完成对工程实体、工程物资的自动赋码，并向下游传递，实现物资从设计、概算、采购、物流、仓储、验收、安装和转资等过程的全生命周期管控。这为国家管网集团实现数据统一、同源、共享和拉通，全面支撑数字化规划、设计、采购、施工和运维奠定了坚实的数据基础。

20.5 总结与展望

1. 基于物料分类编码标准完善成果,提升物料主数据标准化管控能力

依托《油气储运工程物资分类编码规定》标准完善成果,建立物料主数据代码库并成功应用与供应链系统建设,最终实现了标准落地应用建设目标,大幅度提升了国家管网集团物料主数据标准化管控能力。通过应用新物料编码及描述规则,建立统一共享的、标准规范的、专业质优的物料主数据代码库,初始化至国家管网集团公共数据编码平台,实现了全集团物料主数据统一共享、统一源头、统一管理。数据标准化成果展示如图20-5所示。

图20-5　数据标准化成果展示

2. 基于物料主数据代码库数字化管理,助力数字供应链系统建设实施

物料主数据代码库作为数字供应链管理的数据载体,在供应链业务的多个应用场景中发挥着重要作用。

1)作为采购物资的代码,在物资需求计划管理、采购合同管理、采购质量管理、仓储物流管理、采购支持与保障管理等多个业务环节中提供高质量、标准化的数据信息,可以降低管理成本,为物资供应管理提供便捷的数据管理要素。

2）作为工程项目、物资供应、供应商、仓储物流等多类业务数据的公共数据属性项，可以快速抽取元数据阈值和统计分析数据信息，并基于数据在供应链系统、ERP 系统、业财一体化系统中的流转识别业务情况。

3. 基于分析业务活动中的数据实体，提升物资数据资产管理能力

依托针对库存物资、一级/二级框架协议物资、储备定额物资、代储框架物资的数据清理成果，清晰识别账套库存物资数据与储备定额物资数据、代储框架物资数据的边界，确定不同业务活动中数据实体的范围，为深入做好数据分析和数据挖掘提供有效的、真实的数据环境，从而全面提升国家管网集团物资数据资产管理能力。物料主数据识别效果如图 20-6 所示。

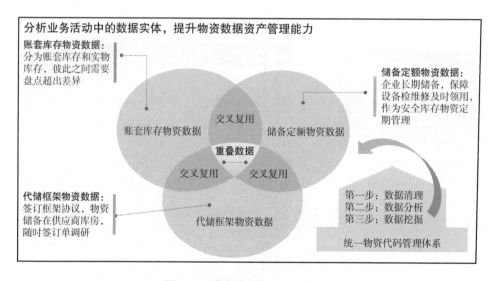

图 20-6　物料主数据识别效果图

4. 数字供应链愿景

持续深入开展物料主数据标准化与供应链系统建设紧密结合，促进企业业务数字化、智能化、精细化管理，为企业提供全方位的可视化管理平台。数字供应链集成架构如图 20-7 所示。

（1）物料主数据标准化支撑管理一体化

持续开展物料主数据标准化，可以有效支撑供应链管理核心采办系统与管网数字化协同设计平台、工程管控一体化平台、资产完整性平台、数据标准体

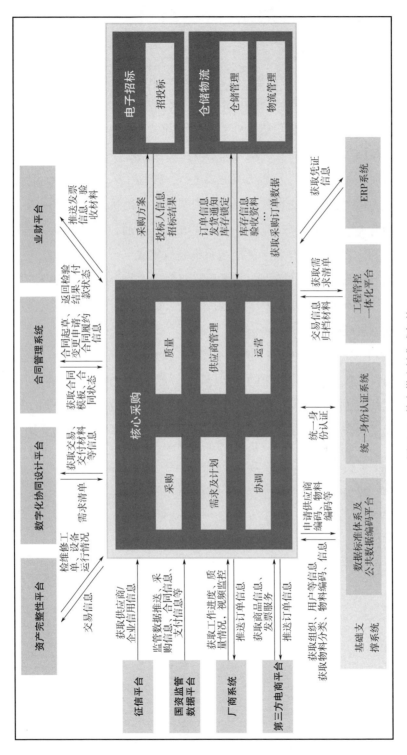

图20-7 数字供应链集成架构

系及公共数据编码平台（包括工程与物资编码子系统）、ERP系统、合同管理系统，以及国资监管数据平台、征信平台、第三方电商平台、厂商系统等外部系统进行拉通，最终实现业务财务穿透暨业财一体化、全价值链穿透暨产业一体化、端到端流程拉通实现战略、预算、过程风控和绩效改进的PDCA闭环。

（2）物料主数据标准化促进企业实现"五流合一"

物料主数据代码库的建立，是保障全方位资源管理一体化的供应链管理系统建设的前提，促进了核心采办功能平稳运行，提高了采购、招标、仓储物流等管理方面的精细度，在交易数据层面做到顺畅自然衔接，进一步促进企业实现商流、物流、资金流、信息流、业务流"五流"贯通，即"五流合一"。

（3）物料主数据管理平台与供应链系统高效集成

实现供应链系统与公共数据编码平台获取分发的物资品类、物资分类主数据。物资主数据申请在核心采办提供链接，到工程与物资编码子系统分配，形成高效的数据集成路径。

（4）物料主数据标准化支持"五位一体"供应链服务体系

通过物料主数据标准化效果的不断显现，为企业着力打造战略协同、共享共赢、共生共荣的松耦合网络供应链生态，以及逐步建成内外部协同、上下游协作、自动化操作、智能化决策、智慧化运营"五位一体"的国家管网集团供应链服务体系提供支持。

第 21 章　青岛水务集团数据资产建设案例

21.1　建设背景

青岛水务集团是青岛市委市政府建设全域统筹水务体系的平台公司，业务板块涵盖城镇供水、排水防汛、水环境治理、污泥处置、固废处置、海水淡化和工程建设等多领域，服务人口 500 余万人，服务区域覆盖市内七区及胶州市。截至 2022 年底，青岛水务集团资产总额 164.03 亿元，年营业总收入 38.95 亿元，员工近 4000 人，综合供水能力达到 129.1 万 m^3/d，海水淡化能力 30 万 m^3/d，排水提升能力 91.2 万 m^3/d，污水处理能力 131.6 万 m^3/d，污泥处置能力 510t/d，厨余垃圾处置能力 500t/d，垃圾转运能力 4000t/d，企业综合实力和发展潜力持续增强。

近年来，青岛水务集团将"加快推进数字化转型，赋能企业高质量发展"作为战略任务之一，推动生产经营与数字化技术深度融合，按照"数据先行、夯实基础""资源整合、管理提升""管理创新、战略发展"3 个阶段实施数字化转型工作。其中，大数据中心的建设是集团数字化转型战略的重要举措之一，通过一系列数据技术和工具搭建企业的数据核心枢纽，对海量数据进行采集、计算、存储、加工，统一形成数据资产层，进而提供全域高效数据服务，为青岛水务集团发展提供业务模式创新与数据驱动引擎，支撑未来"大水务"一体化运营格局的发展。

依据青岛水务集团数字化转型战略规划，面向各业务运营领域的管控要求，结合行业技术发展趋势，建设数据标准体系、搭建数据资产构建工具、设计数据治理实施路径，最终形成公司数据资产，构建数据能力，为集团经营与业务管控提供全面、及时、准确的统一数据管理与服务，建立集团级监管指挥中心、报表中心，建设数据驾驶舱、数据智能应用等，提升集团决策及管控能力，支撑公司业务模式创新与升级。项目主要建设内容包括数据标准、大数据治理中心、监管指挥中心、报表中心、其他智慧应用系统。

1）数据标准。基于青岛水务集团信息化标准体系（一期），针对数据体系进一步补充新增数据模型标准、数据质量标准、数据交换标准、数据资产管理标准和数据安全管理标准等。

2）大数据治理中心。包括搭建大数据计算系统及大数据治理与分析系统，开展数据资产盘点、数据集成、数据建模、数据指标、数据质量、数据安全、数据服务等工作；建设数据资产管理系统实现数据资产和使用服务，体现数据价值。

3）监管指挥中心。建设大屏端、PC 端、移动端系统，承担集团层面在日常监管、应急指挥、开放展示这 3 类场景下的监管、指挥、调度等功能。

4）报表中心。建设集团层面统一的报表分析中心，在满足原有业务管理要求的基础上，同时满足未来报表跨部门、跨业务、跨时间和跨系统的统计和使用要求，为整体业务管理提供更准确、更及时的数据支撑。

5）其他智慧应用系统。包括智慧决策（数据驾驶舱）、智慧生产（用水量预测、生产异常分析与智能预警、厂网一体化联动）、智慧服务（客户画像、地址标准化）等内容。

21.2 建设目标

构建青岛水务集团统一数据资产管理体系，打造集团数字化转型的坚实基础，实现"统一标准规范、统一数据存储、统一数据资产、统一技术系统、统一数据服务、百花齐放应用"的目标。对内为管理决策提供数字化支撑平台，服务于业务开展与综合管控的高效协同；对外对接青岛市新型智慧城市大脑，助力青岛市新型城市建设。

项目一期选取生产运行、营销客服、应急指挥等核心领域，快速实现跨域数据汇聚和打通、盘活融通数据资产、激活数据服务能力，重点关注改善数据的及时性、准确性、唯一性，迅速提高集团管理效率与生产效能，后续逐步支撑更多数据智能场景、业务洞察分析的落地。

21.3 实施方法

青岛水务集团全域数据资产管理体系框架如图 21-1 所示。

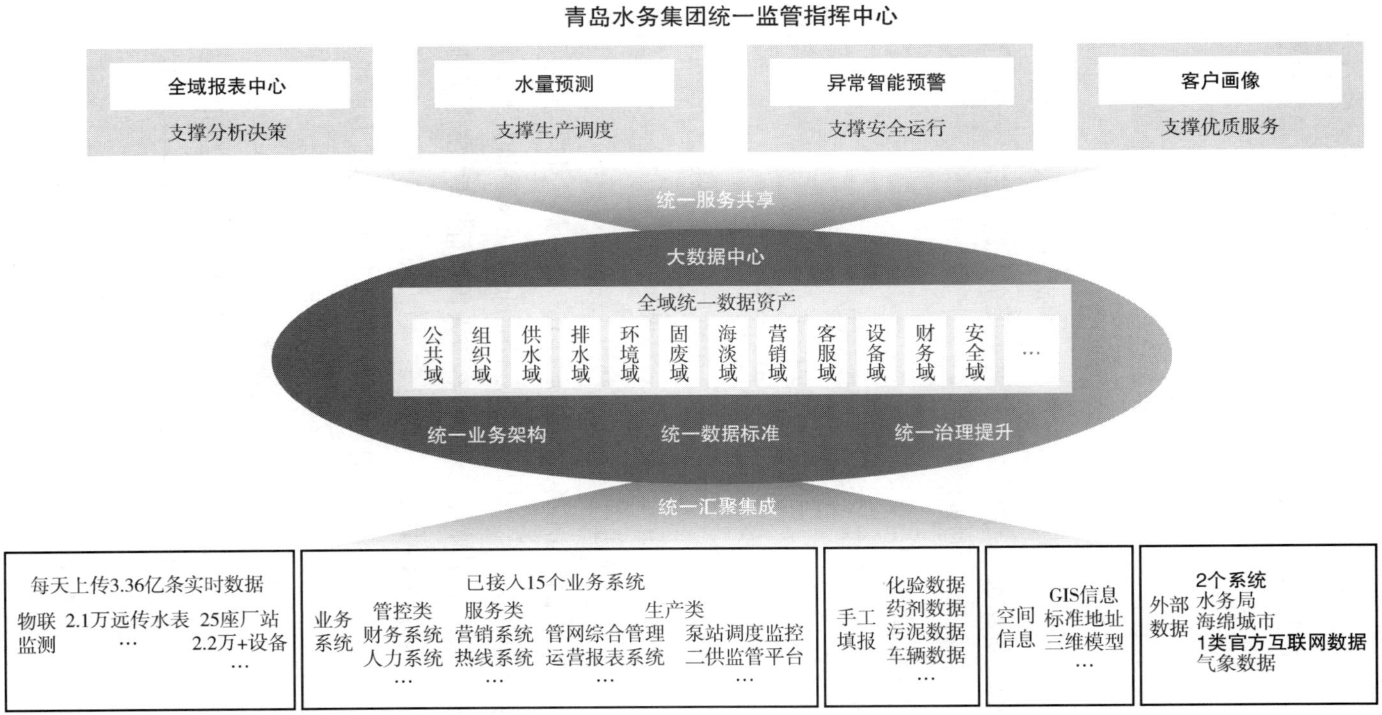

图21-1　青岛水务集团全域数据资产管理体系框架

1. 多源数据统一汇聚集成

采集物联实时数据、业务离线数据、手工填报数据、空间信息数据、天气、海绵城市监测数据共 5 类数据，统一汇聚集成，形成数据资产治理基础。

2. 大数据中心统一治理共享

搭建大数据存储计算系统与大数据治理分析系统，一站式完成数据采集、数据建模、数据指标、数据质量、数据安全、数据资产管理、数据服务和资源调度等治理任务，支撑青岛水务集团对数据全域融合存储、复合计算等治理需求，并建立对数据资产的管理、维护、更新和使用的长效管理机制，实现企业各部门之间的互联互通、资源共享，最终实现全面数据资产管理，面向多个核心数据应用系统提供统一数据服务。

3. 核心数据智能应用

依托治理后的优质数据基础建设数据智能应用，如：

1）水量预测。提供青岛市水司级别、水厂级别、一级加压站级别的供、用水量预测分析，实现"以用促供、以用调供、以用优供"。

2）生产异常智能预警。选取污水厂加药、供水管网运营等核心业务场景，通过构建药耗指数模型、电耗指数模型、管网健康度评价体系等，结合实时数据算法对各类波动、异常进行综合预警判断。

3）客户画像。对青岛水务集团服务的 181 万户居民和非居民户表用户构建多维画像，挖掘用水大户、用水异常、不同时段用水特征用户、重点关注客户等标签体系，进一步指导营销人员、客服人员进行针对性的客户服务。

4. 集团生产监管指挥中心

以实现集团核心生产环节的总监管、总指挥、高效协同为目标，面向日常监管、应急指挥、对外开放三大类场景下的监控、指挥、调度需求，搭建全业务链信息的多维展示平台，建设八大主题驾驶舱，汇聚 700 余项分析指标，实现业务监管、分析研判、监督考评、监测预警和应急协同等功能，实现核心业务的事前统筹规划、事中严密监控、事后分析考核，不断提升集团运营效率。

5. 集团报表中心

遵循青岛水务集团业务架构和分析场景规划，科学规划数据分析体系与报表多维架构，划分了十一大类分析主题、37 个二级分类，覆盖全业务域和数据主题域，重点规划全链路水质分析、业财融合的数据分析、营销客户主题数据分析等跨域综合分析报表，实现数据一处生产、多处使用、口径统一，大幅降低报表加工烦琐工作量，支持集团所有业务人员灵活开展自助式数据分析。

21.4 建设成效

通过项目建设，推动业务数字化、生产智能化、管理协同化、服务主动化、决策科学化，实现数据驱动，用数据说话、用数据管理、用数据决策、用数据创新，实现安全生产、降本增效，推动集团实现更高质量的发展。

1. 形成了体系化的智慧水务标准体系

青岛水务集团遵循"标准先行，搭建集团数字化转型总体框架"的总体原则，规划了总体数据标准建设框架，如图21-2所示。

青岛水务集团按照实际需求、遵循建设时序、分批次建设了35份数据标准规范，内容主要涵盖智慧水务标准总体指南、应用规范类标准、数据资源类标准、网络IP地址规划标准、物联网采集的上行和下行传输标准、物联网数据采集标准、主题数据模型标准、数据仓库建设标准、数据业务分类标准、数据安全分级标准、数据交换与共享标准、数据资产管理标准、数据质量标准、数据服务接口规范标准等。

通过系统实施过程中不断检验标准的适用性、对已有标准进行修订完善，形成了标准不断更新、优化的良性发展循环。

2. 建设一体化大数据治理中心

青岛水务集团大数据治理中心建设总体内容与成果如图21-3所示。

1）数据采集。深度盘点和探查了集团15个业务系统与25座厂站数据，完成供水、排水、污水处理、营销客服、海淡和管网等主要数据的盘点，编制《青岛水务集团多源数据采集方案》，全面覆盖上述15个业务系统数据库（223张数据表）、25座厂站所（2.2万个设备）、填报数据源、水务局与住建局等外部数据源的采集工作，每天采集数据量超3.36亿条。

2）数据治理。按照数据采集—数据清洗—模型设计—模型开发—数据指标—数据服务全链路构建青岛水务集团《实时离线流批一体数据治理和数据研发和数据治理方案》，遵循《核心业务指标体系规范》沉淀了12个业务数据域内超过200个水务数据模型、800余项数据指标。

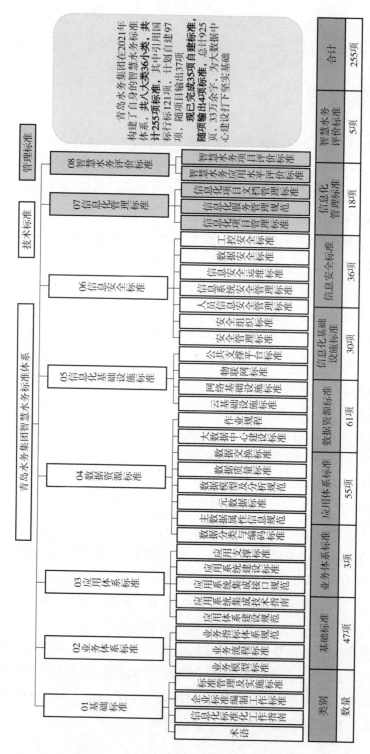

图21-2 总体数据标准建设框架（截图）

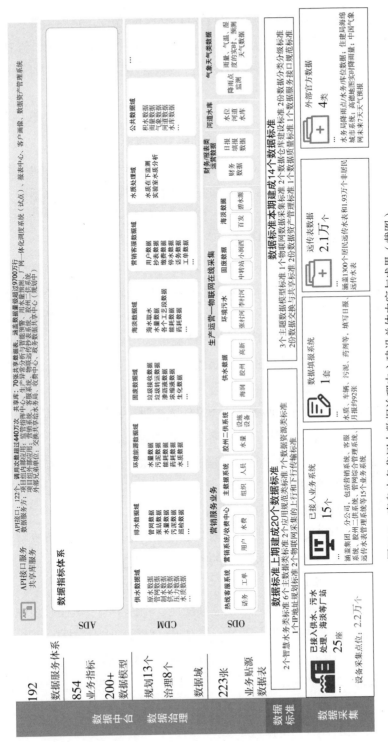

图21-3 青岛水务集团大数据治理中心建设总体内容与成果（截图）

3）数据服务。通过数据服务 API 和共享库的方式，完成大数据中心生产的数据指标对外共享服务的功能，实施超过 120 个 API 服务接口与 70 个水务共享库数据表，为青岛水务集团各业务板块提供完善、及时、准确的数据服务。

4）数据质量。设计 40 余类数据质量校验规则，包括数据完整性、唯一性、规范性、一致性、及时性、数据波动情况等通用数据质量规则，以及设备编码准确性、水费异常、身份和电话异常、远传水表传数异常、供水区域编码异常、水质波动异常等带有业务场景的数据质量规则，在大数据中心落地实施。

3. 建设全域数据资产管理体系

如图 21-4 所示，建设面向业务人员和数据管理人员的数据资产管理系统，从用户视角、以业务逻辑分类动态展现治理成果，构建业务系统资产目录、大数据中心资产目录、数据服务资产目录等核心内容，对数据资产进行全生命周期过程管理，确保数据资产可被业务部门理解，避免大数据中心过于技术化、治理成果不便于业务人员维护使用等问题，提高未来数据使用效率。

被管理的数据资产分为两类：一类是输入数据，指接入大数据中心的内外部数据源，核心指标有数据量、数据容量、表数据、指标、维度、标签等；另一类是输出成果，指大数据中心治理完成后用于服务上层应用系统的数据服务共享库表、数据服务 API 接口等成果。

4. 建设基于场景化的数据应用体系

依托数据资产建设数据应用，为多个水务场景提供数字化管理支撑，未来进一步实现更丰富、更多元、更高阶的智能化生产与管理。

（1）智慧管控领域

通过大数据治理及分析软件，建立集团监管指挥中心、集团报表中心，用于辅助领导决策，满足领导与同事在日常生产经营管理中对数据的使用需求。

遵循青岛水务集团业务架构和业务分析场景规划，设计了科学合理的报表体系架构，如图 21-5 所示，划分了十一大类分析主题、37 个二级分类，覆盖全业务域和数据主题域。报表体系架构设计中融合了集团精细化管理的思路和要求，引入了新的管理视角和思维。

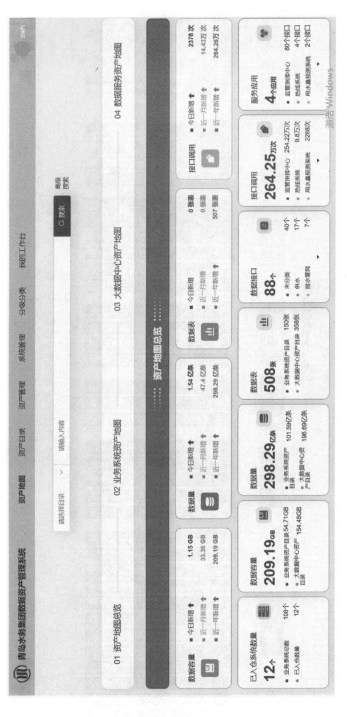

图21-4 青岛水务集团数据资产管理系统一览（截图）

◇ 第**21**章 青岛水务集团数据资产建设案例 ◇

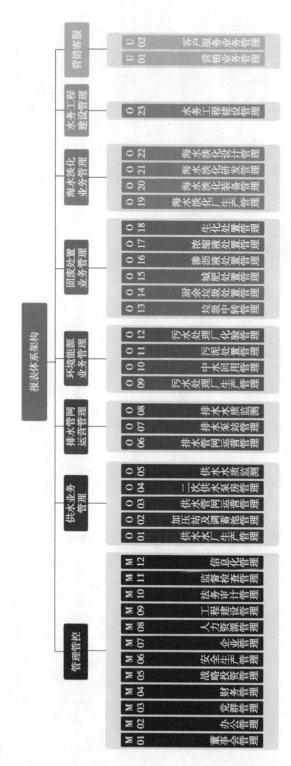

图21-5 青岛水务集团报表体系架构（截图）

全面调研梳理分析了集团当前的 1048 张报表，对其进行优化分析后，开发落地和推广 277 张业务分析类报表，覆盖青岛水务集团安全生产部、企业管理部、环境分公司、固废分公司和海淡分公司等部门。除此之外，还重点实施了四大类跨域综合分析报表，如全链路水质分析、业财融合的数据分析、营销客户主题数据分析等。实现了数据一处生产、多处使用的目标，统一数据口径。解放了大量工作人员数据填报和报表加工的工作量。从数据分析层面，可以支持业务人员基于治理后的数据及提供的报表工具自助制作报表和自助分析。

（2）智慧服务领域

建立地址标准化、客户画像，利用数据标签能力进行更多维度的客户信息归集与分析，从响应速度、问题解决精准度、服务能力等多个方面提升公众的服务满意度水平。

通过汇聚和治理客户档案、抄表、收费、报装、热线、管网、工单、互联网舆情、政务服务等数据，设计实施了超 90 个客户画像标签，开展了用水模式分析、异常用水分析、水费回收分析、客户满意度提升分析等八大重点主题分析。一方面，支持主动服务，针对异常用水、周期性来电等行为及时提醒、主动服务，降低漏水率 5%，降低周期性来电 80%，提升服务满意度 30%；另一方面，打造了客户全景功能，供营收与客服系统调用，有助于接线员及时、全面、准确地掌握客户信息，提升一次来电解决率。项目试运行以来，日平均来电数量同比下降 20%，客户投诉率同比下降 15%。

（3）智慧运营领域

建立用水量预测、生产异常分析与预警等系统，通过数据跨域共享、实时/离线计算与分析、AI 智能识别、预警及预测算法等技术的运用，提升运营调度的决策能力，提高运营智慧程度。

汇聚青岛水务集团供水、排水、环境、固废、海淡五大业务板块重要生产运行数据，以大屏端、PC 端、移动端等不同载体形式面向 3 类场景开展数字化展示平台的建设。

1）日常监管。汇聚核心生产数据，分析关键业务指标，建设集团生产状态总览与管控枢纽，辅助协同决策；已建成八大主题驾驶舱，汇聚 700 余项分析指标（调用频率 1 分钟 1 次），日均调用物联数据 47 万条（更新频率 5 秒 1 次），接入常显视频 100 余路。

2）应急指挥。针对需集团牵头处置、居中协同的重点场景，构建可视化处置流程，联动实时数据掌控与分析，实现总体指挥、资源调度；已完成"防汛保障专题"和"压力管道抢修专题"等应急场景的初步构建。

3）开放展示。面向领导视察、公众参观、同行交流等场景，集合三维模型技术打造对外展示窗口，体现青岛水务集团科技属性，提升企业形象。

21.5 总结与展望

通过本项目，初步建设了青岛水务集团全域数据资产管理体系，支撑青岛水务集团数字化转型，相关实施经验也为同行业企业提供参考。

1. 需求引领

项目立足于服务生产管控，以业务需求为导向，前期做了业务架构梳理、业务场景体系分析、指标体系规划等大量的基础工作，确保后续的数据治理工作是以终为始、以实际的业务价值为目标开展。结合数理算法和机理模型，成功落地一批水务业务融合创新应用，辅助业务分析与预测更快速、更高效。

2. 科技驱动

项目积极引入先进的大数据治理方法论、平台工具与治理技术，为传统水务领域与科技的跨域融合积累了宝贵经验，探索了一条水务企业数据资产建设的实施路径，可复制性强、可落地性好。

3. 标准支撑

项目多期实施、逐步制定和发布了 39 项标准，其中多项为首创。《营销客服主题数据模型标准》于 2022 年 8 月获批为山东省地标，《水务数据分类编码与主数据标准》参与申报了中国水协发布的水务数据资产系列团标。

4. 全员参与

青岛水务集团成立了智慧水务领导小组，负责在智慧水务建设中统一思路、凝聚共识。本项目从规划、立项到实施都得到了集团高层领导及集团各部门、二级单位的支持，推动各项任务落实到位。

5. 政企协同

积极与青岛市水务局、大数据局、住建局等单位沟通协调,形成双向数据交换共享机制,既为水务集团提供了更丰富维度的数据,也为青岛新型城市建设贡献了水务力量。

参 考 文 献

[1] DAMA 国际. DAMA 数据管理知识体系指南（原书第 2 版）[M]. 北京：机械工业出版社，2020.

[2] 国家质量监督检验检疫总局，国家标准化管理委员会. 数据管理能力成熟度评估模型：GB/T 36073—2018 [S]. 北京：中国标准出版社，2018.

[3] 祝守宇，蔡春久. 数据治理：工业企业数字化转型之道 [M]. 北京：电子工业出版社，2020.

[4] 祝守宇，蔡春久. 数据标准化：企业数据治理的基石 [M]. 北京：电子工业出版社，2023.